"十四五"职业教育国家规划教材

高等职业教育智能制造类新形态一体化教材

JIXIE CAD/CAM（UG）

机械CAD/CAM
（UG）（第三版）

主　编　魏　峥　李玉超
副主编　郭德俊　段秀超　苏金英

中国教育出版传媒集团

高等教育出版社·北京

内容简介

本书是"十四五"职业教育国家规划教材。

UGNX是专门基于Windows操作系统开发的三维CAD软件，该软件以参数化特征造型为基础，具有功能强大、易学易用等特点。本书系统地介绍了NX2406软件在草图绘制、特征命令操作、零件建模思路、零件设计、曲面设计、装配设计、工程图设计、仿真分析和数控加工等方面的功能，将软件基本操作与产品设计相结合，通过实例介绍常用命令的功能及属性设置。全书设置7个模块，每个模块都有操作实例，每个操作步骤都配有简单的文字说明和清晰的图例，力求让读者快速掌握使用UGNX软件进行产品设计的方法和技巧。

为方便教学，本书配套有PPT教学课件、微课视频、图片等教学资源。

本书可作为高等职业院校装备制造大类各专业及应用型本科相关专业的教学用书，也可作为机械制造专业技术人员学习参考资料及操作人员的岗位培训用书。

图书在版编目（CIP）数据

机械CAD/CAM：UG ／ 魏峥，李玉超主编. -- 3版.

北京 ： 高等教育出版社，2025.8（2025.9重印）.

ISBN 978 - 7 - 04 - 065082 - 2

Ⅰ. TH122；TH164

中国国家版本馆CIP数据核字第2025TP1362号

| 策划编辑 | 班天允 | **责任编辑** | 程福平 | 班天允 | **封面设计** | 张文豪 | **责任印制** | 高忠富 |

出版发行	高等教育出版社	**网　　址** http://www.hep.edu.cn
社　　址	北京市西城区德外大街4号	http://www.hep.com.cn
邮政编码	100120	**网上订购** http://www.hepmall.com.cn
印　　刷	上海华教印务有限公司	http://www.hepmall.com
开　　本	787mm×1092mm　1/16	http://www.hepmall.cn
印　　张	17.25	**版　　次** 2015年2月第1版
字　　数	435千字	2025年8月第3版
购书热线	010-58581118	**印　　次** 2025年9月第2次印刷
咨询电话	400-810-0598	**定　　价** 42.00元

配套学习资源及教学服务指南

 二维码链接资源

本书配套微视频学习资源，在书中以二维码链接形式呈现。使用手机扫描书中的二维码即可查看，随时随地获取学习内容，享受学习新体验。

打开书中附有二维码的页面　　　　　**扫描二维码**　　　　　**查看相应资源**

 教师教学资源索取

本书配有与课程相关的教学资源，例如，教学课件等。选用教材的教师，可扫描以下二维码，关注微信公众号"高职智能制造教学研究"，点击"教学服务"中的"资源下载"，或在电脑端访问地址（101.35.126.6），注册认证后下载相关资源。

★如您有任何问题，可加入工科类教学研究中心QQ群：240616551。

本书是"十四五"职业教育国家规划教材。

随着 CAD/CAM 技术的发展, UGNX 软件的应用越来越广泛。如何使初学者在较短时间内掌握 UGNX 软件的基本操作方法, 并将其熟练运用于实际工作中, 一直是编者努力的方向。本书详细介绍了 UGNX 的草图绘制方法、特征命令操作、零件建模思路、零件设计、曲面设计、装配设计、工程图设计、仿真分析和数控加工等方面的内容, 从曲线和草图入手, 逐步向曲面和三维实体延伸。本书以引导读者灵活掌握常用机械零部件的设计建模、装配建模和工程图生成方法为目的, 从创建基本形体起步, 不断向结构复杂的零件级实体模型深入, 注重实际应用和技巧训练的结合, 注重案例工程化。

工匠精神体现在对工作的深沉热爱和执着追求中, 是对产品精雕细琢、精益求精的态度, 它如同一盏明灯, 照亮了中华民族几千年的文明进程。回望历史, 中国自古就有对"匠心"的推崇, 从古老的青铜器到精美的瓷器, 从宏伟的宫殿到精巧的园林, 工匠精神贯穿其中。在中国共产党领导的革命和建设中, 一批批爱国敬业、勇于奉献的工匠, 用他们的智慧和汗水, 为社会主义事业作出了杰出贡献。时光流转, 岁月如歌, 工匠精神历久弥新, 成为新时代实现中华民族伟大复兴的强大精神动力。

大国制造需要工匠精神, 工匠精神需要教育传承。在新时代, 我们必须加强民族自主的爱国思想教育, 将工匠精神深深植根于学生的心中。只有这样, 我们才能真正实现从制造大国向制造强国的转变, 撑起"大国制造"的金字招牌, 为中华民族的伟大复兴贡献力量。

本书的特点如下。

1. 采用任务驱动的教学方法

本书采用任务驱动的"模块—课题"式教学方法组织学习内容, 首先提出课题的学习目标和工作任务, 围绕课题的目标和任务教授相关知识。教学目标明确, 教学内容突出针对性、实用性, 符合职业技术教育的教学规律和学生的心理认知过程。

2. 配套丰富的教学资源

本书充分利用现代信息技术, 打造新形态一体化教材, 使资源呈现立体化、动态化, 并全面兼容 PC 端和移动端, 符合移动互联网时代学生获取信息的特点。学生可以通过移动设备随时随地扫描书中知识点旁边的二维码,观看教学微视频,便于其自主学习。

3. 配套丰富的练习

本书配套了丰富的练习,突出学、练结合的学习方式。模块和课题最后都有与该课题紧密相关的任务拓展和提高练习。这些练习大多来自工程实际,学生完成这些练习之后,能够更好地掌握 UGNX 软件的实际操作方法。

4. 从教学实际出发

随着教学改革的深入,CAD/CAM 相关课程的教学内容、教学课时都发生了巨大的变化。本书从近年来的教学实际出发,加强基本理论、基本方法和基本技能的培养,在此基础上以建模为主线,注重操作技能和 CAD/CAM 设计思路的培养。

本书由中国电子劳动学会校企合作促进会组稿,由魏峥、李玉超担任主编,郭德俊、段秀超、苏金英担任副主编。

由于编者水平有限、时间仓促,虽经再三审阅,书中可能仍存在不足和错误,恳请各位专家和朋友批评指正!

编 者

目录

模 块 四

模块五

模块六

模块七

UGNX 入门

UGNX 作为 Windows 平台下的三维机械设计软件,体现了 Windows 软件使用方便和操作简单的特点,其强大的设计功能完全可以满足机械产品的设计需要。

课题 1.1 启动 UGNX

【学习目标】

（1）掌握 UGNX 界面工作角色设置。
（2）熟练运用文件管理。

微视频

课题1.1

【工作任务】

（1）UGNX 的文件管理和工作角色设置。
（2）创建块模型（长度 =20,宽度 =30,高度 =20）。

【任务实施】

1. 启动 UGNX
双击快捷方式图标,即可启动 UGNX。UGNX 启动界面如图 1-1 所示。

2. 选择工作角色
单击资源条中的【角色】按钮 ,出现【角色】选项卡,【内容】类别中选择【角色　高级】,如图 1-2 所示。

提示　关于角色

UGNX 具有许多高级功能。不过,在工作中可能只用到它的一组限定工具,这就需要在【角色】选项卡　【内容】类别中选择合适的角色以定制用户界面并隐藏执行任务时不需要的工具和命令。

3. 新建文件
单击快速访问工具栏上的【新建】按钮 ,出现【新建】对话框,如图 1-3 所示。

1

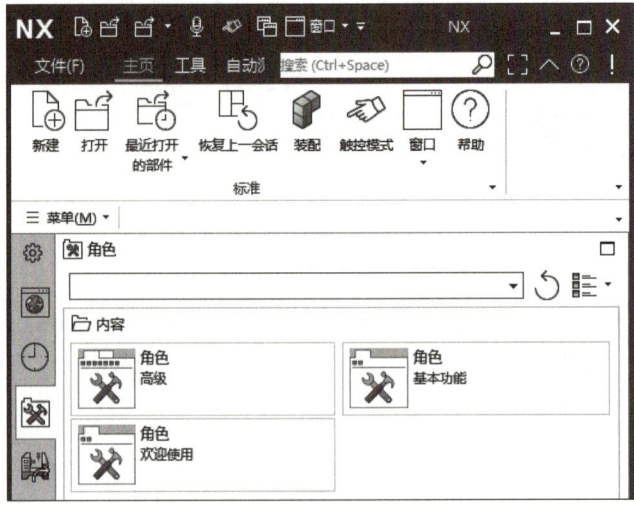

图 1-1　UGNX 启动界面

图 1-2　【角色】选项卡

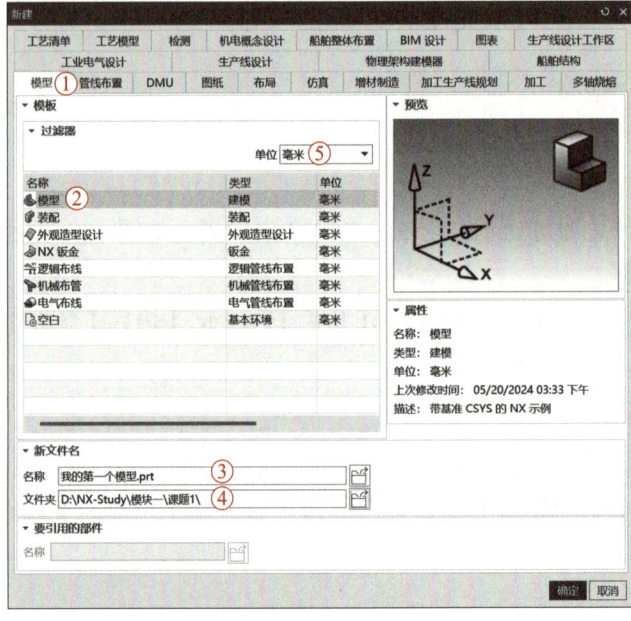

图 1-3　【新建】对话框

① 单击【模型】选项卡。

② 在【模板】列表框中选定【模型】模板。

③ 在【新文件名】组【名称】文本框输入"我的第一个模型"。

④ 在【文件夹】文本框输入"D:\NX-Study\模块 1\课题 1\"。

⑤ 选择【单位】为【毫米】。

完成以上设置，单击【确定】按钮。

用户在创建一个 UGNX 部件文件后，系统进入 UGNX 工作界面。

💡 提示　在【模板】列表框中选定【装配】模板，可以创建装配模型。

4. 创建块

单击【主页】选项卡 |【基本】组 |【更多】下拉菜单 |【块】按钮，出现【块】对话框。

① 默认指定点为原点。

② 在【尺寸】组 |【长度】文本框 | 输入"20"，在【宽度】文本框输入"30"，在【高度】文本框输入"20"，如图 1-4 所示。

完成以上设置，单击【确定】按钮，在坐标系原点（0，0，0）处创建块。

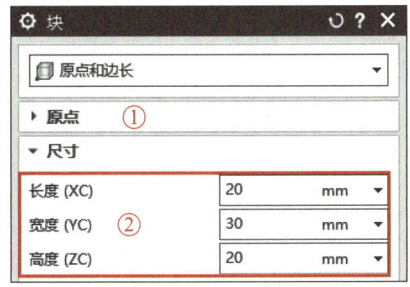
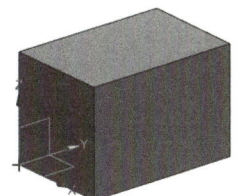

图 1-4　创建块

5. 完成模型

选择【文件】|【保存】命令，保存文件。

⚠ 注意　用户应该经常保存所做的工作，以免产生异常时丢失数据。

📚【相关知识】——文件管理

文件管理主要包括新建文件、打开文件、保存文件和关闭文件，这些操作可以通过【文件】下拉菜单或者快速访问工具栏来完成。

（1）新建文件

选择【文件】|【新建】命令或单击快速访问工具栏上的【新建】按钮 📄，出现【新建】对话框。

（2）打开文件

选择【文件】|【打开】命令或单击快速访问工具栏上的【打开】按钮 📂，出现【打开】对话框。

（3）保存文件

选择【文件】|【保存】命令或单击快速访问工具栏上的【保存】按钮 💾，直接保存文件。

（4）关闭文件

选择【文件】|【关闭】|【保存并关闭】命令，关闭文件。

【任务拓展】

（1）创建圆柱模型（直径 =25 mm，高度 =30 mm）。
（2）创建圆锥台柱模型（大端直径 =25 mm，小端直径 =10 mm，高度 =30 mm）。
（3）创建球模型（球直径 =25 mm）。

课题 1.2　熟悉 UGNX 建模环境

微视频

课题1.2

【学习目标】

（1）熟悉 UGNX 建模界面。
（2）掌握视图操作方法。
（3）熟练使用部件导航器查看、编辑特征。

【工作任务】

（1）使用视图操作命令查看模型。
（2）用 4 种方法编辑块的【宽度】，由 30 mm 改为 60 mm。

【任务实施】

1. 打开模型

选择【文件】|【打开】命令或单击快速访问工具栏上的【打开】按钮 ，出现【打开】对话框，在"D：\NX-Study\ 模块 1\ 课题 1\"文件夹下，选择"我的第一个模型"，单击【确定】按钮。

2. 认识 UGNX 界面

用户在创建或打开一个 UGNX 部件文件后，系统进入如图 1-5 所示的 UGNX 工作界面。

3. 进行旋转、缩放和平移等操作

（1）旋转

▶ **方法一**：在绘图区按住鼠标中键并拖动，光标变成 ，此时的旋转中心为视图中心。

▶ **方法二**：在绘图区按住鼠标中键直至出现◎，光标变成 ，然后拖动鼠标。◎这一点为临时旋转中心。

▶ **方法三**：按快捷键 F7，进入旋转模式，光标变成 ，按住鼠标左键并拖动。

⚠ 注意 单击鼠标中键或按 Esc 键，退出旋转模式。

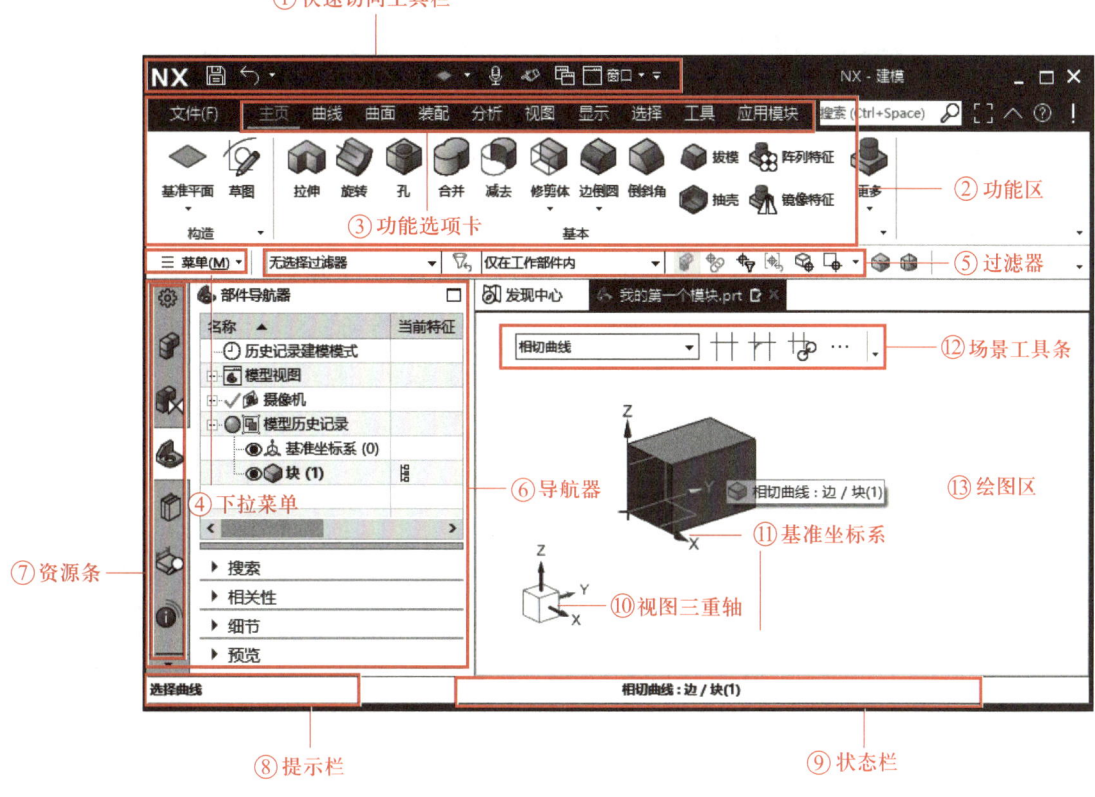

图 1-5 UGNX 工作界面

（2）缩放

▶ **方法一：** 在绘图区滚动鼠标滚轮。

▶ **方法二：** 按住 Ctrl 键，在绘图区按住鼠标中键并上下拖动。

▶ **方法三：** 按快捷键 F6，进入缩放模式，光标变成 🔍，按住鼠标左键并拖动。

⚠️ **注意** 单击鼠标中键或按 Esc 键，退出缩放模式。

（3）平移

▶ **方法一：** 按住 Shift 键，光标变成 👐，按住鼠标中键并拖动。

▶ **方法二：** 同时按住鼠标中键和右键，光标更改为 👐，拖动鼠标。

（4）适合窗口

按组合键 Ctrl+F，系统将会调整视图直至适合当前窗口的大小。

（5）正二等轴测图、正等轴测图

按快捷键 Home，视图变化为正二等轴测图；按快捷键 End，视图变化为正等轴测图。

（6）定向到与所选平面平行的视图

选择一个平面，按快捷键 F8，系统将会调整视图到与所选平面平行的方位。

4．着色、线框和静态线框模式之间更改显示

单击【显示】选项卡 |【显示】组 |【样式】按钮 🔷 下拉菜单，分别单击【着色】按钮、【线框】按钮和【静态线框】按钮，三种着色的效果图如图 1-6 所示。

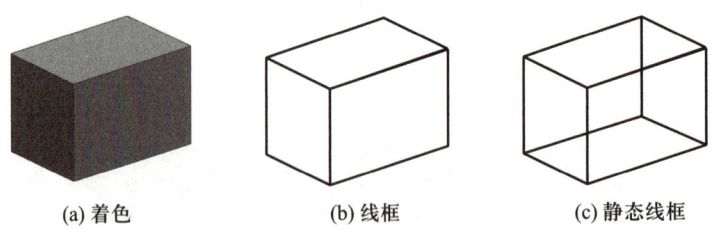

(a) 着色　　　　　　　(b) 线框　　　　　　(c) 静态线框

图 1-6　三种着色的效果图

5．定向到标准视图

在绘图区右键单击并选择【定向视图】|【俯视图】命令，工作视图定向到【俯视图】，如图 1-7 所示。

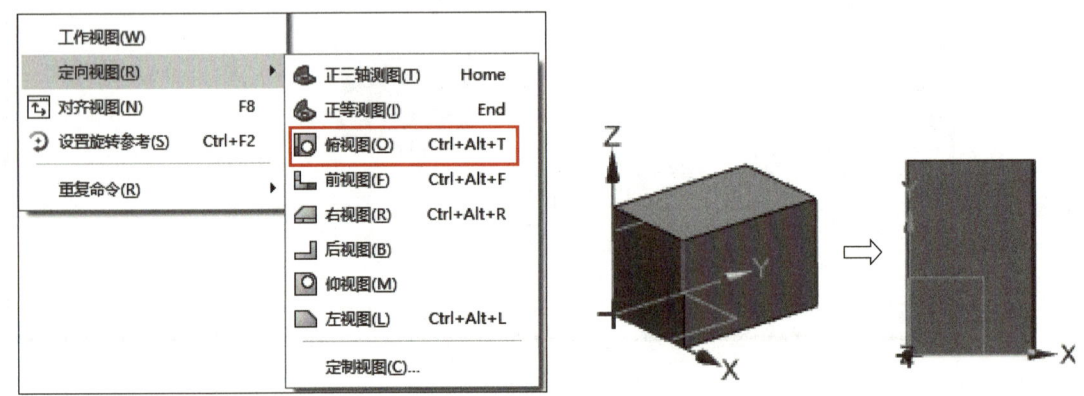

图 1-7　工作视图定向到【俯视图】

6．运用视图三重轴从不同观察方向查看模型

当在视图三重轴中选择某个面时，系统会使用预选颜色高亮显示该面。比如当选择与 Y 轴垂直的面后，系统会将视图定向为垂直于 Y 轴的方向，如图 1-8 所示。

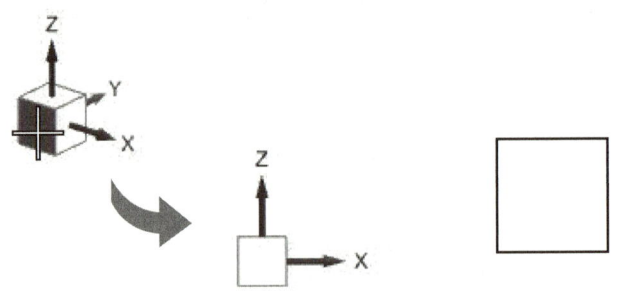

图 1-8　将视图定向为垂直于 Y 轴的方向

7．显示截面

显示截面是指显示剖切视图，从而可以观察到部件的内部结构。

（1）新建截面

单击【视图】选项卡 |【内容】组 |【新建截面】按钮 🔲，出现【视图剖切】对话框，如图 1-9 所示，系统将自动开启截面显示。

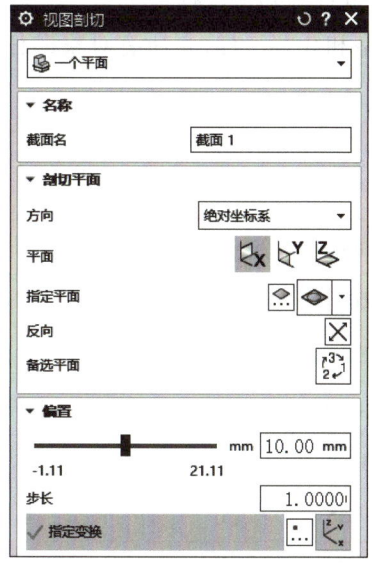
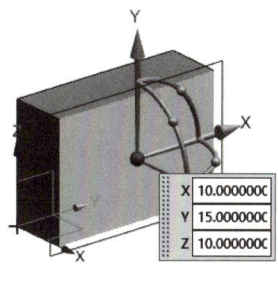

图 1-9　【视图剖切】对话框

（2）切换截面显示

单击【视图】选项卡｜【内容】组｜【剪切截面】按钮 ，使其呈激活状态，则会显示剖切视图；再次单击该按钮，使其呈未激活状态，则会恢复部件的正常显示，如图 1-10 所示。

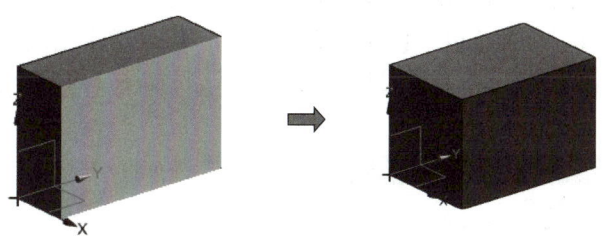

图 1-10　切换截面显示

（3）编辑剖切截面

单击【视图】选项卡｜【内容】组｜【编辑截面】按钮 ，出现【视图剖切】对话框，可编辑剖切截面。

8. 图层

图层的相关操作位于【视图】选项卡｜【层】组，如图 1-11 所示。

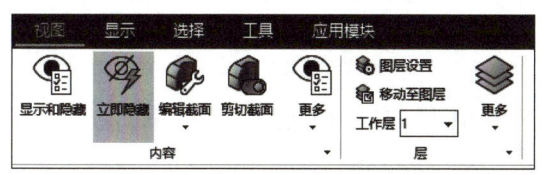

图 1-11　【视图】选项卡｜【层】组

UGNX 提供图层给用户使用,以控制对象的可见性和可选性。

图层是系统定义的一种属性,就像颜色、线型和线宽一样,是所有对象都有的。

（1）图层控制

UGNX 已经将 256 个图层进行了分类,见表 1-1。

表 1-1　图层的分类

图层的分配	图层的类名	说明
1 ~ 10	SOLIDS	实体层
11 ~ 20	SHEETS	片体层
21 ~ 40	SKECHES	草图层
41 ~ 60	CURVES	曲线层
61 ~ 80	DATUMS	基准层
91 ~ 256	未指定	—

其中第 1 图层作为默认工作层,256 层中的任何一图层可以设置为下面 4 种状态中的一种。

① 设为可选:该图层上的几何对象和视图是可选择的。

② 设为工作层:该图层上的几何对象和视图是可见的和可选的。

③ 设为仅可见:该图层上的几何对象和视图是仅可见的,但不可选择。

④ 设为不可见:该图层上的几何对象和视图是不可见的。

单击【视图】选项卡 |【层】组 |【图层设置】按钮 🍃,出现【图层设置】对话框,【图层控制】选项卡中设置图层的状态,每个图层只能有一种状态,如图 1-12 所示。

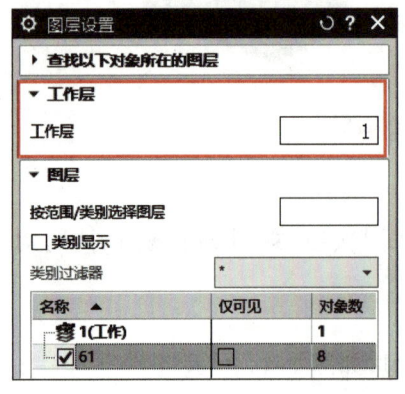
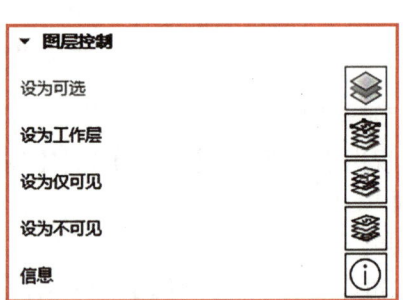

图 1-12　【图层设置】对话框

💡 提示　关于图层控制操作

在【图层】列表框中选中 61 层,对于 61 层进行如下操作。

① 61 为【可选层】。

② 单击【设为工作层】按钮,可将 61 层设为工作层。

③ 单击【设为仅可见】按钮,可将 61 层设为仅可见层。

④ 单击【设为不可见】按钮,可将 61 层设为不可见层。

（2）设置工作层

在【图层设置】对话框的【工作层】文本框输入图层号（1 ~ 256）,按回车键,则该图层变成工作层,原工作层变成可选层,单击【关闭】按钮,完成设置。

💡 **提示**　关于设置工作层操作

设置工作层的最简单方法是在【视图】选项卡丨【层】组丨【工作图层】列表框中直接输入图层号并按回车键。

（3）移动至层

单击【视图】选项卡丨【层】组丨【移动至图层】按钮 ，出现【类选择】对话框,选择要移动的对象,单击【确定】按钮,出现【图层移动】对话框,如图 1-13 所示。

在【目标图层或类别】文本框输入图层名,完成设置,单击【应用】按钮,则选择移动的对象移动至指定的层。

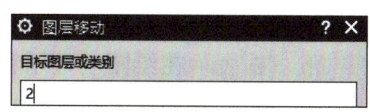

图 1-13　【图层移动】对话框

💡 **提示**　关于对象选择

① 鼠标选择

用鼠标左键直接在图形中单击对象来选择,可以连续选取多个对象,将其加入到选择集中。选择时要注意与【选择条】上的【类型过滤器】和【选择范围】配合使用。

②【类选择】对话框

【类选择】提供了选择对象的详细方法,可以通过指定类型、颜色、图层来缩小选择范围。【类选择】对话框如图 1-14 所示。

【类型过滤器】使用步骤如下:

a. 单击【类型过滤器】,出现【按类型选择】对话框。

b. 选择【实体】。

c. 单击【全选】按钮,选中所有实体。

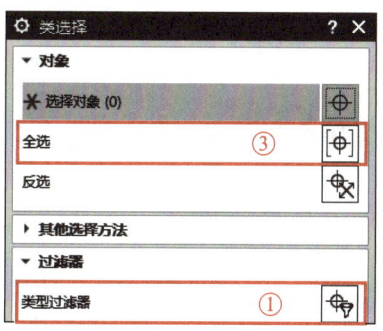
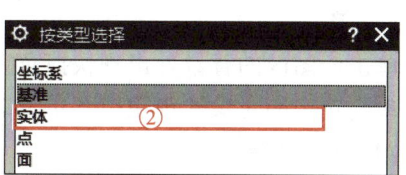

图 1-14　【类选择】对话框

9. 使用部件导航器查看编辑特征

用 4 种方法编辑块的宽度,将块的宽度由 30 mm 改为 60 mm。

（1）在部件导航器中的目录树上找到块的特征,双击。

（2）在部件导航器中的目录树上找到块的特征,右键单击并选择【编辑参数】命令。

（3）在部件导航器中的目录树上找到块的特征,在细节栏编辑参数,如图 1-15 所示。

（4）在实体上直接双击选中并高亮显示块特征。

💡 提示　关于部件导航器

部件导航器中呈现灰色状态 ⌀▲基准坐标系 (0) ,表示这个特征是被隐藏的,不管是否选中该特绘图区都不会出现该特征;当取消隐藏后,该特征就会在部件导航器中由灰色显示变为黑色显示,这时再选中该特征,绘图区就会出现该特征并加亮显示。

① 在特征树中用图标描述特征

a. ⊞、⊟ 分别代表以折叠或展开方式显示特征。

b. ◉ 表示在绘图区显示特征。

c. ⌀ 表示在绘图区隐藏特征。

d. 🔷 等彩色图标形象地表示特征的类别。

② 在特征树中选取特征

a. 选择单个特征:在特征上单击。

b. 选择多个特征:选取连续的多个特征时,单击选取第一个特征,在连续的最后一个特征上按住 Shift 键的同时单击;或者选取第一个特征后,按住 Shift 键的同时移动光标来选择连续的多个特征。选择非连续的多个特征时,单击选取第一个特征,按住 Ctrl 键的同时在要选择的特征上单击。

c. 从选定的多个特征中排除特征:按住 Ctrl 键的同时在要排除的特征上单击。

③ 编辑操作快捷菜单。

利用部件导航器编辑特征,主要是通过操作其快捷菜单来实现的。右键单击要编辑的某特征,将弹出快捷菜单。

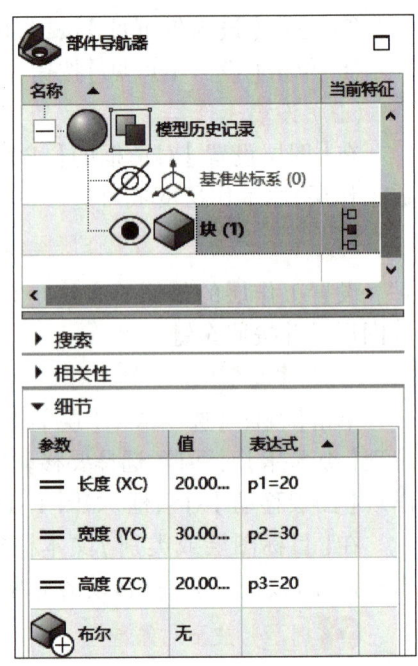

图 1-15　部件导航器

📋【任务拓展】

（1）下拉菜单

下拉菜单如图 1-16 所示,单击所需选项进入工作界面。

（2）快捷菜单

① 右键单击绘图区的背景处出现快捷菜单,如图 1-17a 所示。

② 右键单击选定的对象出现快捷菜单,如图 1-17b 所示。

（3）圆盘快捷工具条。

单击并按住鼠标右键,圆盘快捷工具条即可选用。

① 右键单击绘图区的背景处并按住时,会显示带视图命令的圆盘快捷工具条,如图 1-18a 所示。

② 右键单击选定的对象并按住时,会显示带特定对象命令的圆盘快捷工具条,如图 1-18b 所示。

图 1-16　下拉菜单

(a) 右键单击背景处

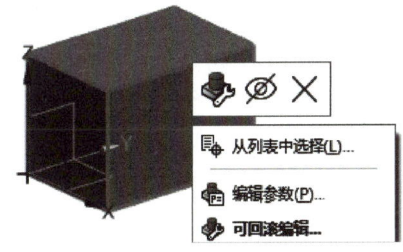

(b) 右键单击选定的对象

图 1-17　快捷菜单

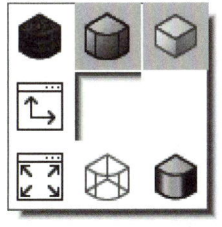

(a) 右键单击背景处并按住时

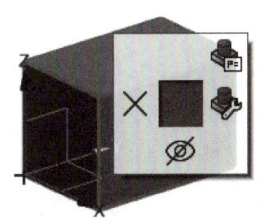

(b) 右键单击选定的对象并按住时

图 1-18　圆盘快捷工具条

（4）场景工具条

场景工具条是一个动态工具条,在特定情况下出现在绘图区,并显示在该特定情况下的选项或命令。

在绘图区选择点、曲线、面或边等对象时,系统将显示【选择场景】工具条,该工具条可以包含选择控制和选择意图规则,如图1-19a所示。

在新建草图任务环境中工作时,系统将显示【草图场景】工具条,如图1-19b所示。

(a)【选择场景】工具条   (b)【草图场景】工具条

图1-19 场景工具条

(5)打开圆柱模型,用4种方法编辑圆柱直径,由25改为40并观察。

(6)打开圆锥台模型,用4种方法编辑圆锥台大端直径由25改为40并观察。

(7)打开球模型,用4种方法编辑球直径由25改为40并观察。

模块二 绘制草图

草图包含平面中的曲线和点，可用于创建拉伸、旋转和孔等特征。草图与其他特征一起列在部件导航器中。

课题 2.1 绘制简单草图

【学习目标】

（1）熟悉草图绘制环境。

（2）熟练使用草图绘制工具。

微视频

课题2.1

【工作任务】

绘制简单草图实例，如图 2-1 所示。

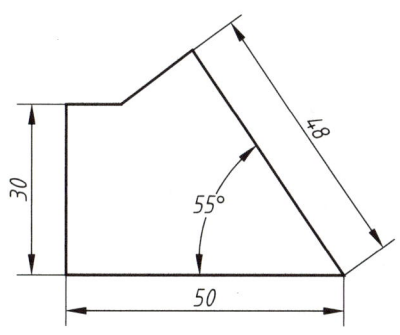

图 2-1 绘制简单草图实例

【任务实施】

1. 新建文件

新建文件并保存为"绘制简单草图实例 .prt"。

2．进入新草图环境

（1）单击【主页】选项卡｜【构造】组｜【草图】按钮 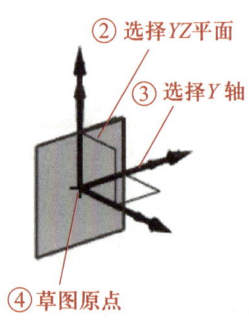，出现【创建草图】对话框。

① 在【草图类型】列表选择【基于平面】选项。

②【草图平面】组,【选择草图平面或面】,在绘图区选择 YZ 平面。

③ 在【方位】组,激活【选择水平参考】,在绘图区选择 Y 轴。

④ 在【原点方法】,在绘图区选择原点,如图 2-2 所示。

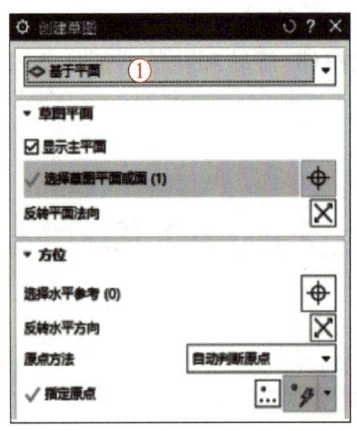

② 选择YZ平面

③ 选择Y轴

④ 草图原点

图 2-2　进入新草图环境

完成以上设置,单击【确定】按钮,进入新草图环境,草图生成器自动使视图正视于草图平面。

说明：单击鼠标中键以接受默认的草图坐标系和 XY 平面。

💡 提示　关于草图类型

【草图类型】分为【基于平面】和【基于路径】类型。

（2）进入草图绘制环境,如图 2-3 所示。

💡 提示　关于进入草图绘制环境后界面的变化

① 草图生成器自动使视图正视于草图平面。

② 打开草图导航器。

③ 在【主页】选项卡出现【草图】组、【曲线】组、【编辑】组、【包含】和【求解】组。

④ 出现【草图场景条】。

⑤ 坐标原点变成蓝色。

⑥ 横轴变成红色。

⑦ 纵轴变成绿色。

⑧ 状态栏显示：草图已完全定义。

3．绘制大致草图

（1）绘制水平线

单击【主页】选项卡｜【曲线】组｜【直线】按钮 ∕,移动鼠标指针到绘图区,鼠标指针的形状变成 ⊕,【草图场景条】显示"捕捉点"。

① 把光标 ⊕ 放到坐标原点单击。

③ 在【主页】选项卡出现【草图】组、【曲线】组、【编辑】组、【包含】和【求解】组。

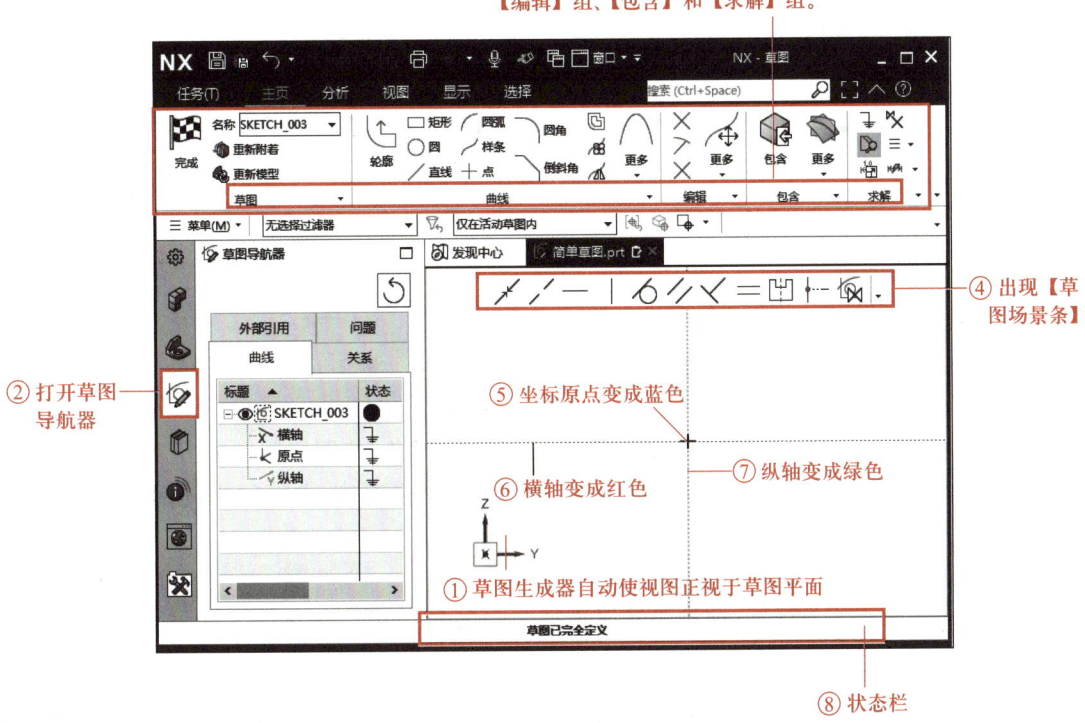

④ 出现【草图场景条】

② 打开草图导航器

⑤ 坐标原点变成蓝色

⑥ 横轴变成红色

⑦ 纵轴变成绿色

① 草图生成器自动使视图正视于草图平面

⑧ 状态栏

图 2-3　草图绘制环境

② 光标向右移动适当距离,在光标中出现一个 ➡ 形状的符号,这表明系统将自动给绘制的直线添加一个"水平"几何关系。

③ 对话框中长度后的"数字"显示直线的长度。单击确定水平线的终止点,如图 2-4 所示。

💡 提示　关于原点

用户在绘制第一个特征的草图时,应该与草图原点建立定位关系,从而确定模型的空间位置。

💡 提示　关于绘制草图直线的两种绘图方法

使用【直线】命令可绘制一条直线。

使用【轮廓】命令可绘制一系列相连直线和圆弧,每条曲线的终点即为下一条曲线的起点。

💡 提示　关于几何关系

几何关系是指竖直、水平、垂直、平行、等长、对称等几何条件。UGNX 草图对象的几何关系有两种:找到的关系和持久的关系。

找到的关系:草图求解器查找诸如水平、竖直和相切等几何条件,并在选择要编辑的曲线时将这些几何条件显示为找到的关系。由于求解器可以查找关系,因此找到的关系不会与草图存储在一起。

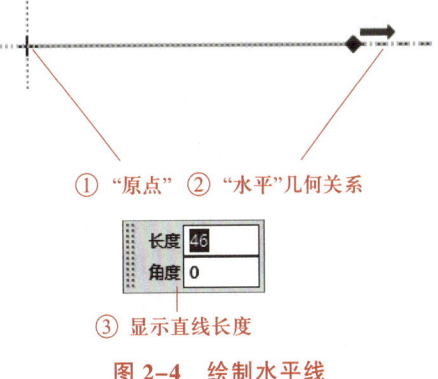

① "原点"　② "水平"几何关系

| 长度 | 46 |
| 角度 | 0 |

③ 显示直线长度

图 2-4　绘制水平线

① 选择直线端点,求解器会发现该直线是一条水平线。

② 显示"水平"符号,这种关系属于找到的关系,如图 2-5 所示。

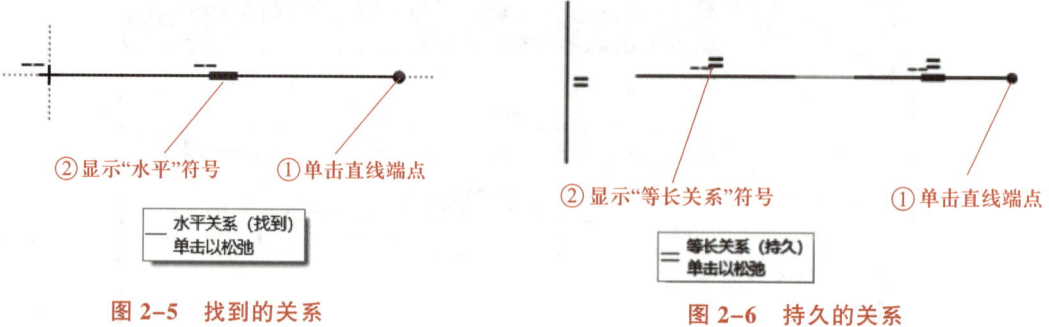

图 2-5 找到的关系　　　　图 2-6 持久的关系

持久的关系:与找到的关系不同,持久的关系是永久对象,草图绘制完成后无论如何变化,默认情况下都会创建持久关系。持久的关系包括等长、中点对齐,曲线组中的偏置、阵列和镜像等。

① 选择直线端点。

② 显示"等长关系"符号,这种关系属于持久的关系,如图 2-6 所示。

💡 提示　关于关系查找器设置

单击【主页】选项卡|【求解】组|【选项】下拉菜单中的【关系查找器设置】按钮 🔍,出现【关系查找器设置】对话框,如图 2-7 所示。

说明:关系查找器设置一般不需要更改。

（2）绘制具有一定角度的直线

从终止点开始,绘制一条与水平直线具有一定角度的直线,单击确定斜直线的终止点,如图 2-8 所示。

（3）利用辅助线绘制垂直线

移动光标到与前一条线段垂直的方向,系统将显示出辅助线,单击确定垂直线的终止点,如图 2-9 所示。

说明:这种辅助线用虚线表示,当前所绘制的直线与前一条直线将会自动添加"垂直"几何关系。

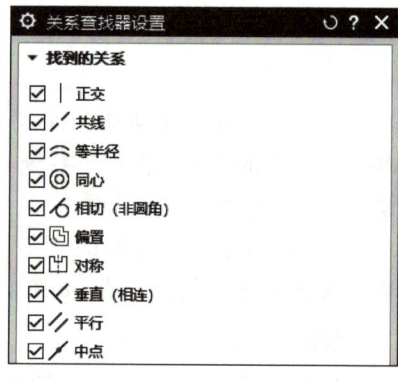

图 2-7 【关系查找器设置】对话框

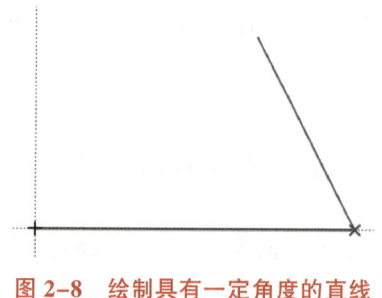

图 2-8 绘制具有一定角度的直线　　　　图 2-9 利用辅助线绘制垂直线

（4）利用作为参考的辅助线绘制直线

移动光标到与原点重合的位置,系统将显示出辅助线,单击确定垂直线的终止点,如图 2-10 所示。

说明:这种辅助线用点线表示,在绘图过程中只起到了参考作用,并没有自动添加找到的关系。

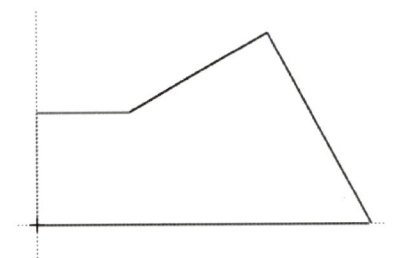

图 2-10　利用作为参考的辅助线绘制直线

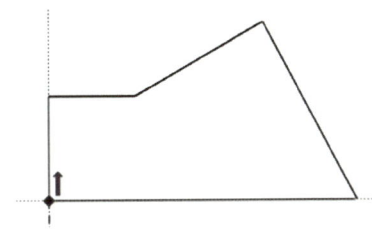

图 2-11　封闭草图

💡 **提示** 关于辅助线

点线辅助线显示与其他对象的对齐情况。虚线辅助线显示与其他对象的自动判断约束,例如水平、竖直、垂直和相切约束。

（5）封闭草图

将鼠标移动到原点,单击确定终止点,如图 2-11 所示。

4. 标注尺寸

单击【主页】选项卡│【求解】组│【快速尺寸】按钮 ｗ,首先标注角度,继续标注水平线、斜直线和竖直线的尺寸,如图 2-12 所示。

💡 **提示** 关于完全定义

UGNX 会对所有曲线段都端到端连接所形成的封闭区域着色,这有助于标识草图是否包含非预期间隙。可移动曲线默认显示为褐色,拖动可移动曲线或其端点之一,可以查看尺寸缺失的位置。当整个草图被完全定义后,所有曲线颜色将从褐色变为黑色,并且状态栏显示:草图已完全定义。

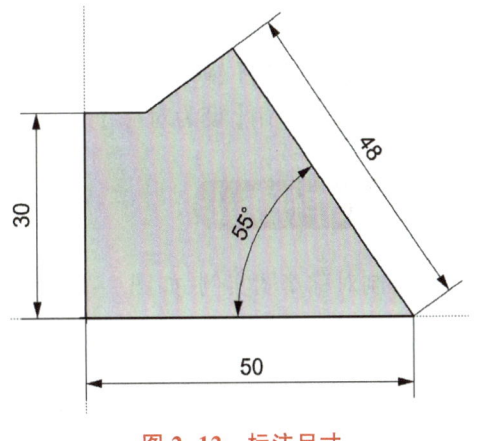

图 2-12　标注尺寸

5. 结束草图绘制

单击【主页】选项卡│【草图】组│【完成】按钮 🏁。

6. 存盘

选择【文件】│【保存】命令,保存文件。

📋 **【任务拓展】**

绘制草图,如图 2-13 所示。

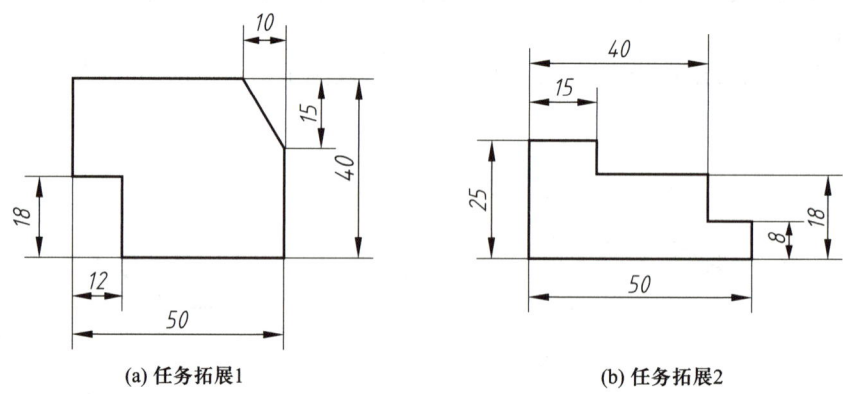

(a) 任务拓展1　　　　　　　　(b) 任务拓展2

图 2-13　绘制简单草图任务拓展

课题 2.2　绘制对称草图

微视频

课题2.2

【学习目标】

（1）掌握绘制对称线的方法。

（2）熟练使用【镜像曲线】命令。

（3）熟练使用【设为对称】命令，添加对称关系。

【工作任务】

绘制对称草图实例，如图 2-14 所示。

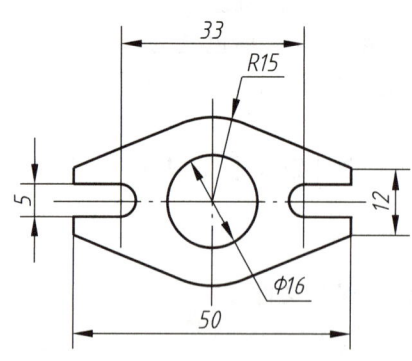

图 2-14　绘制对称草图实例

【任务实施】

1．新建文件

新建文件并保存为"绘制对称草图实例 .prt"。

2．进入新草图环境

在绘图区选择 *YZ* 平面绘制草图。

3．绘制水平对称线和竖直对称线

（1）绘制水平线对称线

① 单击【主页】选项卡 |【曲线】组 |【直线】按钮 ╱，绘制水平线，如图 2-15a 所示。

② 右键单击水平线，在快捷工具条中单击【转为参考】按钮 ‖，将水平线转换为参考曲线，如图 2-15b 所示。

说明：有些草图对象是作为基准、定位、约束使用的，并不作为草图曲线，此时应将这些曲线转换为参考曲线。

③ 单击水平参考曲线，线上出现控制点，如图 2-15c 所示。

④ 将中心控制点拖动到草图原点，如图 2-15d 所示。

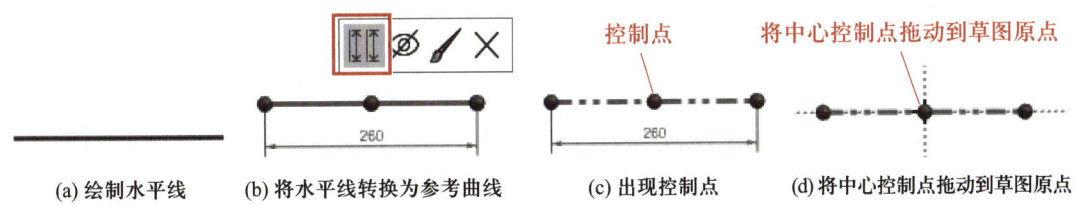

(a) 绘制水平线　　(b) 将水平线转换为参考曲线　　(c) 出现控制点　　(d) 将中心控制点拖动到草图原点

图 2-15　绘制水平对称线

说明：曲线控制点包括直线端点和中点、圆弧端点以及圆弧和圆的中心点。

（2）同样方法绘制竖直对称线，如图 2-16 所示。

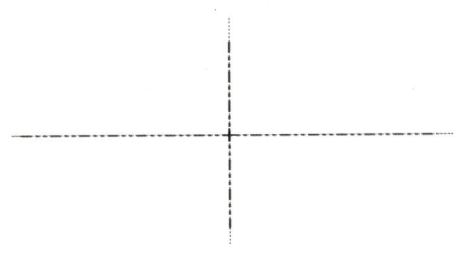

图 2-16　绘制竖直对称线

4．绘制边界

（1）绘制圆

① 单击【主页】选项卡 |【曲线】组 |【圆】按钮 ○，捕捉圆心绘制圆。

② 标注直径尺寸。

③ 右键单击尺寸，从快捷菜单选择【转换为半径】命令，如图 2-17 所示。

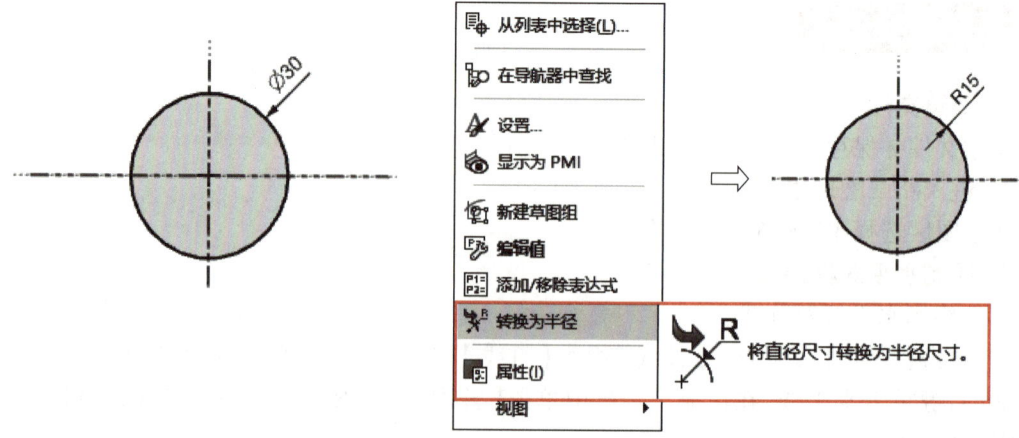

图 2-17　绘制圆并标注半径

（2）绘制两侧直线

① 绘制直线。

② 添加对称几何关系。

在【草图场景条】选择【设为对称】⌶按钮，出现【设为对称】对话框。

a. 在【主对象】组，激活【选择对象】，在绘图区选择直线一端点。

b. 在【次对象】组，激活【选择对象】，在绘图区选择直线另一端点。

c. 在【对称中心线】组，激活【选择中心线】，在绘图区选择水平对称线，如图 2-18所示。

完成以上设置，单击【确定】按钮。

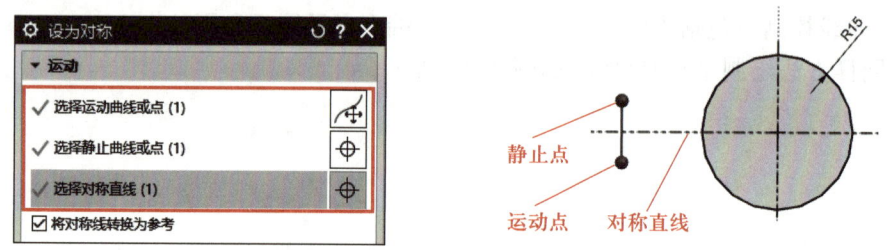

图 2-18　【设为对称】对话框

③ 标注直线尺寸。

④ 镜像直线。

单击【主页】选项卡 |【曲线】组 |【镜像曲线】按钮，出现【镜像曲线】对话框。

a. 在【要镜像的曲线】组，激活【选择曲线】，在绘图区选择新绘制的竖直直线。

b. 在【中心线】组，激活【选择中心线】，在绘图区选择竖直对称线，如图 2-19所示。

完成以上设置，单击【确定】按钮。

⑤ 标注两直线距离。

说明：镜像曲线后标注两线之间的尺寸，而不是标注"一半"尺寸。

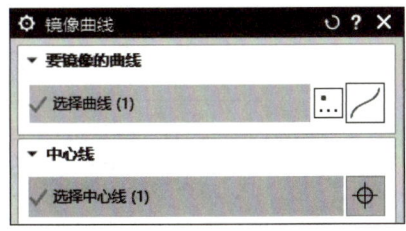
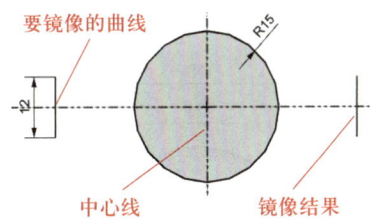

图 2-19 【镜像曲线】对话框

（3）绘制切线

① 捕捉直线端点，选择圆自动捕捉相切点绘制切线，如图 2-20 所示。

② 绘制其余切线。

③ 单击【主页】选项卡 |【编辑】组 |【修剪】按钮 ✕，在绘图区选择要剪切的部分，如图 2-21 所示。

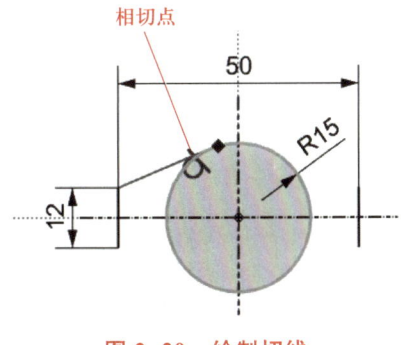

图 2-20　绘制切线

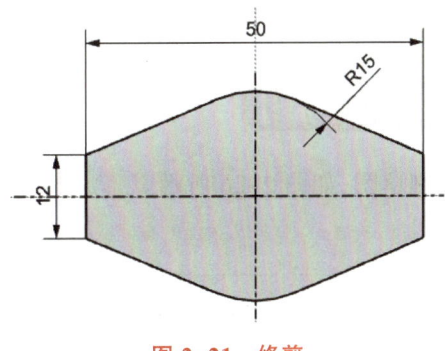

图 2-21　修剪

5. 绘制槽口

（1）绘制左槽口，如图 2-22 所示。

（2）镜像右槽口，如图 2-23 所示。

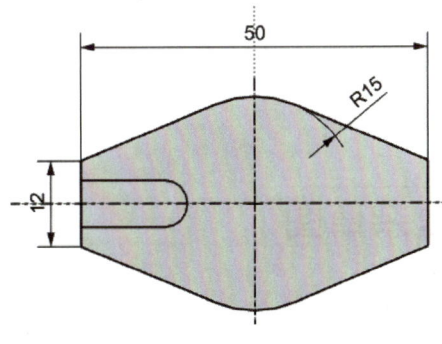

图 2-22　绘制左槽口

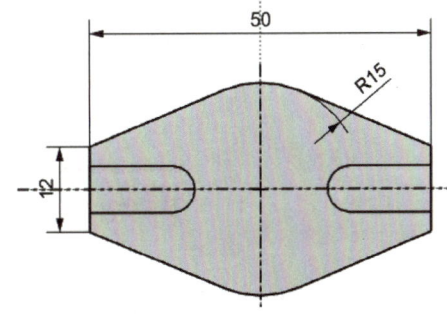

图 2-23　镜像右槽口

（3）修剪并标注尺寸，如图 2-24 所示。

6. 绘制中心圆

绘制中心圆并标注尺寸，如图 2-25 所示。

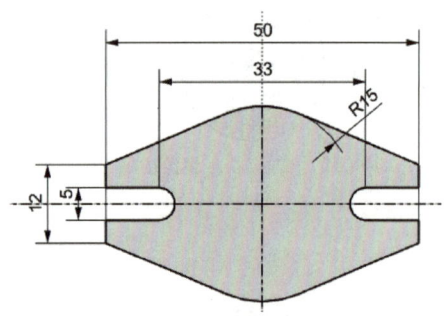

图 2-24 修剪并标注尺寸

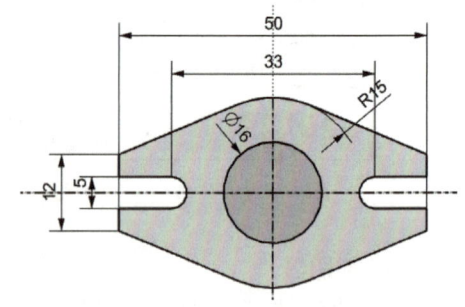

图 2-25 绘制中心圆并标注尺寸

7. 结束草图绘制

单击【主页】选项卡|【草图】组|【完成】按钮▶。

8. 存盘

选择【文件】|【保存】命令，保存文件。

【任务拓展】

绘制草图，如图 2-26 所示。

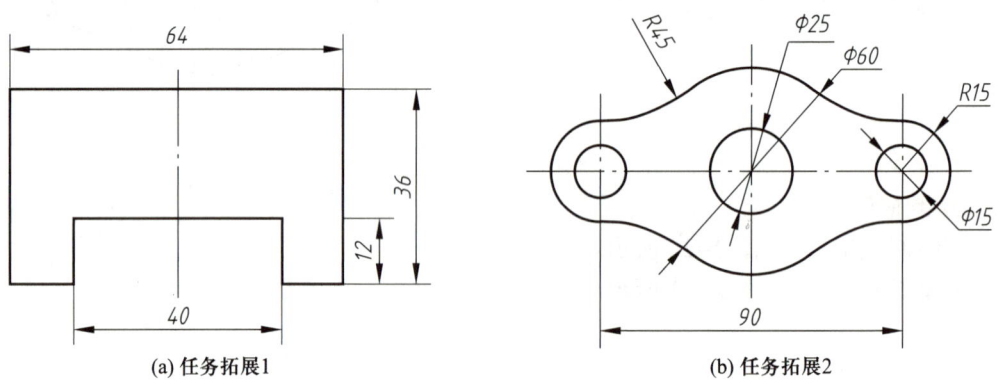

(a) 任务拓展1   (b) 任务拓展2

图 2-26 绘制对称草图任务拓展

课题 2.3　绘制复杂草图

微视频

课题2.3

【学习目标】

（1）掌握添加几何关系方法
（2）熟练使用草图导航器

【工作任务】

绘制复杂草图实例,如图 2-27 所示。

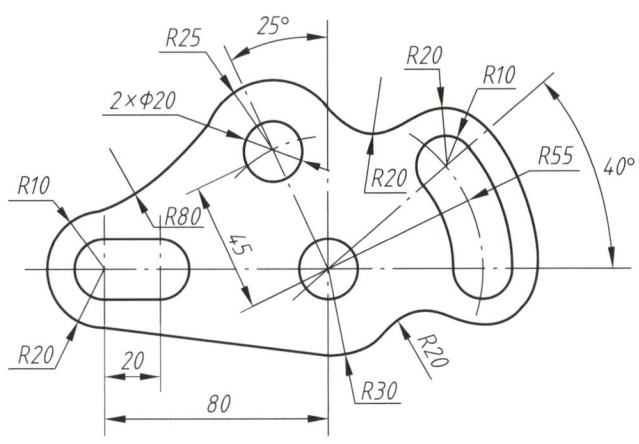

图 2-27　绘制复杂草图实例

【任务实施】

1. 新建文件

新建文件并保存为"绘制复杂草图实例 .prt"。

2. 进入新草图环境

在绘图区选择 YZ 平面绘制草图。

3. 绘制基准线

① 在绘图区绘制直线和圆弧,用于定位。

② 标注这些线条的尺寸,确保草图已完全定义:所有线条均为黑色,且状态行显示"草图已完全定义",如图 2-28 所示。

③ 将这些线条转换为参考曲线,如图 2-29 所示。

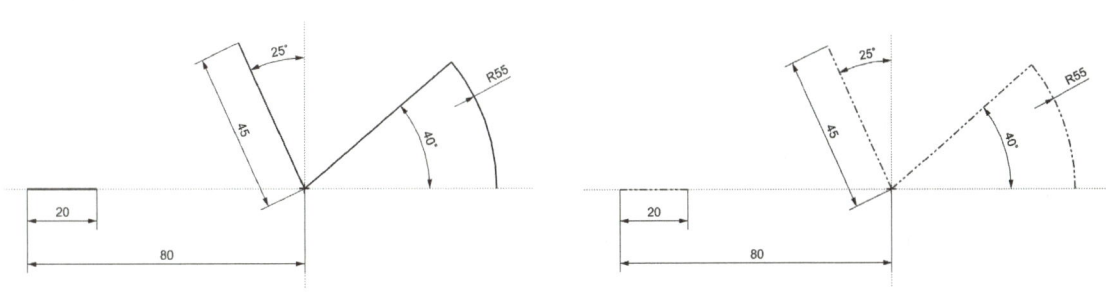

图 2-28　绘制直线和圆弧　　　　　图 2-29　转换为参考曲线

⚠️ **注意** 草图仍保持完全定义。

4. 绘制圆和槽

绘制四个圆和两个弯曲槽、两个直槽,标注尺寸,确保草图已完全定义,如图 2-30 所示。

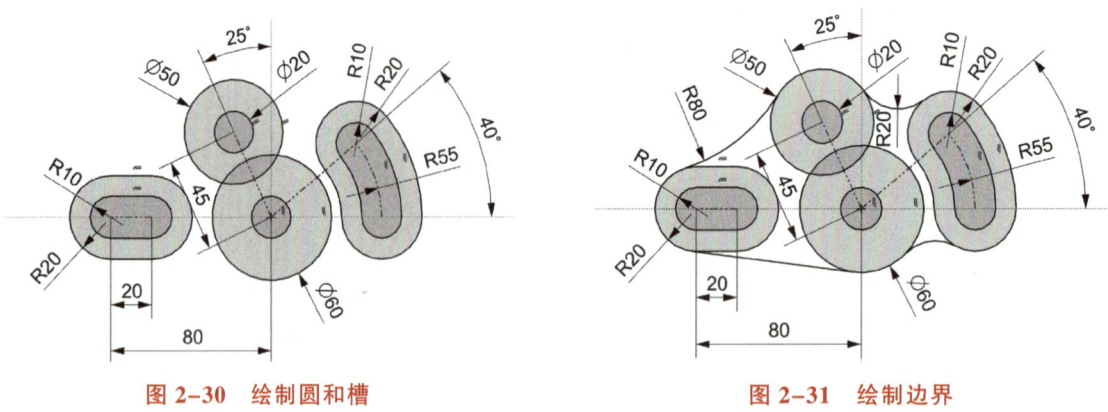

图 2-30　绘制圆和槽　　　　　　　　　　　图 2-31　绘制边界

5. 绘制边界

绘制直线和圆弧以完成外边界,标注尺寸,确保草图已完全定义,如图 2-31 所示。

💡 **提示** 使用【三点定圆弧】方法绘制圆弧,首先创建与一个圆的相切关系,再使用【设为相切】命令创建与另一个圆的相切关系。

6. 修剪

修剪边界曲线上未使用的分段,经过正确修剪后,边界曲线首尾相连,这时外部区域着色,如图 2-32 所示。

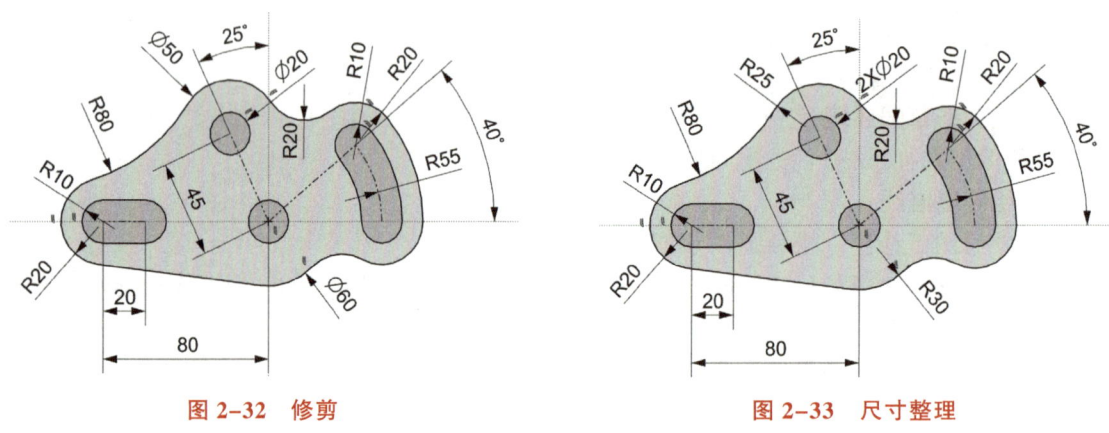

图 2-32　修剪　　　　　　　　　　　　　图 2-33　尺寸整理

7. 尺寸整理

① 重定位尺寸以绘制整齐的草图。

② 将直径尺寸转换为半径尺寸。

③ 删除重复尺寸并替换为文本,如"2×"等,如图 2-33 所示。

8. 结束草图绘制

单击【主页】选项卡|【草图】组|【完成】按钮🏁。

9. 存盘

选择【文件】|【保存】命令,保存文件。

【相关知识】——添加几何关系

手工施加几何关系是对所选草图对象指定某种约束的方法。单击【草图场景条】上的【几何关系】按钮，可以添加相应的几何关系。

各种约束类型及其表示含义，见表 2-1。

表 2-1 各种约束类型及其表示含义

约束类型	表示含义
固定曲线	将草图对象固定在某个位置，点固定其所在位置；线固定其角度；圆和圆弧固定其圆心或半径
设为重合	移动所选对象与上一个所选对象重合、同心或移动点到曲线上
设为共线	移动所选对象与上一个所选对象成共线
设为水平	移动所选对象与上一个所选对象水平或水平对齐
设为竖直	移动所选对象与上一个所选对象竖直或竖直对齐
设为相切	移动所选对象与上一个所选对象相切（选择直线、圆弧）
设为平行	移动所选直线与上一个所选直线平行
设为垂直	移动所选直线与上一个所选直线垂直
设为相等	移动所选曲线与上一个所选曲线等半径或等长度
设为对称	移动所选对象以通过对称线与第二个对象成对称关系
设为中点对齐	将点移至与直线中点对齐的位置，并创建持久的关系
设为点在线串上	移动选定的点以与曲线的关联线串重合，并创建持久的关系
设为与线串相切	移动选定的曲线，使其与曲线的关联线串相切，并创建持久的关系
设为垂直于线串	移动选定的曲线，使其垂直于曲线的关联线串，并创建持久的关系
设为均匀比例	使样条均匀缩放，并创建持久的关系

【相关知识】——草图导航器

NX2406 版本在进入草图绘制环境后，在【资源条】出现草图导航器，如同部件导航器一样，以一种树形格式（特征树）可视化地显示草图中图线与图线之间的关系，并可以对图线实施编辑操作，其操作结果可通过绘图区模型的更新显示出来，如图 2-34 所示。

草图导航器说明：

曲线：列出草图曲线。

关系：列出尺寸、持久的关系和找到的关系。

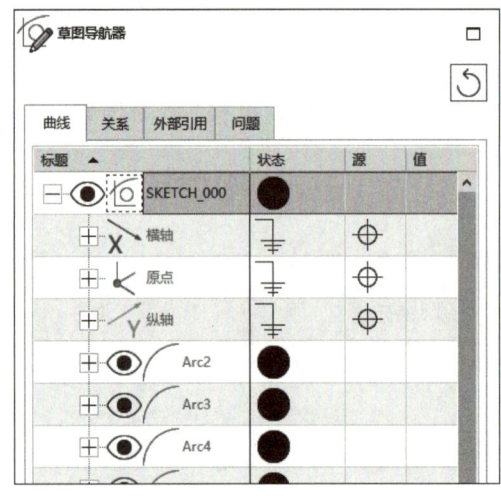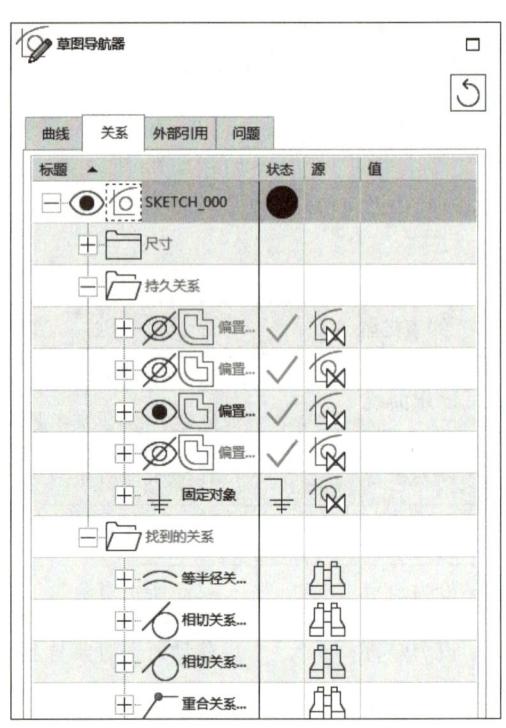

图 2-34 草图导航器

外部引用：列出具有表达式的对象、具有外部引用的对象和草图放置。

问题：列出所有失效、失败和冲突的对象。

在【状态】栏中实心圆 ● 表示不可移动曲线，空心圆 ○ 表示可移动曲线，⊥ 表示固定曲线，✓ 表示为最新状态，⊠ 表示持久的关系，⋈ 表示找到的关系。

【任务拓展】

绘制草图，如图 2-35 所示。

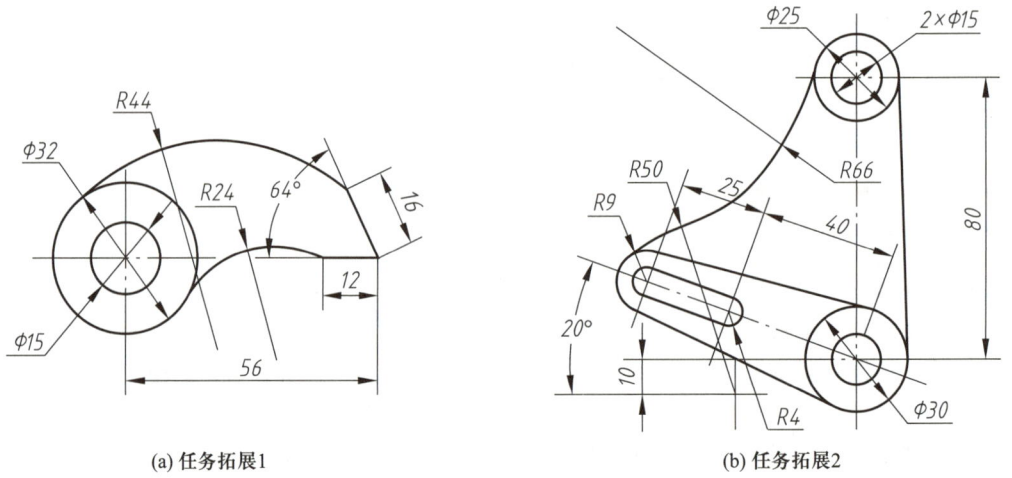

(a) 任务拓展1　　　　　　　　　　　　　　　　(b) 任务拓展2

图 2-35　绘制复杂草图任务拓展

课题 2.4　提高练习

绘制草图，如图 2-36 所示。

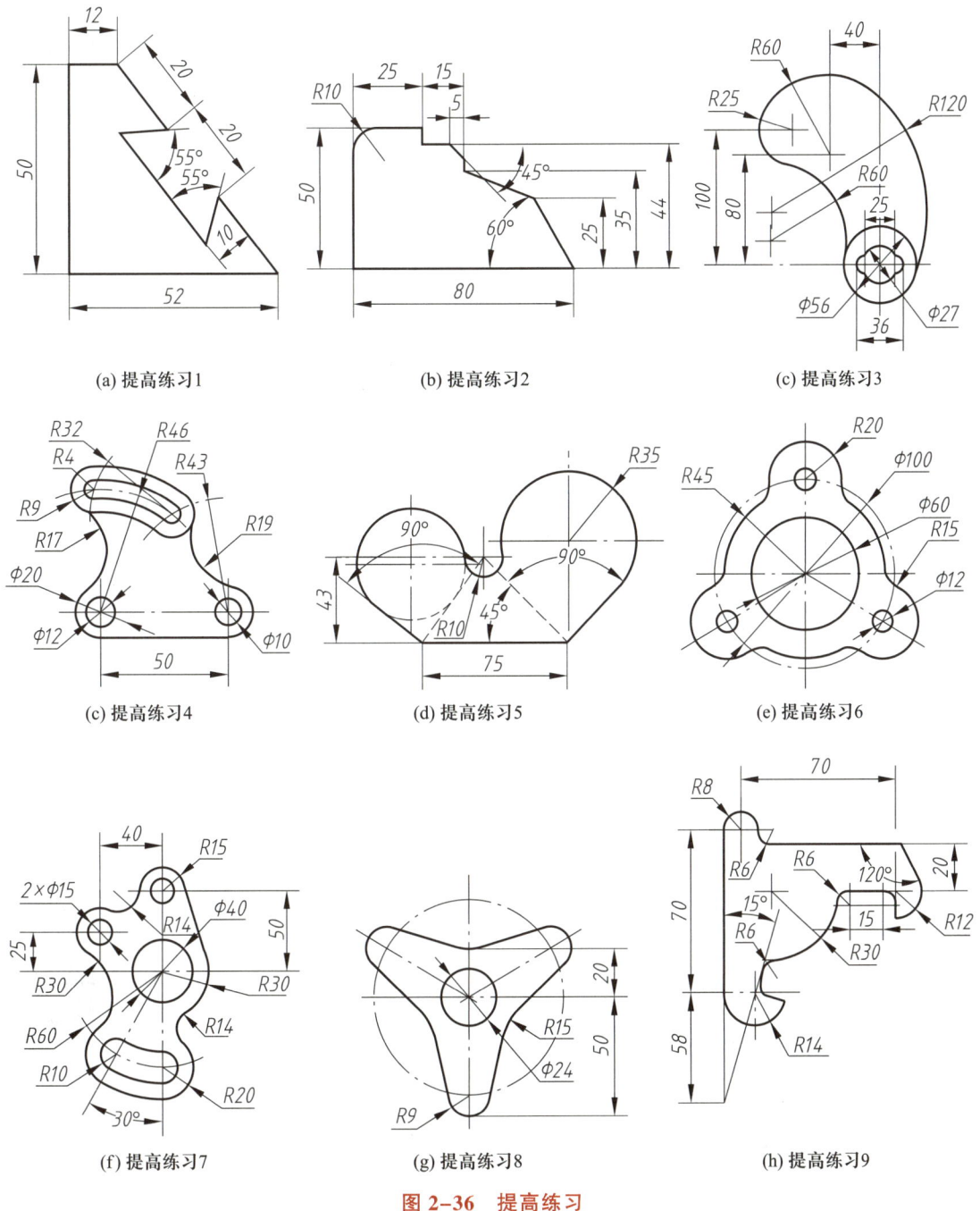

(a) 提高练习1　　　　　　　(b) 提高练习2　　　　　　　(c) 提高练习3

(c) 提高练习4　　　　　　　(d) 提高练习5　　　　　　　(e) 提高练习6

(f) 提高练习7　　　　　　　(g) 提高练习8　　　　　　　(h) 提高练习9

图 2-36　提高练习

模块 三 创建扫掠特征

创建扫掠特征是 UGNX 软件中较常用的一种建模方法。扫掠特征是一截面线串移动扫掠过的区域所构成的实体。扫掠特征与截面线串和引导线串具有相关性,通过编辑截面线串和引导线串,扫掠特征自动更新。扫掠特征与已存在的实体可以进行布尔操作。作为截面线串和引导线串的曲线可以是实体边缘、二维曲线或草图等。

扫掠特征类型包括以下几种。

① 拉伸特征。在线性方向按规定距离扫描,如图 3-1a 所示。

② 旋转特征。绕一规定的轴旋转,如图 3-1b 所示。

③ 沿引导线扫掠特征。沿一引导线扫描,如图 3-1c 所示。

④ 管道。指定内外直径,沿指定引导线串扫描,如图 3-1d 所示。

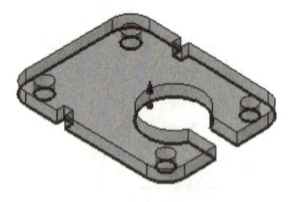   

(a) 拉伸特征　　　　(b) 旋转特征　　　(c) 沿引导线扫掠特征　　　(d) 管道

图 3-1　扫掠特征类型

课题 3.1　创建拉伸特征

微视频

课题3.1

⊙【学习目标】

(1)理解零件建模的基本规则。

(2)掌握创建拉伸特征的方法。

⊙【工作任务】

创建拉伸特征实例,如图 3-2 所示。

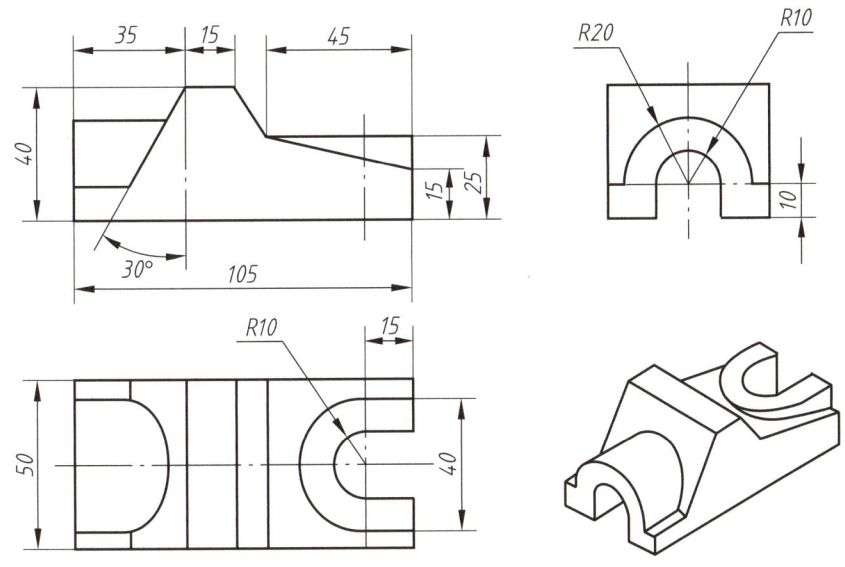

图 3-2　创建拉伸特征实例

【任务实施】

1. 新建文件

新建文件并保存为"创建拉伸特征实例 .prt"。

2. 创建拉伸基体

（1）在 *YZ* 平面绘制草图，如图 3-3 所示。

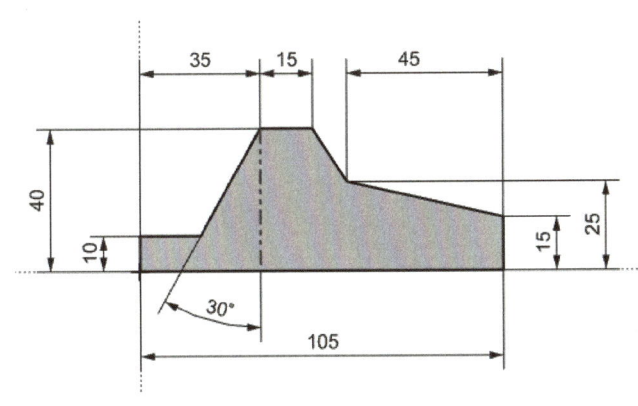

图 3-3　在 *YZ* 平面绘制草图

💡 提示　关于选择最佳轮廓和选择草图平面

① 选择最佳轮廓

分析模型，选择最佳建模轮廓，如图 3-4 所示。

轮廓 A 和轮廓 C 是矩形的，拉伸后，需要很多的切除才能完成毛坯建模。轮廓 B 只需添加两个凸台，就可以完成毛坯建模。本实例选择轮廓 B。

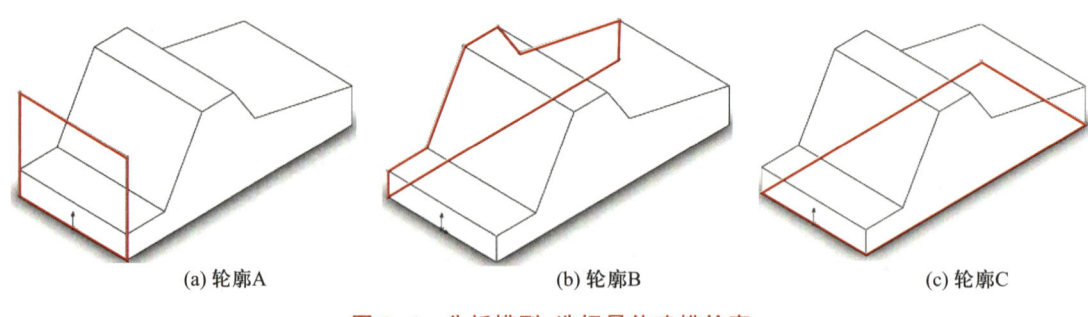

(a) 轮廓A　　　　　　　　(b) 轮廓B　　　　　　　　(c) 轮廓C

图 3-4　分析模型,选择最佳建模轮廓

② 选择草图平面

分析模型,选择最佳建模轮廓草图平面,如图 3-5 所示。

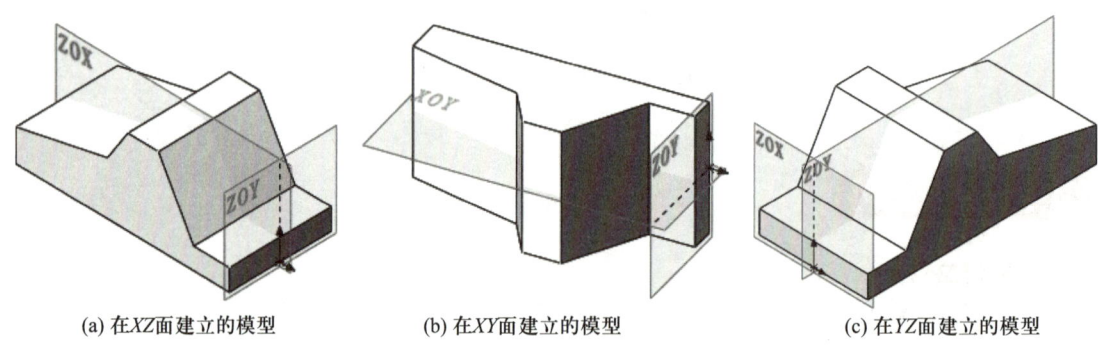

(a) 在XZ面建立的模型　　　　(b) 在XY面建立的模型　　　　(c) 在YZ面建立的模型

图 3-5　选择最佳建模轮廓草图平面

第一种放置方法是选择 XZ 面。

第二种放置方法是选择 XY 面。

第三种放置方法是选择 YZ 面。

根据模型放置方法进行分析:

a. 考虑零件本身的显示方位

零件本身的显示方位决定模型怎样放置在标准视图中,例如轴测图。

b. 考虑零件在装配图中的方位

装配图中固定零件的方位决定了整个装配模型怎样放置在标准视图中,例如轴测图。

c. 考虑零件在工程图中方位

建模时应该使模型的右视图与工程图的主视图完全一致。

从上面三种分析来看,第三种放置方法最佳。

(2) 单击【主页】选项卡|【基本】组|【拉伸】按钮 🔲,出现【拉伸】对话框。

① 设置选择意图规则:相连曲线。

② 在【截面】组,激活【选择曲线】,选择曲线。

③ 在【限制】组【宽度】列表选择【Symmetric Value】选项,在【距离】文本框输入"50"。

④ 在【布尔】组【布尔】列表选择【无】选项,如图 3-6 所示。

完成以上设置,单击【确定】按钮,创建拉伸基体。

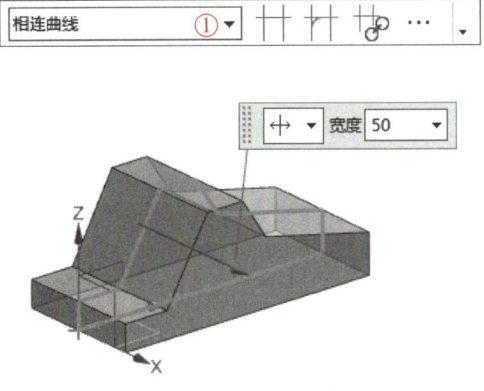

图 3-6 创建拉伸基体

💡 提示 关于选择意图规则和选项

曲线可以是基本二维曲线、草图曲线、实体边缘、实体表面或片体边等,将鼠标指向所要选择的对象,系统自动判断出用户的选择意图,或通过选择过滤器设置要选择对象的类型。当创建拉伸、回转、沿引导线扫掠特征时,自动出现【曲线选择场景】工具条,如图 3-7 所示。

常用意图选项:

① 【在相交处停止】:在成链曲线的构建中不仅端点处停止,而且在交点处停止。

② 【跟随圆角】:在成链曲线的构建中跟随或离开圆角。

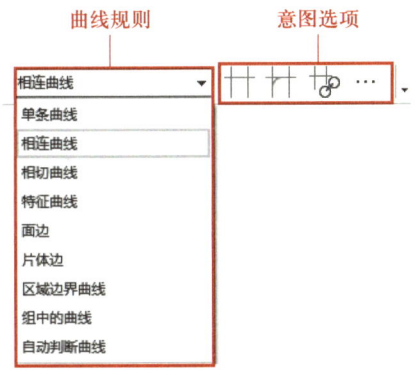

图 3-7 【曲线选择场景】工具条

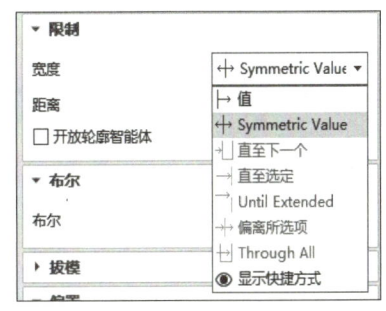

图 3-8 【限制】组

💡 提示 关于拉伸限制

【限制】组用于确定拉伸开始和终点的位置,如图 3-8 所示。

① 值。设置值,确定拉伸开始或终点位置。在截面上方的值为正,在截面下方的值为负。

② Symmetric Value(对称值)。从截面开始,沿正、负两个方向。

③ 直至下一个。终点位置沿箭头方向、开始位置沿箭头反方向,拉伸到最近的实体表面。

④ 直至选定。开始、终点位置位于选定对象。

⑤ Until Extended(直到被延伸)。拉伸到选定面的延伸位置。

⑥ 偏离所选项。可以将拉伸的起点或终点定义为偏离选定面或体。

⑦ Through All（贯通）。沿指定方向的路径，延伸拉伸特征，使其完全贯通所有的可选体。

⑧【距离】文本框。在文本框输入的值。当开始和终点选项中的任何一个设置为值或对称值时出现。

说明：选择【两侧对称】形式为终止条件时，若拉伸距离为 10 mm，建模后以基准面为中心，正、负两个方向的拉伸距离各自为 5 mm，即总的拉伸距离为 10 mm。

💡 提示 关于对称零件的建模思路

草图层次：利用原点设定为草图中点或者对称约束。特征层次：利用对称拉伸或镜像。

3. 创建直至选定拉伸特征

（1）在左端面绘制草图，如图 3-9 所示。

（2）单击【主页】选项卡|【基本】组|【拉伸】按钮🔷，出现【拉伸】对话框。

① 设置选择意图规则：相连曲线。

② 在【截面】组，激活【选择曲线】，选择曲线。

③ 在【限制】组【终止】列表选择【直至选定】选项，在绘图区选择斜面。

④ 在【布尔】组【布尔】列表选择【合并】选项，如图 3-10 所示。

完成以上设置，单击【确定】按钮，创建直至选定拉伸特征。

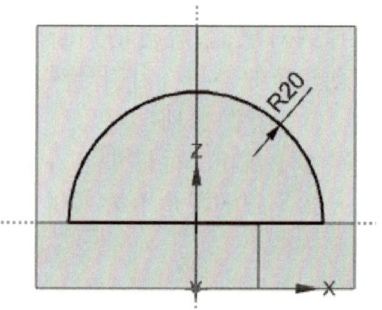

图 3-9 在左端面绘制草图

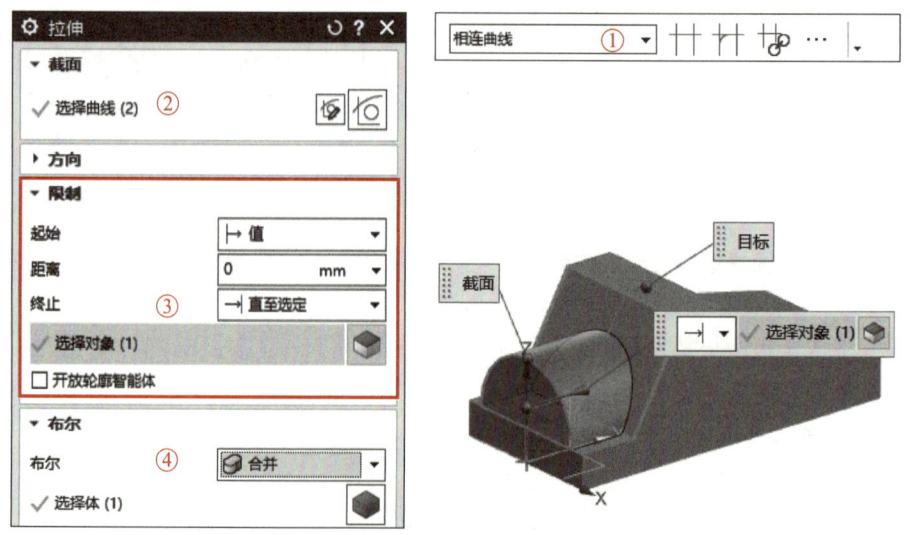

图 3-10 创建直至选定拉伸特征

💡 提示 关于布尔运算

【布尔】组用于指定拉伸特征及其所接触的体之间的交互方式，如图 3-11 所示。

① 无。创建独立的拉伸实体。

② 合并。将拉伸体与目标体合并为单个实体。

③ 减去。从目标体移除拉伸体。

④ 相交。创建一个实体，即创建具有指定拉伸特征并与现有体相交的实体。

⑤ 自动判断。根据拉伸的方向矢量及正在拉伸的对象的位置来确定概率最高的布尔运算。

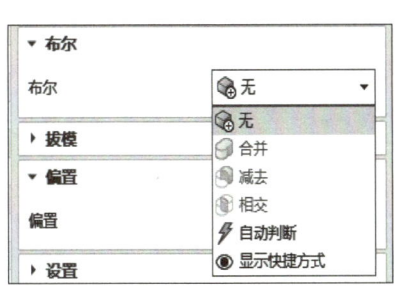

图 3-11　【布尔】组

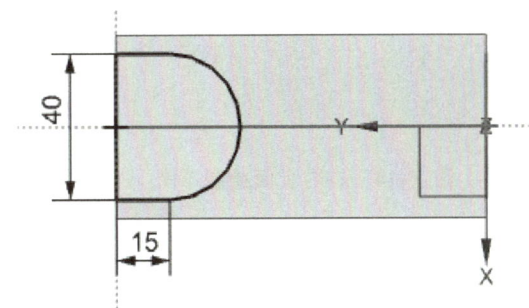

图 3-12　在底面绘制草图

4．创建定值拉伸特征

（1）在底面绘制草图，如图 3-12 所示。

（2）单击【主页】选项卡｜【基本】组｜【拉伸】按钮 ，出现【拉伸】对话框。

① 设置选择意图规则：相连曲线。

② 在【截面】组，激活【选择曲线】，选择曲线。

③ 在【限制】组【终止】列表选择【值】选项，在【距离】文本框输入"25"。

④ 在【布尔】组【布尔】列表选择【合并】选项，如图 3-13 所示。

完成以上设置，单击【确定】按钮，创建定值拉伸特征。

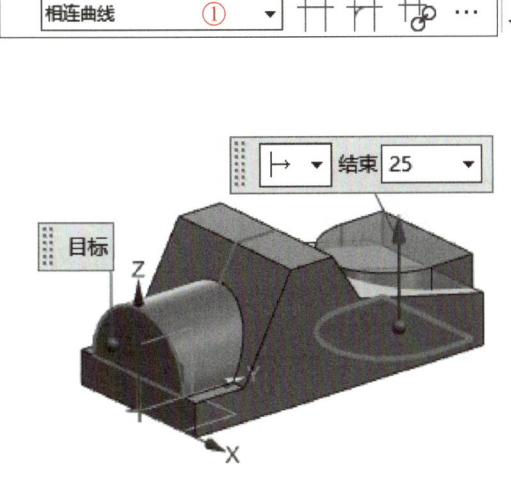

图 3-13　创建定值拉伸特征

5. 创建拉伸切除特征

（1）在右上面绘制草图，如图 3-14 所示。

（2）单击【主页】选项卡 | 【基本】组 | 【拉伸】按钮 ，出现【拉伸】对话框。

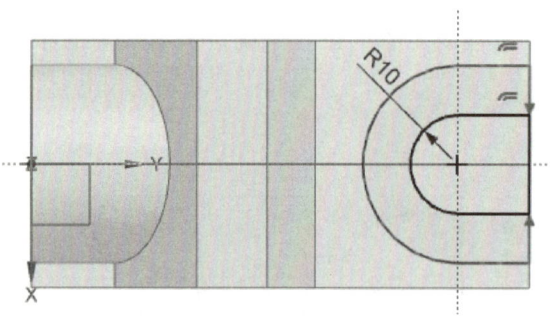

图 3-14　在右上面绘制草图

① 设置选择意图规则：相连曲线。

② 在【截面】组，激活【选择曲线】，选择曲线。

③ 在【限制】组【终止】列表选择【Through All】选项。

④ 在【布尔】组【布尔】列表选择【减去】选项，如图 3-15 所示。

完成以上设置，单击【确定】按钮，创建拉伸切除特征。

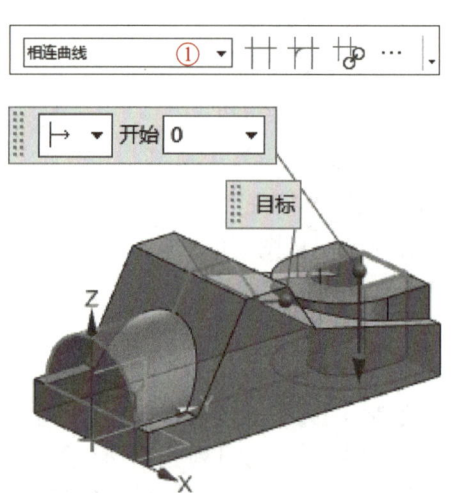

图 3-15　创建拉伸切除特征

6. 创建拉伸切除特征

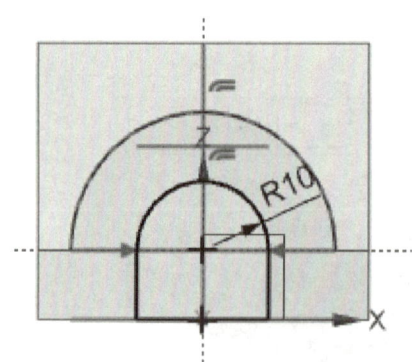

图 3-16　在左端面绘制草图

（1）在左端面绘制草图，如图 3-16 所示。

（2）单击【主页】选项卡 | 【基本】组 | 【拉伸】按钮 ，出现【拉伸】对话框。

① 设置选择意图规则：相连曲线。

② 在【截面】组，激活【选择曲线】，选择曲线。

③ 在【限制】组【终止】列表选择【Through All】选项。

④ 在【布尔】组【布尔】列表选择【减去】选项，如图 3-17 所示。

完成以上设置，单击【确定】按钮，创建拉伸切除特征。

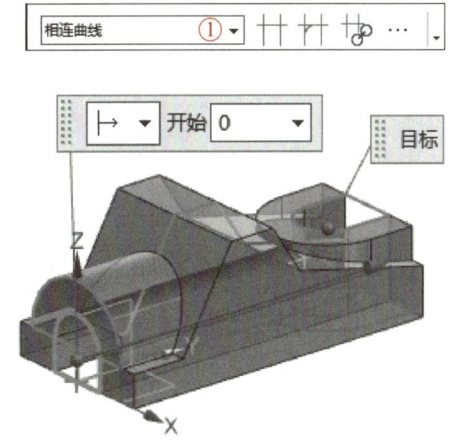

图 3-17 创建拉伸切除特征

7. 移动层

（1）将草图移到 21 层。

（2）将 21 层、61 层设为【不可见】，完成建模，如图 3-18 所示。

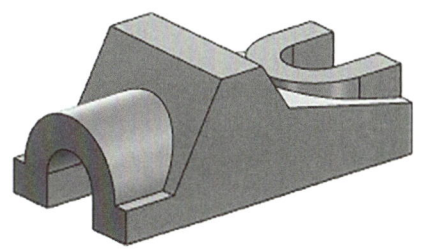

8. 存盘

选择【文件】|【保存】命令，保存文件。

图 3-18 完成建模

【任务拓展】

创建模型，如图 3-19 所示。

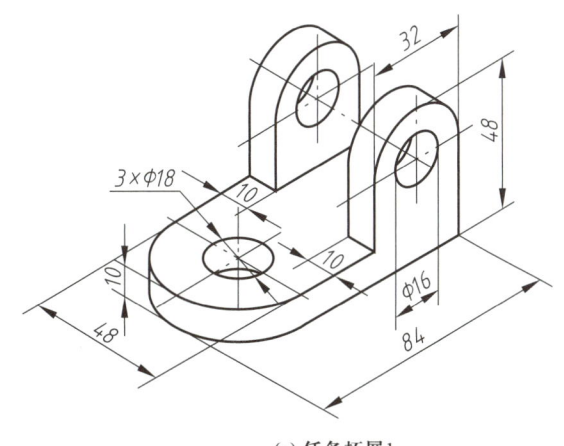

(a) 任务拓展1   (b) 任务拓展2

图 3-19 创建拉伸特征任务拓展

课题 3.2　创建沿指定方向拉伸特征

微视频

课题3.2

【学习目标】

（1）掌握创建沿指定方向拉伸特征的方法。
（2）掌握使用矢量管理器。

【工作任务】

创建沿指定方向拉伸特征实例，如图 3-20 所示。

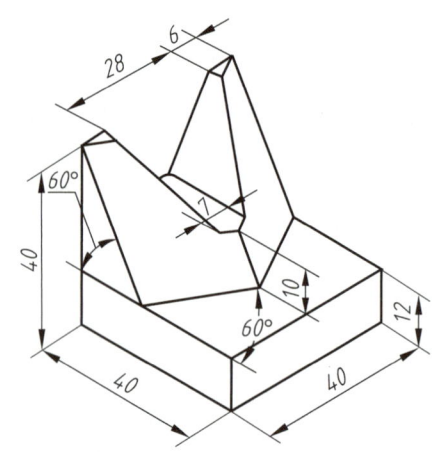

图 3-20　创建沿指定方向拉伸特征实例

【任务实施】

1. 新建文件

新建文件并保存为"创建沿指定方向拉伸特征实例 .prt"。

2. 创建块

单击【主页】选项卡｜【基本】组｜【更多】下拉菜单｜【块】按钮 ▣，出现【块】
对话框。

① 默认指定点为原点。

② 在【长度】文本框输入"40"，在【宽度】文本框输入"40"，在【高度】文本框输入
"40"。完成以上设置，单击【确定】按钮，在坐标系原点（0，0，0）处，创建块，如图 3-21
所示。

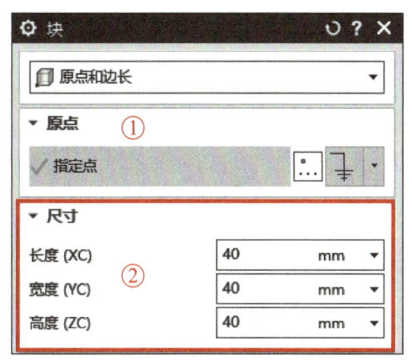 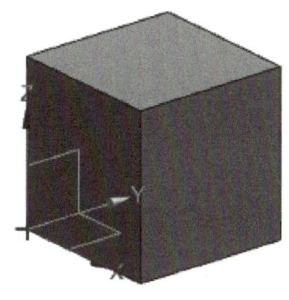

图 3-21 创建块

💡 提示 关于体素特征

所谓体素特征,指的是可以独立存在的规则实体,它可以用作实体建模初期的基本形状。具体包括块(长方体)、圆柱体、圆锥体和球体 4 种。

① 长方体。允许用户通过指定方位、大小和位置创建长方体体素。

② 圆柱体。允许用户通过指定方位、大小和位置创建圆柱体体素。

③ 圆锥体。允许用户通过指定方位、大小和位置创建圆锥体体素。

④ 球体。允许用户通过指定方位、大小和位置创建球体体素。

按 UGNX 建模传统,体素特征用于建模第一个特征,而且只用一次。

3. 创建沿指定方向拉伸切除特征

(1)选择左端面为草图面,进入草图绘图环境;单击【主页】选项卡|【包含】组|【包含】按钮 🧊,出现【包含】对话框。选择两边线为要包含的对象,如图 3-22 所示。

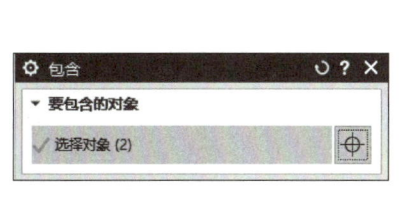 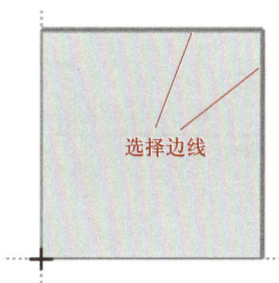

选择边线

图 3-22 【包含】对话框

绘制草图,如图 3-23 所示。

💡 提示 关于草图中【包含】命令

【包含】用于将曲线、边和基准等外部对象包含到草图中,以创建尺寸或将草图曲线移动到几何关系中,如图 3-24 所示。

(2)单击【主页】选项卡|【基本】组|【拉伸】按钮 🏠,出现【拉伸】对话框。

① 设置选择意图规则:相连曲线,激活【在相交处停止】。

② 在【截面】组,激活【选择曲线】,选择曲线。

③ 在【方向】组,单击【指定矢量】按钮 ⟐,出现【矢量】对话框,在【类型】列表选择【与 XC 成一角度】选项,在【角度】文本框输入"60",单击【确定】按钮。

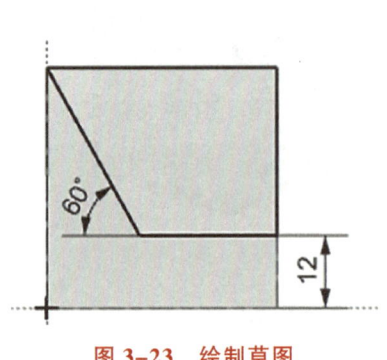

图 3-23　绘制草图

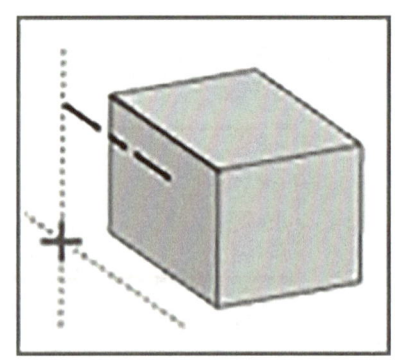

图 3-24　【包含】命令示意图

④ 在【限制】组【终止】列表选择【Through All】选项。

⑤ 在【布尔】组【布尔】列表选择【减去】选项,如图 3-25 所示。

完成以上设置,单击【确定】按钮,创建沿指定方向拉伸切除特征。

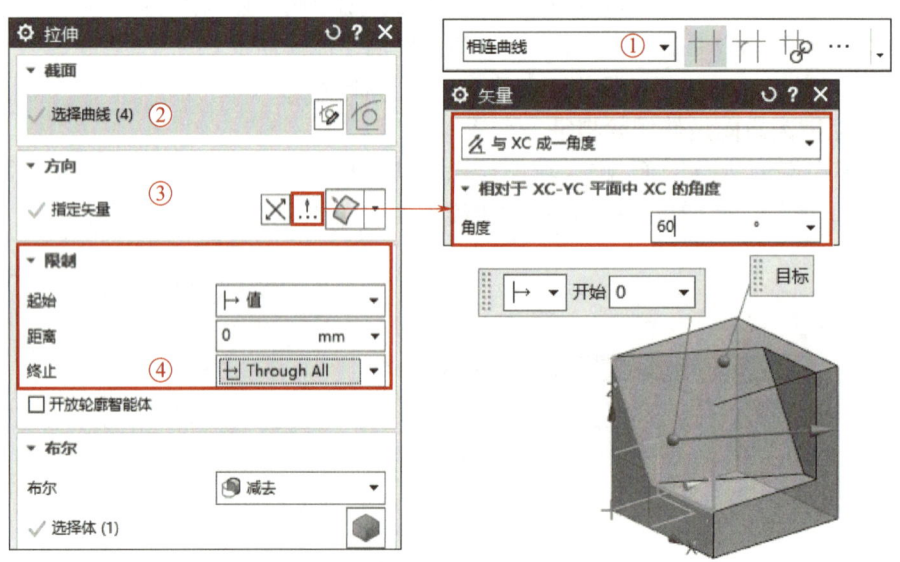

图 3-25　创建沿指定方向拉伸切除特征

💡 提示　关于矢量构造器

很多建模操作都要用到矢量,用以确定特征或对象的方位,如圆柱体或圆锥体的轴线方向、拉伸特征的拉伸方向、旋转扫描特征的旋转轴线方向、曲线投影方向、拔斜度方向等。要确定这些矢量,都离不开矢量构造器。

矢量构造器的所有功能都集中体现在【矢量】对话框,如图 3-26 所示。

单击【矢量方向】按钮,即可在多个可选择的矢量之间切换。

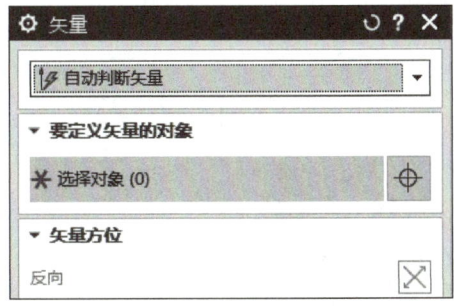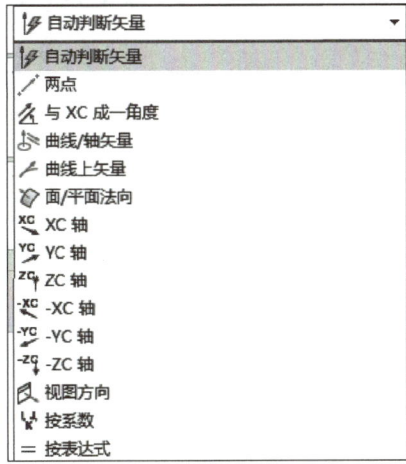

图 3-26　【矢量】对话框

矢量操作通常出现在创建其他特征时需要指定方向的时候,系统调出矢量构造器创建矢量。用同样方法创建另一端拉伸切除特征,如图 3-27 所示。

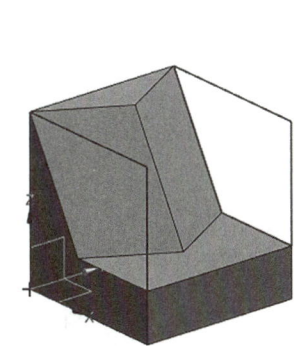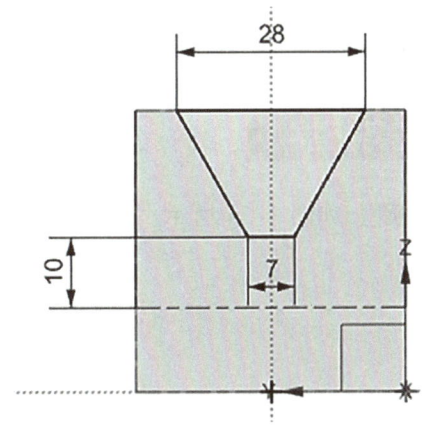

图 3-27　创建另一端拉伸切除特征　　　图 3-28　在后上面绘制草图

4. 创建拉伸切除特征

(1)在后上面绘制草图,如图 3-28 所示。

(2)单击【主页】选项卡│【基本】组│【拉伸】按钮 🔷,出现【拉伸】对话框。

① 设置选择意图规则:相连曲线,激活【在相交处停止】。

② 在【截面】组,激活【选择曲线】,选择曲线。

③ 在【限制】组【终止】列表选择【Through All】选项。

④ 在【布尔】组【布尔】列表选择【减去】选项,如图 3-29 所示。

完成以上设置,单击【确定】按钮,创建拉伸切除特征。

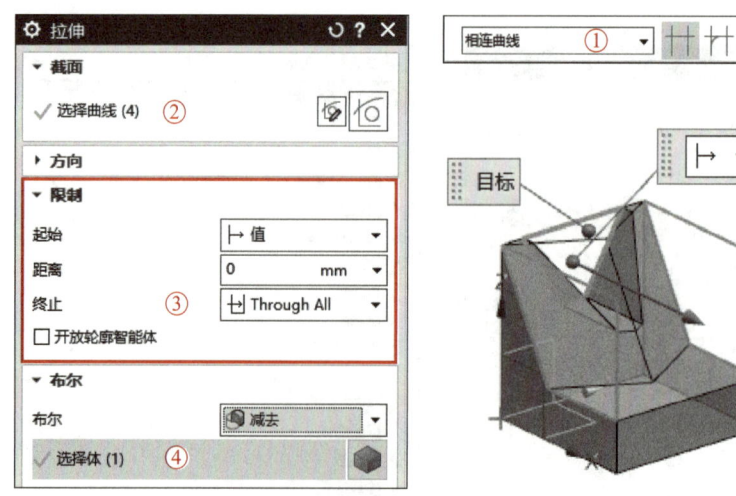

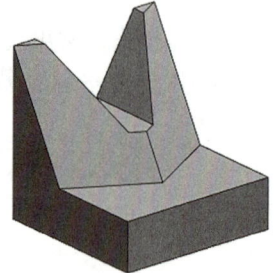

图 3-29　创建拉伸切除特征

5.移动层

（1）将草图移到 21 层。

（2）将 21 层、61 层设为【不可见】,完成建模,如图 3-30 所示。

6.存盘

选择【文件】|【保存】命令,保存文件。

图 3-30　完成建模

【任务拓展】

创建模型,如图 3-31 所示。

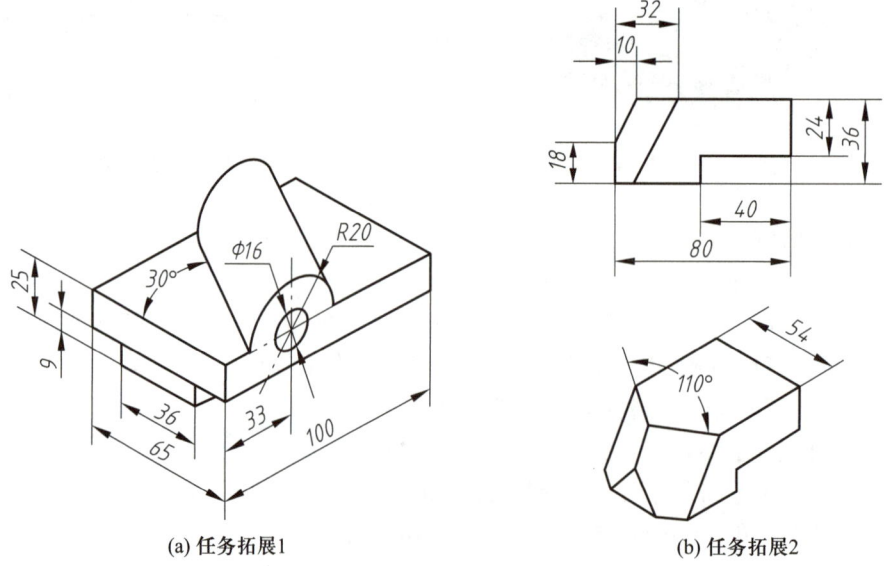

(a) 任务拓展1

(b) 任务拓展2

图 3-31　创建沿指定方向拉伸特征任务拓展

课题 3.3 创建多实体拉伸特征

微视频

课题3.3

【学习目标】

（1）掌握创建偏置拉伸特征的方法。

（2）掌握多实体建模方法。

【工作任务】

创建多实体拉伸特征实例，如图 3-32 所示。

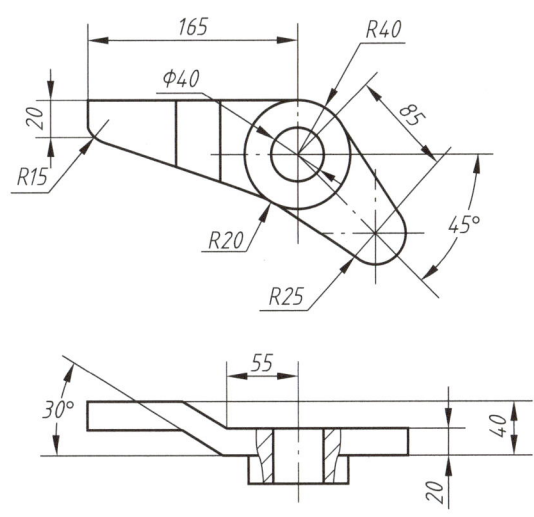

图 3-32 创建多实体拉伸特征实例

【任务实施】

1. 新建文件

新建文件并保存为"创建多实体拉伸特征实例 .prt"。

2. 创建拉伸基体

（1）在 *YZ* 平面绘制草图，如图 3-33 所示。

（2）单击【主页】选项卡｜【基本】组｜【拉伸】按钮 🧊，出现【拉伸】对话框。

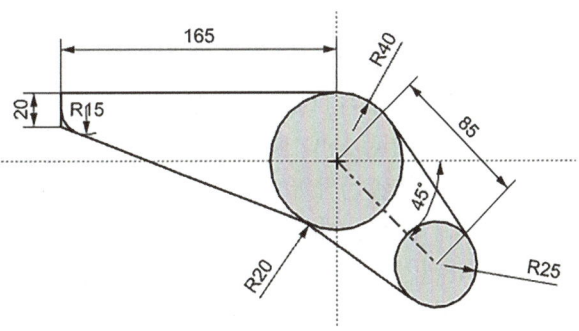

图 3-33 在 *YZ* 平面绘制草图

① 设置选择意图规则：相连曲线，激活【在相交处停止】，激活【跟随圆角】。

② 在【截面】组，激活【选择曲线】，选择曲线。

③ 在【限制】组【宽度】列表选择【Symmetric Value】选项，在【距离】文本框输入"50"。

④ 在【布尔】组【布尔】列表选择【无】选项，如图 3-34 所示。

完成以上设置，单击【确定】按钮，创建拉伸基体。

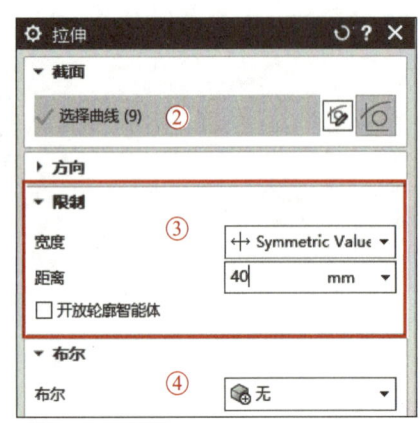
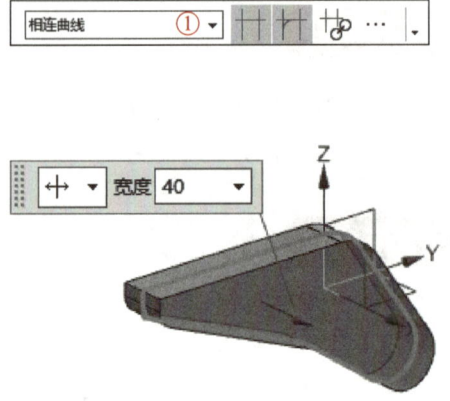

图 3-34 创建拉伸基体

3. 创建拉伸特征

（1）在上平面绘制草图，如图 3-35 所示。

（2）单击【主页】选项卡 |【基本】组 |【拉伸】按钮，出现【拉伸】对话框。

① 设置选择意图规则：特征曲线。

② 在【截面】组，激活【选择曲线】，选择曲线。

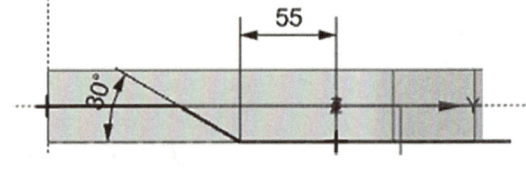

图 3-35 在上平面绘制草图

③ 在【限制】组【终止】列表选择【值】选项，在【距离】文本框输入"130"。

④ 在【布尔】组【布尔】列表选择【无】选项。

⑤ 在【偏置】组【偏置】列表选择【两侧】选项，在【结束】文本框输入"20"，如图 3-36 所示。

完成以上设置，单击【确定】按钮，创建拉伸特征。

💡 提示 关于偏置

通过设置【偏置】组，拉伸后得到薄壁体。

① 单侧。该项对封闭、连续的截面曲线使用。采用单侧偏置时只有终点偏置值，形成一个偏置的实体，如图 3-37 所示。

② 两侧。偏置为开始、终点两条边。偏置值可以为负值，如图 3-38 所示。

③ 对称。向截面曲线两个方向，偏置值相等，如图 3-39 所示。

（3）单击【主页】选项卡 |【基本】组 |【修剪体】下拉菜单 |【求交】按钮，出现【求交】对话框。

① 在【目标】组，激活【选择体】，在绘图区选取"拉伸特征 1"。

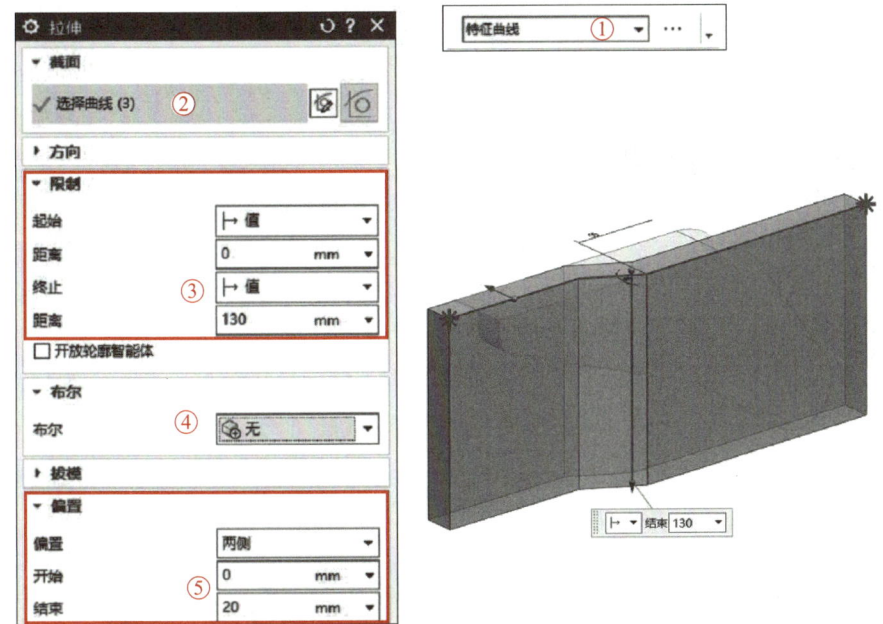

图 3-36 创建拉伸特征

图 3-37 单侧偏置

图 3-38 两侧偏置

图 3-39 对称偏置

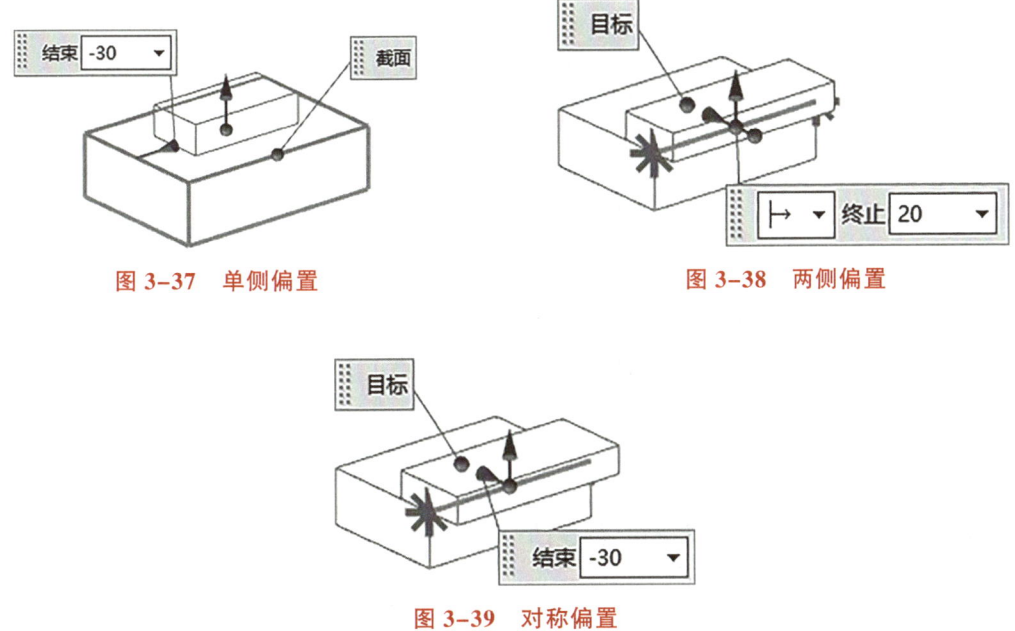

② 在【刀具】组,激活【选择体】,在绘图区选取选择"拉伸特征 2",如图 3-40 所示。完成以上设置,单击【确定】按钮。

💡 提示 关于多实体建模

① 合并。将所选实体的相结合以生成单一实体,如图 3-41a 所示。

② 减去。将重叠的材料从所选主实体中移除,如图 3-41b 所示。

③ 求交。移除除了重叠以外的所有材料,如图 3-41c 所示。

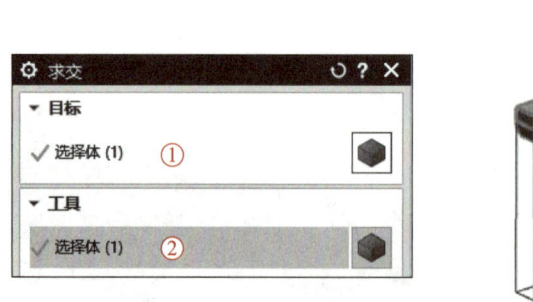
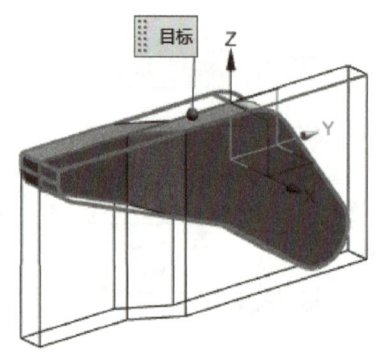

图 3-40 【求交】对话框

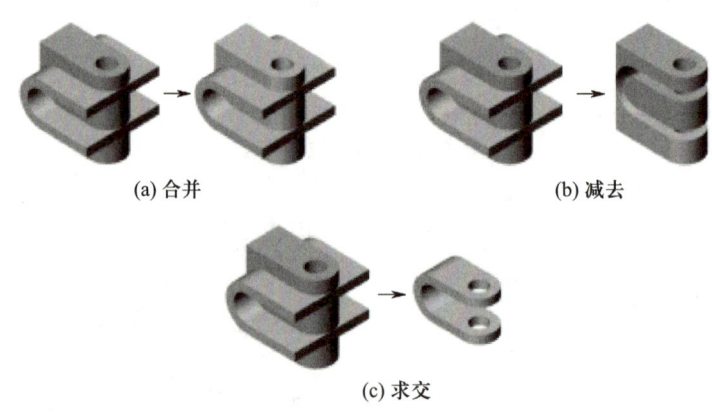

(a) 合并　　　　　　　　　　　　(b) 减去

(c) 求交

图 3-41 多实体建模

4. 创建凸台

单击【主页】选项卡|【基本】组|【拉伸】按钮 🔷，出现【拉伸】对话框。

① 设置选择意图规则：相连曲线，激活【在相交处停止】，激活【跟随圆角】。

② 在【截面】组，激活【选择曲线】，选择曲线。

③ 在【限制】组【终止】列表选择【值】选项，在【距离】文本框输入"50"。

④ 在【布尔】组【布尔】列表选择【合并】选项，如图 3-42 所示。

完成以上设置，单击【确定】按钮，创建凸台。

5. 创建拉伸切除特征

单击【主页】选项卡|【基本】组|【拉伸】按钮 🔷，出现【拉伸】对话框。

① 设置选择意图规则：相连曲线，激活【在相交处停止】，激活【跟随圆角】。

② 在【截面】组，激活【选择曲线】，选择曲线。

③ 在【限制】组【终止】列表选择【Through All】选项。

④ 在【布尔】组【布尔】列表选择【减去】选项。

⑤ 在【偏置】组【偏置】列表选择【单侧】选项，在【结束】文本框输入"-20"，如图 3-43 所示。

完成以上设置，单击【确定】按钮，创建拉伸切除特征。

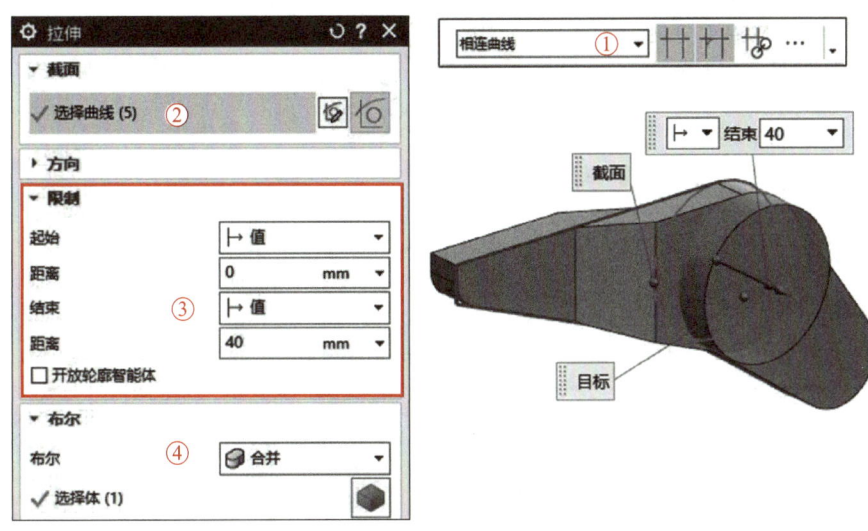

图 3-42　创建凸台

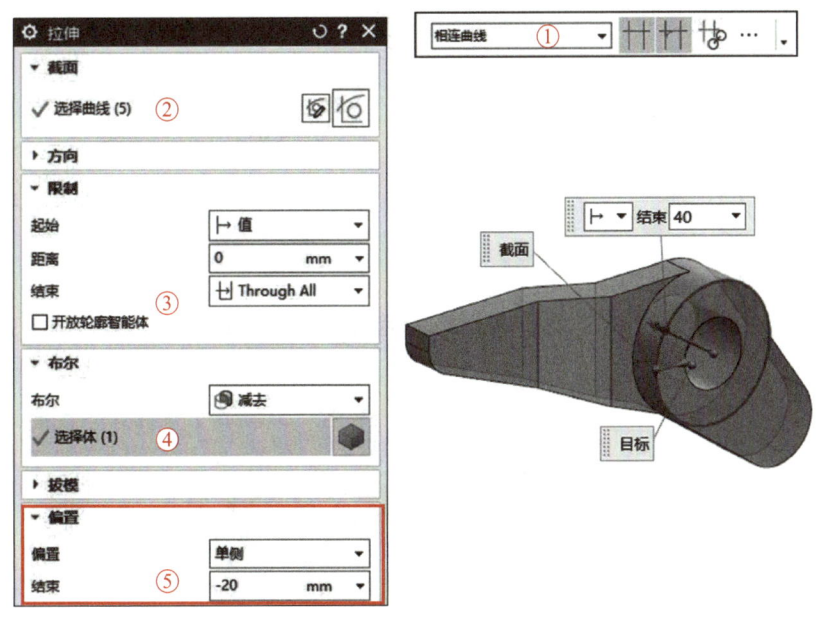

图 3-43　创建拉伸切除特征

6. 移动层

（1）将草图移到 21 层。

（2）将 21 层、61 层设为【不可见】，完成建模，如图 3-44 所示。

7. 存盘

选择【文件】|【保存】命令，保存文件。

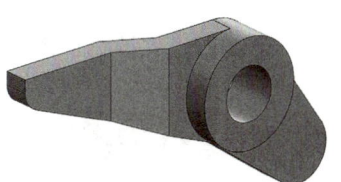

图 3-44　完成建模

【任务拓展】

创建模型，如图 3-45 所示。

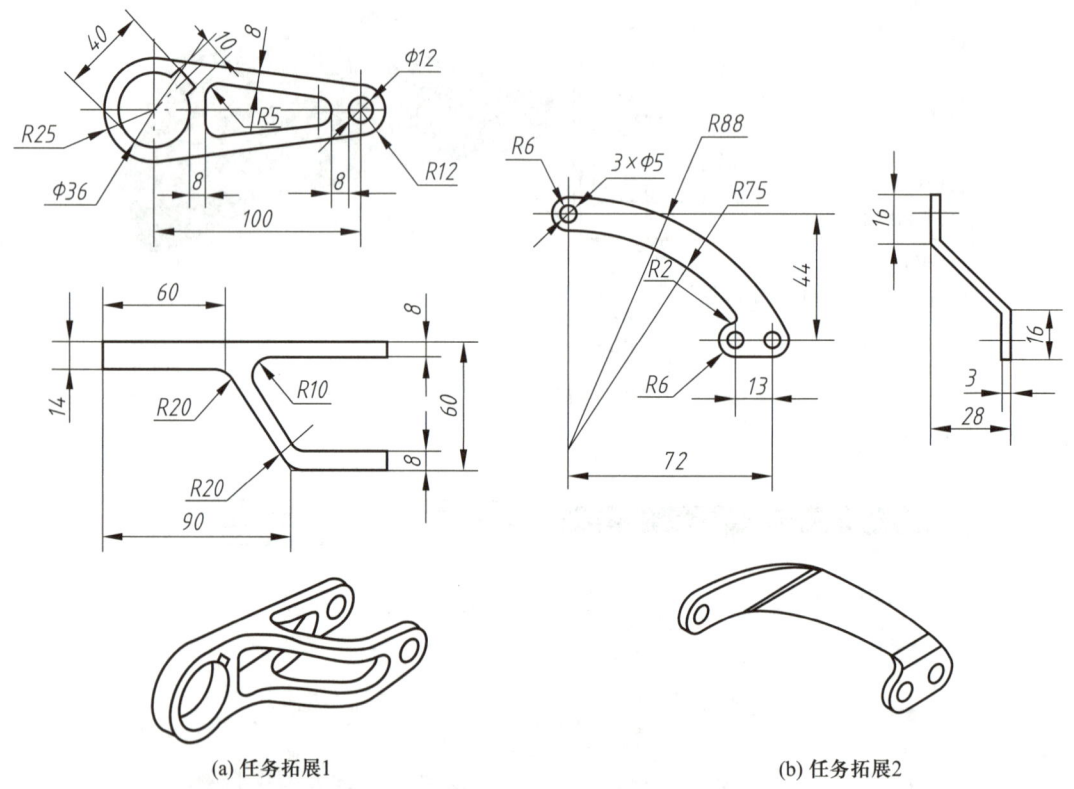

(a) 任务拓展1　　　　　　　　　　　(b) 任务拓展2

图 3-45　创建多实体拉伸特征任务拓展

课题 3.4　创建旋转特征

【学习目标】

掌握创建旋转特征的方法。

微视频

课题3.4

【工作任务】

创建旋转特征实例，如图 3-46 所示。

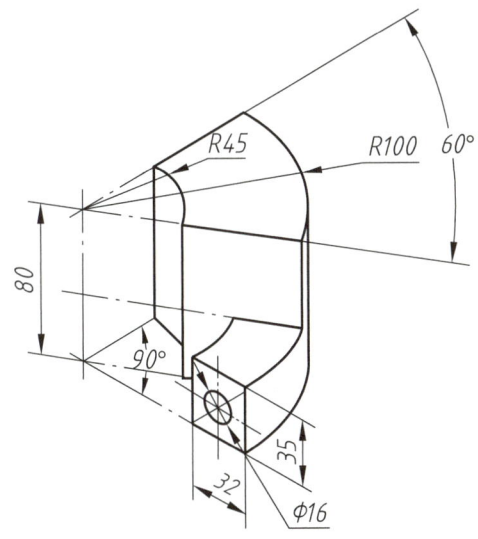

图 3-46　创建旋转特征实例

【任务实施】

1. 新建文件

新建文件并保存为"创建旋转特征实例 .prt"。

2. 创建旋转特征

（1）在 *XZ* 平面绘制草图,如图 3-47 所示。

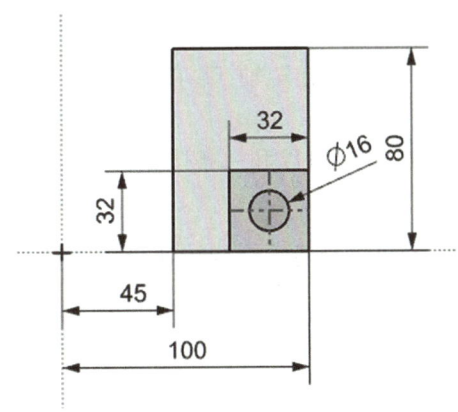

图 3-47　在 *XZ* 平面绘制草图

（2）单击【主页】选项卡 ｜【基本】组 ｜【旋转】按钮 ◈,出现【旋转】对话框。

① 设置选择意图规则:相连曲线。

② 在【截面】组,激活【选择曲线】,选择曲线。

③ 在【轴】组,激活【指定矢量】,在绘图区指定矢量;激活【指定点】,在绘图区指定点。

④ 在【限制】组【起始】列表选择【值】选项,在【角度】文本框输入"0",在【结束】列表选择【值】选项,在【角度】文本框输入"30"。

⑤ 在【布尔】组【布尔】列表选择【无】选项,如图 3-48 所示。

完成以上设置,单击【确定】按钮,创建旋转特征。

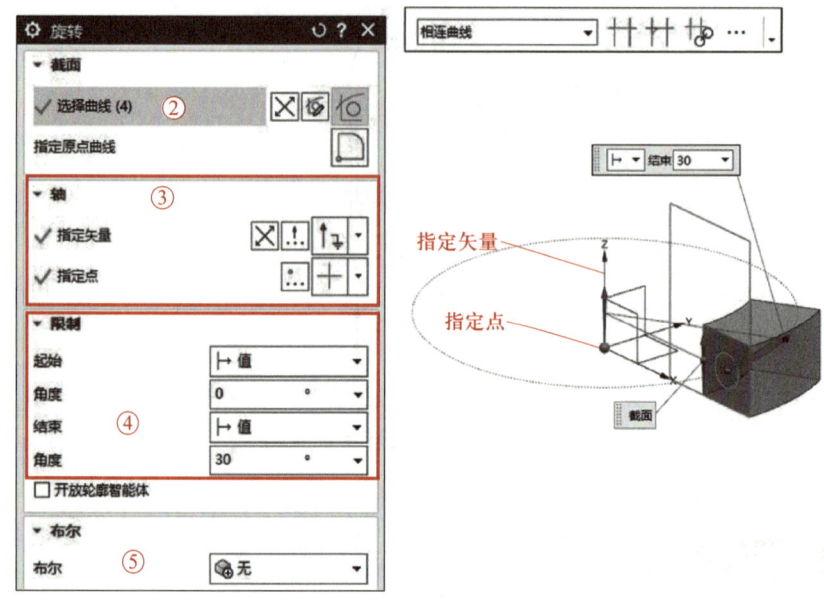

图 3-48 创建旋转特征

提示 关于旋转轴。

规定一旋转轴,如图 3-49 所示。

① 指定矢量。可以用曲线、边缘或任一标准矢量来规定旋转轴。

② 指定点。如果用矢量方法规定旋转轴,要求选择指定点。

图 3-49 规定一旋转轴

旋转轴不得与截面曲线相交,但是可以和一条边重合。

提示 旋转限制极限

起始和结束极限表示旋转体的相对两端绕旋转轴旋转角度。

① 值。用于指定旋转角度的值。

② 对称值。用于指定旋转角度的值向两个方向对称旋转。

③ 直至选定对象。用于指定作为旋转的起始或终止位置的面、实体、片体或相对基准平面。

(3)单击【主页】选项卡|【基本】组|【旋转】按钮 ,出现【旋转】对话框。

① 设置选择意图规则:相连曲线。

② 在【截面】组,激活【选择曲线】,选择曲线。

③ 在【轴】组,激活【指定矢量】,在绘图区指定矢量;激活【指定点】,在绘图区指定点。

④ 在【限制】组【起始】列表选择【值】选项,在【角度】文本框输入"30",在【结束】列表选择【值】选项,在【角度】文本框输入"90"。

⑤ 在【布尔】组【布尔】列表选择【合并】选项,如图 3-50 所示。

完成以上设置,单击【确定】按钮,创建旋转特征。

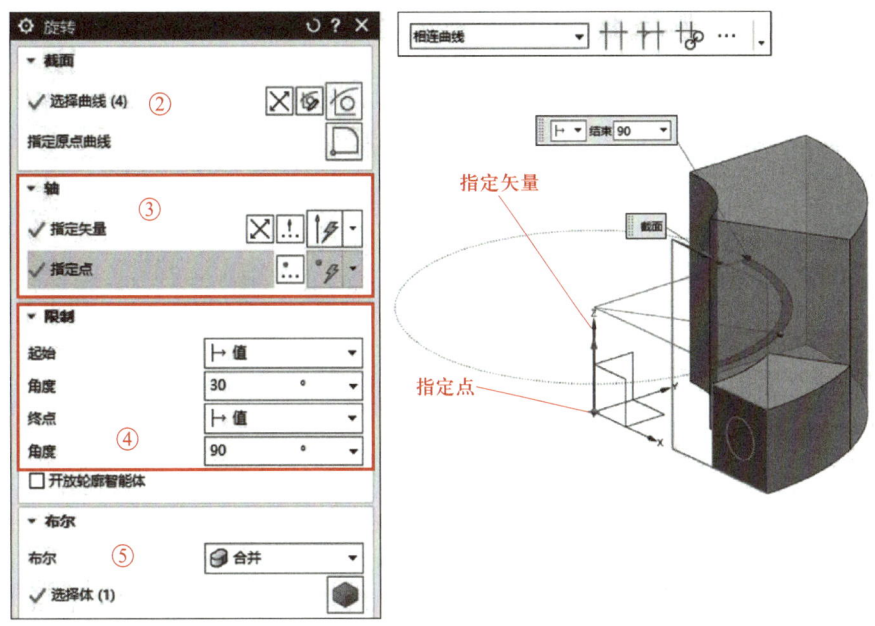

图 3-50　创建旋转特征

（4）单击【主页】选项卡│【基本】组│【旋转】按钮 ✎，出现【旋转】对话框。

① 设置选择意图规则：相连曲线。

② 在【截面】组，激活【选择曲线】，选择曲线。

③ 在【轴】组，激活【指定矢量】，在绘图区指定矢量；激活【指定点】，在绘图区指定点。

④ 在【限制】组【起始】列表选择【值】选项，在【角度】文本框输入"0"，在【结束】列表选择【值】选项，在【角度】文本框输入"360"。

⑤ 在【布尔】组，在【布尔】列表选择【减去】选项，如图 3-51 所示。

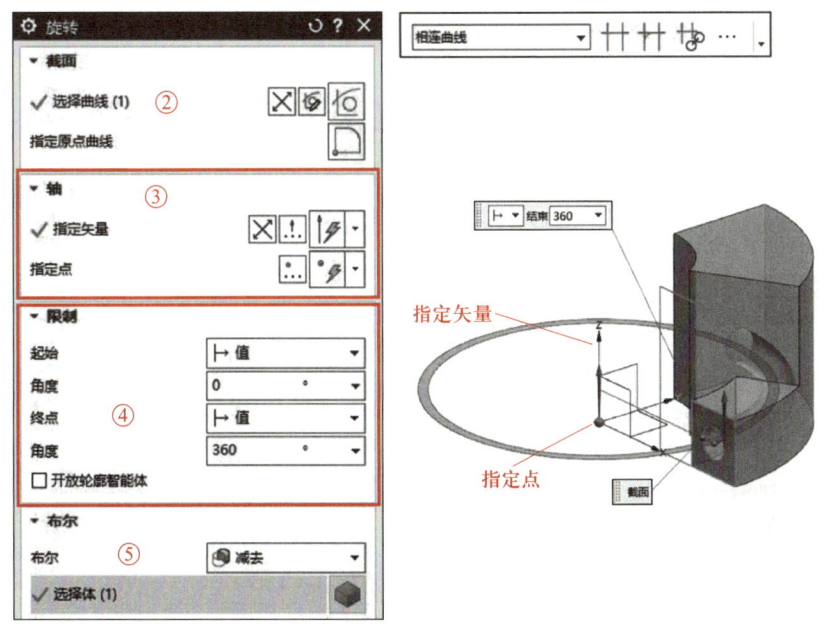

图 3-51　创建旋转特征

完成以上设置,单击【确定】按钮,创建旋转特征。

3．移动层

（1）将草图移到 21 层。

（2）将 21 层、61 层设为【不可见】,完成建模,如图 3-52 所示。

4．存盘

选择【文件】|【保存】命令,保存文件。

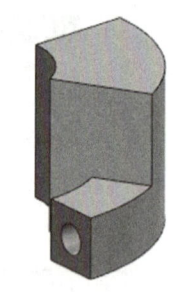

图 3-52 完成建模

【任务拓展】

创建模型,如图 3-53 所示。

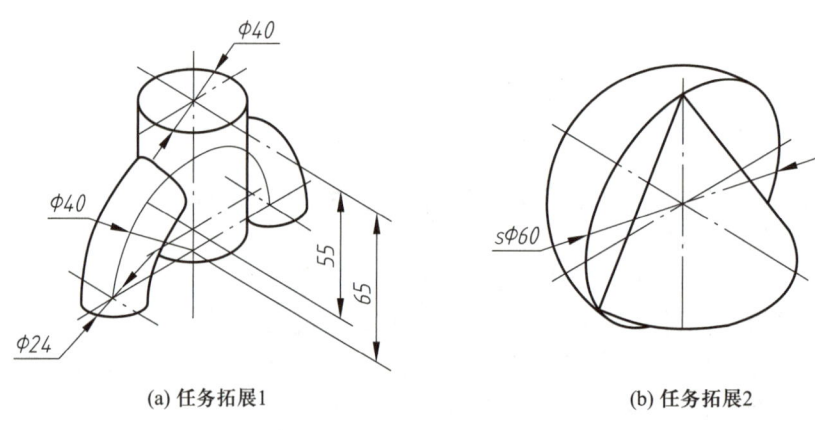

(a) 任务拓展1   (b) 任务拓展2

图 3-53 创建旋转特征任务拓展

课题 3.5 创建沿引导线扫掠与管道特征

【学习目标】

（1）掌握创建管道特征的方法。

（2）掌握创建沿引导线扫掠特征的方法。

微视频

课题3.5

【工作任务】

创建沿引导线扫掠与管道特征实例,如图 3-54 所示。

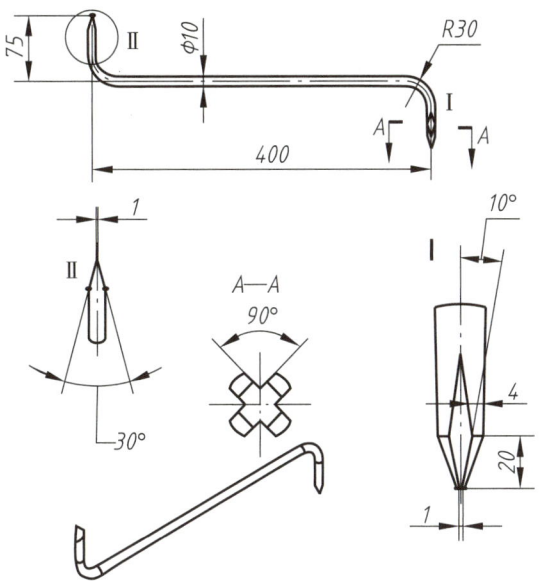

图 3-54　创建沿引导线扫掠与管道特征实例

【任务实施】

1. 新建文件

新建文件并保存为"创建沿引导线扫掠与管道特征实例 .prt"。

2. 创建基体

（1）在 *YZ* 平面绘制草图，在部件导航器中右键单击【草图 1】，从快捷菜单中选择【重命名】命令，在文本框输入"引导线 1"，按回车确定，如图 3-55 所示。

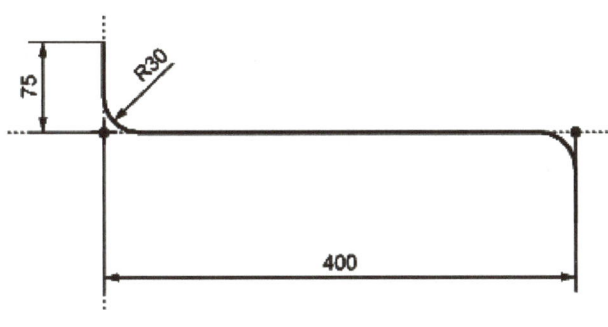

图 3-55　在 *YZ* 平面绘制"引导线 1"草图

（2）单击【曲面】选项卡｜【基本】组｜【更多】下拉菜单【管】按钮 ，出现【管】对话框。

　　① 在【路径】组，激活【选择曲线】选项，在绘图区选择"引导线 1"草图。

　　② 在【横截面】组【外径】文本框输入"10"，如图 3-56 所示。

完成以上设置，单击【确定】按钮，创建管道特征。

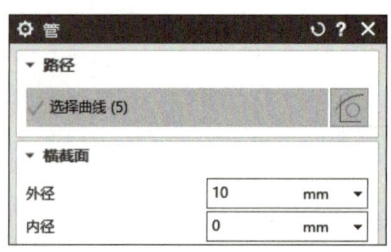
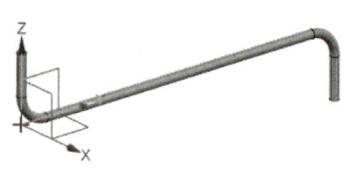

图 3-56　创建管道特征

💡 提示 关于【管道】命令

使用【管道】命令可通过沿中心线路径（具有外径及内径选项）扫掠圆形横截面来创建单个实体,创建线扎、线束、布管、电缆或管道组件。

3. 创建平口端

（1）在 *YZ* 平面绘制草图,如图 3-57 所示。

（2）单击【主页】选项卡 |【基本】组 |【拉伸】按钮 🟧,
出现【拉伸】对话框。

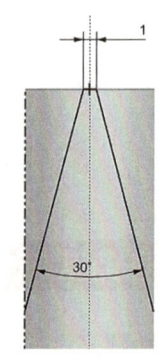

① 设置选择意图规则:相连曲线。

② 在【截面】组,激活【选择曲线】,选择曲线。

③ 在【限制】组【起始】列表选择【Through All】选项。

④ 在【布尔】组【布尔】列表选择【减去】选项。

⑤ 在【偏置】组【偏置】列表选择【两侧】选项,在【结束】
文本框输入"-5",如图 3-58 所示。

完成以上设置,单击【确定】按钮,创建平口端。

图 3-57　在 *YZ* 平面绘制草图

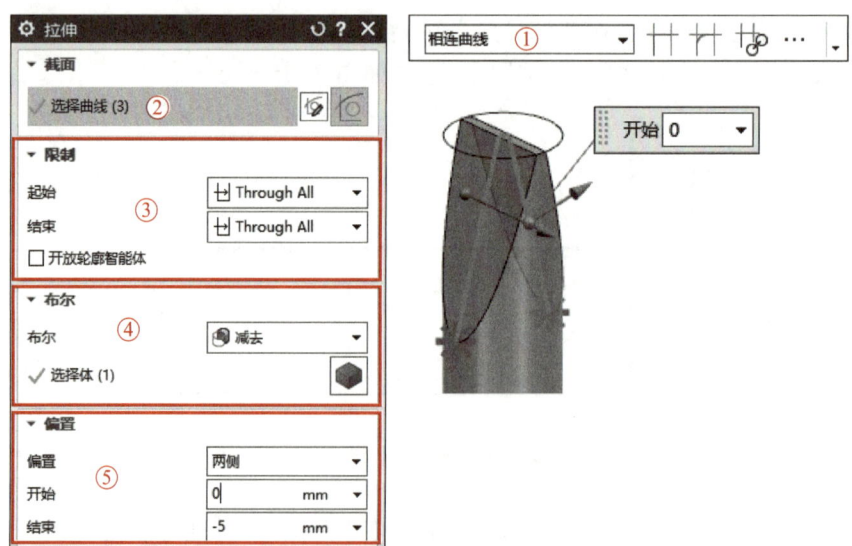

图 3-58　创建平口端

4. 创建倒斜角特征

单击【主页】选项卡 |【基本】组 |【倒斜角】按钮 ⚫,出现【倒斜角】对话框。

① 在【边】组,激活【选择边】,在绘图区选择实体的边线。

② 在【横截面】列表选择【非对称】选项,在【距离1】文本框输入"4",在【距离2】文本框输入"20",如图5-39所示。

完成以上设置,单击【确定】按钮,创建倒斜角特征。

图 3-59　创建倒斜角特征

5. 创建沿引导线扫掠切除特征

(1) 在 *YZ* 平面绘制草图,设置名称为"引导线2",如图3-60所示。

绘制扫掠截面,如图3-61所示。

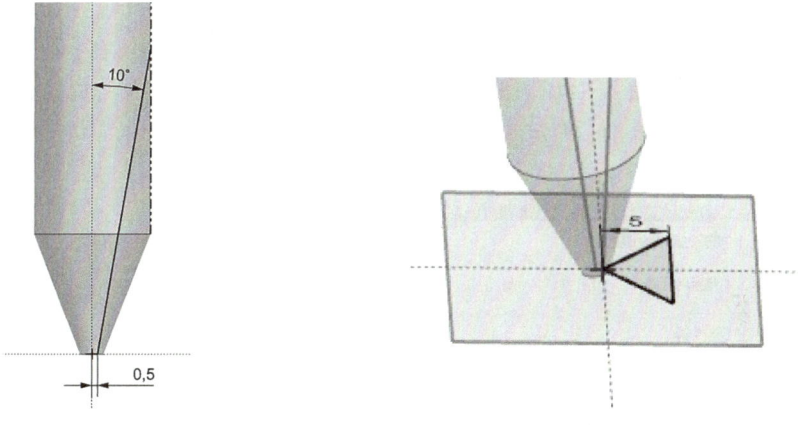

图 3-60　在 *YZ* 平面绘制"引导线2"草图　　　　图 3-61　绘制扫掠截面

💡 提示　扫掠截面

使用草图定义扫掠特征的截面,草图有下面几点要求。

① 基体或凸台扫掠特征的截面应为闭环;曲面扫掠特征的截面可为开环或闭环。任何扫掠特征的截面都不能有自相交叉的情况。

② 草图可以是嵌套或分离的,但不能违背零件和特征的定义。

③ 扫掠截面的截面尺寸不能过大,否则可能导致扫掠特征出现交叉情况。

(2) 单击【曲面】选项卡 |【基本】组 |【更多】下拉菜单【沿引导线扫掠】按钮 🔨,出现【沿引导线扫掠】对话框。

① 在【截面】组,激活【选择曲线】选项,在绘图区选择"截面"草图。

② 在【引导】组,激活【选择曲线】选项,在绘图区选择"引导线2"草图。

③ 在【布尔】组【布尔】下拉列表选择【减去】选项,默认选择管道,如图3-62所示。

完成以上设置,单击【确定】按钮,创建沿引导线扫掠切除特征。

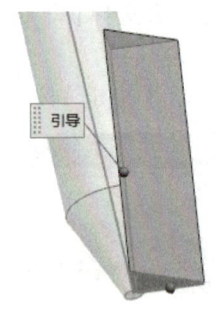

图 3-62 创建沿引导线扫掠切除特征

6. 创建圆周阵列

单击【主页】选项卡 |【基本】组 |【阵列特征】按钮 ，出现【阵列特征】对话框。

① 在【要形成阵列的特征】组，激活【选择特征】，在绘图区选择"沿引导线扫掠"特征。

② 在【阵列定义】组【布局】列表选择【圆形】选项。

③ 在【旋转轴】组，激活【指定矢量】，在绘图区设置方向；激活【指定点】，在绘图区选择圆心。

④ 在【斜角方向】组【间距】列表选择【数量和间隔】选项，在【数量】文本框输入"4"，在【间隔角】文本框输入"90"，如图 3-63 所示。

完成以上设置，单击【确定】按钮，创建圆周阵列特征。

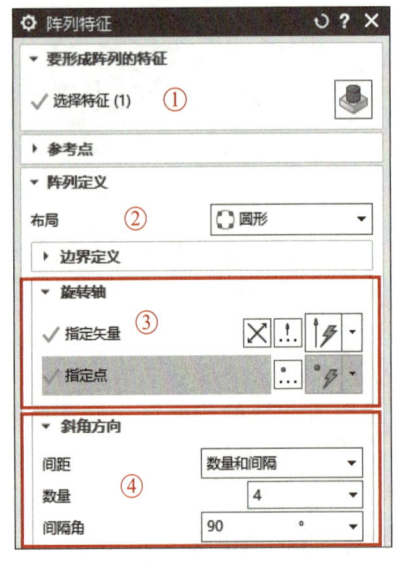

图 3-63 创建圆周阵列特征

7. 移动层

（1）将草图移到 21 层。

（2）将 21 层、61 层设为【不可见】，完成建模，如图 3-64 所示。

图 3-64 完成建模

8. 存盘

选择【文件】|【保存】命令,保存文件。

【任务拓展】

创建模型,如图 3-65 所示。

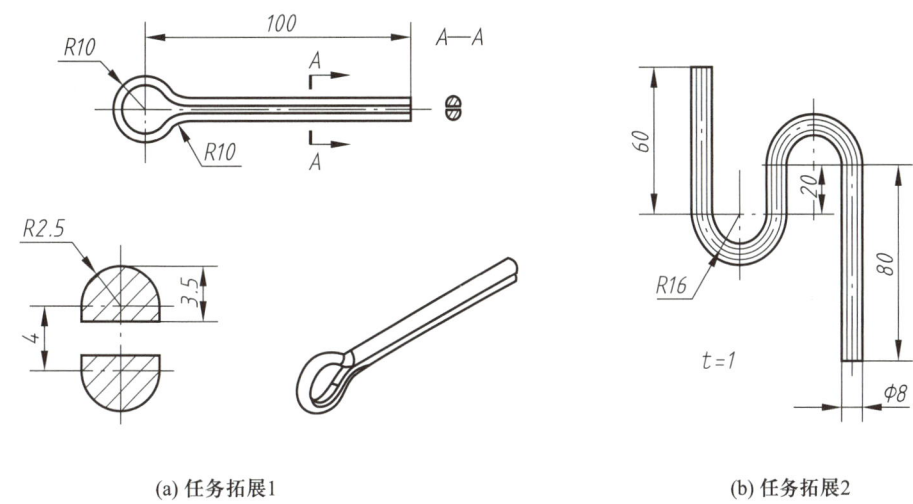

(a) 任务拓展1　　　　　　　　　　　　　　　　　　　　(b) 任务拓展2

图 3-65　创建沿引导线扫掠与管道特征任务拓展

课题 3.6　提高练习

创建模型,如图 3-66 所示。

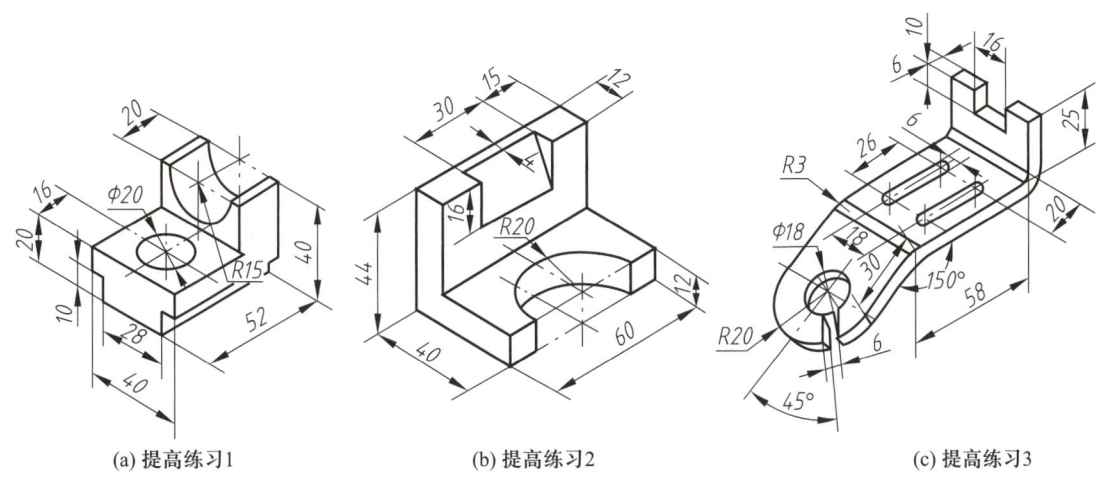

(a) 提高练习1　　　　　　　(b) 提高练习2　　　　　　　(c) 提高练习3

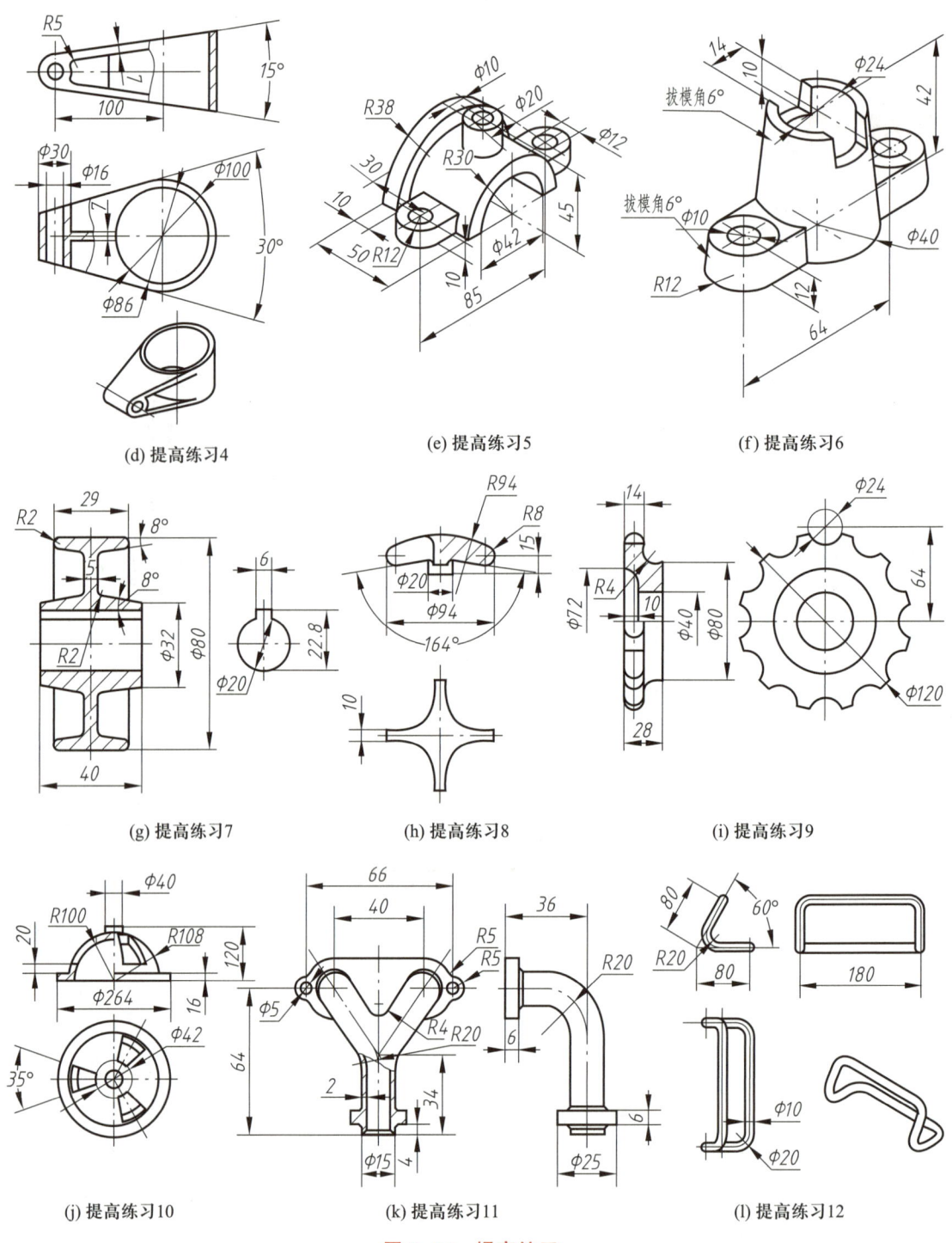

(d) 提高练习4

(e) 提高练习5

(f) 提高练习6

(g) 提高练习7

(h) 提高练习8

(i) 提高练习9

(j) 提高练习10

(k) 提高练习11

(l) 提高练习12

图 3-66 提高练习

创建相对基准特征与附加特征

基准特征是零件建模的参考特征，它的主要用途是为实体造型提供参考，也可以作为绘制草图时的参考面。基准特征有相对基准与固定基准之分。

一般尽量使用相对基准面与相对基准轴。因为相对基准是参数化的特征，与目标实体的表面、边缘、控制点相关。

附加特征是对已有的基体特征进行的附加操作，主要分为：

（1）设计特征：孔、筋板、槽和螺纹。

（2）细节特征：边倒圆、倒斜角和拔模。

（3）关联复制特征：阵列特征和镜像特征。

（4）偏置／缩放特征：抽壳和加厚。

课题 4.1　创建相对基准特征

【学习目标】

（1）理解基准特征的概念。

（2）掌握创建相对基准特征的方法。

微视频

课题4.1

【工作任务】

创建相对基准特征实例，如图 4-1 所示。

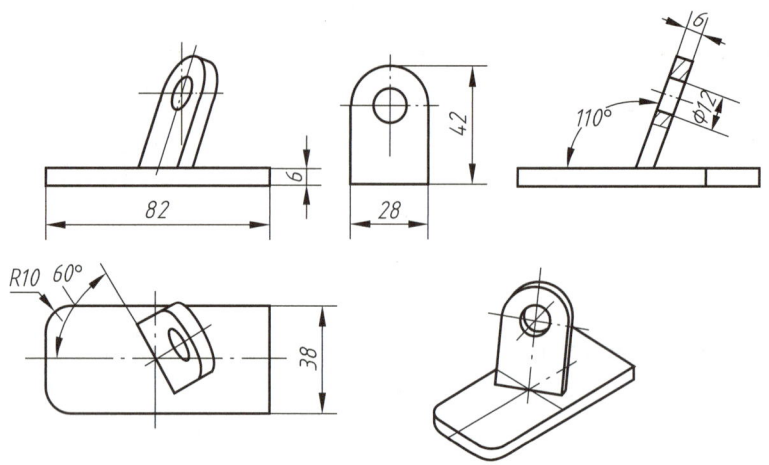

图 4-1　创建相对基准特征实例

【任务实施】

1. 新建文件

新建文件并保存为"创建相对基准特征实例 .prt"。

2. 创建块

单击【主页】选项卡 |【基本】组 |【更多】下拉菜单 |【块】按钮，出现【块】对话框。

① 默认指定点。

② 在【尺寸】组，在【长度】文本框输入"64"，在【宽度】文本框输入"136"，在【高度】文本框输入"10"。如图 4-2 所示。

完成以上设置，单击【确定】按钮，创建块。

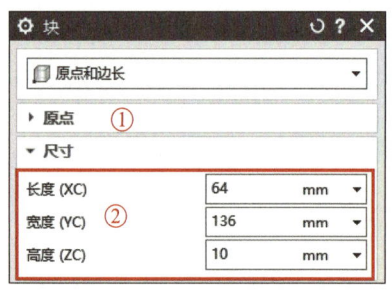
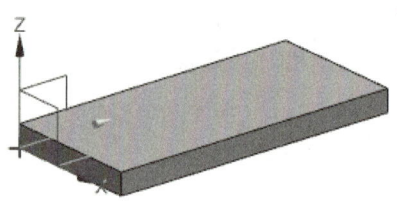

图 4-2　创建块

3. 创建基准面

（1）单击【主页】选项卡 |【构造】组 |【基准平面】按钮 ◆，出现【基准平面】对话框。选择实体模型的两个面，如图 4-3 所示，单击【应用】按钮，创建二等分基准面。

选择后表面，在【偏置】组【距离】文本框输入"60"，如图 4-4 所示，单击【确定】按钮，创建等距基准面。

（2）单击【主页】选项卡 |【构造】组 |【基准平面】下拉菜单 |【基准轴】按钮 ↗，出

现【基准轴】对话框。

选择新建的两基准面，如图 4-5 所示，单击【确定】按钮，创建基准轴。

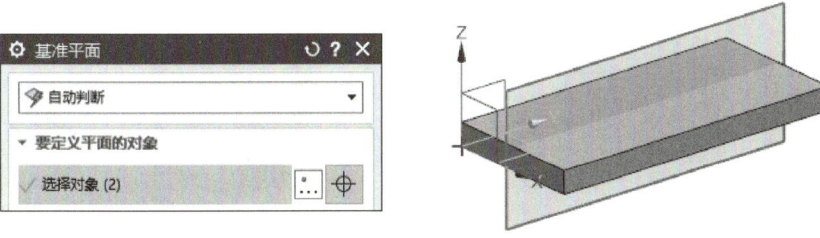

图 4-3 创建二等分基准面

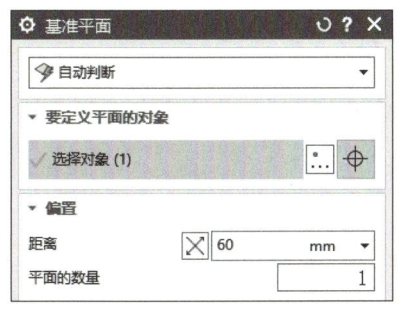

图 4-4 创建等距基准面

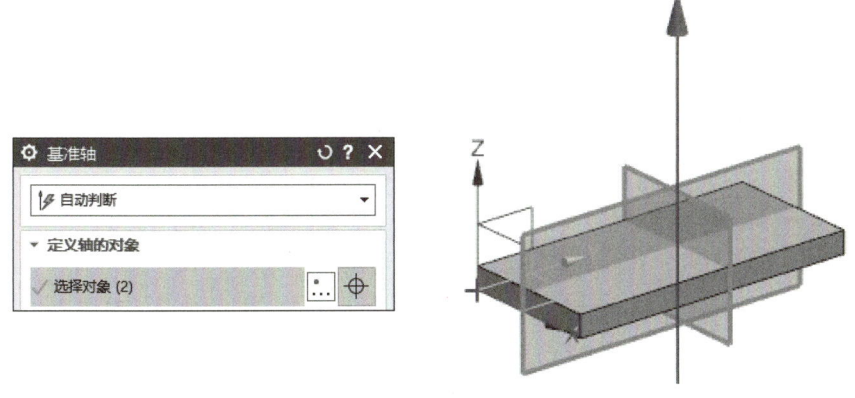

图 4-5 创建基准轴

💡 提示 关于创建相对基准轴的方法

相对基准轴由创建它的几何对象约束，约束限制基准轴。该基准轴与创建它的表面、边、点等几何对象相关，当几何对象修改时，相关的相对基准轴自动更新。

UGNX 提供以下几种方法来创建相对基准轴：

① 过两点，如图 4-6a 所示。

② 过一边缘，如图 4-6b 所示。

③ 过圆柱、圆锥、圆环或旋转特征的旋转轴，如图 4-6c 所示。

④ 两个表面或基准面的交线,如图 4-6d 所示。

⑤ 过曲线上一点建立一基准轴。曲线可以是草图曲线、边缘或其他类型曲线,如图 4-6e 所示。

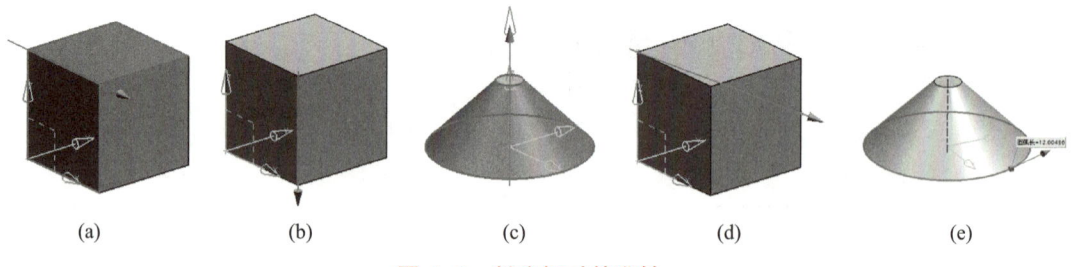

(a)   (b)   (c)   (d)   (e)

图 4-6 创建相对基准轴

(3)单击【主页】选项卡|【构造】组|【基准平面】按钮 ◇,出现【基准平面】对话框。

① 选择基准轴和新建的等距基准面。

② 在【角度】组【角度选项】列表选择【值】选项,在【角度】文本框输入"-30",如图 4-7 所示。

完成以上设置,单击【确定】按钮,创建斜基准面。

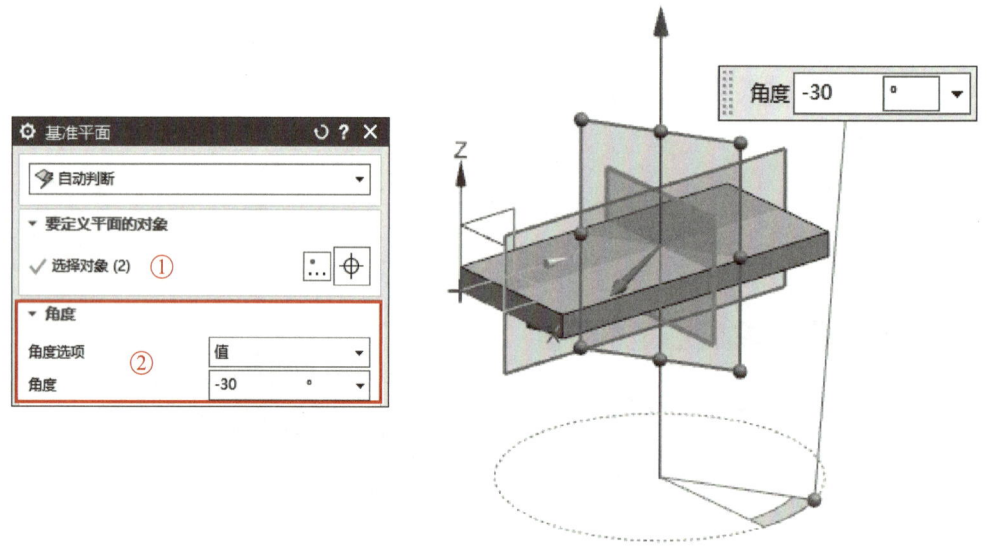

图 4-7 创建斜基准面

(4)单击【主页】选项卡|【构造】组|【基准平面】下拉菜单|【基准轴】按钮 ↗,出现【基准轴】对话框。选择新建的斜基准面和上表面,如图 4-8 所示,单击【确定】按钮,创建基准轴。

(5)单击【主页】选项卡|【构造】组|【基准平面】按钮,出现【基准平面】对话框。

① 选择基准轴和上表面。

② 在【角度】组【角度选项】列表选择【值】选项,在【角度】文本框输入"70",如图 4-9 所示。

完成以上设置,单击【确定】按钮,创建倾斜基准面。

(6)将所建基准面移到 61 层,并隐藏 61 层,如图 4-10 所示。

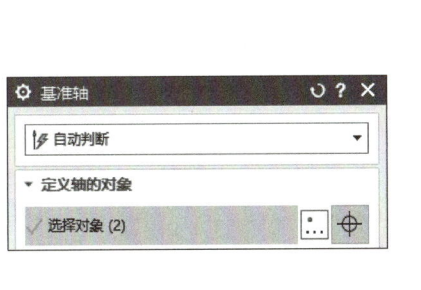
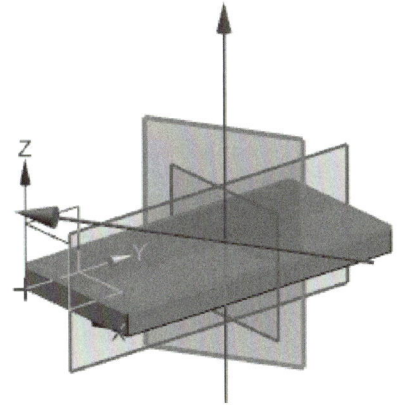

图 4-8 创建基准轴

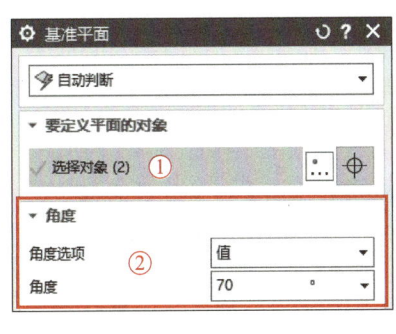
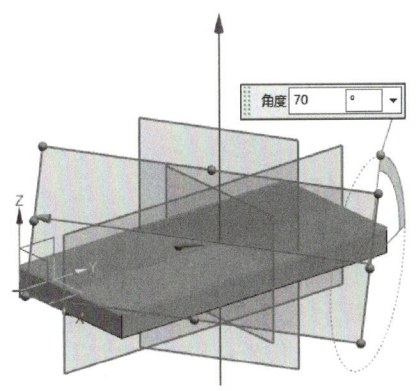

图 4-9 创建倾斜基准面

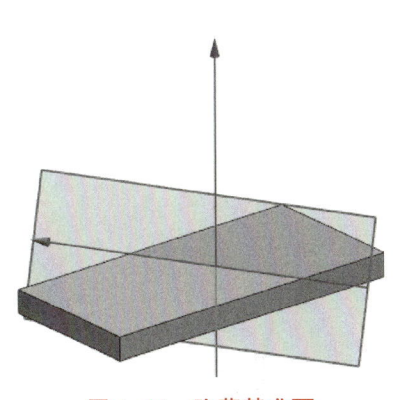
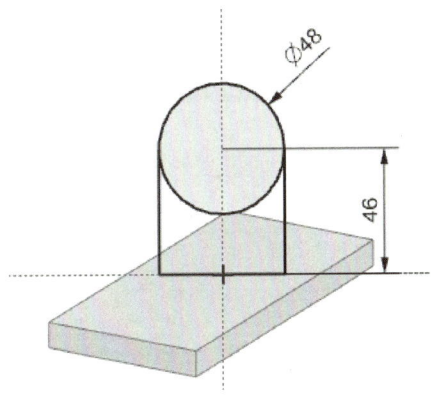

图 4-10 隐藏基准面　　　　　　　**图 4-11 绘制草图**

4. 创建斜支承特征

（1）选择基准面，绘制草图，如图 4-11 所示。

（2）单击【主页】选项卡｜【基本】组｜【拉伸】按钮 ，出现【拉伸】对话框。

① 设置选择意图规则：相连曲线，激活【在相交处停止】，激活【跟随圆角】。

② 在【截面】组，激活【选择曲线】，选择曲线。

③ 在【限制】组【终止】列表选择【值】选项，在【距离】文本框输入"10"。

④ 在【布尔】组【布尔】列表选择【合并】选项,如图 4-12 所示。

完成以上设置,单击【确定】按钮,创建斜支承特征。

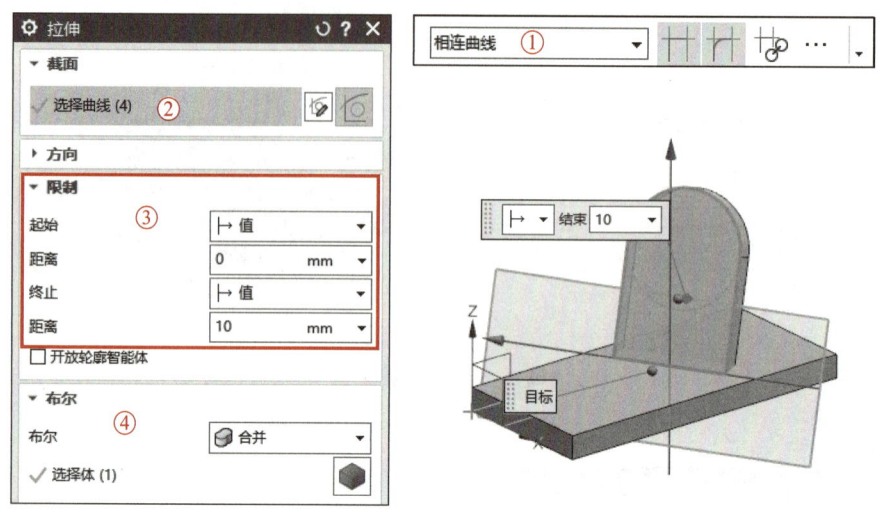

图 4-12 创建斜支承特征

5. 创建孔特征

单击【主页】选项卡 | 【基本】组 | 【拉伸】按钮 🔹,出现【拉伸】对话框。

① 设置选择意图规则:相连曲线,激活【在相交处停止】,激活【跟随圆角】。

② 在【截面】组,激活【选择曲线】,选择曲线。

③ 在【限制】组【终止】列表选择【Through All】选项。

④ 在【布尔】组【布尔】列表选择【减去】选项。

⑤ 在【偏置】组【偏置】列表中选择【单侧】选项,在【结束】文本框输入"-14",如图 4-13 所示。

完成以上设置,单击【确定】按钮,创建孔特征。

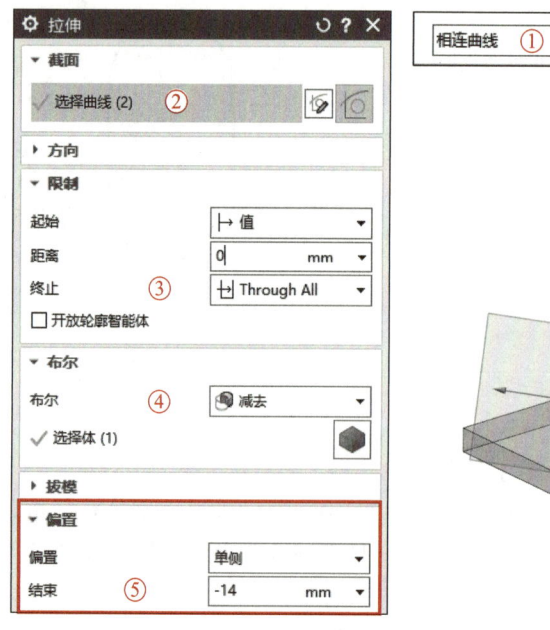

图 4-13 创建孔特征

6. 创建圆角

单击【主页】选项卡 |【基本】组 |【边倒圆】按钮 ◈，出现【边倒圆】对话框。

① 在【边】组，激活【选择边】，在绘图区选择 2 边。

② 在【半径 1】文本框输入"10"，如图 4-14 所示，单击【确定】，创建圆角。

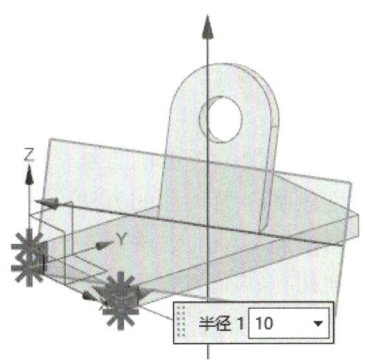

图 4-14　创建圆角

7. 移动层

（1）将草图移到 21 层。

（2）将 21 层、61 层设为【不可见】，完成建模，如图 4-15 所示。

8. 存盘

选择【文件】|【保存】命令，保存文件。

图 4-15　完成建模

【任务拓展】

创建模型，如图 4-16 所示。

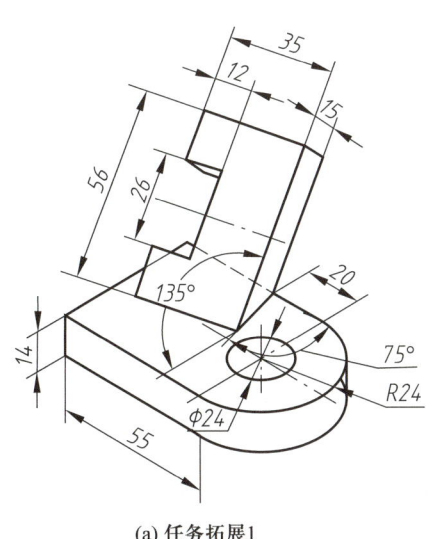

(a) 任务拓展1

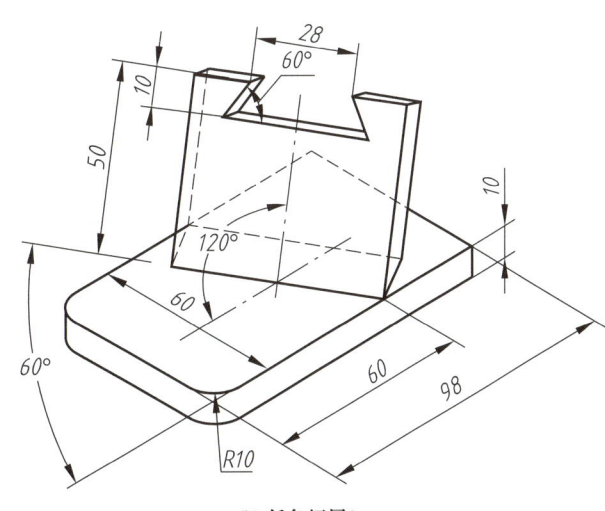

(b) 任务拓展2

图 4-16　创建相对基准特征任务拓展

课题 4.2　创建边倒圆、倒斜角、筋、孔与镜像特征

微视频

课题4.2

🎯【学习目标】

（1）掌握创建边倒圆特征的方法。
（2）掌握创建倒斜角特征的方法。
（3）掌握创建筋特征的方法。
（4）掌握创建孔特征的方法。
（5）掌握创建镜像特征的方法。

🔍【工作任务】

创建边倒圆、倒斜角、筋、孔与镜像特征实例，如图 4–17 所示。

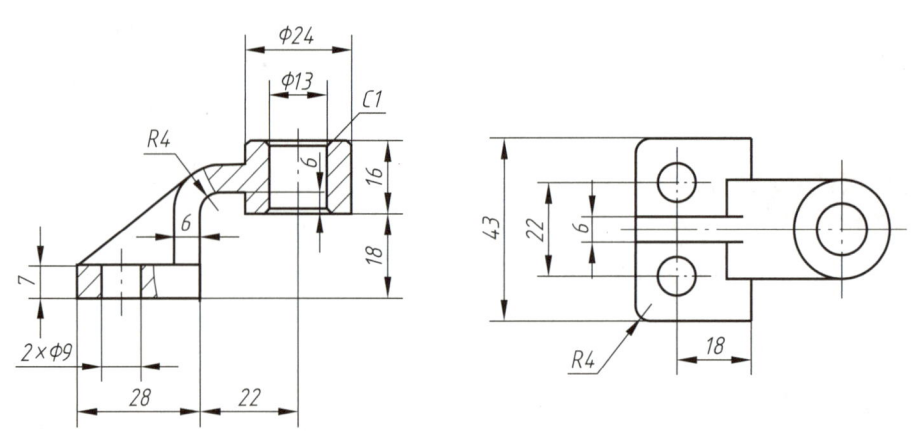

图 4–17　创建边倒圆、倒斜角、筋、孔与镜像特征实例

☰【任务实施】

1. 新建文件
新建文件并保存为"创建边倒圆 – 倒斜角 – 筋 – 孔与镜像特征实例 .prt"。
2. 创建基体
（1）单击【主页】选项卡 |【基本】组 |【更多】下拉菜单 |【圆柱】按钮，出现【圆柱】对话框。
　　① 在【轴】组，激活【指定矢量】，在绘图区选择 Z 轴。

② 在【尺寸】组【直径】文本框输入"24"，在【高度】文本框输入"16"，如图 4-18 所示。完成以上设置，单击【确定】按钮，创建圆柱体。

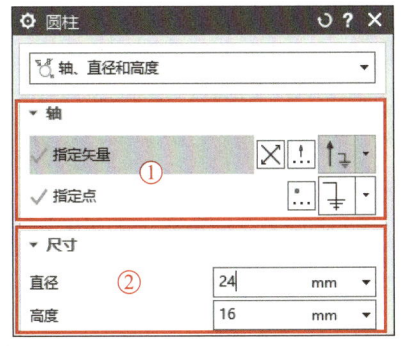

图 4-18　创建圆柱体

（2）在 *YZ* 平面绘制草图，如图 4-19 所示。

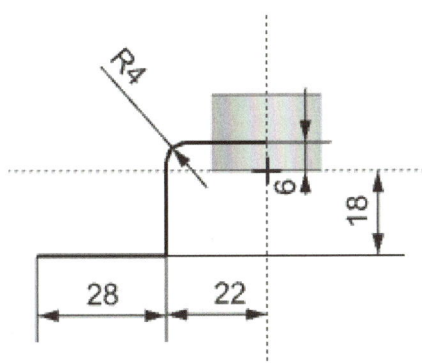

图 4-19　在 *YZ* 平面绘制草图

（3）单击【主页】选项卡 |【基本】组 |【拉伸】按钮 🔷，出现【拉伸】对话框。
① 设置选择意图规则：单条曲线。
② 在【截面】组，激活【选择曲线】，选择单条曲线。
③ 在【限制】组【宽度】列表选择【Symmetric Value】选项，在【距离】文本框输入"43"。
④ 在【布尔】组【布尔】列表选择【无】选项。
⑤ 在【偏置】组【偏置】列表选择【两侧】选项，在【结束】文本框输入"7"，如图 4-20 所示。
完成以上设置，单击【确定】按钮，创建底座。
（4）单击【主页】选项卡 |【基本】组 |【拉伸】按钮 🔷，出现【拉伸】对话框。
① 设置选择意图规则：相连曲线，激活【在相交处停止】，激活【跟随圆角】。
② 在【截面】组，激活【选择曲线】，选择曲线。
③ 在【限制】组【宽度】列表选择【Symmetric Value】选项，在【距离】文本框输入"24"；
④ 在【布尔】组【布尔】列表选择【无】选项；

⑤　在【偏置】组【偏置】列表选择【两侧】选项,在【结束】文本框输入"6",如图 4-21 所示。

完成以上设置,单击【确定】按钮,创建连接体。

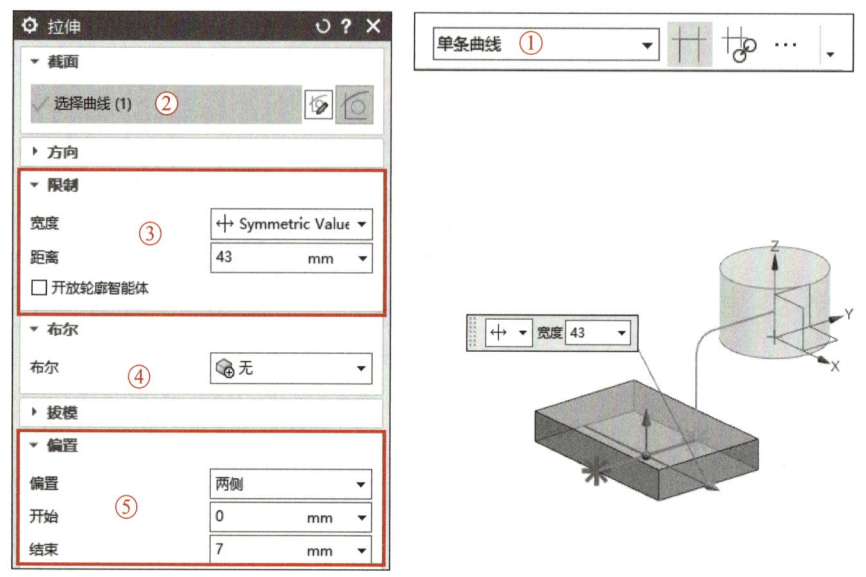

图 4-20　创建底座

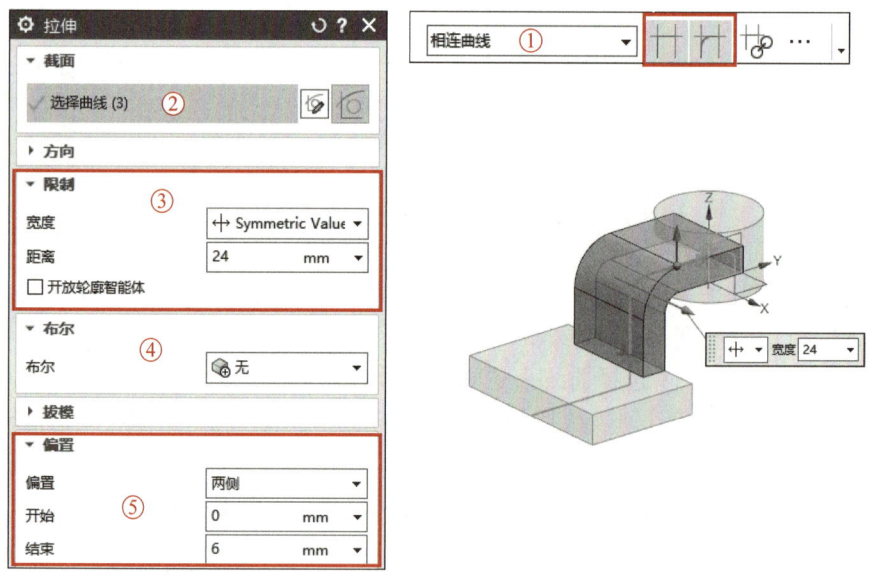

图 4-21　创建连接体

(5)单击【主页】选项卡|【基本】组|【合并】命令 🔲,出现【合并】对话框。

① 在【目标】组,激活【选择体】,在绘图区选取连接体。

② 在【工具】组,激活【选择体】,在绘图区选取圆柱体和底座,如图 4-22 所示。

完成以上设置,单击【确定】按钮,合并实体。

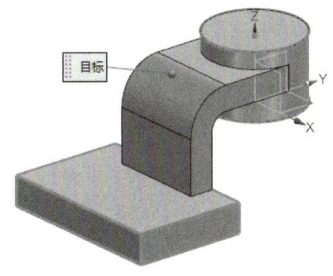

图 4-22　合并实体

3. 创建筋特征

（1）在 *YZ* 平面绘制草图，如图 4-23 所示。

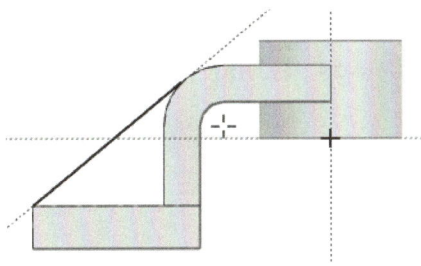

图 4-23　在 *YZ* 平面绘制草图

（2）单击【主页】选项卡│【基本】组│【更多】下拉菜单│【筋板】按钮，出现【筋板】对话框。

① 在【截面】组，激活【指定曲线】，在绘图区选择新建草图。

② 在【壁】组，选中【平行于剖切平面】单选按钮，在【维度】列表选择【对称】选项，在【厚度】文本框输入"6"。

③ 选中【合并筋板和目标】复选框，如图 4-24 所示。

完成以上设置，单击【确定】按钮，创建筋特征。

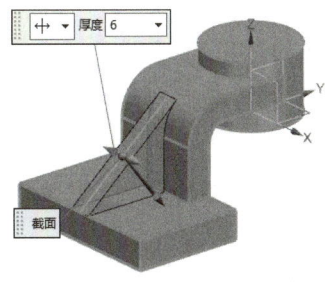

图 4-24　创建筋特征

💡 提示 关于筋特征

筋可以给实体添加薄壁支撑。筋是从开环或闭环绘制的轮廓中生成的特殊类型拉伸特征。

① 筋的厚度方向

筋的厚度方向有 2 种形式,分别为对称和非对称。

a. 对称。按截面曲线对称偏置筋板厚度,如图 4-25a 所示。

b. 非对称。将筋板厚度偏置到截面曲线的一侧,如图 4-25(b)所示。

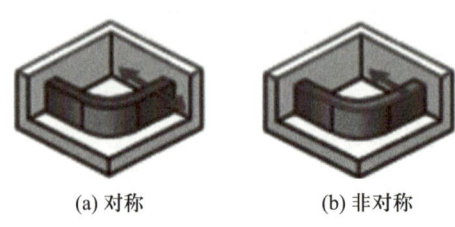

(a) 对称   (b) 非对称

图 4-25   筋的厚度方向的 2 种形式

② 筋的拉伸方向

筋的拉伸方向可以分为垂直于剖切平面(图 4-26a)及平行于剖切平面(图 4-26b)的方向。

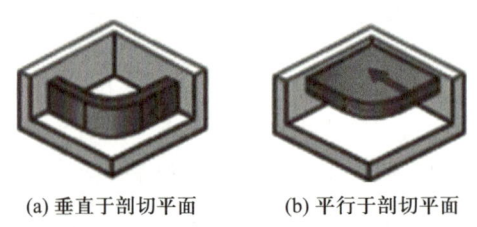

(a) 垂直于剖切平面   (b) 平行于剖切平面

图 4-26   筋的拉伸方向的 2 种形式

4. 创建孔特征

(1)单击【主页】选项卡 |【基本】组 |【孔】按钮 🧊,出现【孔】对话框。

① 在【类型】列表选择【简单】选项。

② 在【形状】组【钻孔直径】列表选择【定制】选项,在【孔径】文本框输入"13"。

③ 在【倒斜角】组,勾选【起始倒斜角】选项,在【偏置】文本框输入"1",在【角度】文本框输入"45";勾选【终止倒斜角】选项,在【偏置】文本框输入"1",在【角度】文本框输入"45"。

④ 在【位置】组,激活【指定点】组,提示行(界面左下角)显示:在平的面上指定点,或选择基准平面进行草绘,或按"绘制截面"进行草绘。单击【点】按钮,在绘图区域选择圆柱体上表面圆心点为孔的中心。

⑤ 在【方向】组【孔方向】列表选择【垂直于面】选项。

⑥ 在【限制】组【深度限制】列表选择【贯通体】选项。

⑦ 在【布尔】组【布尔】列表选择【减去】选项,如图 4-27 所示。

完成以上设置,单击【确定】按钮,创建孔特征。

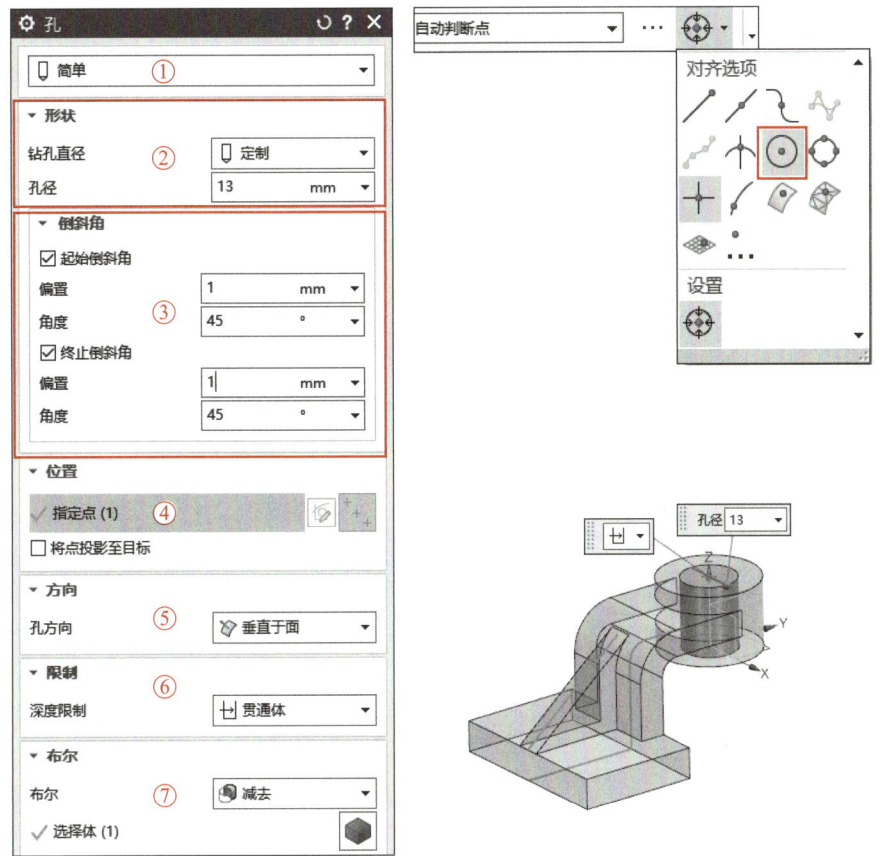

图 4-27　创建孔特征

（2）单击【主页】选项卡 |【基本】组 |【孔】按钮 ，出现【孔】对话框。

① 在【类型】列表选择【简单】选项。

② 在【形状】组【钻孔直径】列表选择【定制】选项，在【孔径】文本框输入"9"。

③ 在【位置】组，激活【指定点】组，提示行显示：在平的面上指定点，或选择基准平面进行草绘，或按"绘制截面"进行草绘。单击【绘制截面】 按钮，在绘图区域选择圆柱体底面绘制孔特征草图。

④ 在【方向】组【孔方向】列表选择【垂直于面】选项。

⑤ 在【限制】组【深度限制】列表选择【贯通体】选项。

⑥ 在【布尔】组【布尔】列表选择【减去】选项，如图 4-28 所示。

完成以上设置，单击【确定】按钮，创建底面孔特征。

💡 提示　关于孔特征

① 孔特征类型

使用【孔】命令可在部件或装配体中创建孔特征的类型有：简单孔、沉头孔、埋头孔、锥孔、钻形孔、螺钉间隙孔、螺纹孔等。

根据孔类型，可以为孔指定直径大小，或根据标准钻头和螺钉间隙选择尺寸并拟合。可以在平面或非平面上创建孔特征，也可以创建穿过多个实体作为单个特征的孔特征。

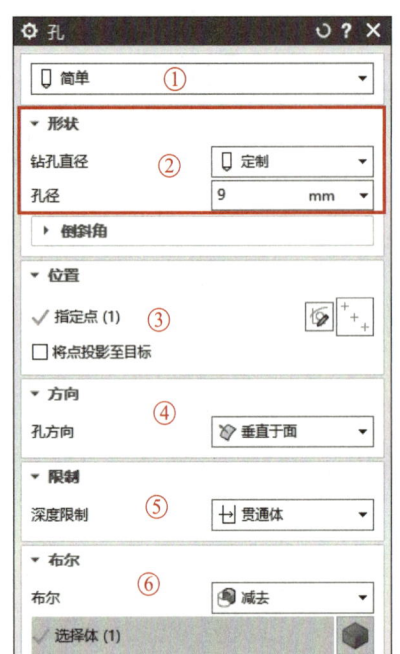
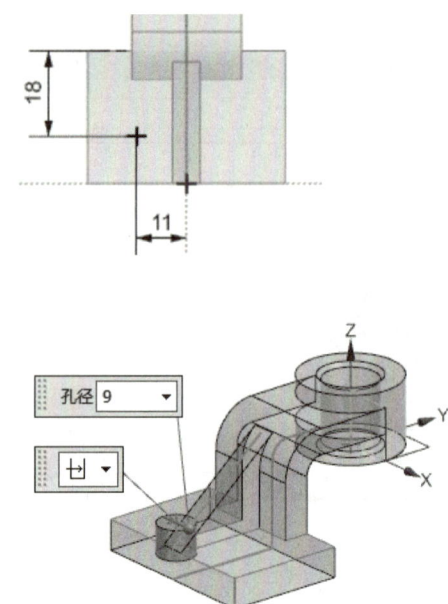

图 4-28　创建底面孔特征

② 孔特征中心

▶ **方法一：**

利用已存在点定义孔特征中心。可以使用场景工具条上【可用的捕捉点】选项来指定孔特征中心。

▶ **方法二：**

进入【草图】环境，在草图中建立一个点，作为孔特征中心。

③ 孔特征方向

【孔方向】列表用来指定孔方向。

a. 垂直于面。沿着每个指定点所在面的法向反向定义孔特征方向。

b. 沿矢量。沿指定的矢量方向定义孔特征方向。

④ 孔特征深度限制

【深度限制】列表用来确定孔特征深度。

a. 值。创建指定深度的孔特征。

b. 直至选定。创建一个直至选定对象的孔特征。

c. 直至下一个。对孔进行扩展，直至孔到达下一个面。

d. 贯通体。创建一个通孔特征。

5. 创建镜像特征

单击【主页】选项卡 | 【基本】组 | 【镜像特征】按钮 🐾，出现【镜像特征】对话框。

① 在【要镜像的特征】组，激活【选择特征】，在绘图区选择"φ9 孔"。

② 在【镜像平面】组【平面】列表选择【现有平面】选项，选取 YZ 面为镜像平面，如图 4-29 所示。

完成以上设置，单击【确定】按钮，创建镜像特征。

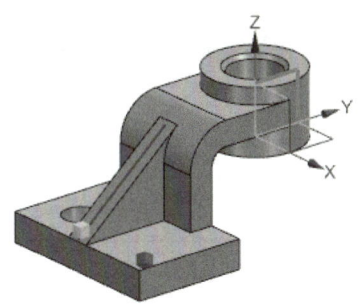

图 4-29　创建镜像特征

💡 提示　关于镜像特征

【镜像特征】命令可以将一个或多个特征沿指定的平面复制,创建平面另一侧的特征。镜像所生成的特征是与原特征相关的,原特征的修改会影响镜像的特征。

6. 创建倒斜角特征

单击【主页】选项卡│【基本】组│【倒斜角】按钮 🔲,出现【倒斜角】对话框。

① 在【边】组,激活【选择边】,在绘图区选择边。

② 在【横截面】列表选择【对称】选项,在【距离】文本框输入"1",如图 4-30 所示。

完成以上设置,单击【确定】按钮,创建斜倒角特征。

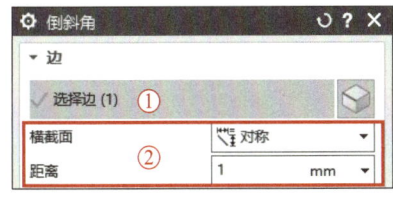
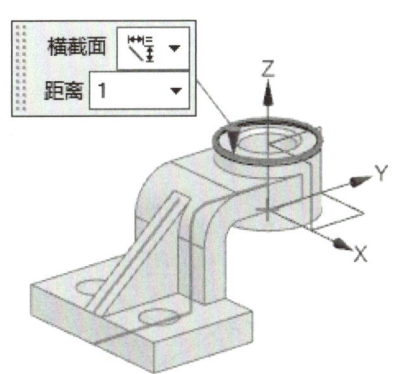

图 4-30　创建倒斜角特征

💡 提示　关于倒斜角特征

使用【倒斜角】命令可斜接一个或多个体的边。倒斜角的横截面可设置为:一个对称偏置距离、两个非对称偏置距离以及一个偏置距离和一个角度。

7. 创建倒圆角特征

单击【主页】选项卡│【基本】组│【边倒圆】按钮 🔲,出现【边倒圆】对话框。

① 在【边】组,激活【选择边】,在绘图区选择 2 边。

② 在【半径 1】文本框输入"5",如图 4-31 所示。

完成以上设置,单击【确定】,创建倒圆角特征。

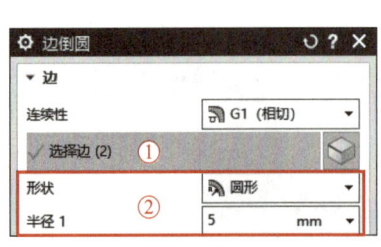

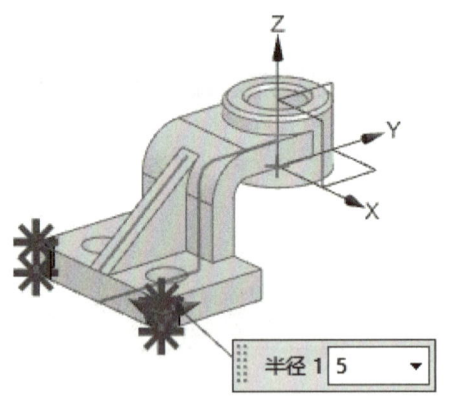

图 4-31 创建倒圆角特征

💡 **提示** 关于倒圆角特征

圆角用于在零件上生成一个内圆角或外圆角面,还可以为一个面的所有边线、所选的多组面、所选的边线或边线环生成圆角。

8. 移动层

(1)将草图移到 21 层。

(2)将 21 层、61 层设为【不可见】,完成建模,如图 4-32 所示。

9. 存盘

选择【文件】|【保存】命令,保存文件。

图 4-32 完成建模

📋 【任务拓展】

创建模型,如图 4-33 所示。

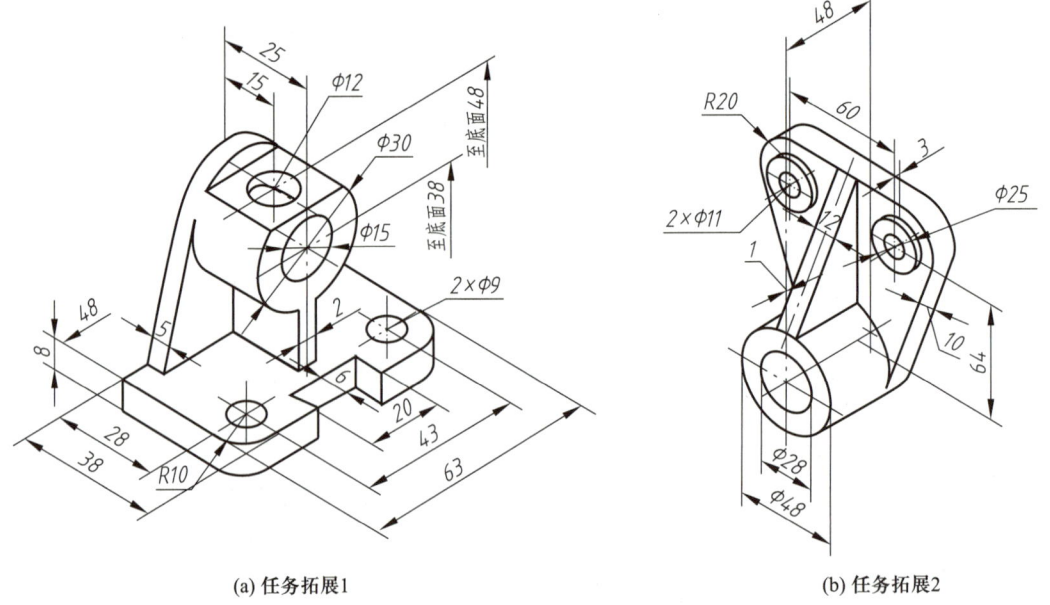

(a) 任务拓展1   (b) 任务拓展2

图 4-33 创建边倒圆、倒斜角、筋板、孔与镜像特征任务拓展

课题 4.3　创建可变半径倒圆角特征

微视频

课题4.3

【学习目标】

掌握创建可变半径倒圆角特征的方法。

【工作任务】

创建可变半径倒圆角特征实例，如图 4-34 所示。

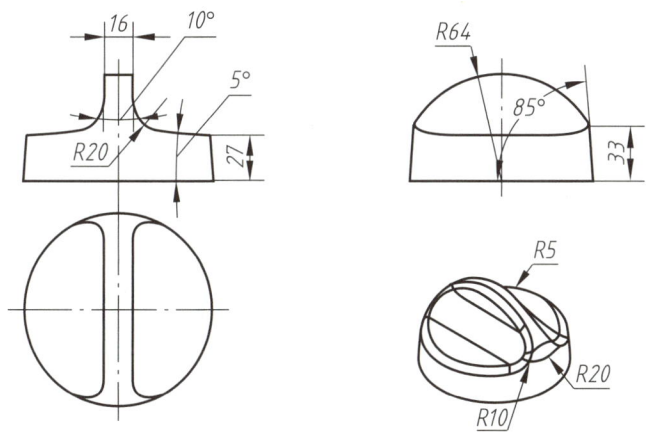

图 4-34　创建可变半径倒圆角特征实例

【任务实施】

1. 新建文件
新建文件并保存为"创建可变半径倒圆角特征实例 .prt"。

2. 创建基体
（1）在 *YZ* 面绘制草图，如图 4-35 所示。

（2）单击【主页】选项卡｜【基本】组｜【旋转】按钮 ◈，出现【旋转】对话框。

① 设置选择意图规则：相连曲线。

② 在【截面】组，激活【选择曲线】，选择曲线。

③ 在【轴】组，激活【指定矢量】，在绘图区指定矢量，激活【指定点】，在绘图区指定点。

④ 在【限制】组【起始】列表选择【值】选项，在【角度】文本框输入"0"，在【结束】列表选择【值】选项，在【角度】文本框输入"360"。

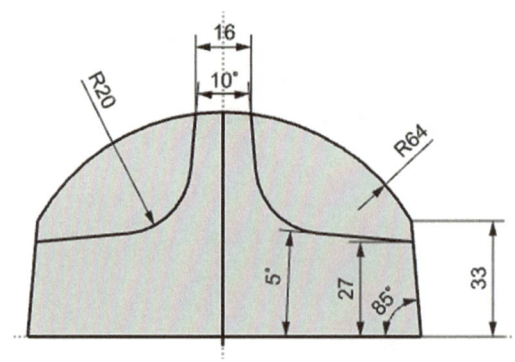

图 4-35　在 *YZ* 面绘制草图

⑤ 在【布尔】组【布尔】列表选择【无】选项,如图 4-36 所示。

完成以上设置,单击【确定】按钮,创建旋转特征。

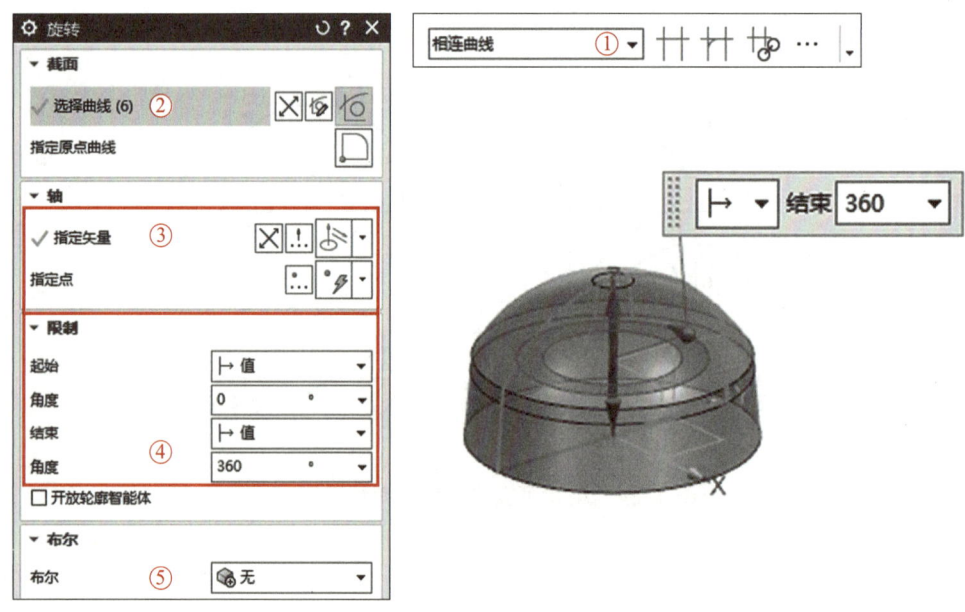

图 4-36　创建旋转特征

(3)单击【主页】选项卡 |【基本】组 |【拉伸】按钮 ,出现【拉伸】对话框。

① 设置选择意图规则:相连曲线。

② 在【截面】组,激活【选择曲线】,选择曲线。

③ 在【限制】组【起始】列表选择【Through All】选项,在【终止】列表选择【Through All】选项。

④ 在【布尔】组【布尔】列表选择【减去】选项,如图 4-37 所示。

完成以上设置,单击【确定】按钮,创建拉伸切除特征。

3. 创建倒变半径圆角

(1)单击【主页】选项卡 |【基本】组 |【边倒圆】按钮,出现【边倒圆】对话框。

① 设置选择意图规则:单边。

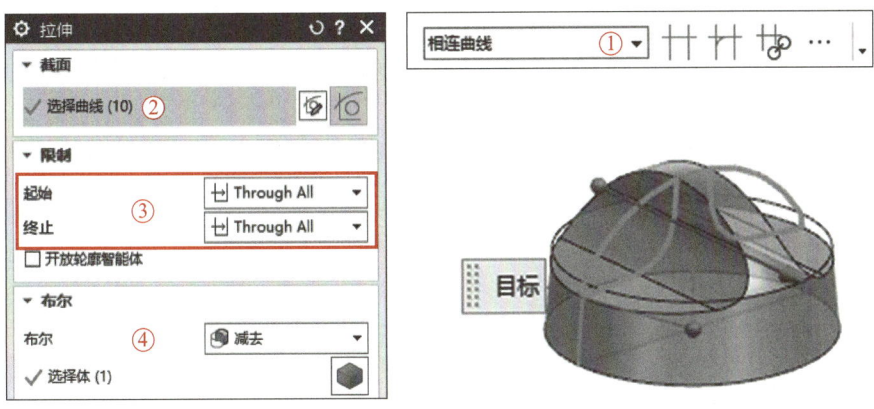

图 4-37　创建拉伸切除特征

② 在【边】组,激活【选择边】,在绘图区选择倒角边,在【半径 1】文本框输入"10",如图 4-38 所示。

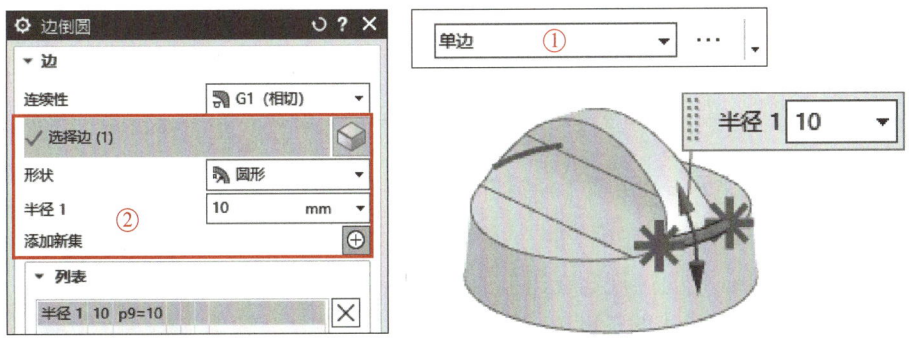

图 4-38　选择边倒圆

③ 在【变半径】组,激活【指定半径点】,在所选的边上建立三个变半径点,所添加的每个可变半径点将显示拖动手柄和点手柄,如图 4-39 所示。可变半径点将标识为 V 半径 1、V 半径 2 和 V 半径 3,并且同样出现在对话框和动态输入框中。

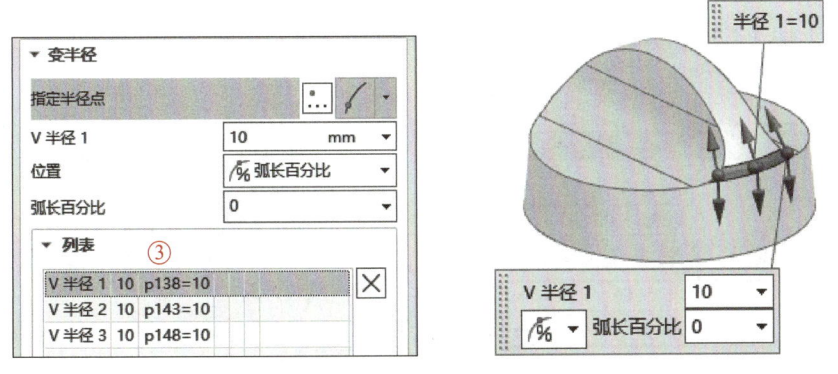

图 4-39　添加可变半径点

④ 设置可变半径点的半径值,如图 4-40 所示。

a. 选择第 1 个变半径点,在【V 半径 1】文本框输入"10",在【位置】列表选择【弧长百分比】选项,在【弧长百分比】文本框输入"0"。

b. 选择第 2 个变半径点,在【V 半径 2】文本框输入"20",在【位置】列表选择【弧长百分比】选项,在【弧长百分比】文本框输入"50"。

c. 选择第 3 个变半径点,在【V 半径 3】文本框输入"10",在【位置】列表选择【弧长百分比】选项,在【弧长百分比】文本框输入"100"。

完成以上设置,单击【确定】按钮。

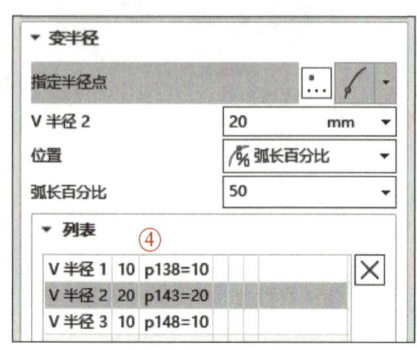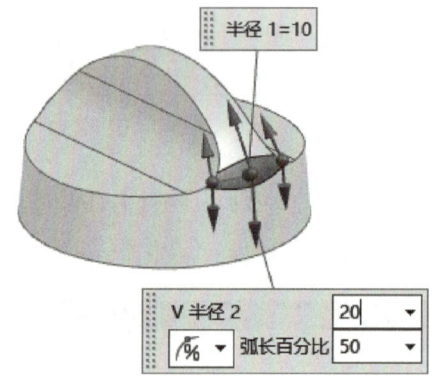

图 4-40 设置可变半径点的半径值

（2）按同样方法创建另一端可变半径圆角,如图 4-41 所示。

💡 提示 关于可变半径倒圆角特征

可变半径倒圆角特征是通过规定在边上的可变半径点并在每一个点上输入不同的半径值,沿边的长度改变倒圆角半径。

可变半径倒圆角的技巧,首先设定恒定半径倒圆角,再设定变半径点,最后修改半径。

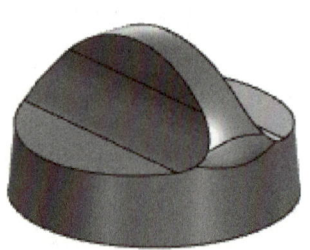

图 4-41 创建另一端可变
半径圆角

4. 创建倒圆角

单击【主页】选项卡|【基本】组|【边倒圆】按钮 🍩,出现【边倒圆】对话框。

① 在【边】组,激活【选择边】,在绘图区选择 2 边。

② 在【半径 1】文本框输入"5",如图 4-42 所示。

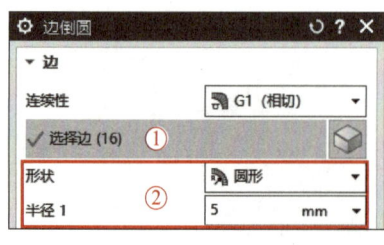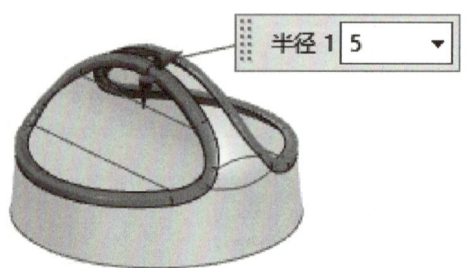

图 4-42 创建倒圆角

完成以上设置,单击【确定】,创建倒圆角。

5. 存盘

选择【文件】|【保存】命令,保存文件。

【任务拓展】

创建模型,如图 4-43 所示。

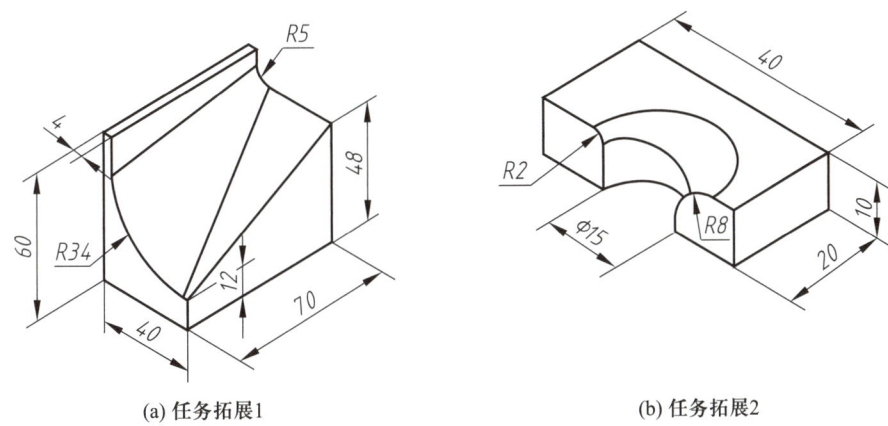

(a) 任务拓展1　　　　　　　　　　　　(b) 任务拓展2

图 4-43　创建可变半径倒圆角特征任务拓展

课题 4.4　创建孔与圆周阵列特征

【学习目标】

(1) 掌握创建孔特征的三种定位方法。
(2) 掌握创建圆周阵列特征的方法。

微视频

课题4.4

【工作任务】

创建孔与圆周阵列特征实例,如图 4-44 所示。

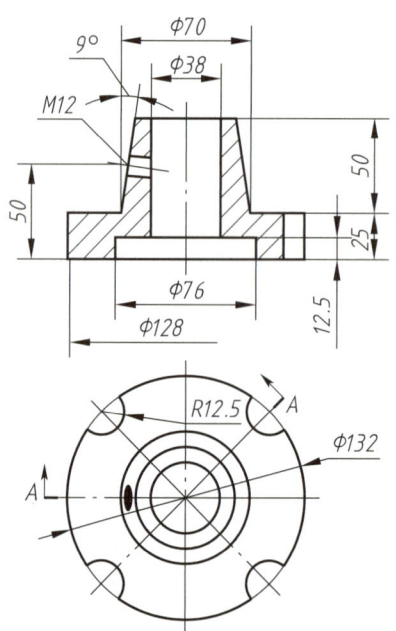

图 4-44　创建孔与圆周阵列特征实例

【任务实施】

1. 新建文件

新建文件并保存为"创建孔与圆周阵列特征实例 .sldprt"。

2. 创建基体

（1）单击【主页】选项卡│【基本】组│【更多】下拉菜单│【圆柱】按钮 🛢 ，出现【圆柱】对话框。

① 在【轴】组，激活【指定矢量】，在绘图区选择 Z 轴。

② 在【尺寸】组【直径】文本框输入"128"，在【高度】文本框输入"25"，如图 4-45 所示。

完成以上设置，单击【确定】按钮，创建圆柱体。

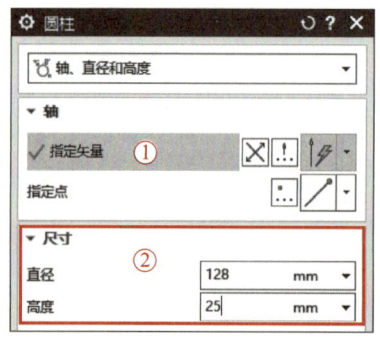
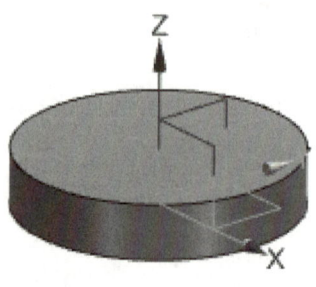

图 4-45　创建圆柱体

（2）单击【主页】选项卡 |【基本】组 |【拉伸】按钮 ，出现【拉伸】对话框。

① 设置选择意图规则：相连曲线。

② 在【截面】组，激活【选择曲线】，选择曲线。

③ 在【限制】组【终止】列表选择【值】选项，在【距离】文本框输入"50"。

④ 在【布尔】组【布尔】列表选择【合并】选项。

⑤ 在【拔模】组【拔模】列表选择【从起始限制】选项，在【角度】文本框输入"9"。

⑥ 在【偏置】组【偏置】列表选择【单侧】选项，在【结束】文本框输入"–24"，如图 4-46 所示。

完成以上设置，单击【确定】按钮，创建拉伸特征。

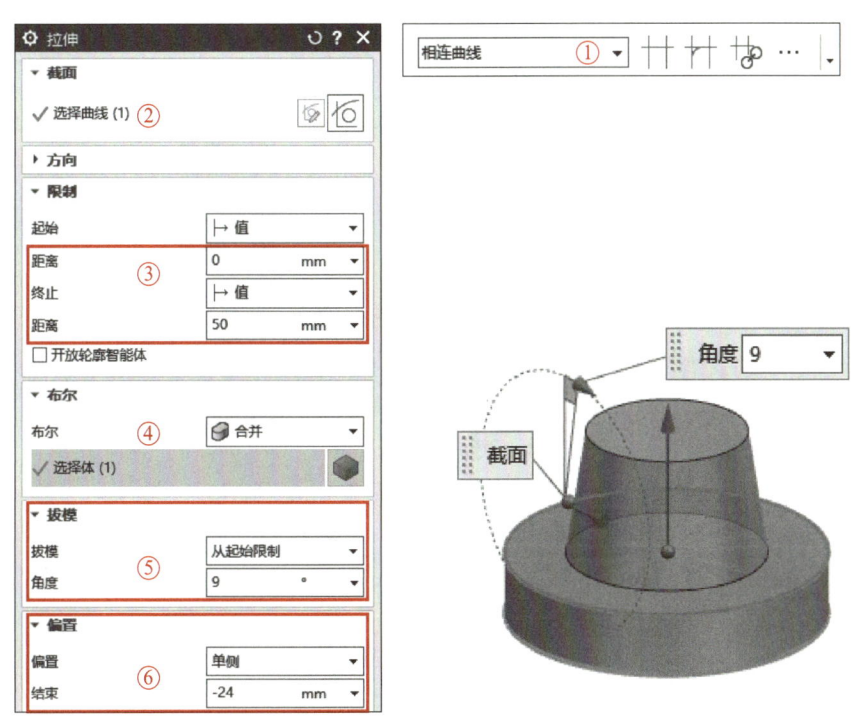

图 4-46　创建拉伸特征

3. 创建底面孔特征

单击【主页】选项卡 |【基本】组 |【孔】按钮 ，出现【孔】对话框。

① 在【类型】列表选择【沉头】选项。

② 在【形状】组【钻孔直径】列表选择【定制】选项，在【孔径】文本框输入"38"，在【沉头直径】文本框输入"76"，在【沉头限制】列表选择【值】选项，在【沉头深度】文本框输入"12.5"。

③ 在【倒斜角】组，勾选【起始倒斜角】选项，在【偏置】文本框输入"1"，在【角度】文本框输入"45"；勾选【终止倒斜角】选项，在【偏置】文本框输入"1"，在【角度】文本框输入"45"。

④ 在【位置】组，激活【指定点】组，提示行显示：在平的面上指定点，或选择基准平面进行草绘，或按"绘制截面"进行草绘。单击【点】按钮，在绘图区选择底面圆心点为孔的中心；

⑤ 在【方向】组【孔方向】列表选择【垂直于面】选项。

⑥ 在【限制】组【深度限制】列表选择【贯通体】选项。

⑦ 在【布尔】组【布尔】列表选择【减去】选项,如图 4-47 所示。

完成以上设置,单击【确定】按钮,创建底面孔特征。

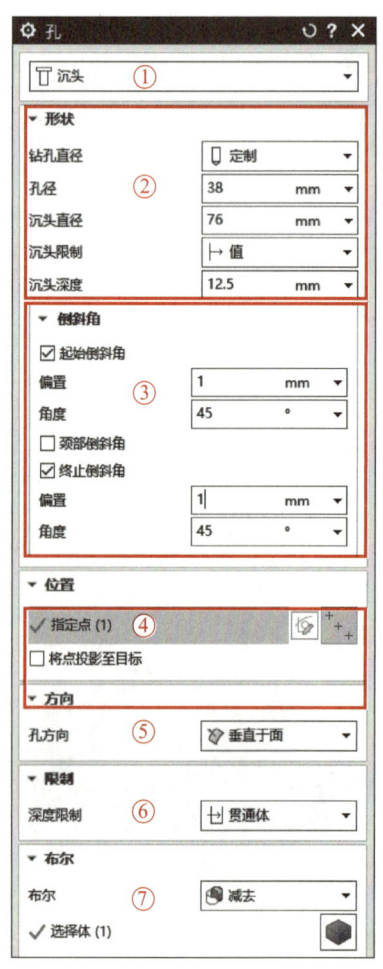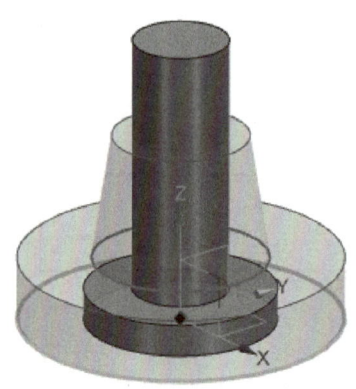

图 4-47 创建底面孔特征

4. 创建孔特征圆周阵列

(1)单击【主页】选项卡│【基本】组│【孔】按钮 ⬢,出现【孔】对话框。

① 在【类型】列表选择【简单】选项。

② 在【形状】组【钻孔直径】列表选择【定制】选项,在【孔径】文本框输入"25"。

③ 在【位置】组,激活【指定点】组,提示行显示:在平的面上指定点,或选择基准平面进行草绘,或按"绘制截面"进行草绘。单击【点】按钮,在绘图区选择底面绘制圆心点草图。

④ 在【方向】组【孔方向】列表选择【垂直于面】选项。

⑤ 在【限制】组【深度限制】列表选择【贯通体】选项。

⑥ 在【布尔】组【布尔】列表选择【减去】选项,如图 4-48 所示。

完成以上设置,单击【确定】按钮,创建孔特征。

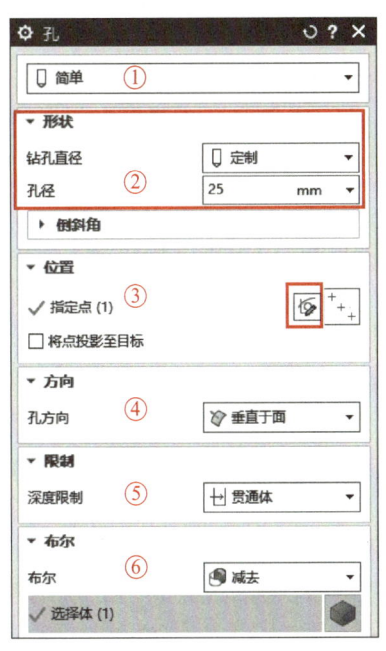
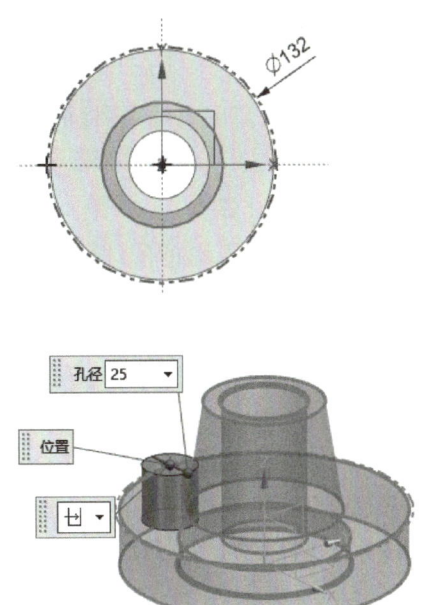

图 4-48 创建孔特征

（2）单击【主页】选项卡|【基本】组|【阵列特征】按钮 🐝，出现【阵列特征】对话框。

① 在【要形成阵列的特征】组，激活【选择特征】，在绘图区选择孔。

② 在【阵列定义】组【布局】列表选择【圆形】选项。

③ 在【旋转轴】组，激活【指定矢量】，在绘图区设置方向，激活【指定点】，在绘图区选择圆心。

④ 在【斜角方向】组【间距】列表选择【数量和间隔】选项，在【数量】文本框输入"4"，在【间隔角】文本框输入"90"，如图 4-49 所示。

完成以上设置，单击【确定】按钮，创建圆周阵列特征。

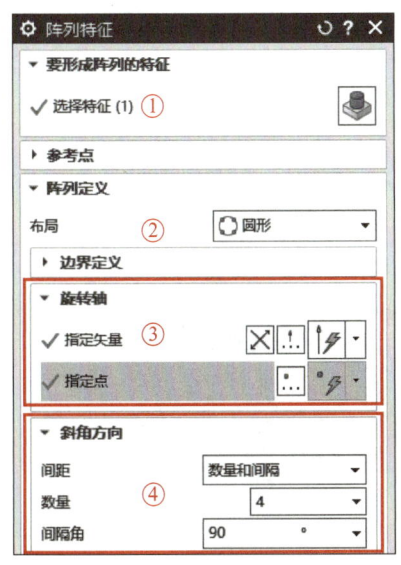
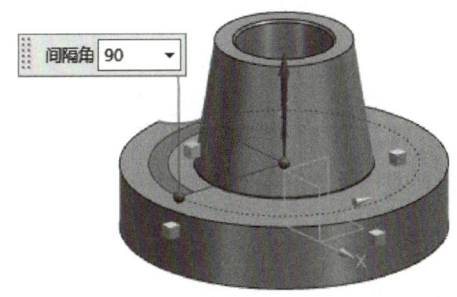

图 4-49 创建圆周阵列特征

💡 提示　关于圆周阵列特征

　　圆周阵列是将一个或多个特征、实体、面,绕一轴心按设定数量复制。可以在绘图区选取轴、圆形边线、线性边线、草图直线、圆柱面、旋转面、曲面或角度尺寸等作为阵列轴。

　　阵列绕此轴生成。单击【反向】按钮来改变圆周阵列的方向。

💡 提示　关于参数化建模

　　如需建立本例中的圆周均布孔,根据参数化建模思想,应采用圆周阵列,不宜在草图中建立圆周阵列点。

5. 创建侧面孔特征

　　单击【主页】选项卡 |【基本】组 |【孔】按钮 🔩,出现【孔】对话框。

　　① 在【类型】列表选择【有螺纹】选项。

　　② 在【形状】组【标准】列表选择【GB193】选项,在【大小】列表选择【M12×1.5】选项,在【螺纹深度类型】列表选择【全长】选项。

　　③ 在【位置】组,激活【指定点】组,提示行显示:在平的面上指定点,或选择基准平面进行草绘,或按"绘制截面"进行草绘。单击【点】按钮,在绘图区选择 XZ 面,绘制圆心点草图,勾选【将点投影至目标】选项。

　　④ 在【方向】组【孔方向】列表选择【沿矢量】选项,激活【指定矢量】,单击【面 / 平面法线】按钮,在绘图区选择圆锥曲面。

　　⑤ 在【限制】组【深度限制】列表选择【贯通体】选项。

　　⑥ 在【布尔】组【布尔】列表选择【减去】选项,如图 4-50 所示。

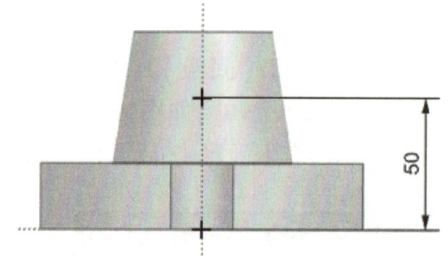
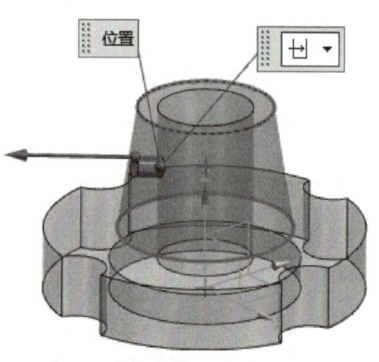

图 4-50　创建侧面孔特征

完成以上设置,单击【确定】按钮,创建侧面孔特征。

💡 提示　关于【将点投影至目标】

【将点投影至目标】选项可以为曲面定义孔特征中心。

6. 移动层

(1)将草图移到 21 层。

(2)将 21 层、61 层设为【不可见】,完成建模,如图 4-51
所示。

7. 存盘

选择【文件】|【保存】命令,保存文件。

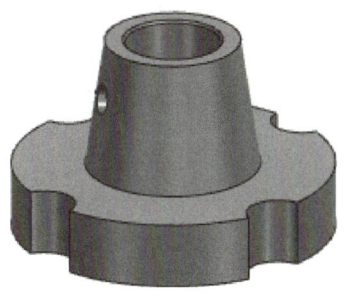

图 4-51　完成建模

【任务拓展】

创建模型,如图 4-52 所示。

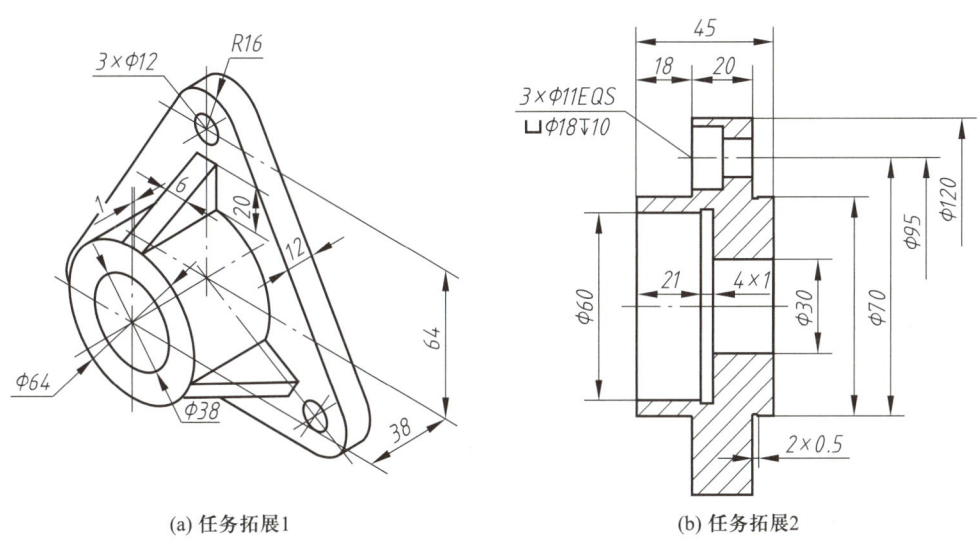

(a) 任务拓展1　　　　　　　　　　(b) 任务拓展2

图 4-52　创建孔与圆周阵列特征任务拓展

课题 4.5　创建抽壳与线性阵列特征

【学习目标】

(1)掌握创建抽壳特征的方法。

(2)掌握创建线性阵列特征的方法。

微视频

课题4.5

83

🔍【工作任务】

创建抽壳与线性阵列特征实例,如图 4-53 所示。

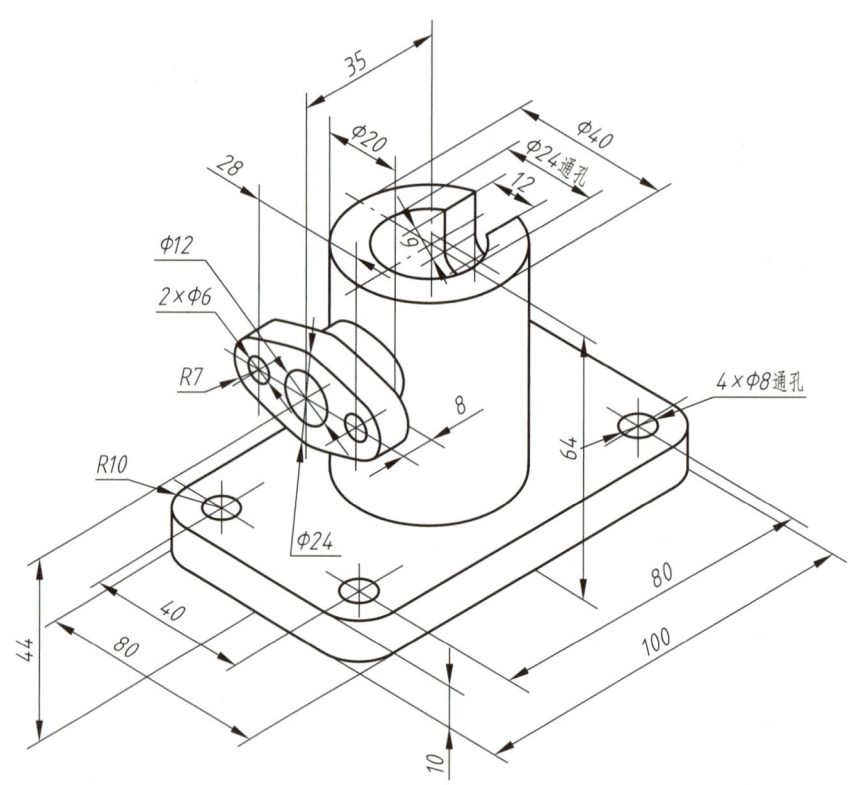

图 4-53 创建抽壳与线性阵列特征实例

⚙【任务实施】

1. 新建文件
新建文件并保存为"创建抽壳与线性阵列特征实例 .prt"。

2. 创建基体
(1)单击【主页】选项卡|【基本】组|【更多】下拉菜单|【块】按钮,出现【块】对话框。

① 默认指定点。

② 在【尺寸】组【长度】文本框输入"60",在【宽度】文本框输入"100",在【高度】文本框输入"10",如图 4-54 所示。

完成以上设置,单击【确定】按钮,创建长方体。

(2)创建 2 个二等分基准面,如图 4-55 所示。

(3)在上平面绘制草图,如图 4-56 所示。

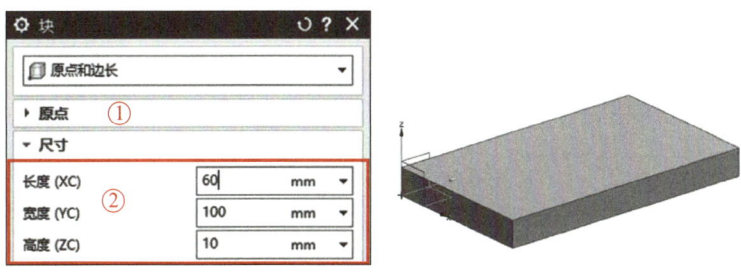

图 4-54　创建长方体

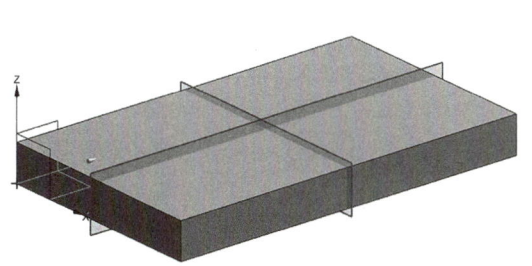

图 4-55　创建两个二等分基准面

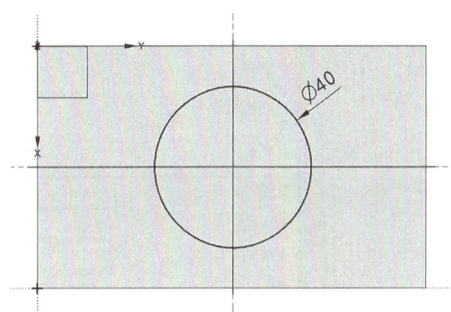

图 4-56　在上平面绘制草图

（4）单击【主页】选项卡｜【基本】组｜【拉伸】按钮 🔷，出现【拉伸】对话框。

① 设置选择意图规则：相连曲线。

② 在【截面】组，激活【选择曲线】，选择曲线。

③ 在【限制】组【终止】列表选择【值】选项，在【距离】文本框输入"54"。

④ 在【布尔】组【布尔】列表选择【合并】选项，如图 4-57 所示。

完成以上设置，单击【确定】按钮，创建拉伸特征。

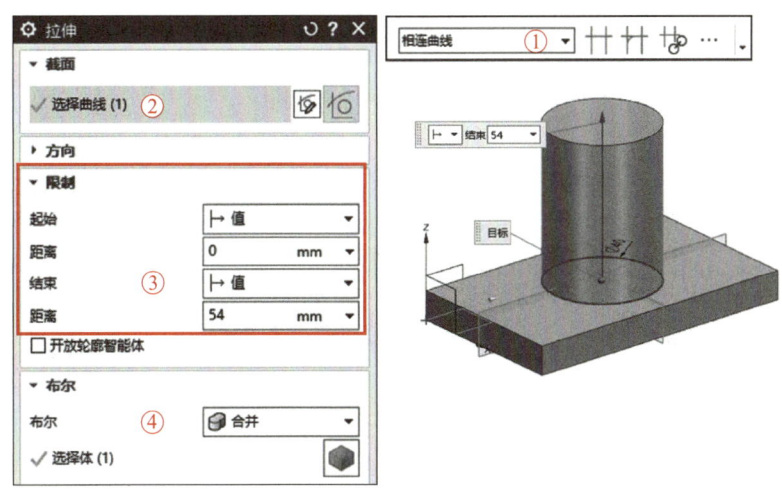

图 4-57　创建拉伸特征

（5）在中间基准面上绘制草图,如图4-58所示。

（6）单击【主页】选项卡│【基本】组│【拉伸】按钮
，出现【拉伸】对话框。

① 设置选择意图规则：相连曲线。

② 在【截面】组,激活【选择曲线】,选择曲线。

③ 在【限制】组【终止】列表选择【值】选项,在【距离】文本框输入"35"。

④ 在【布尔】组【布尔】列表选择【合并】选项,如图4-59所示。

完成以上设置,单击【确定】按钮,创建拉伸特征。

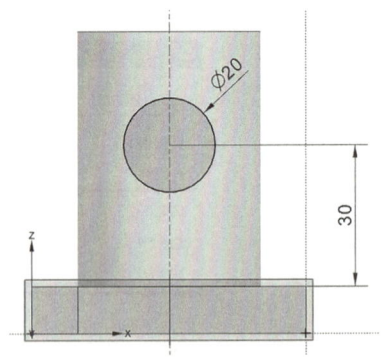

图4-58 在中间基准面上绘制草图

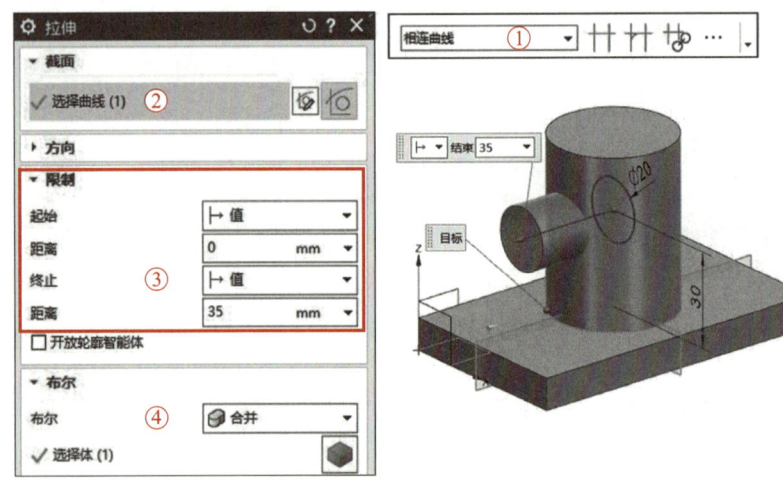

图4-59 创建拉伸特征

（7）在圆柱端面上绘制草图,如图4-60所示。

（8）单击【主页】选项卡│【基本】组│【拉伸】按钮
，出现【拉伸】对话框。

① 设置选择意图规则：相连曲线。

② 在【截面】组,激活【选择曲线】,选择曲线。

③ 在【限制】组【终止】列表选择【值】选项,在【距离】文本框输入"6"。

④ 在【布尔】组【布尔】列表选择【合并】选项,如图4-61所示。

完成以上设置,单击【确定】按钮,创建拉伸特征。

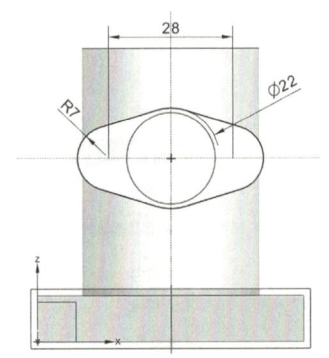

图4-60 在圆柱端面上绘制草图

3. 创建抽壳特征

单击【主页】选项卡│【基本】组│【抽壳】按钮 ，出现【抽壳】对话框。

① 在【类型】列表选择【开放】选项。

② 在【面】组,激活【选择面】,选择上表面。

③ 在【厚度】组【厚度】文本框输入"8"。

④ 在【交变厚度】组,激活【选择面】,选择下表面,在【厚度1】文本框输入"10"。

⑤ 单击【添加新集】按钮 ⊕，新建【厚度2】，选择法兰背面，在【厚度2】文本框输入"6"；单击【添加新集】按钮 ⊕，新建【厚度3】，选择法兰管面，在【厚度3】文本框输入"4"，如图 4-62 所示。

完成以上设置，单击【确定】按钮，创建抽壳特征。

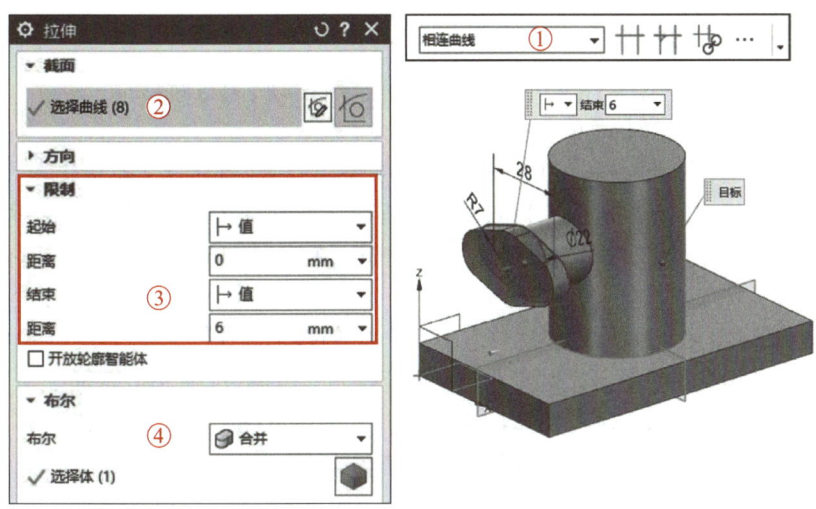

图 4-61　创建拉伸特征

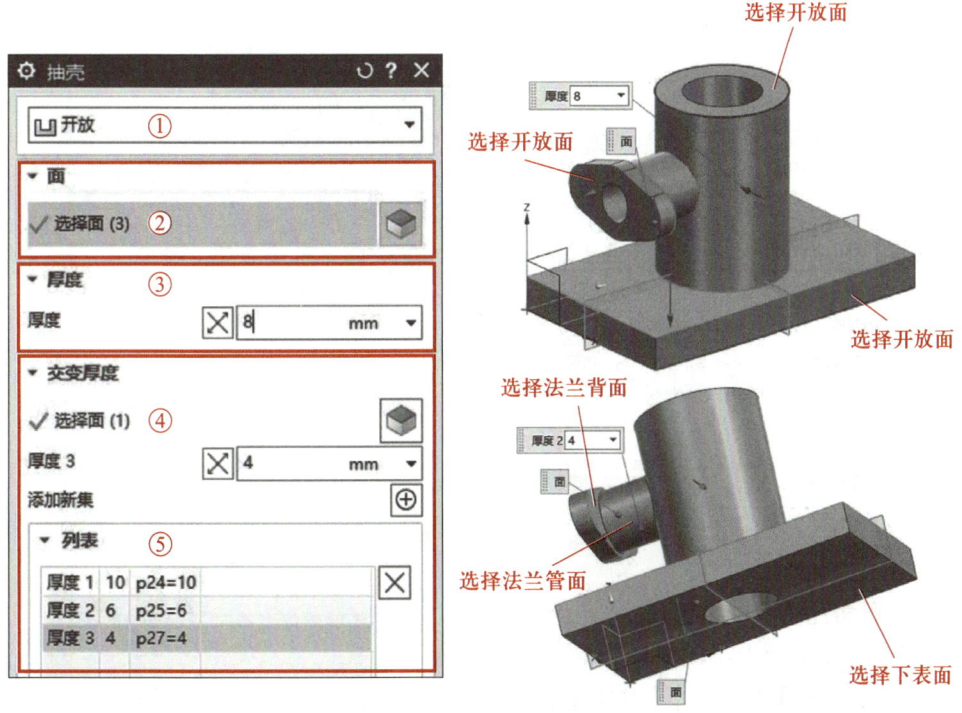

图 4-62　创建抽壳特征

87

💡 提示 关于抽壳特征

使用【抽壳】命令可根据指定壁厚抽空实体。基本操作步骤如下：

① 选择抽壳类型。

② 确定要穿透的面。

③ 确定壳厚度。

④ 单击【确定】按钮。

4. 创建法兰面孔特征

单击【主页】选项卡 |【基本】组 |【孔】按钮 🧊，出现【孔】对话框。

① 在【类型】列表选择【简单】选项。

② 在【形状】组【钻孔直径】列表选择【定制】选项，在【孔径】文本框输入"6"。

③ 在【位置】组，激活【指定点】组，提示行显示：在平的面上指定点，或选择基准平面进行草绘，或按"绘制截面"进行草绘。单击【点】按钮，在绘图区选择边中心点为孔的中心（两个点）。

④ 在【方向】组【孔方向】列表选择【垂直于面】选项。

⑤ 在【限制】组【深度限制】列表选择【直至选定】选项，选择法兰背面。

⑥ 在【布尔】组【布尔】列表选择【减去】选项，如图4-63所示。

完成以上设置，单击【确定】按钮，创建法兰面孔特征。

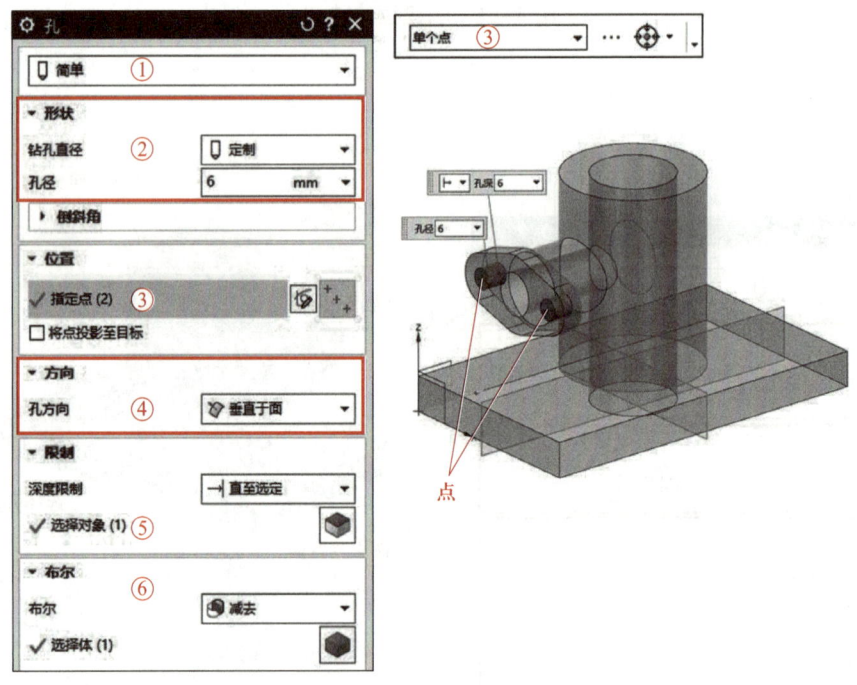

图4-63 创建法兰面孔特征

5. 创建侧面孔特征

（1）在中间基准面上绘制草图，如图4-64所示。

（2）单击【主页】选项卡 |【基本】组 |【拉伸】按钮 🧊，出现【拉伸】对话框。

① 设置选择意图规则：相连曲线。

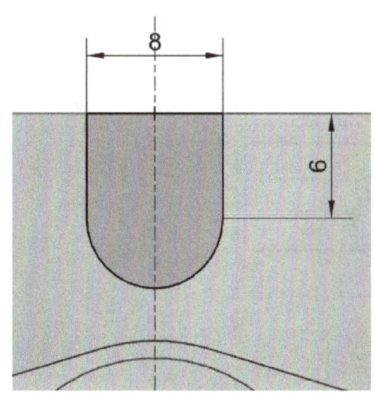

图 4-64　在中间基准面上绘制草图

② 在【截面】组,激活【选择曲线】,选择曲线。

③ 在【限制】组【结束】列表选择【值】选项,在【距离】文本框输入"35"。

④ 在【布尔】组【布尔】列表选择【合并】选项,如图 4-65 所示。

完成以上设置,单击【确定】按钮,创建侧面孔特征。

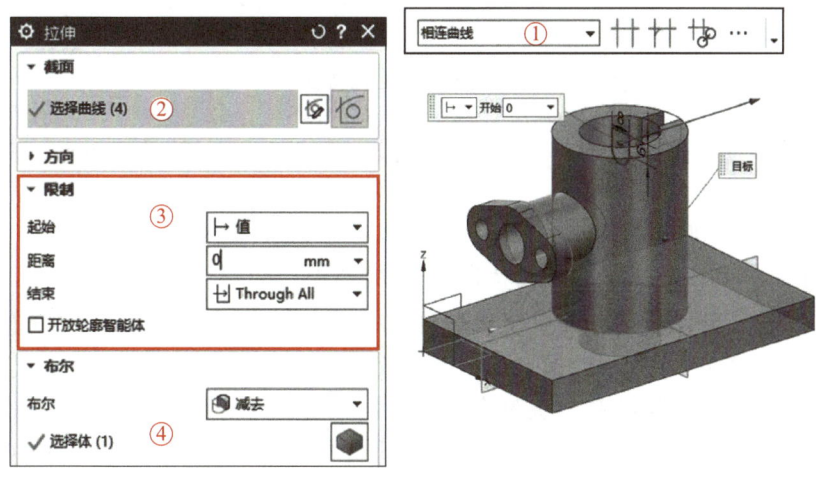

图 4-65　创建侧面孔特征

6. 创建底面孔特征

(1)单击【主页】选项卡 |【基本】组 |【孔】按钮 ,出现【孔】对话框。

① 在【类型】列表选择【简单】选项。

② 在【形状】组【钻孔直径】列表选择【定制】选项,在【孔径】文本框输入"8"。

③ 在【位置】组,激活【指定点】组,提示行显示:在平的面上指定点,或选择基准平面进行草绘,或按"绘制截面"进行草绘。单击【绘制截面】 按钮,在绘图区选择底面绘制圆心点草图。

④ 在【方向】组【孔方向】列表选择【垂直于面】选项。

⑤ 在【限制】组【深度限制】列表选择【贯通体】选项。

⑥ 在【布尔】组【布尔】列表选择【减去】选项,如图 4-66 所示。

完成以上设置,单击【确定】按钮,创建孔特征。

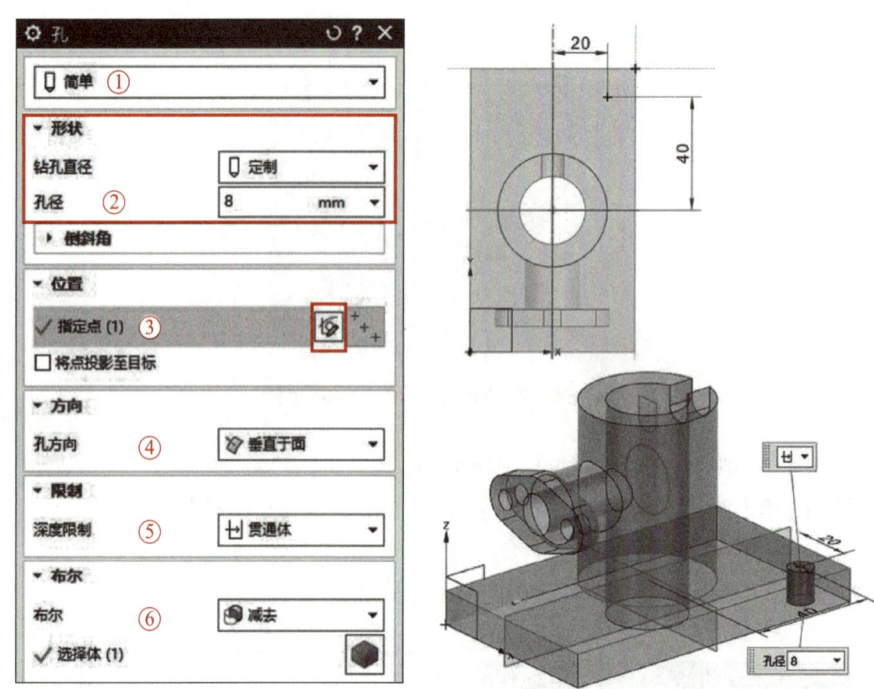

图 4-66 创建孔特征

（2）单击【主页】选项卡｜【基本】组｜【阵列特征】按钮，出现【阵列特征】对话框。

① 在【要形成阵列的特征】组，激活【选择特征】，在绘图区选择孔特征。

② 在【阵列定义】组【布局】列表选择【线性】选项。

③ 在【方向1】组，激活【指定矢量】，在绘图区设置方向，在【间距】列表选择【数量和间隔】选项，在【数量】文本框输入"2"，在【间隔】文本框输入"80"。

④ 在【方向2】组，激活【指定矢量】，在绘图区域设置方向，在【间距】列表选择【数量和间隔】选项，在【数量】文本框输入"2"，在【间隔】文本框输入"40"，如图4-67所示。

完成以上设置，单击【确定】按钮，创建线性阵列特征。

💡 提示 关于线性阵列特征

线性阵列是将一个或多个特征、实体、面，沿一个或多个方向按设定数量复制。

可以选择线性边线、直线、轴、尺寸、平面、圆锥面、圆形边线、参考平面作为阵列方向。如有必要，单击【反向】按钮来反转阵列方向。

7. 创建倒圆角特征

单击【主页】选项卡｜【基本】组｜【边倒圆】按钮，出现【边倒圆】对话框。

① 设置选择意图规则：单边。

② 在【边】组，激活【选择边】，在绘图区选择边单边。单击【选择预测的对象】按钮，自动选择另3边。

③ 在【半径1】文本框输入"10"，如图4-68所示。

完成以上设置，单击【确定】按钮，创建倒圆角特征。

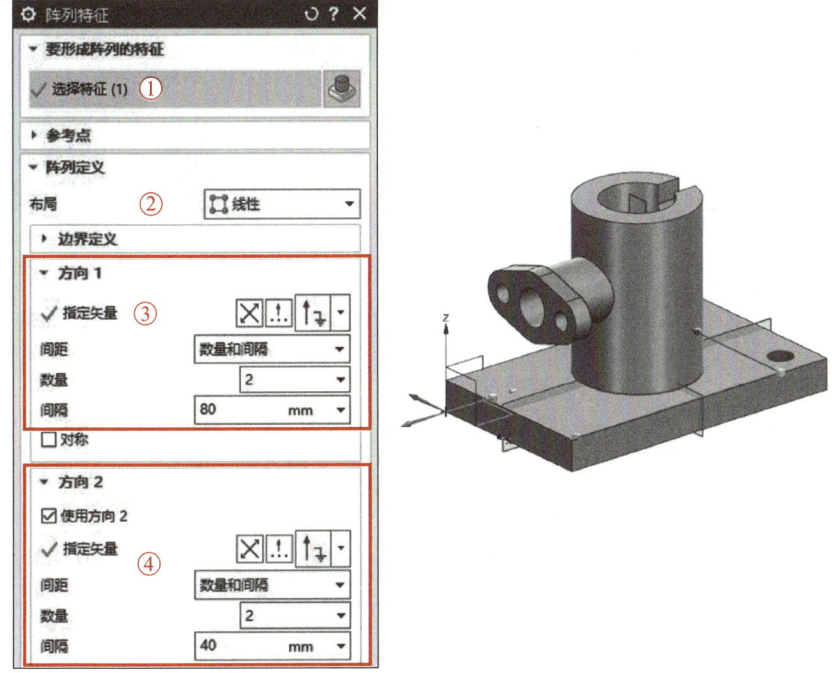

图 4-67　创建线性阵列特征

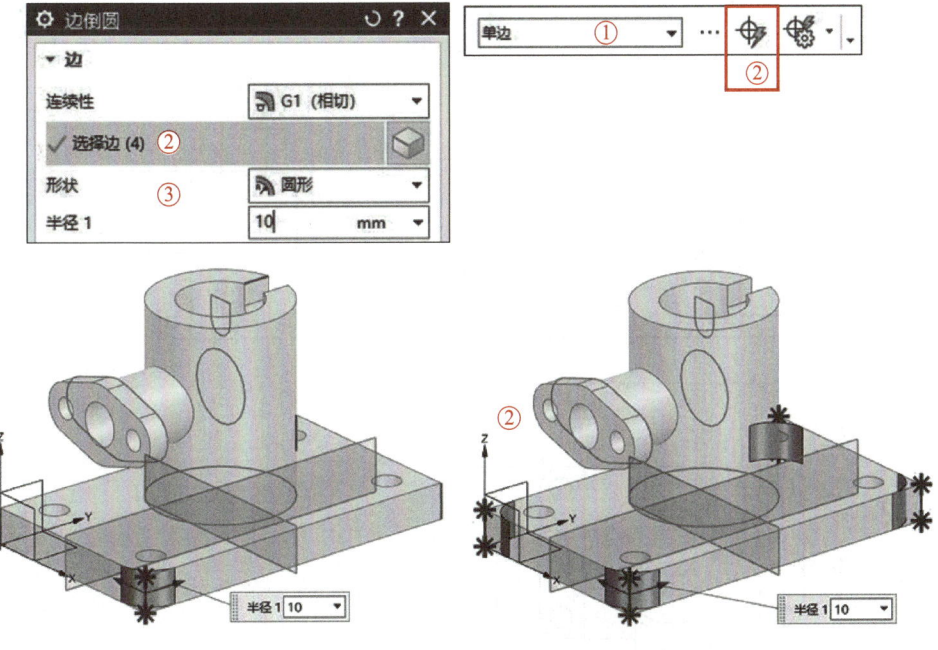

图 4-68　创建倒圆角特征

8．移动层

（1）将草图移到 21 层。

（2）将 21 层、61 层设为【不可见】,完成建模,如图 4-69 所示。

9．存盘

选择【文件】|【保存】命令,保存文件。

图 4-69　完成建模

【任务拓展】

创建模型,如图 4-70 所示。

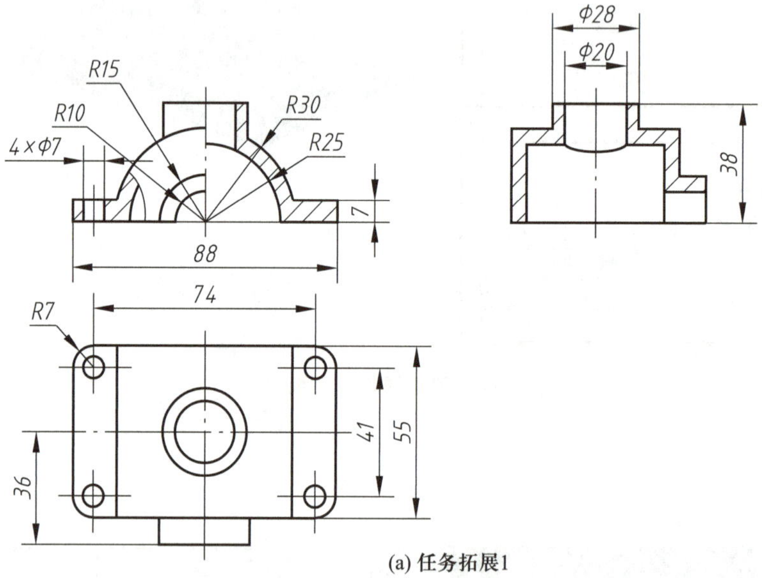

(a) 任务拓展1

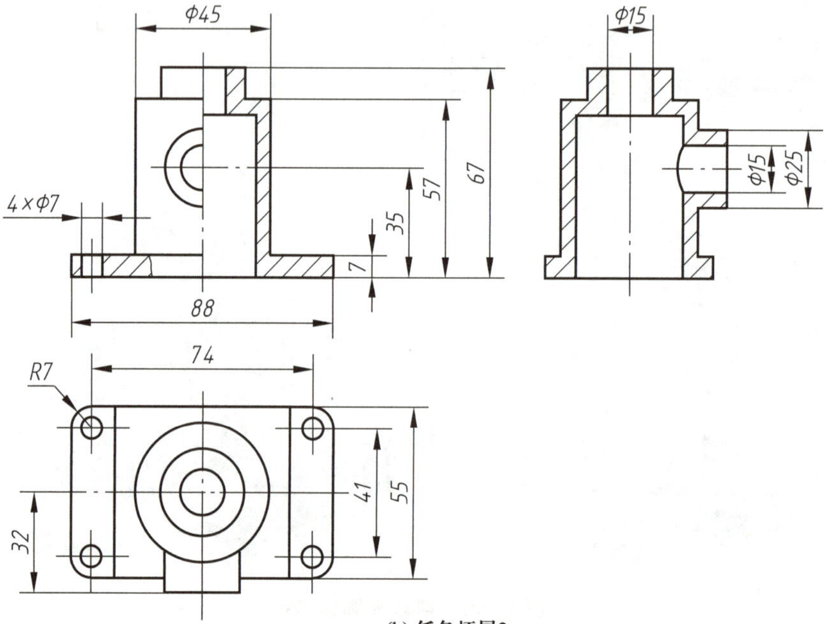

(b) 任务拓展2

图 4-70　创建抽壳与线性阵列特征任务拓展

课题 4.6 创建拔模与抽壳特征

【学习目标】

（1）掌握创建拔模特征的方法。

（2）掌握创建抽壳特征的方法。

【工作任务】

创建拔模与抽壳特征实例，如图 4-71 所示。

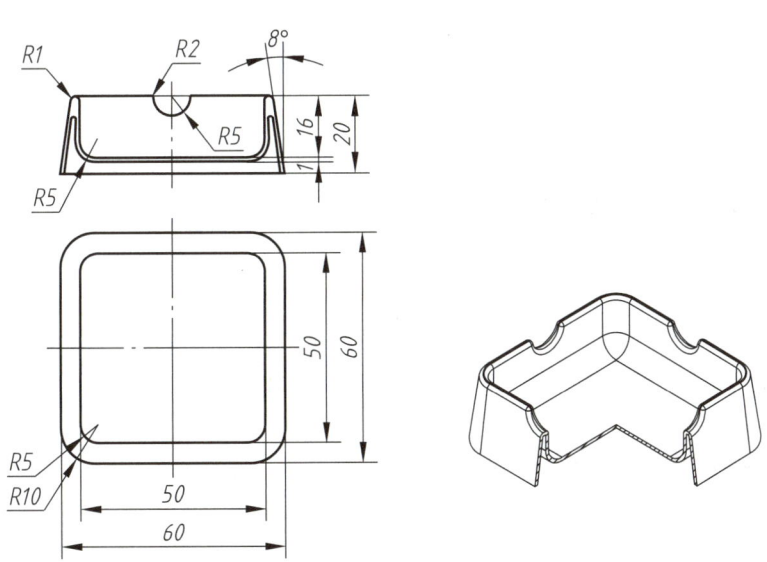

图 4-71　创建拔模与抽壳特征实例

【任务实施】

1. 新建文件

新建文件并保存为"创建拔模与抽壳特征实例 .prt"。

2. 创建基体

（1）单击【主页】选项卡 |【基本】组 |【更多】下拉菜单 |【块】按钮，出现【块】对话框。

① 默认指定点。

② 在【尺寸】组【长度】文本框输入"60"，在【宽度】文本框输入"60"，在【高度】文本

93

框输入"20",如图 4-72 所示。

完成以上设置,单击【确定】按钮,创建基体。

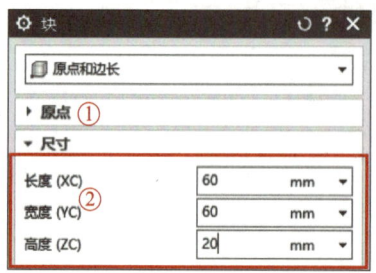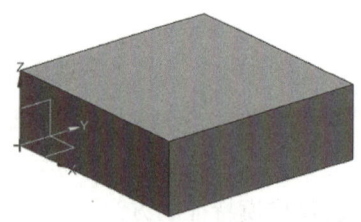

图 4-72　创建基体

（2）单击【主页】选项卡｜【基本】组｜【抽壳】按钮 ●,出现【抽壳】对话框。

① 在【类型】列表选择【开放】选项。

② 在【面】组,激活【选择面】,选择上表面。

③ 在【厚度】组【厚度】文本框输入"5"。

④ 在【交变厚度】组,激活【选择面】,选择下表面,在【厚度 1】文本框输入"4",如图 4-73 所示。

完成以上设置,单击【确定】按钮,创建抽壳特征。

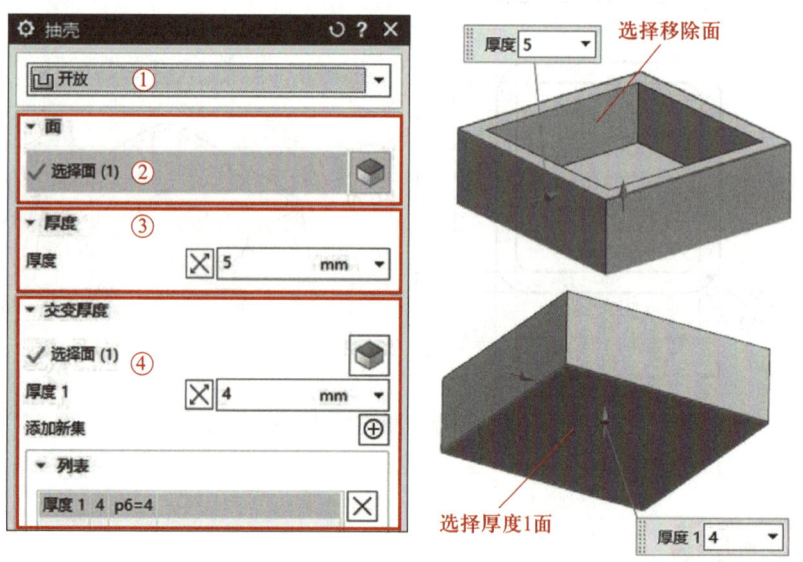

图 4-73　创建抽壳特征

（3）单击【主页】选项卡｜【基本】组｜【边倒圆】按钮 ●,出现【边倒圆】对话框。

在【边】组,激活【选择边】,在绘图区选择内四边,在【半径 1】文本框输入"5",如图 4-74 所示,创建内倒圆角特征。

单击【添加新集】按钮 ⊕,完成【半径 1】边集,在绘图区选择外四边,在【半径 2】文本框输入"10",如图 4-75 所示。

完成设置,单击【确定】按钮,创建外倒圆角特征。

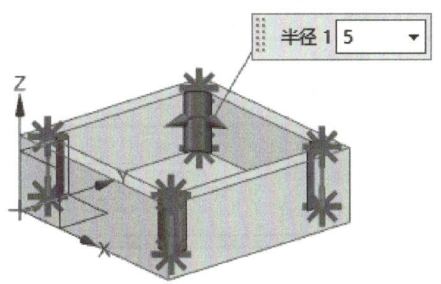

图 4-74　创建内倒圆角特征

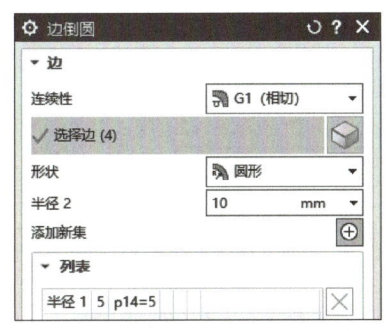
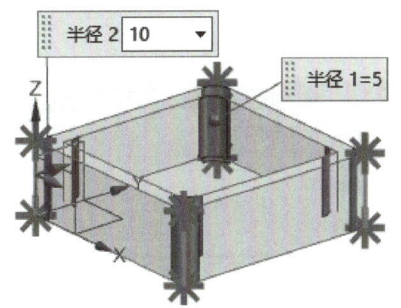

图 4-75　创建外倒圆角特征

3. 创建拔模特征

单击【主页】选项卡｜【基本】组｜【拔模】按钮 ，出现【拔模】对话框。

① 在【类型】列表选择【面】选项。

② 在【脱模方向】组，激活【指定矢量】，在绘图区指定 Z 轴为脱模方向。

③ 在【拔模参考】组【拔模方法】列表选择【固定面】选项，激活【选择固定面】，在绘图区选择"底面"。

④ 在【要拔模的面】组，激活【选择面】，设置选择意图规则：相切面，在绘图区选择块四周面，在【角度 1】文本框输入"8"，如图 4-76 所示。

完成以上设置，单击【应用】按钮，创建外拔模特征。

⑤ 在【拔模参考】组【拔模方法】列表选择【固定面】选项，激活【选择固定面】，在绘图区选择"上表面"。

⑥ 在【要拔模的面】组，激活【选择面】，在绘图区选择块内四周面，在【角度 1】文本框输入"8"，如图 4-77 所示。

完成以上设置，单击【确定】按钮，创建内拔模特征。

4. 切口

（1）单击【主页】选项卡｜【基本】组｜【孔】按钮 ，出现【孔】对话框。

① 在【类型】列表选择【简单】选项。

② 在【形状】组【钻孔直径】列表选择【定制】选项，在【孔径】文本框输入"10"。

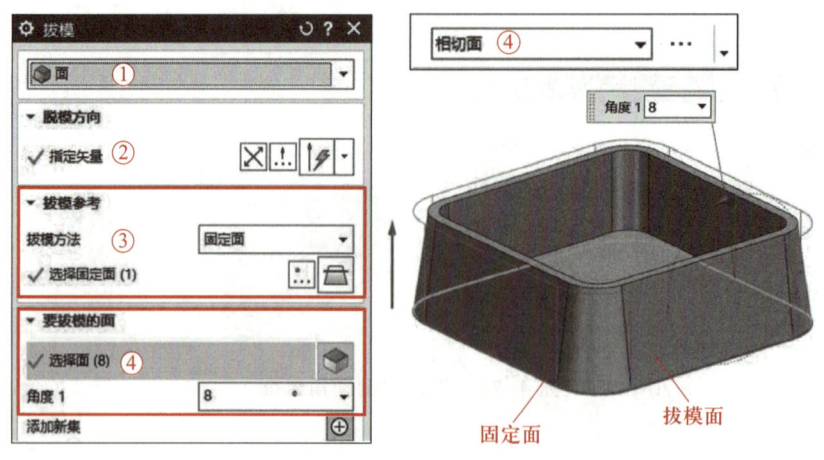

图 4-76　创建外拔模特征

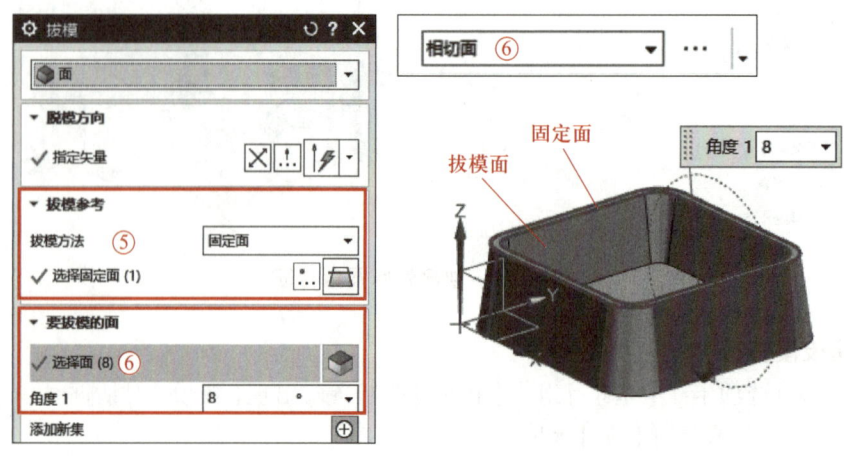

图 4-77　创建内拔模特征

③ 在【位置】组,激活【指定点】组,提示行显示:在平的面上指定点,或选择基准平面进行草绘,或按"绘制截面"进行草绘。单击【点】按钮,在绘图区选择边中心点为孔的中心。

④ 在【方向】组【孔方向】列表选择【沿矢量】选项,确定孔方向。

⑤ 在【限制】组【深度限制】列表选择【贯通体】选项。

⑥ 在【布尔】组【布尔】列表选择【减去】选项,如图 4-78 所示。

完成以上设置,单击【确定】按钮,创建切口。

（2）按同样方法创建另外两侧切口,如图 4-79 所示。

5. 创建倒圆角特征

单击【主页】选项卡|【基本】组|【边倒圆】按钮 🔷,出现【边倒圆】对话框。

① 在【边】组,激活【选择边】,在绘图区选择边。

② 在【半径 1】文本框输入"1",如图 4-80 所示。

完成以上设置,单击【确定】按钮,创建倒圆角特征。

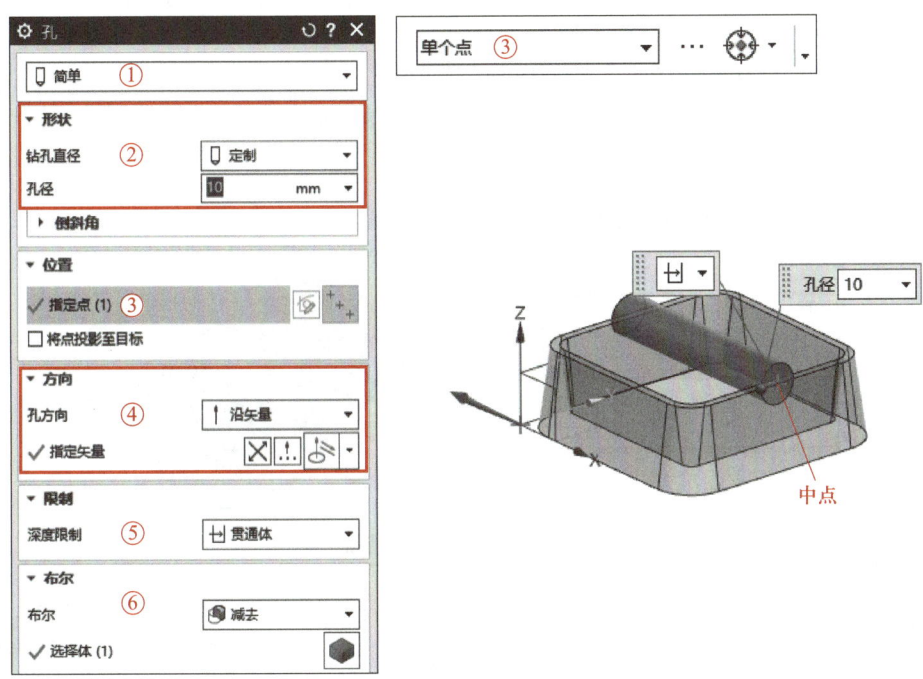

图 4-78　创建切口

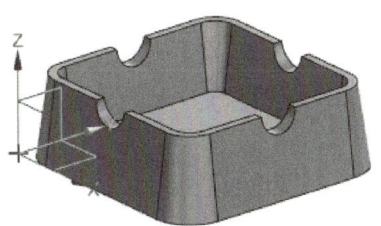

图 4-79　创建另外两侧切口

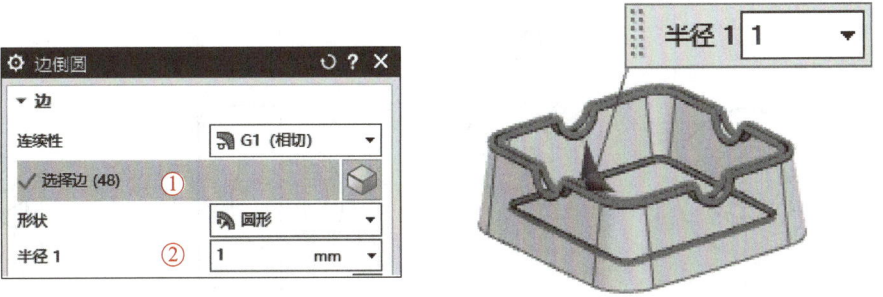

图 4-80　创建倒圆角特征

6. 创建抽壳特征

单击【主页】选项卡|【基本】组|【抽壳】按钮 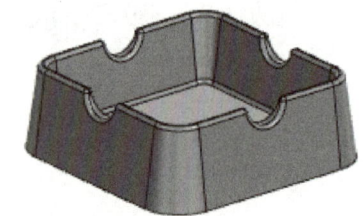，出现【抽壳】对话框。

① 在【类型】列表选择【开放】选项。

② 在【面】组，激活【选择面】，选择底面。

③ 在【厚度】组【厚度】文本框输入"1"，如图 4-81 所示。

完成以上设置，单击【确定】按钮，创建抽壳特征。

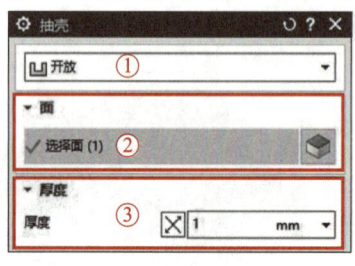

图 4-81 创建抽壳特征

7. 设置层

将 61 层设为【不可见】，完成建模，如图 4-82 所示。

8. 存盘

选择【文件】|【保存】命令，保存文件。

图 4-82 完成建模

【任务拓展】

创建模型，如图 4-83所示。

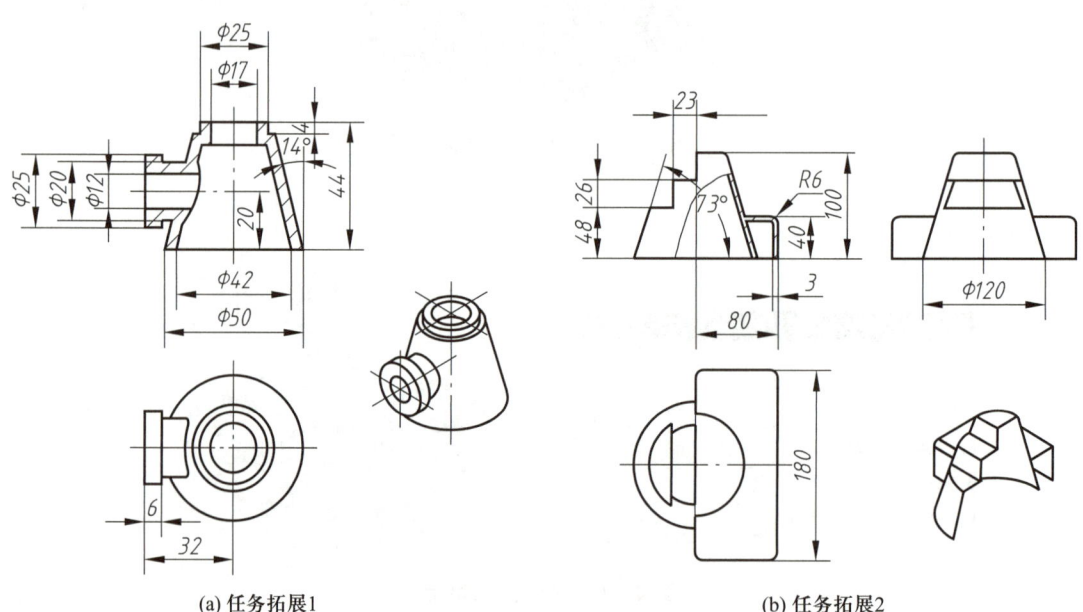

(a) 任务拓展1   (b) 任务拓展2

图 4-83 创建拔模与抽壳特征任务拓展

课题 4.7 创建沟槽特征

【学习目标】

（1）理解沟槽放置面的概念
（2）掌握创建沟槽特征的方法

【工作任务】

创建沟槽特征实例，如图 4-84 所示。

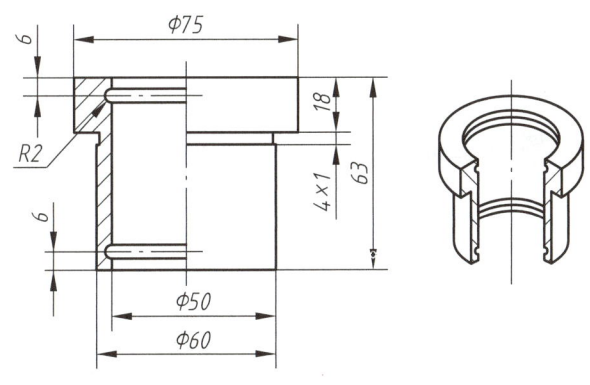

图 4-84 创建沟槽特征实例

【任务实施】

1. 新建文件

新建文件并保存为"创建沟槽特征实例 .prt"。

2. 创建基体

（1）单击【主页】选项卡|【基本】组|【更多】下拉菜单|【圆柱】按钮 ⬚，出现【圆柱】对话框。

① 在【轴】组，激活【指定矢量】，在绘图区选择 Z 轴。

② 在【尺寸】组【直径】文本框输入"75"，在【高度】文本框输入"18"，如图 4-85 所示。完成以上设置，单击【确定】按钮，创建圆柱体。

（2）单击【主页】选项卡|【基本】组|【拉伸】按钮 ⬚，出现【拉伸】对话框。

① 设置选择意图规则：相连曲线。

② 在【截面】组，激活【选择曲线】，选择圆柱边线。

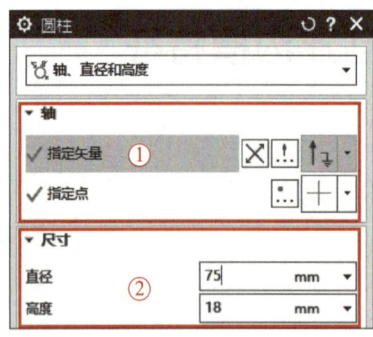
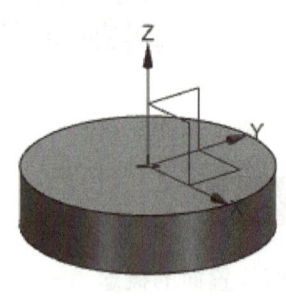

图 4-85 创建圆柱体

③ 在【限制】组【终止】列表选择【值】选项,在【距离】文本框输入"45"。

④ 在【布尔】组【布尔】列表选择【合并】选项。

⑤ 在【偏置】组【偏置】列表选择【单侧】选项,在【结束】文本框输入"-7.5",如图 4-86 所示。

完成以上设置,单击【确定】按钮,创建拉伸特征。

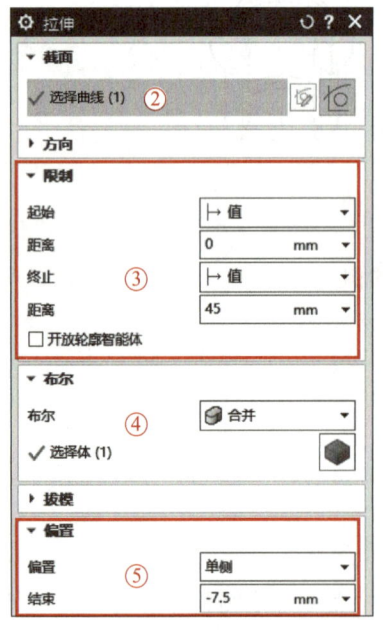
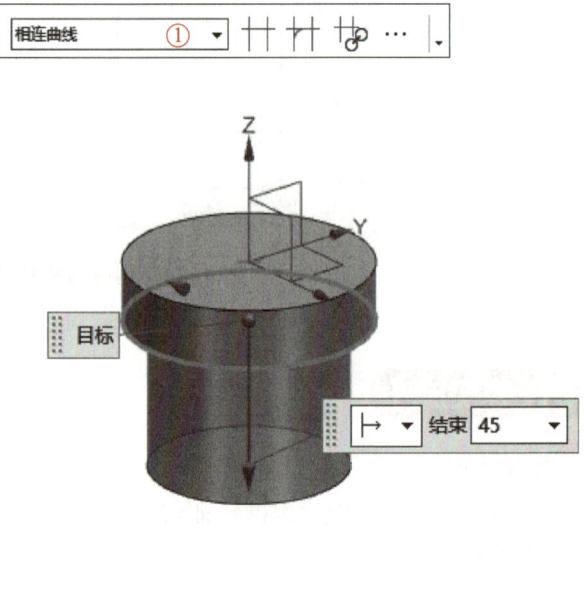

图 4-86 创建拉伸特征

(3)单击【主页】选项卡│【基本】组│【拉伸】按钮 🔲,出现【拉伸】对话框。

① 设置选择意图规则:相连曲线。

② 在【截面】组,激活【选择曲线】,选择上端面边线。

③ 在【限制】组【终止】列表选择【Through All】选项。

④ 在【布尔】组【布尔】列表选择【减去】选项。

⑤ 在【偏置】组【偏置】列表选择【单侧】选项,在【结束】文本框输入"-12.5",如图 4-87 所示。

完成以上设置,完成以上设置,单击【确定】按钮,创建拉伸切除特征。

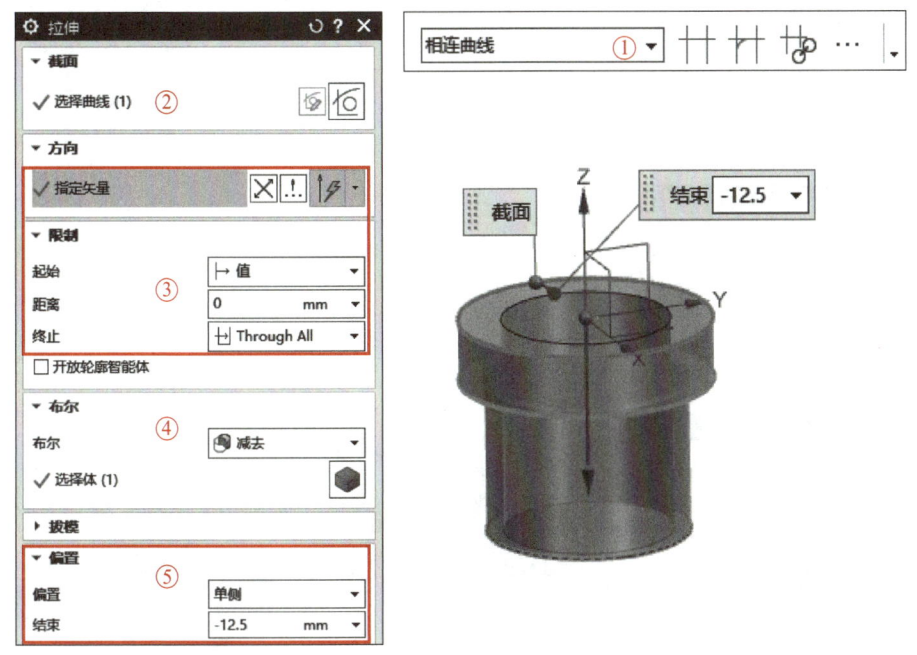

图 4-87　创建拉伸切除特征

3. 创建外沟槽特征

单击【主页】选项卡｜【基本】组｜【更多】下拉菜单｜【槽】按钮 🔩,出现【槽】对话框。

① 单击【矩形】按钮。

② 出现【矩形槽】对话框,提示行显示:选择放置面,在绘图区选择放置面。

③ 出现【矩形槽】对话框,在【槽直径】文本框输入"58",在【宽度】文本框输入"4",单击【确定】按钮。

④ 出现【定位槽】对话框。

a. 提示行显示:选择目标边或"确定"接受初始位置。在绘图区选择端面边缘。

b. 提示行显示:选择刀具边。在绘图区选择槽边缘。

⑤ 出现【创建表达式】对话框,输入"0",如图 4-88 所示。

完成以上设置,单击【确定】按钮,创建外沟槽特征。

4. 创建内沟槽特征

(1)单击【主页】选项卡｜【基本】组｜【更多】下拉菜单｜【槽】按钮 🔩,出现【槽】对话框。

① 单击【球形端槽】按钮。

② 出现【球形端槽】对话框。将模型切换成静态线框形式。

提示行显示:选择放置面,在绘图区选择放置面。

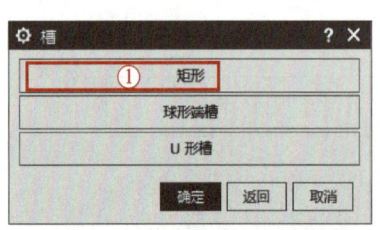

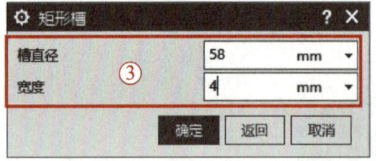

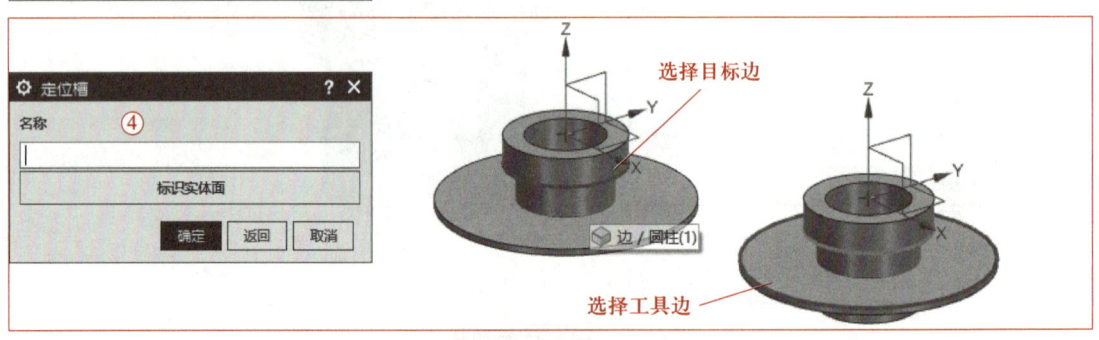

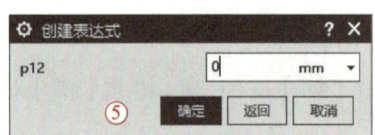
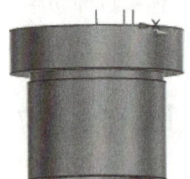

图 4-88　创建外沟槽特征

③　出现【球形端槽】对话框,在【槽直径】文本框输入"58",在【球直径】文本框输入"4",单击【确定】按钮。

④　出现【定位槽】对话框。

a. 提示行显示:选择目标边或"确定"接受初始位置。在绘图区选择端面边缘。

b. 提示行显示:选择刀具边。在绘图区选择槽边缘。

⑤　出现【创建表达式】对话框,输入"6",如图 4-89 所示。

完成以上设置,单击【确定】按钮,创建内沟槽特征。

(2) 按同样方法创建另一沟槽,如图 4-90 所示。

①　将模型切换成着色形式。

②　建立剪切截面。

③　隐藏 61 层。

5. 存盘

选择【文件】|【保存】命令,保存文件。

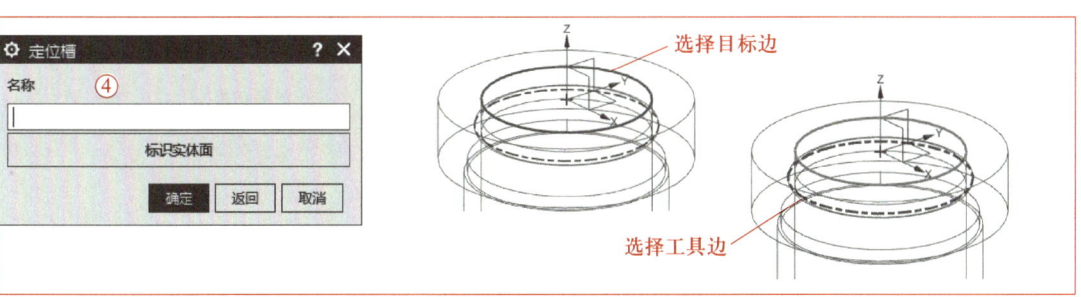

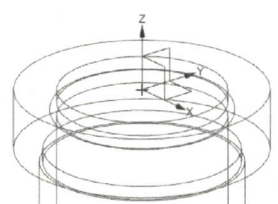

图 4-89　创建内沟槽特征

图 4-90　创建另一沟槽

【任务拓展】

创建模型,如图 4-91 所示。

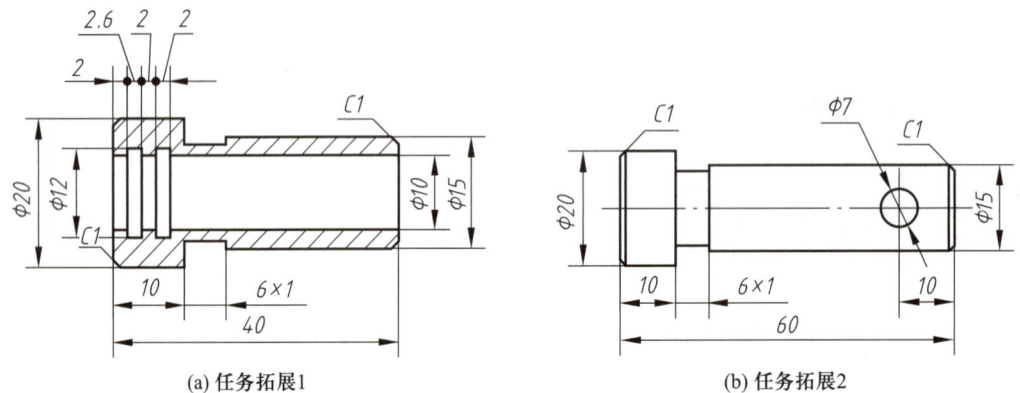

(a) 任务拓展1   (b) 任务拓展2

图 4-91 创建沟槽特征任务拓展

课题 4.8 提高练习

创建模型,如图 5-92 所示。

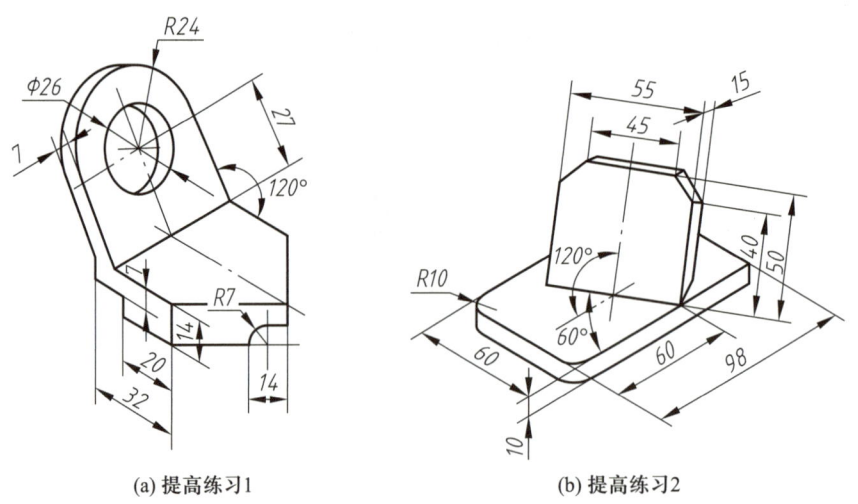

(a) 提高练习1   (b) 提高练习2

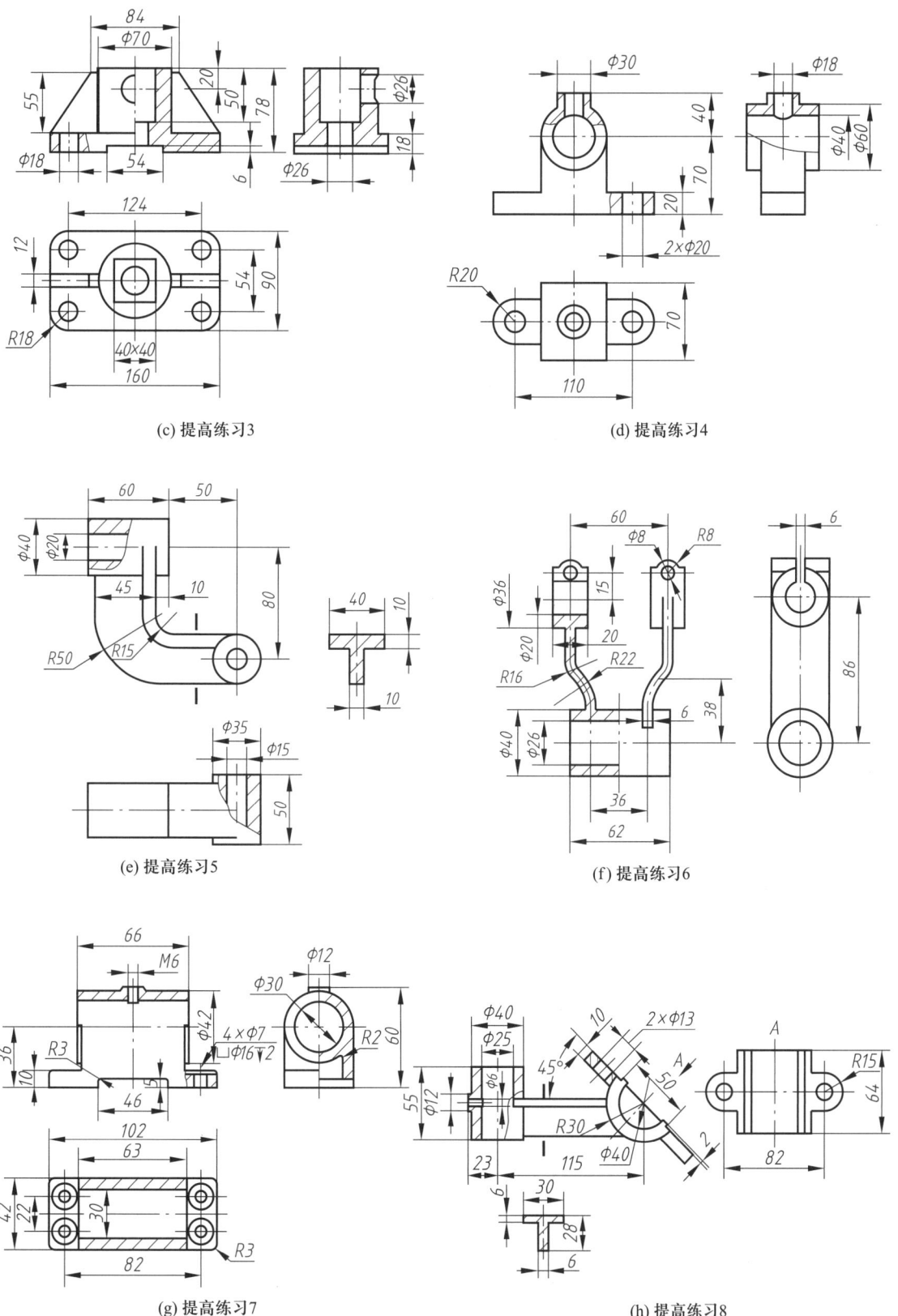

(c) 提高练习3

(d) 提高练习4

(e) 提高练习5

(f) 提高练习6

(g) 提高练习7

(h) 提高练习8

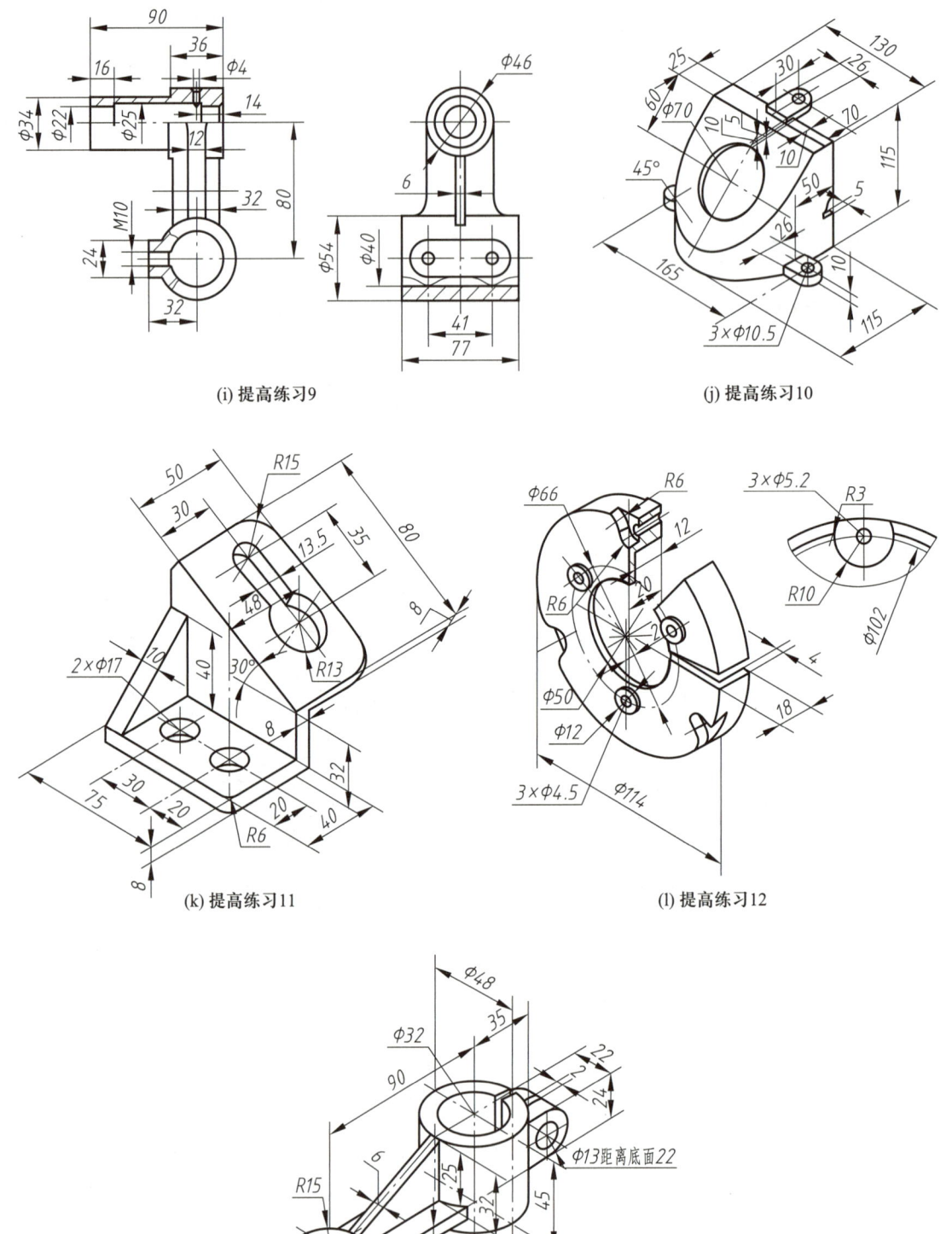

(i) 提高练习9　　　　　　　　　　　　(j) 提高练习10

(k) 提高练习11　　　　　　　　　　　(l) 提高练习12

(m) 提高练习13

图 4-92　提高练习

模块五 创建曲面

UGNX 提供了曲面建模技术,能够满足绝大部分工业产品的曲面造型设计需求,可以创建拉伸曲面、旋转曲面、扫描曲面、网格曲面、等距曲面和中间曲面等,还可以对已经创建的曲面进行剪裁、延伸或倒圆角等操作。曲面创建后,还可以利用其指定的厚度建立凸台和切除特征,从而创建零件的实体模型。

课题 5.1 创建投影曲线特征

【学习目标】

掌握创建投影曲线特征的方法。

【工作任务】

创建投影曲线特征实例,如图 5-1 所示。

微视频

课题5.1

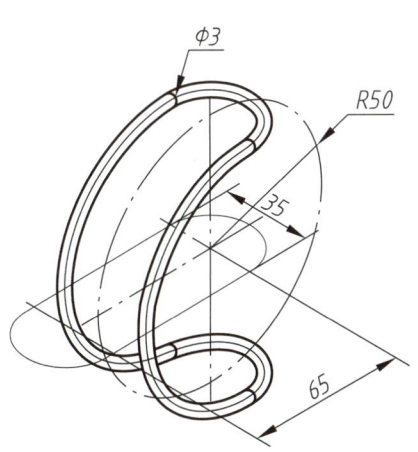

图 5-1 创建投影曲线特征实例

☰ 【任务实施】

1. 新建文件

新建文件并保存为"创建投影曲线特征实例 .prt"。

2. 创建旋转曲面

（1）在 YZ 平面绘制草图，如图 5-2 所示。

（2）单击【主页】选项卡 | 【基本】组 | 【旋转】按钮 🎲，出现【旋转】对话框。

① 设置选择意图规则：相连曲线。

② 在【截面】组，激活【选择曲线】，选择曲线。

③ 在【轴】组，激活【指定矢量】，在绘图区指定矢量，激活【指定点】，在绘图区指定点。

④ 在【限制】组【结束】列表选择【值】选项，在【角度】文本框输入"360"。

⑤ 在【设置】组【体类型】列表选择【片体】选项，如图 5-3 所示。

完成以上设置，单击【确定】按钮，创建旋转曲面。

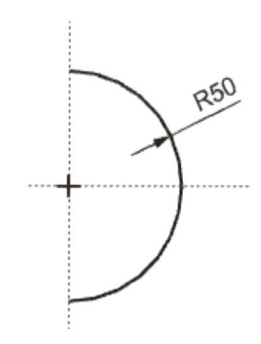

图 5-2　在 YZ 平面绘制草图

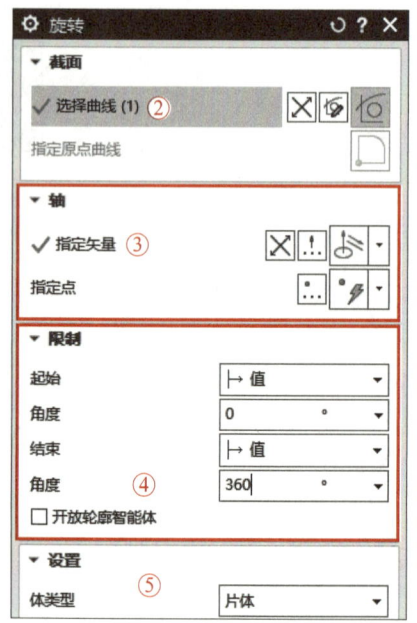

图 5-3　旋转曲面

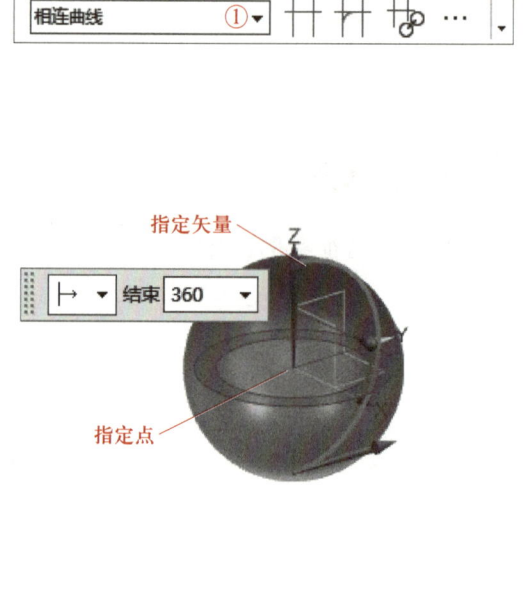

3. 创建投影曲线

（1）在 XY 平面绘制草图，如图 5-4 所示。

（2）单击【曲线】选项卡 | 【派生】组 | 【投影曲线】按钮 🖊，出现【投影曲线】对话框。

① 在【要投影的曲线或点】组，激活【选择曲线或点】，在绘图区选择草图。

② 在【投影的对象】组，激活【选择对象】选项，在绘图区选择旋转曲面。

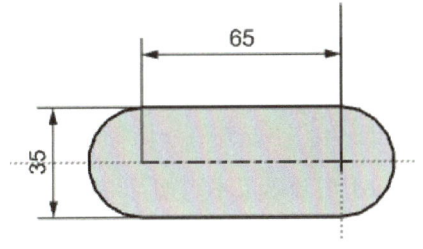

图 5-4　在 *XY* 平面绘制草图

③ 在【投影方向】组【方向】列表选择【沿矢量】选项,在绘图区选择 +*Z* 轴;在【投影选项】列表选择【投影两侧】选项,如图 5-5 所示。

完成以上设置,单击【确定】按钮,创建投影曲线。

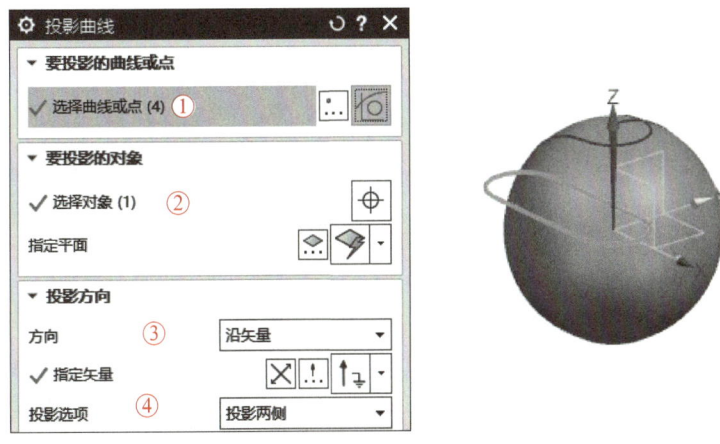

图 5-5　创建投影曲线

💡【提示】关于投影曲线

使用【投影曲线】命令可将曲线、边或点投影到面、小平面化体或基准平面上。

4. 创建支承

单击【曲面】选项卡 | 【基本】组 | 【更多】下拉菜单 | 【管】按钮 🪢 ,出现【管】对话框。

① 在【路径】组,激活【选择曲线】选项,在绘图区选择"引导线"草图。

② 在【横截面】组【外径】文本框输入"3",如图 5-6 所示。

完成以上设置,单击【确定】按钮,创建支承。

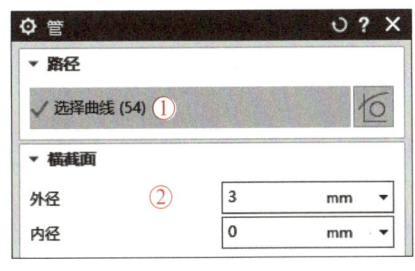

图 5-6　创建支承

5. 移动层

（1）将曲面移到 11 层。

（2）将草图移到 21 层。

（3）将曲线移到 41 层。

（4）将 11 层、21 层、41 层、61 层设为【不可见】，完成建模，如图 5-7 所示。

6. 存盘

选择【文件】|【保存】命令，保存文件。

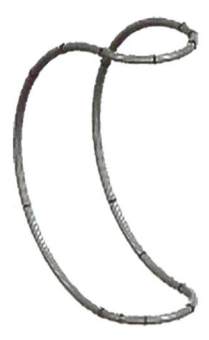

图 5-7 完成建模

【任务拓展】

创建模型，如图 5-8 所示。

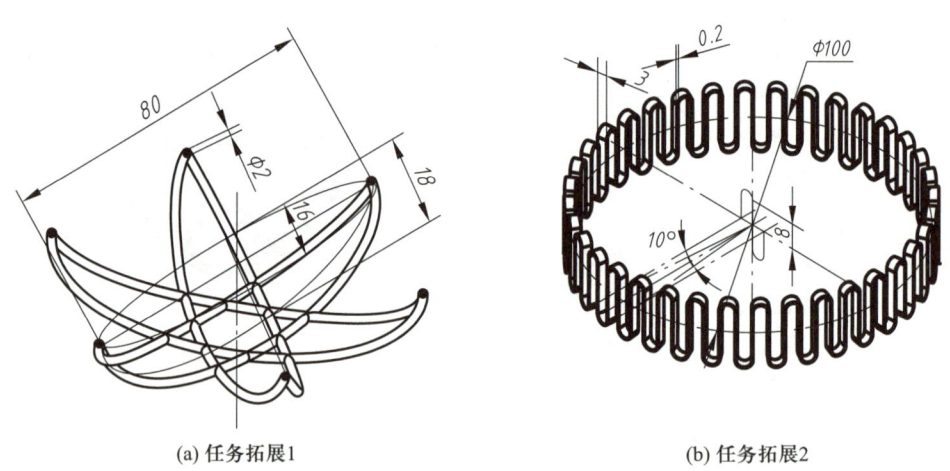

(a) 任务拓展1　　　　　　　(b) 任务拓展2

图 5-8 创建投影曲线特征任务拓展

课题 5.2 创建组合投影曲线特征

【学习目标】

掌握创建组合投影曲线特征的方法。

【工作任务】

创建组合投影曲线特征实例，如图 5-9 所示。

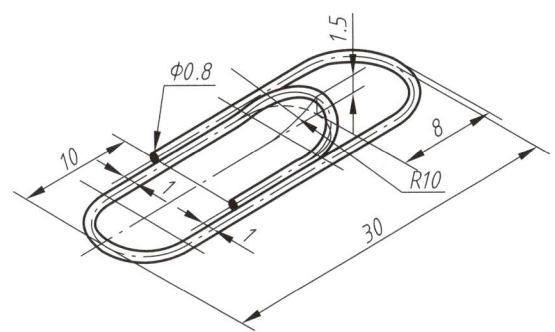

图 5-9　创建组合投影曲线特征实例

【任务实施】

1. 新建文件

新建文件并保存为"创建组合投影曲线特征实例 .prt"。

2. 创建组合投影曲线

（1）在 *XY* 平面绘制草图，如图 5-10 所示。

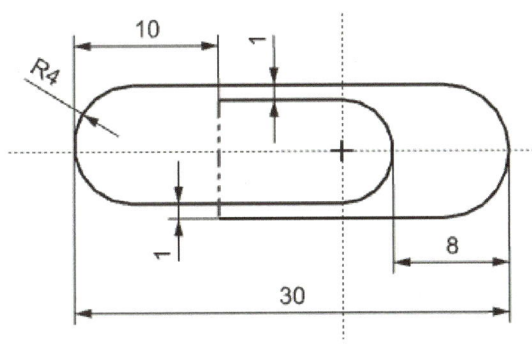

图 5-10　在 *XY* 平面绘制草图

（2）在 *YZ* 平面绘制草图，如图 5-11 所示。

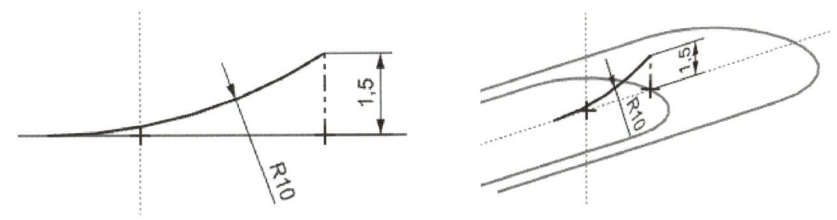

图 5-11　在 *YZ* 平面绘制草图

（3）单击【曲线】选项卡 |【派生】组 |【更多】下拉列表 |【组合投影】按钮 ⬡，出现【组合投影】对话框。

　① 在【曲线 1】组，激活【选择曲线】，在绘图区选择曲线。

② 在【曲线2】组,激活【选择曲线】,在绘图区选择曲线。

③ 在【投影方向1】组【投影方向1】列表选择【垂直于曲面平面】选项,如图5-12所示。

完成以上设置,单击【确定】按钮,创建组合投影曲线。

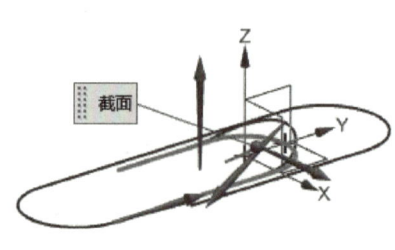

图 5-12　创建组合投影曲线

💡 **提示** 关于组合投影曲线

使用【组合投影】命令可在两条投影曲线的相交处创建一条组合投影曲线。

3. 创建曲别针

单击【曲面】选项卡 |【基本】组 |【更多】下拉菜单 |【管】按钮 🐛 ,出现【管】对话框。

① 在【路径】组,激活【选择曲线】选项,在绘图区选择"引导线"草图。

② 在【横截面】组,在【外径】文本框输入"1",如图5-13所示。

完成以上设置,单击【确定】按钮,创建曲别针。

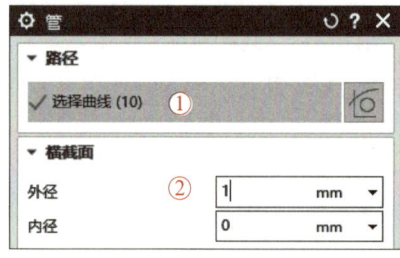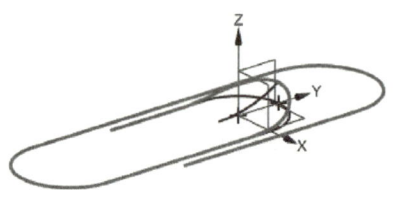

图 5-13　创建曲别针

4. 移动层

(1)将草图移到21层。

(2)将曲线移到41层。

(3)将21层、41层、61层设为【不可见】,完成曲别针建模,如图5-14所示。

5. 存盘

选择【文件】|【保存】命令,保存文件。

图 5-14　完成曲别针建模

【任务拓展】

创建模型，如图 5-15 所示。

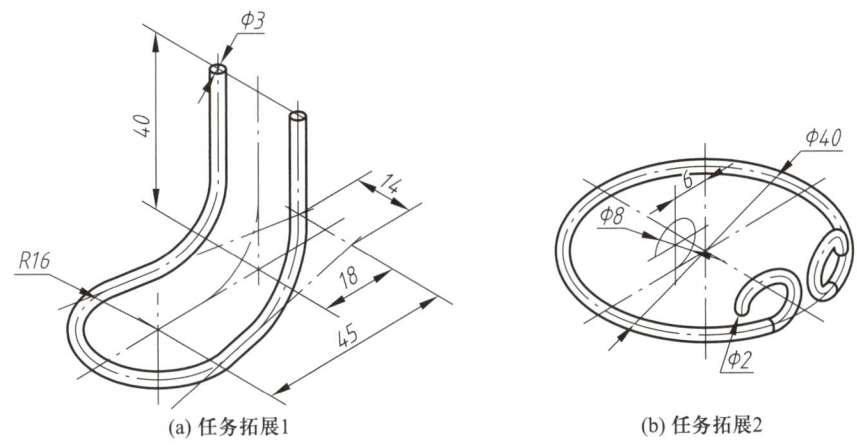

(a) 任务拓展1   (b) 任务拓展2

图 5-15 创建组合投影曲线特征任务拓展

课题 5.3 创建螺旋线与桥接曲线特征

微视频

【学习目标】

（1）掌握创建螺旋线特征的方法。
（2）掌握创建桥接曲线特征的方法。

课题5.3

【工作任务】

创建螺旋线与桥接曲线特征实例，如图 5-16 所示。

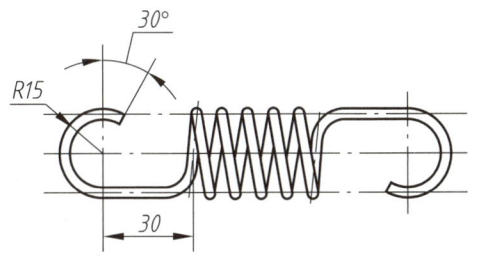 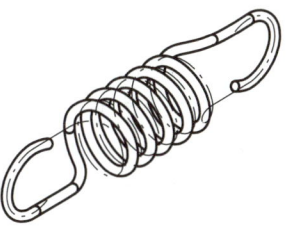

1. 圈数：$n=5$
2. 螺距：10

图 5-16 创建螺旋线与桥接曲线特征实例

【任务实施】

1. 新建文件

新建文件并保存为"创建螺旋线与桥接曲线特征实例 .prt"。

2. 创建螺旋线扫描曲面

单击【曲线】选项卡│【高级】组│【螺旋】按钮 ◎，出现【螺旋】对话框。

① 在【类型】列表选择【沿矢量】选项。

② 在【方位】组【角度】文本框输入"0"。

③ 在【大小】组，选中【直径】单选按钮，在【规律类型】列表选择【恒定】选项，在【值】文本框输入"30"。

④ 在【螺距】组【规律类型】列表选择【恒定】选项，在【值】文本框输入"10"。

⑤ 在【长度】组【方法】列表选择【圈数】选项，在【圈数】文本框输入"5"，如图 5-17 所示。

完成以上设置，单击【确定】按钮，创建螺旋线。

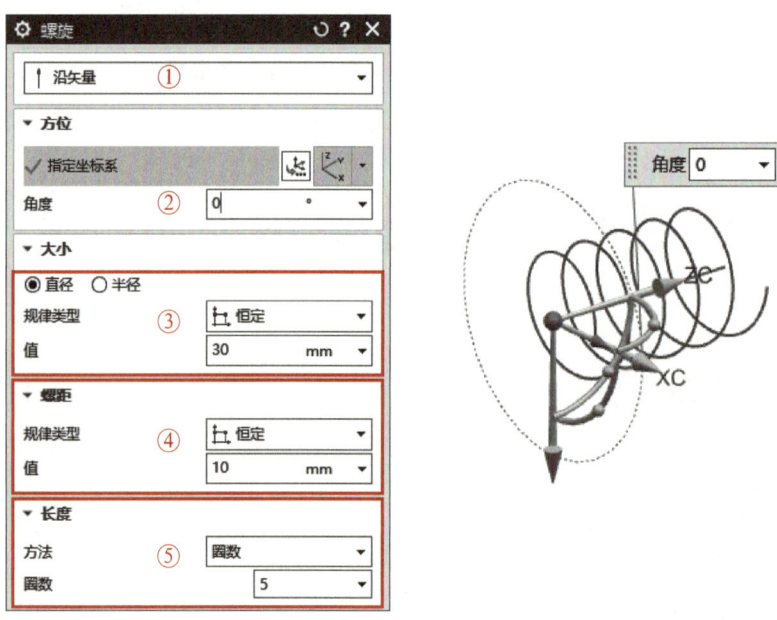

图 5-17 创建螺旋线

💡 提示 关于螺旋线

使用【螺旋】命令可以沿矢量或脊线创建螺旋线。

3. 创建桥接曲线

（1）在 YZ 平面绘制草图，如图 5-18 所示。

（2）单击【曲线】选项卡│【派生】组│【桥接】按钮 ⌒，出现【桥接曲线】对话框。

① 在【起始对象】组，选中【截面】单选按钮，激活【选择曲线】，在绘图区选择上部曲线。

② 在【终止对象】组，选中【截面】单选按钮，激活【选择曲线】，在绘图区选择下部曲线。

③ 在【连接】组，选择【开始】选项卡，在【连续性】列表选择【G2 曲率】选项，在【位置】组【位置】列表选择【通过点】选项，在绘图区选择上部曲线端点。

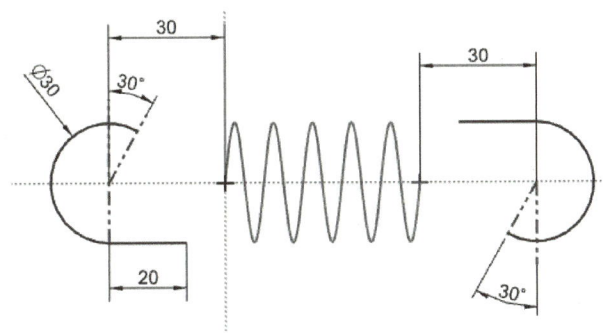

图 5-18　在 YZ 平面绘制草图

④ 选择【结束】选项卡,在【连续性】列表选择【G2 曲率】选项,在【位置】组【位置】列表选择【通过点】选项,在绘图区选择下部曲线端点。

⑤ 在【方向】组,选中【相切】单选按钮,如图 5-19 所示。

完成以上设置,单击【确定】按钮,创建桥接曲线。

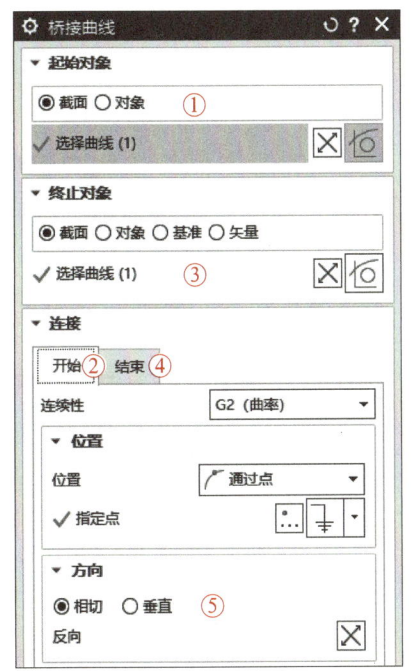

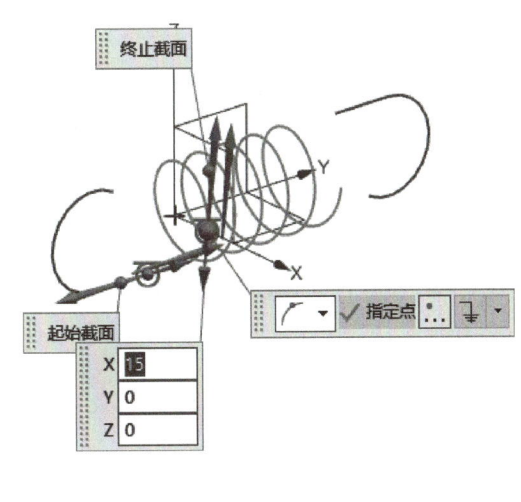

图 5-19　创建桥接曲线

提示　关于桥接曲线

使用【桥接】命令可以创建通过光顺性约束连接的两个对象的曲线。

（3）按同样方法创建另一端的桥接曲线,如图 5-20所示。

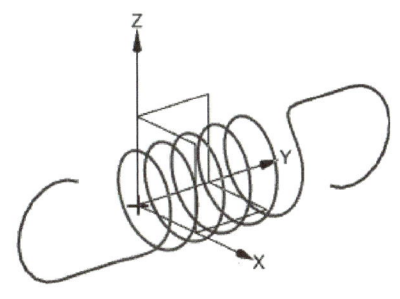

图 5-20　创建另一端的桥接曲线

4. 创建拉簧

单击【曲面】选项卡｜【基本】组｜【更多】下拉菜单｜【管】按钮 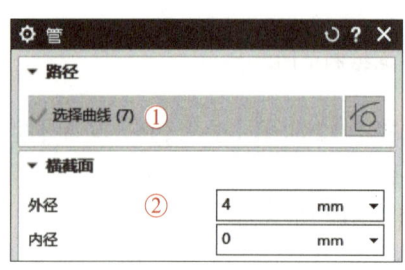，出现【管】对话框。

① 在【路径】组，激活【选择曲线】选项，在绘图区选择作为路径的曲线。

② 在【横截面】组，在【外径】文本框输入"4"，如图 5-21 所示。

完成以上设置，单击【确定】按钮，创建拉簧。

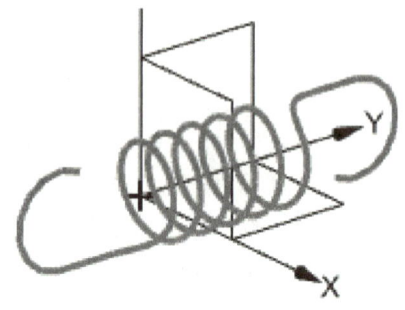

图 5-21　创建拉簧

5. 移动层

（1）将草图移到 21 层。

（2）将曲线移到 41 层。

（3）将基准面移到 61 层。

（4）将 21 层、41 层、61 层设为【不可见】，完成拉簧建模，如图 5-22 所示。

图 5-22　完成拉簧建模

6. 存盘

选择【文件】｜【保存】命令，保存文件。

【任务拓展】

创建模型，如图 5-23 所示。

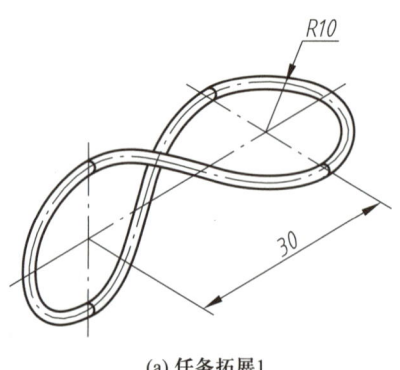

(a) 任务拓展1

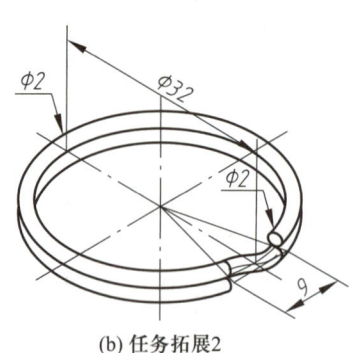

(b) 任务拓展2

图 5-23　创建螺旋线与桥接曲线特征任务拓展

课题 5.4　创建多截面多引导线扫掠特征

微视频

课题5.4

⊙【学习目标】

（1）掌握创建多截面多引导线扫掠特征的方法。
（2）掌握创建修剪体特征的方法。

◎【工作任务】

创建多截面多引导线扫掠特征实例，如图 5–24 所示。

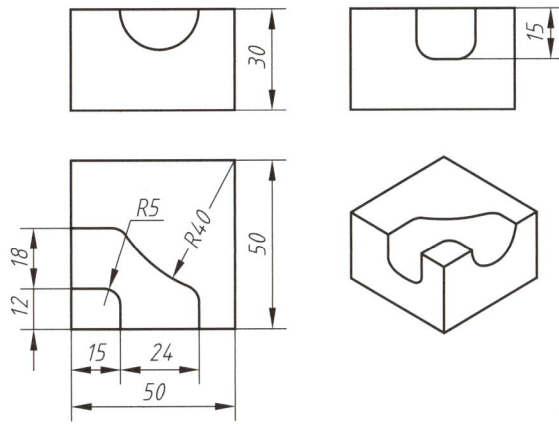

图 5–24　创建多截面多引导线扫掠特征实例

☰【任务实施】

1. 新建文件

新建文件并保存为"创建多截面多引导线扫掠特征实例 .prt"。

2. 创建基体

（1）单击【主页】选项卡｜【基本】组｜【更多】下拉菜单｜【块】按钮 ⬢，出现【块】对话框。

① 默认指定点；

② 在【尺寸】组【长度】文本框输入"50"，在【宽度】文本框输入"50"，在【高度】文本框输入"30"，如图 5–25 所示。

完成以上设置，单击【确定】按钮，创建基体。

3. 绘制引导线

在上表面绘制草图，设置【名称】为引导线，如图 5–26 所示。

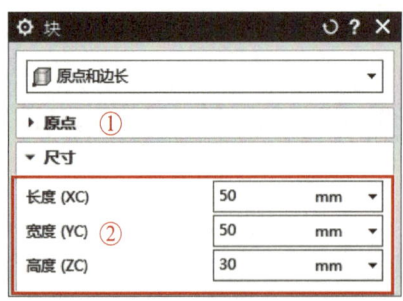
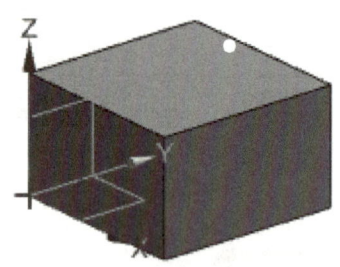

图 5-25　创建基体

💡 提示　关于引导线

引导线可以绘制在一张草图上。

4. 绘制轮廓

（1）在左端面绘制草图,设置【名称】为轮廓 1,如图 5-27
所示。

💡 提示

先使用【包含】命令创建交点,再添加重合关系。

（2）在右端面绘制草图,设置【名称】为轮廓 2,如图 5-28
所示。

💡 提示　关于轮廓线

轮廓 1 和轮廓 2 均为不封闭的曲线,用于生成曲面。

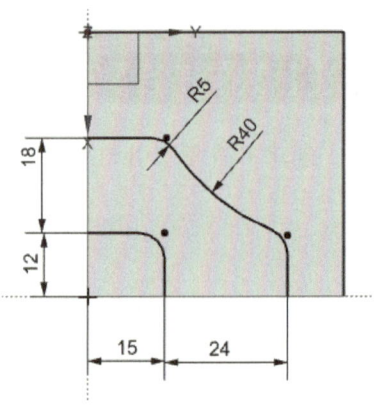

图 5-26　在上表面绘制引导线

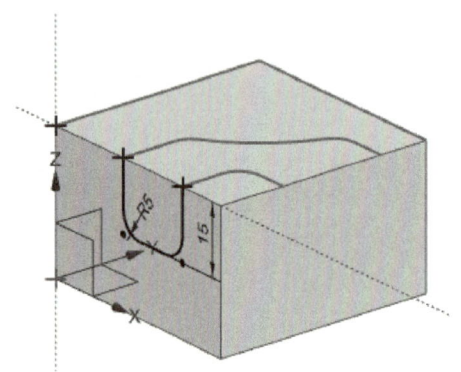

图 5-27　在左端面绘制草图

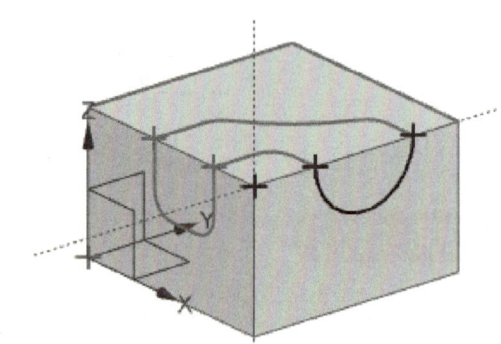

图 5-28　在右端面绘制草图

5. 创建使用引导线扫掠曲面

单击【曲面】选项卡 |【基本】组 |【扫掠】按钮 ◈,出现【扫掠】对话框。

① 在【截面】组,激活【选择曲线】选项,在绘图区选择"轮廓 1"草图;单击【添加新截
面】按钮 ⊕,在绘图区选择"轮廓 2"草图,注意截面的方向。

② 在【引导线】组,激活【选择曲线】选项,在绘图区靠近截面草图位置选择"引导线 1"
草图;单击【添加新引导】按钮 ⊕,在绘图区靠近截面草图选择"引导线 2"草图,这样依次添
加了 2 条引导线,注意引导线的方向,如图 5-29 所示。

完成以上设置,单击【确定】按钮,创建使用引导线扫掠曲面。

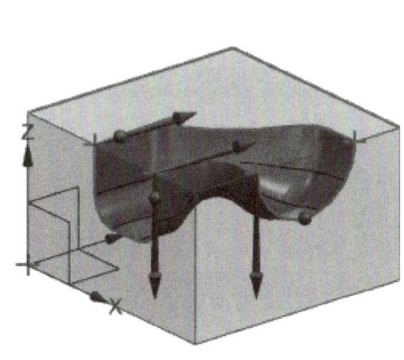

图 5-29　创建使用引导线扫掠曲面

💡 提示　关于选择截面曲线

当选定每个截面曲线时,系统会显示方向矢量,指明选定曲线的起点。方向矢量用来排列截面曲线以防止创建的曲面扭转,如图 5-30 所示。

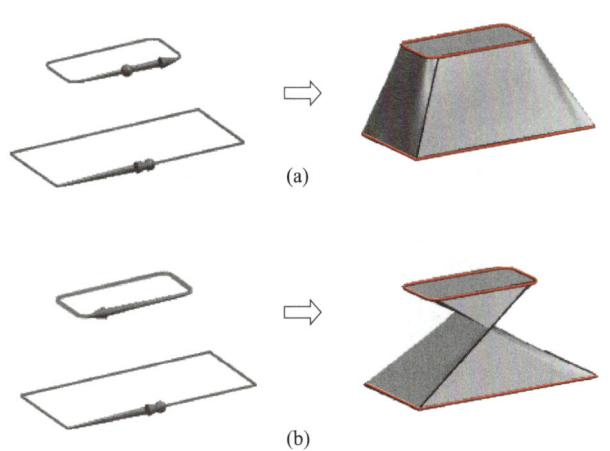

图 5-30　不同方向矢量创建的使用引导线扫掠曲面

💡 提示　关于【扫掠】命令

【扫掠】命令通过将曲线轮廓沿一条或多条引导曲线扫掠且穿过空间中的一条路径来创建实体或片体。【扫掠】命令适用于将脊线或螺旋线作为引导曲线来创建特征。

6. 创建切槽

单击【主页】选项卡│【基本】组│【修剪体】按钮 🧊,出现【修剪体】对话框。

① 在【目标】组,激活【选择体】,在绘图区选择"块"。

② 在【工具】组【工具选项】列表选择【面或平面】选项,激活【选择面或平面】选项,在绘图区选择扫掠曲面,确定切除方向,如图 5-31 所示。

完成以上设置,单击【确定】按钮,创建切槽。

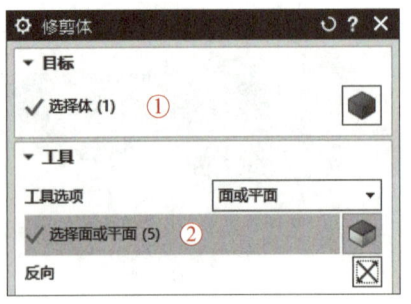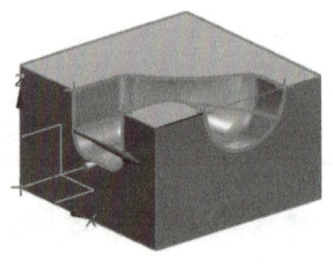

图 5-31　创建切槽

💡 提示 关于【修剪体】命令

【修剪体】命令可以通过平面或曲面来修剪一个或多个目标体,可以指定要保留的部分以及要舍弃的部分。目标体呈修剪几何元素的形状。

7. 移动层

（1）将草图移到 21 层。

（2）将基准移到 61 层。

（3）将曲面移到 11 层。

（4）11 层、21 层、61 层设为【不可见】,完成沟槽建模,如图 5-32 所示。

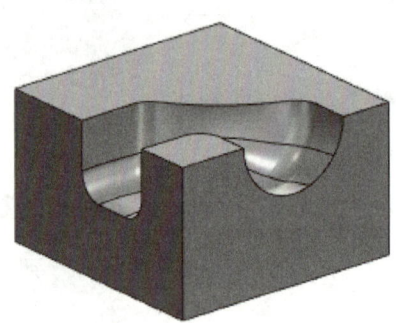

图 5-32　完成沟槽建模

8. 存盘

选择【文件】|【保存】命令,保存文件。

【任务拓展】

创建模型,如图 5-33 所示。

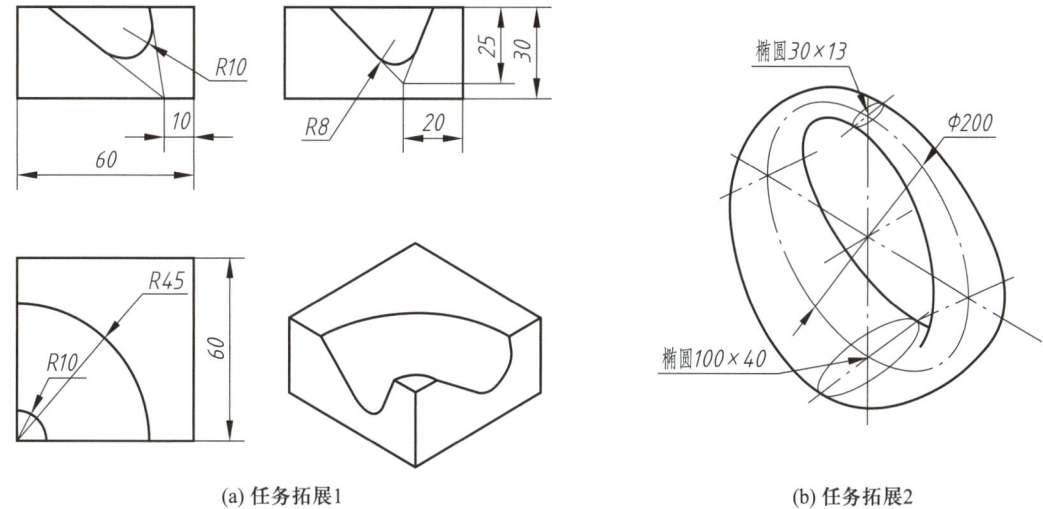

(a) 任务拓展1　　　　　　　　　　　　　　　　(b) 任务拓展2

图 5-33　创建多截面多引导线扫掠特征任务拓展

课题 5.5　创建通过曲线组曲面特征

微视频

课题5.5

🎯【学习目标】

掌握创建通过曲线组曲面特征的方法。

🔍【工作任务】

创建通过曲线组曲面特征实例,如图 5-34 所示。

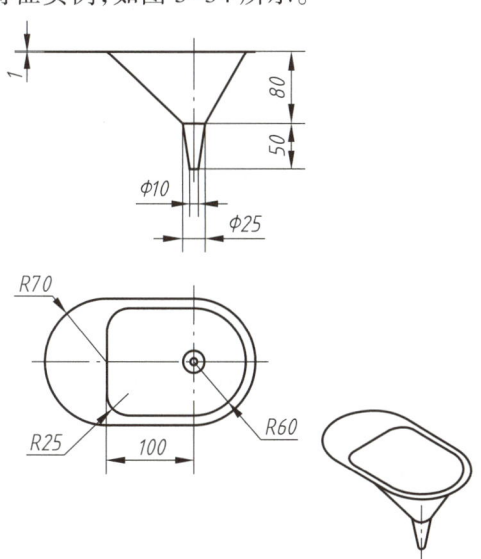

图 5-34　创建通过曲线组曲面特征实例

⬛ 【任务实施】

1. 新建文件

新建文件并保存为"创建通过曲线组曲面特征实例 .prt"。

2. 创建上部分

（1）在 *XY* 平面绘制草图，设置【名称】为截面 1，如图 5-35 所示。

（2）单击【主页】选项卡｜【构造】组｜【基准平面】按钮 ⬥，出现【基准面】对话框。

① 在【要定义平面的对象】组，激活【选择对象】，在绘图区选择 *XY* 平面。

② 在【偏置】组【距离】文本框输入"80"，单击【反向】按钮 ⊠，如图 5-36 所示。

完成以上设置，单击【确定】按钮，创建基准面。

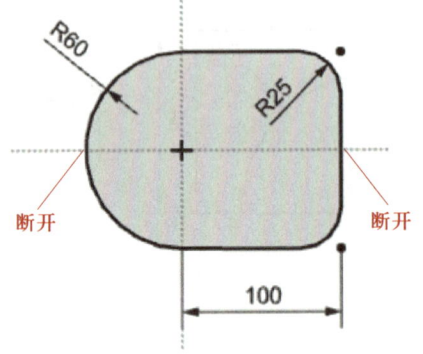

图 5-35 在 *XY* 平面绘制草图

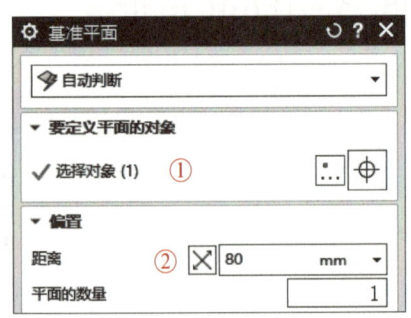

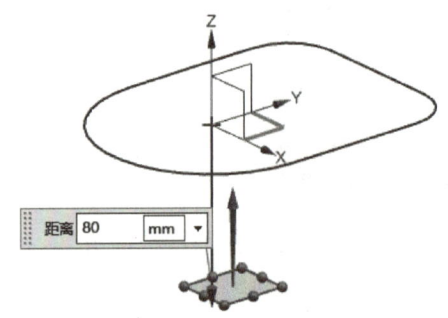

图 5-36 创建基准面

（3）在基准面绘制草图，设置【名称】为截面 2，如图 5-37 所示。

（4）单击【曲面】选项卡｜【基本】组｜【通过曲线组】按钮 ⬬，出现【通过曲线组】对话框。

① 在【截面】组，激活【选择曲线】选项，在绘图区选择"截面 1"草图；单击【添加新截面】按钮 ⊞，在绘图区选择"截面 2"草图"，注意截面的方向。

② 在【连续性】组【第一个截面】列表选择【G0（位置）】选项，在【最后一个截面】列表选择【G0（位置）】选项。

③ 在【对齐】组【对齐】列表选择【弧长】选项，如图 5-38 所示。

完成以上设置，单击【确定】按钮，创建通过曲线组的曲面。

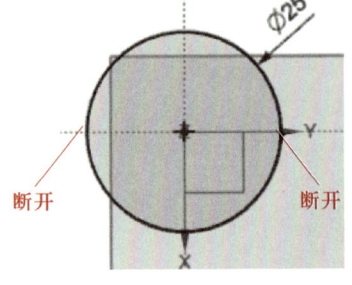

图 5-37 在基准面绘制草图

💡 提示 关于【通过曲线组】命令

使用【通过曲线组】命令可创建穿过多个截面的特征，同时实体形状会发生变化以确保其穿过每个截面。

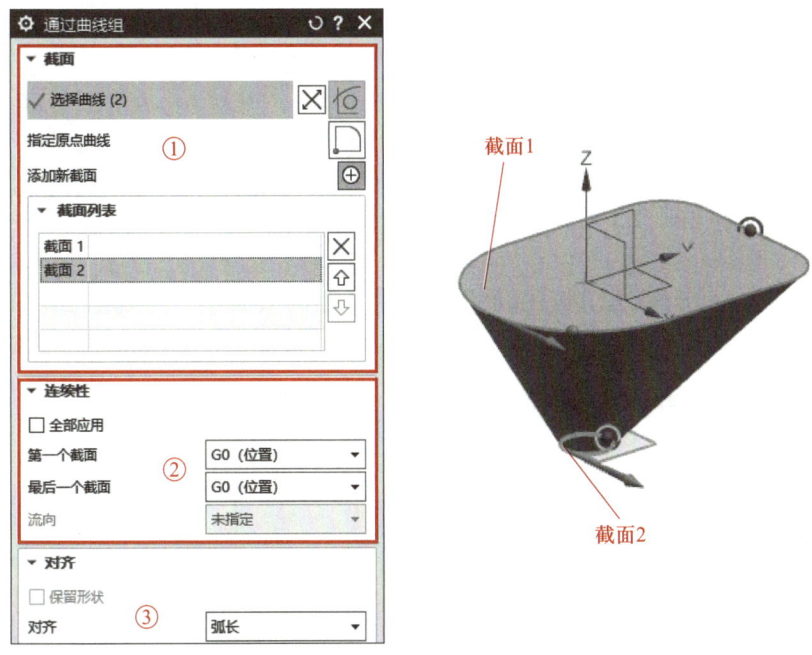

图 5-38　创建通过曲线组的曲面

截面可以由一个或多个对象组成,并且每个对象都可以是曲线、面的边或实体边的任意组合。

3. 创建下部分

(1) 单击【主页】选项卡 |【构造】组 |【基准平面】按钮 ◆ ,出现【基准面】对话框。

① 在【要定义平面的对象】组,激活【选择对象】,在绘图区选择 XY 平面。

② 在【偏置】组【距离】文本框输入"50",单击【反向】按钮 ⊠ ,如图 5-39 所示。

完成以上设置,单击【确定】按钮,创建基准面。

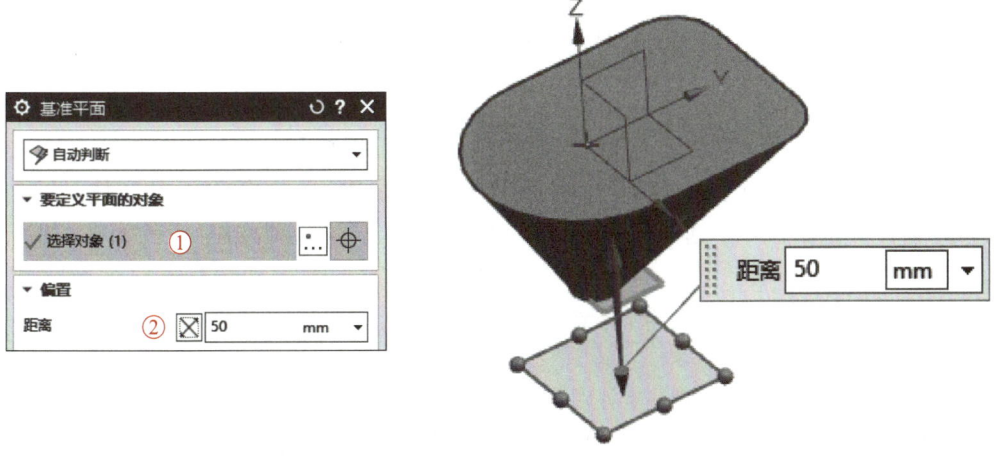

图 5-39　创建基准面

(2) 在基准面绘制草图,设置【名称】为截面3,如图 5-40 所示。

(3) 单击【曲面】选项卡 |【基本】组 |【通过曲线组】按钮 ◇ ,出现【通过曲线组】对话框。

① 在【截面】组，激活【选择曲线】选项，在绘图区选择"截面2"草图；单击【添加新截面】按钮，在绘图区选择"截面3"草图"，注意截面的方向。

② 在【连续性】组【第一个截面】列表选择【G0（位置）】选项，在【最后一个截面】列表选择【G0（位置）】选项。

③ 在【对齐】组【对齐】列表选择【弧长】选项，如图5-41所示。

完成以上设置，单击【确定】按钮，创建通过曲线组的曲面。

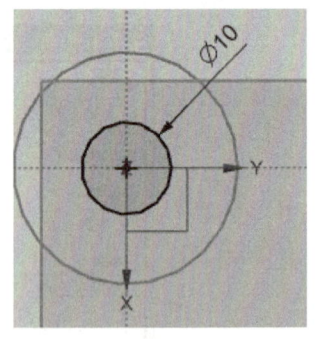

图5-40　在基准面绘制草图

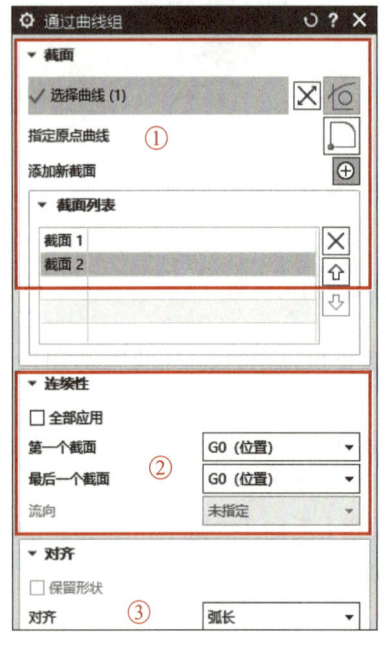 

图5-41　创建通过曲线组的曲面

4. 合并实体

单击【主页】选项卡|【基本】组|【合并】按钮 ，出现【合并】对话框。

① 在【目标】组，激活【选择体】选项，在绘图区选择"通过曲线组1"的实体。

② 在【工具】组，激活【选择体】选项，在绘图区选择"通过曲线组2"的实体，如图5-42所示。

完成以上设置，单击【确定】按钮，完成合并实体。

5. 创建边缘

（1）在上表面绘制草图，如图5-43所示。

（2）单击【主页】选项卡|【基本】组|【拉伸】按钮 ，出现【拉伸】对话框。

① 在【截面】组，激活【选择曲线】，选择边缘草图。

② 在【限制】组【终止】列表选择【值】选项，在【距离】文本框输入"1"。

③ 在【布尔】组【布尔】列表选择【合并】选项，如图5-44所示。

完成以上设置，单击【确定】按钮，创建边缘。

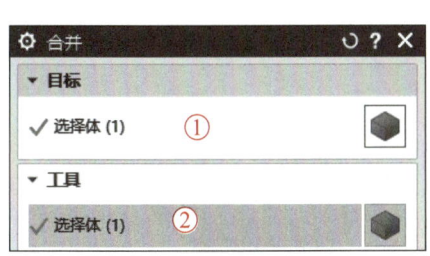
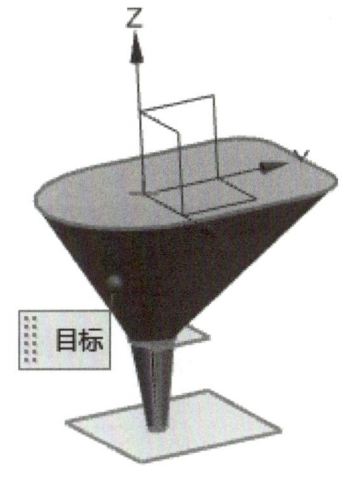

图 5-42　合并实体

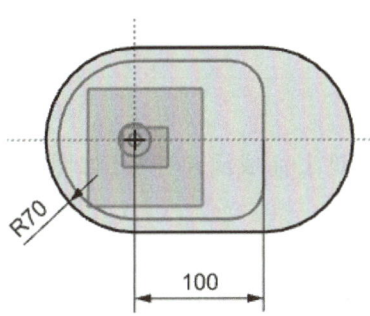

图 5-43　在上表面绘制草图

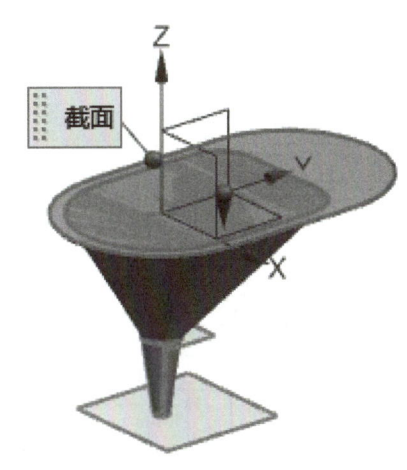

图 5-44　创建边缘

6. 创建抽壳特征

单击【主页】选项卡｜【基本】组｜【抽壳】按钮 ◉ ，出现【抽壳】对话框。

① 在【类型】列表选择【开放】选项。

② 在【面】组,激活【选择面】选项,在绘图区选择开放面顶部面和底部面。

③ 在【厚度】组【厚度】文本框输入"1",如图 5-45 所示。

完成以上设置,单击【确定】按钮,创建抽壳特征。

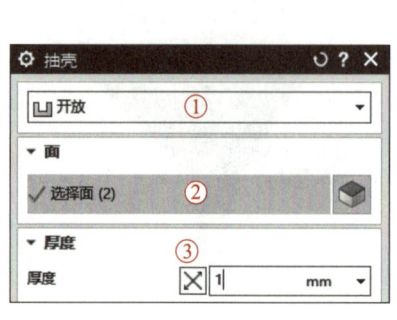
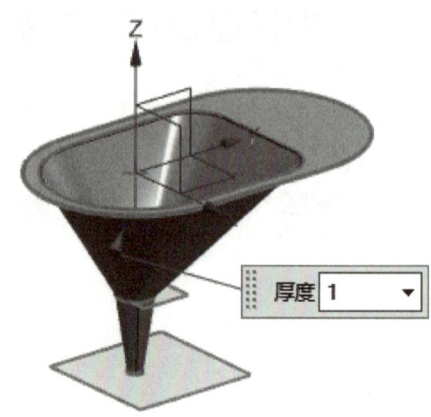

图 5-45 创建抽壳特征

7. 移动层

(1)将草图移到 21 层。

(2)将基准面移到 61 层。

(3)21 层、61 层设为【不可见】,完成漏斗建模,如图 5-46
所示。

8. 存盘

选择【文件】|【保存】命令,保存文件。

【任务拓展】

图 5-46 完成漏斗建模

创建模型,如图 5-47 所示。

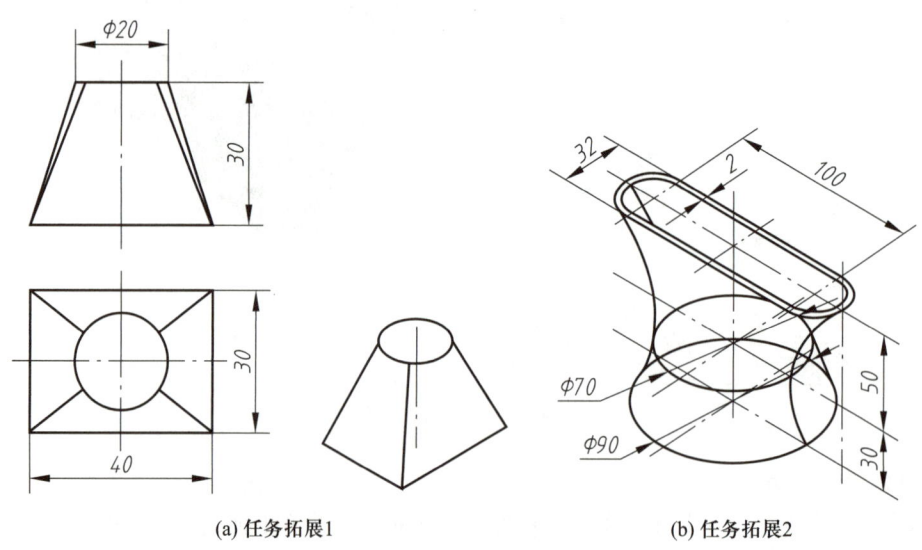

(a) 任务拓展1 　　　　　　　　　　　　(b) 任务拓展2

图 5-47 创建通过曲线组曲面特征任务拓展

课题 5.6　使用相切约束创建通过曲线组曲面特征

微视频

课题5.6

【学习目标】

（1）掌握创建样条曲线特征的方法。
（2）掌握使用相切约束创建通过曲线组曲面特征的方法。
（3）掌握创建缝合曲面特征的方法。

【工作任务】

使用相切约束创建通过曲线组曲面特征实例，如图 5-48 所示。

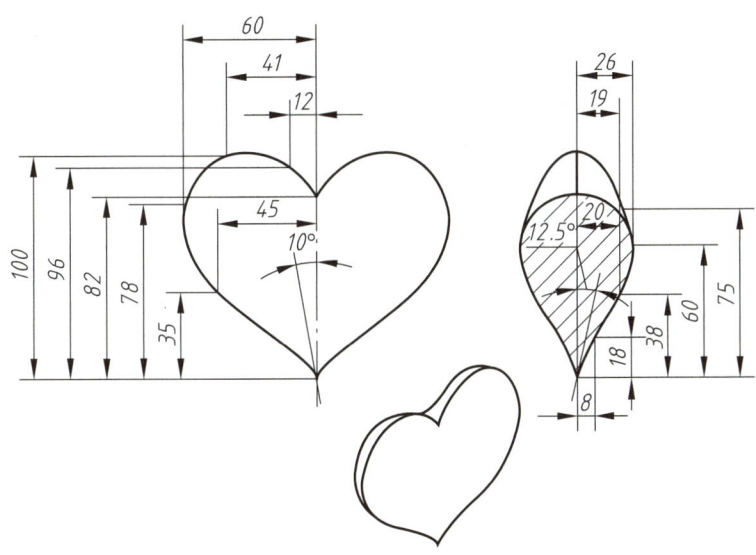

图 5-48　使用相切约束创建通过曲线组曲面特征实例

【任务实施】

1. 新建文件
新建文件并保存为"使用相切约束创建通过曲线组曲面特征实例 .prt"。

2. 绘制截面草图
（1）在 *YZ* 平面运用样条曲线绘制草图，标注尺寸，双击样条曲线，出现【艺术样条】对话框。

① 在【点】列表选择"点 1"。

② 在【约束】组【连续类型】列表选择【G1（相切）】选项，在绘图区选择 10° 构造线方向，勾选【G1 幅值】在文本框输入"10"，如图 5-49 所示。

完成以上设置，单击【确定】按钮，绘制截面草图 1。

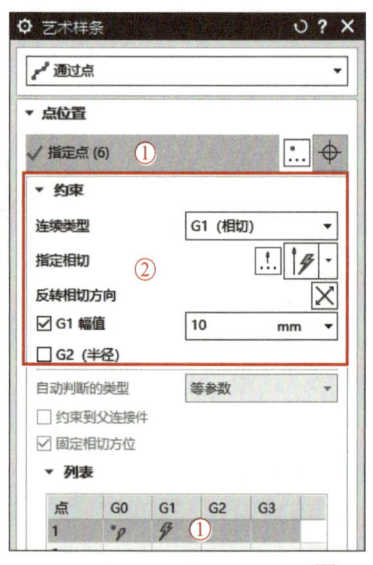 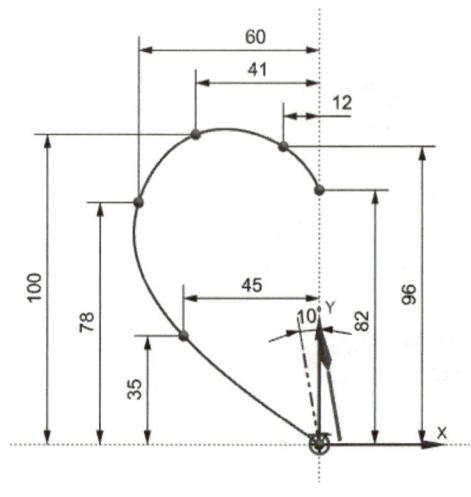

图 5-49　绘制截面草图 1

（2）在 XZ 平面运用样条曲线绘制草图，标注尺寸，双击样条曲线，出现【艺术样条】对话框。

① 在【点】列表选择"点 6"。

② 在【约束】组【连续类型】列表选择【G1（相切）】选项，在绘图区选择 12.5° 构造线方向，勾选【G1 幅值】在文本框输入"10"，如图 5-50 所示。

完成以上设置，单击【确定】按钮，绘制截面草图 2。

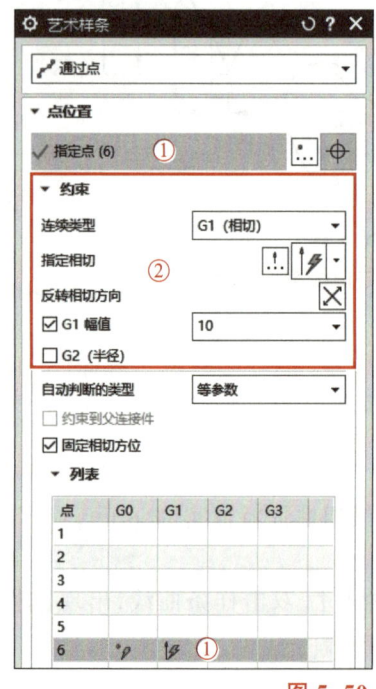 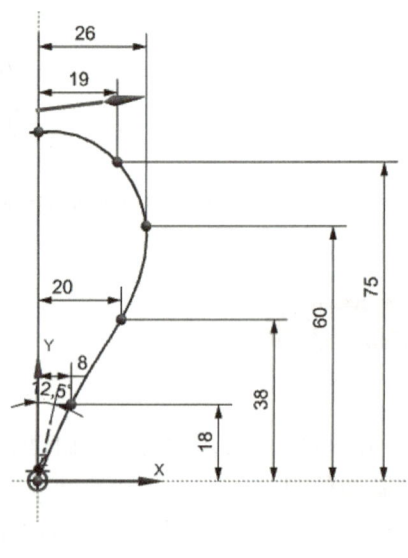

图 5-50　绘制截面草图 2

3. 创建拉伸曲面

（1）单击【曲面】选项卡 |【基本】组 |【拉伸】按钮 🏠 ,出现【拉伸】对话框。

① 设置选择意图规则：单条曲线。

② 在【截面】组,激活【选择曲线】,选择曲线。

③ 在【限制】组【终止】列表选择【值】选项,在【距离】文本框输入"10"。

④ 在【设置】组【体类型】列表选择【片体】选项,如图5-51所示。

完成以上设置,单击【确定】按钮,创建拉伸曲面。

（2）同样方法建立另一拉伸面。

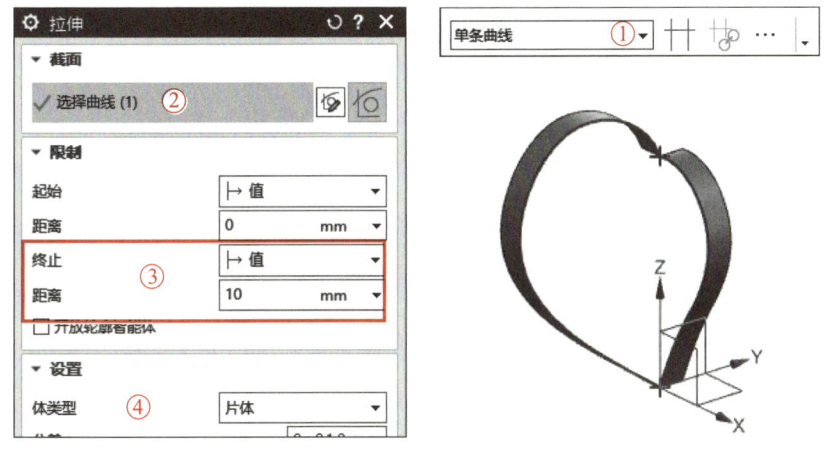

图 5-51　创建拉伸曲面

4. 创建通过曲线组的曲面

单击【曲面】选项卡 |【基本】组 |【通过曲线组】按钮 🍃 ,出现【通过曲线组】对话框。

① 在【截面】组,激活【选择曲线】选项,在绘图区选择"截面1"草图；单击【添加新截面】按钮 ⊕ ,在绘图区选择"截面2"草图",注意截面的方向。

② 在【连续性】组【第一个截面】列表选择【G1（位置）】选项,在绘图区选择"拉伸1"曲面,在【最后一个截面】列表选择【G1（位置）】选项,在绘图区选择"拉伸2"曲面,在【流向】列表选择【垂直】选项。

③ 在【对齐】组【对齐】列表选择【弧长】选项,如图5-52所示。

完成以上设置,单击【确定】按钮,创建通过曲线组的曲面。

5. 创建镜像曲面

单击【主页】选项卡 |【基本】组 |【镜像特征】按钮 🐾 ,出现【镜像特征】对话框。

① 在【要镜像的特征】组,激活【选择特征】,在绘图区选择【通过曲线组】创建的曲面。

② 在【镜像平面】组【平面】列表选择【现有平面】选项,选取 XZ 平面为镜像平面。

完成以上设置,单击【应用】按钮,如图5-53所示。

① 在【要镜像的特征】组,激活【选择特征】,在绘图区选择【通过曲线组】创建的曲面和【镜像曲面】创建的曲面。

② 在【镜像平面】组【平面】列表选择【现有平面】选项,选取 YZ 平面为镜像平面。

完成以上设置,单击【确定】按钮,创建镜像曲面。

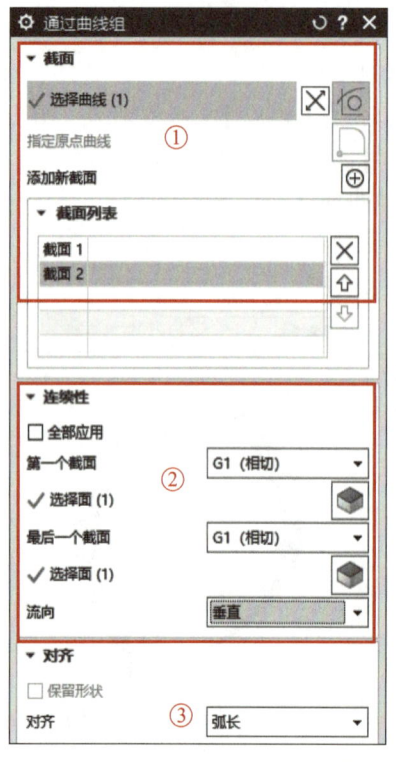
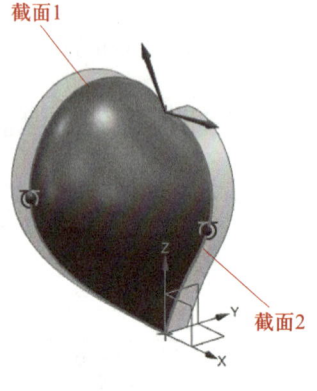

图 5-52　创建通过曲线组的曲面

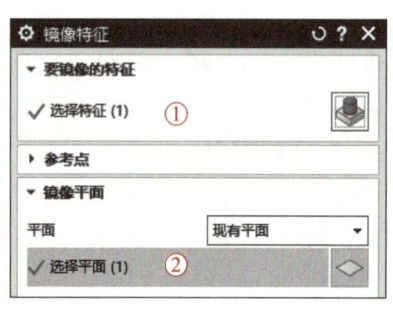
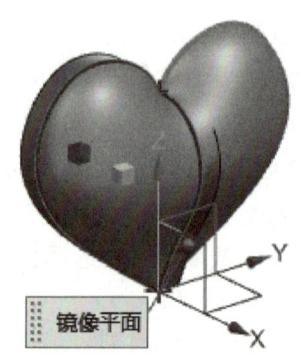

图 5-53　创建镜像曲面

6. 创建缝合曲面

单击【曲面】选项卡 |【组合】组 |【缝合】按钮 ◆,出现【缝合】对话框。

① 在【类型】列表选择【片体】选项。

② 在【目标】组,激活【选择片体】选项,在绘图区选择"通过曲线组"创建的曲面。

③ 在【工具】组,激活【选择片体】选项,在绘图区选择"镜像"特征,如图 5-54 所示。

完成以上设置,单击【确定】按钮,创建缝合曲面。

💡 提示　关于【缝合】命令

使用【缝合】命令将两个或更多片体合并成单个新的片体。

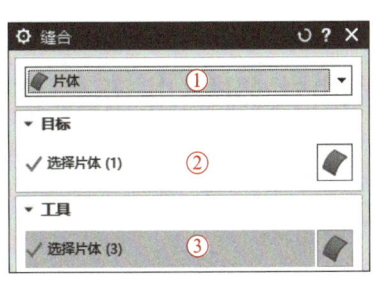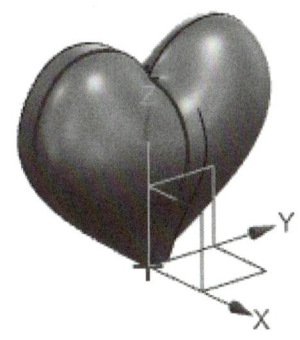

图 5-54　创建缝合曲面

7．移动层

（1）将草图移到 21 层。

（2）将拉伸曲面移到 11 层。

（3）11 层、21 层、61 层设为【不可见】，完成红心建模，如图 5-55 所示。

图 5-55　完成红心建模

8．存盘

选择【文件】|【保存】命令，保存文件。

【任务拓展】

创建模型，如图 5-56 所示。

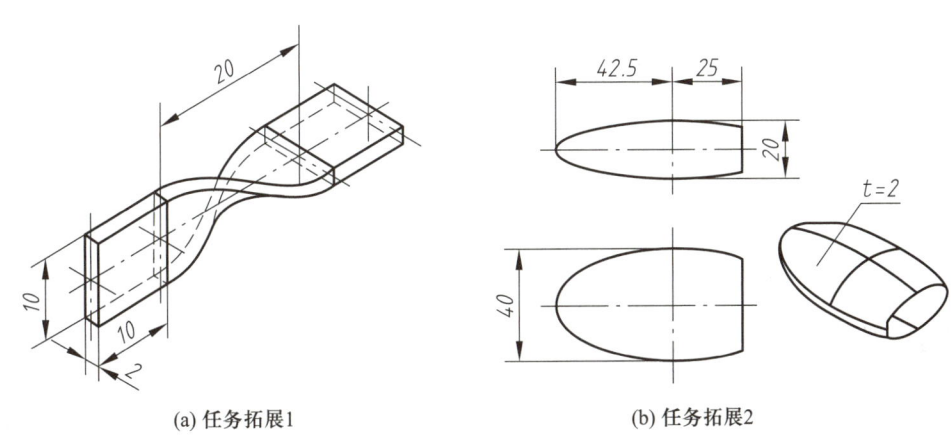

(a) 任务拓展1　　　　　　　　　(b) 任务拓展2

图 5-56　使用相切约束创建通过曲线组曲面特征任务拓展

课题 5.7 创建通过曲线网格曲面特征

微视频

课题5.7

【学习目标】

（1）掌握创建通过曲线网格曲面特征的方法。
（2）掌握创建有界平面特征的方法。

【工作任务】

创建通过曲线网格曲面特征实例，如图 5-57 所示。

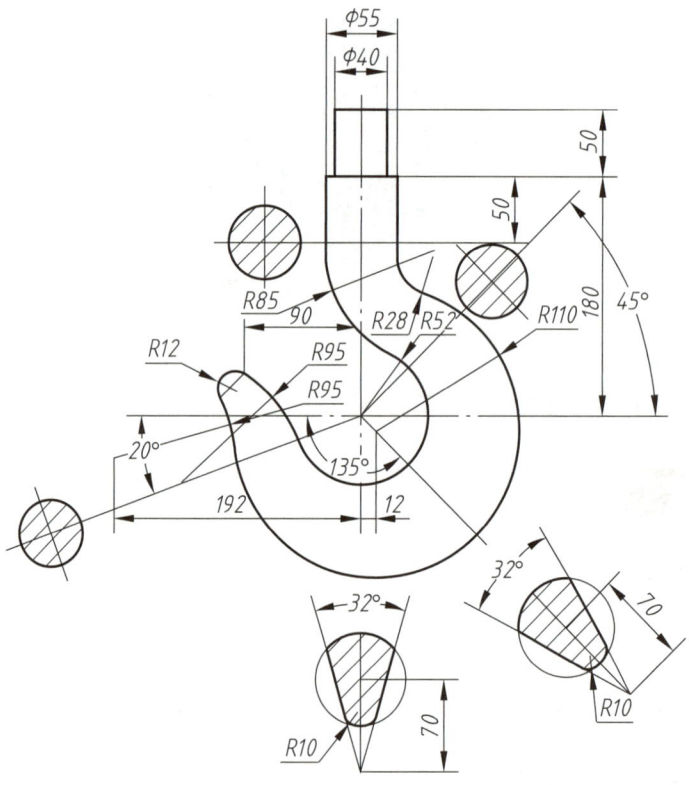

图 5-57　创建通过曲线网格曲面特征实例

【任务实施】

1. 新建文件

新建文件并保存为"创建通过曲线网格曲面特征实例 .prt"。

2. 绘制交叉曲线草图

在 *YZ* 平面绘制交叉曲线草图,如图 5-58 所示。

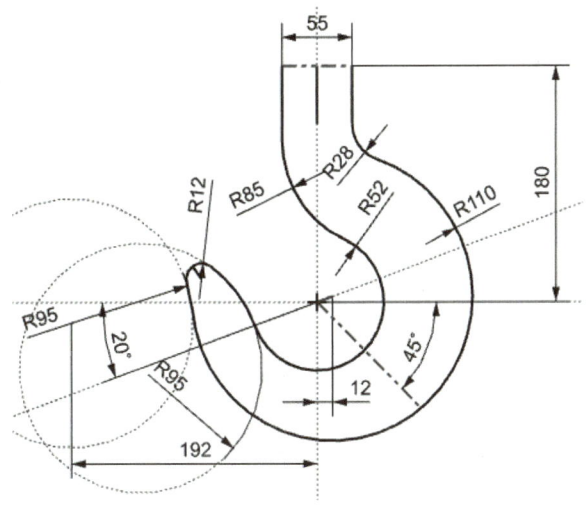

图 5-58 在 *YZ* 平面绘制交叉曲线草图

3. 绘制主曲线草图

（1）创建通过 *X* 轴与 *XY* 平面成 45°的基准面并在此基准面绘制主曲线草图 1,如图 5-59 所示。

（2）创建通过 *X* 轴与 *XY* 平面成 −45°的基准面并在此基准面绘制主曲线草图 2,如图 5-60 所示。

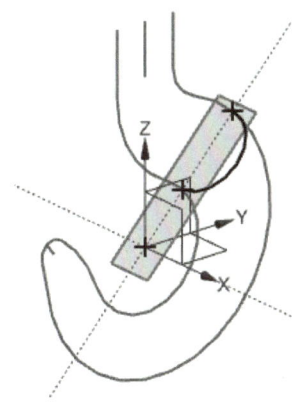

图 5-59 绘制主曲线草图 1

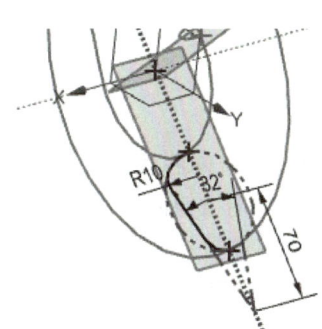

图 5-60 绘制主曲线草图 2

（3）在 *XZ* 平面绘制主曲线草图 3,如图 5-61 所示。

（4）创建通过 *X* 轴与 *XY* 平面成 −20°的基准面并在此基准面绘制主曲线草图 4,如图 5-62 所示。

4. 创建旋转曲面

（1）创建左端旋转曲面,如图 5-63 所示。

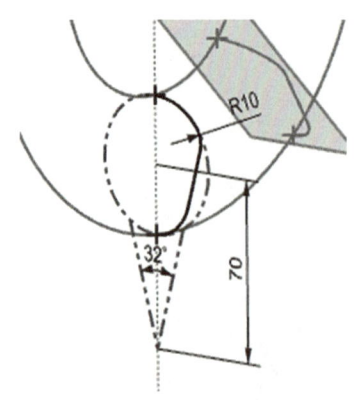

图5-61　在 *XZ* 平面绘制主曲线草图 3

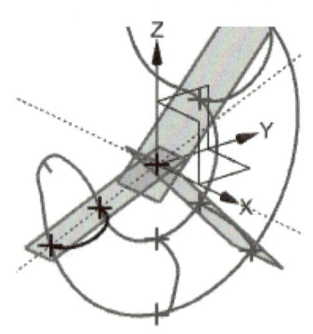

图5-62　绘制主曲线草图 4

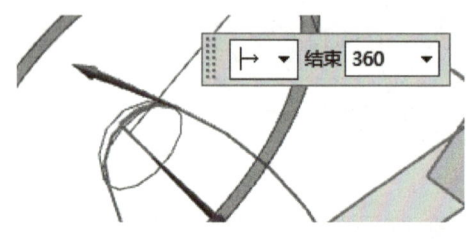

图5-63　创建左端旋转曲面

（2）创建上端旋转曲面，如图5-64所示。

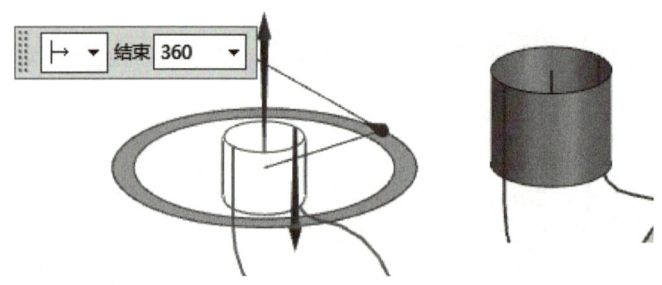

图5-64　创建上端旋转曲面

5．创建过渡拉伸曲面

（1）创建右端拉伸曲面，如图5-65所示。

（2）创建左端拉伸曲面，如图5-66所示。

6．创建通过曲线网格的曲面

单击【曲面】选项卡 | 【基本】组 | 【通过曲线网格】按钮 ，出现【通过曲线网络】对话框。

① 在【主曲线】组，激活【选择曲线】，在绘图区选择上端旋转曲面一半边线。

② 在【连续性】组【第一主线串】列表选择【G1（相切）】选项，激活【选择面】，在绘图区选择"旋转曲面"。

③ 在【主曲线】组，单击【添加新的主曲线】按钮 ，激活【选择曲线】，在绘图区选择"主曲线 2"草图；单击【添加新的主曲线】按钮 ，激活【选择曲线】，在绘图区选择"主曲线 3"草图；单击【添加新的主曲线】按钮 ，激活【选择曲线】，在绘图区选择"主曲线 4"草图；单击【添加新的主曲线】按钮 ，激活【选择曲线】，在绘图区选择"主曲线 5"草图。

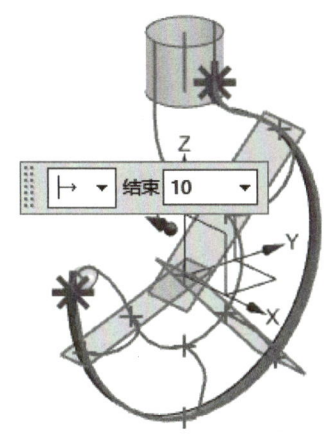

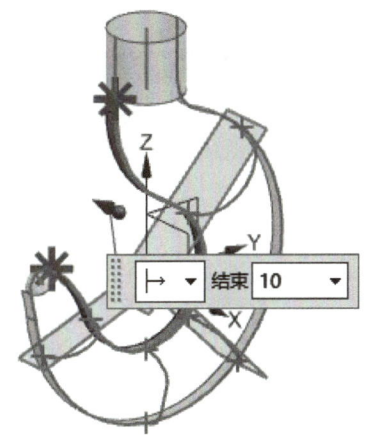

图 5-65　创建右端拉伸曲面　　　　　　　图 5-66　创建左端拉伸曲面

④ 单击【添加新的主曲线】按钮 ⊕ ,激活【选择曲线】,在绘图区选择下端旋转曲面一半边线。

⑤ 在【连续性】组【最后主线串】列表选择【G1（相切）】选项,激活【选择面】,在绘图区选择"旋转曲面"。

⑥ 在【交叉曲线】组,激活【选择曲线】,在绘图区选择"交叉曲线 1"。

⑦ 在【连续性】组【第一交叉线串】列表选择【G1（相切）】选项,激活【选择面】,在绘图区选择"拉伸曲面"。

⑧ 在【交叉线曲】组,单击【添加新的交叉曲线】按钮 ⊕ ,激活【选择曲线】,在绘图区选择"交叉曲线 2"。

⑨ 在【连续性】组【最后交叉线串】列表选择【G1（相切）】选项,激活【选择面】,在绘图区选择"拉伸曲面",如图 5-67 所示。

完成以上设置,单击【确定】按钮,创建通过曲线网络的曲面。

💡 提示　关于【通过曲线网格】命令

使用【通过曲线网格】命令可通过一个方向的截面网格和另一方向的引导线创建曲面,实体形状配合所穿过的曲线网格。

【通过曲线网络】命令使用成组的主曲线和交叉曲线来创建双三次曲面,要求:

① 每组曲线都必须相邻。

② 多组主曲线必须大致保持平行,且多组交叉曲线也必须大致保持平行。

③ 可以使用点而非曲线作为第一个或最后一个主集。

④ 在【连续性】组中,选择连续性约束并指定约束面。

7. 创建镜像曲面

单击【主页】选项卡 |【基本】组 |【镜像特征】按钮 🐾 ,出现【镜像特征】对话框。

① 在【要镜像的特征】组,激活【选择特征】,在绘图区选择"通过曲线网格"创建的曲面。

② 在【镜像平面】组【平面】列表选择【现有平面】选项,选取 YZ 平面为镜像平面,如图 5-68 所示。

完成以上设置,单击【确定】按钮,创建镜像曲面。

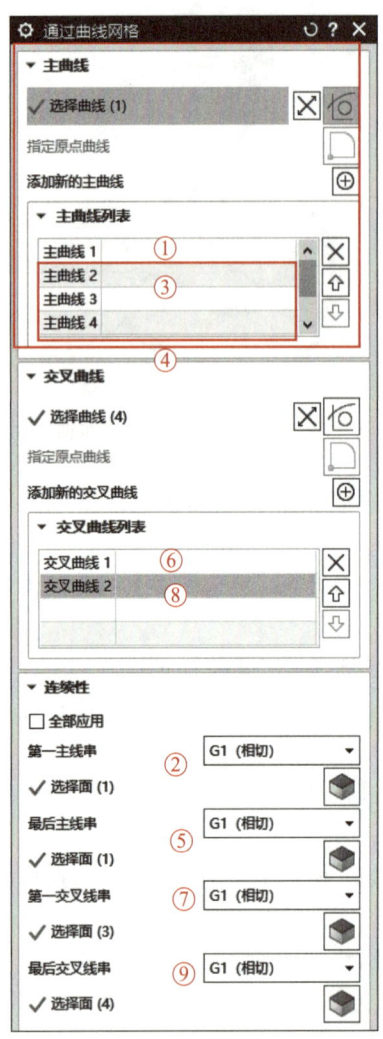
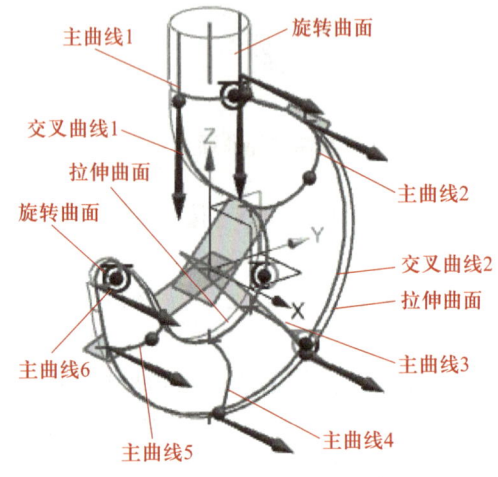

图 5-67　创建通过曲线网格的曲面

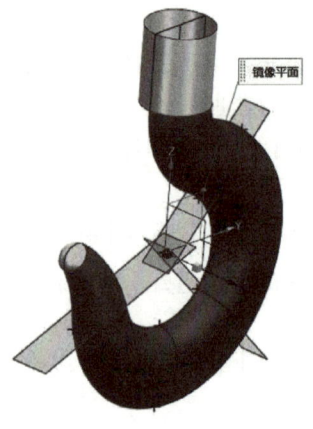

图 5-68　创建镜像曲面

8. 创建有界平面

单击【曲面】选项卡｜【基本】组｜【更多】下拉菜单｜【有界平面】按钮 ，出现【有界平面】对话框。

在【平截面】组中，激活【选择曲线】，在绘图区选择部片体曲线，如图 5-69 所示。完成设置，单击【确定】按钮，创建有界平面。

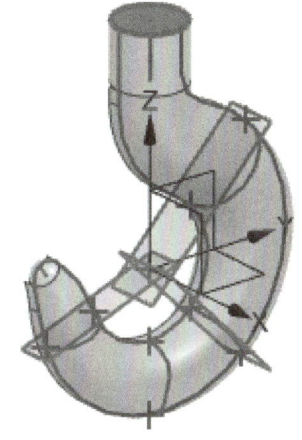

图 5-69　创建有界平面

> 💡 提示　关于【有界平面】命令

使用【有界平面】命令可创建由一组端点相连的平面曲线封闭的平面片体。要求：曲线必须共面，且形成封闭形状。

9. 创建缝合曲面

单击【曲面】选项卡｜【组合】组｜【缝合】按钮 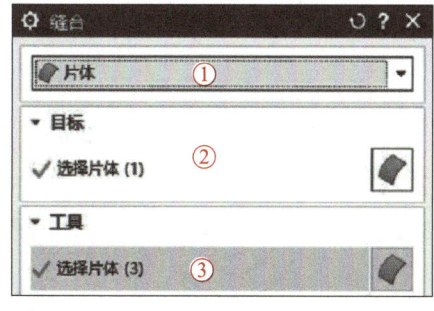，出现【缝合】对话框。

① 在【类型】列表选择【片体】选项。

② 在【目标】组，激活【选择片体】选项，在绘图区选择"通过曲线网格"创建的曲面。

③ 在【工具】组，激活【选择片体】选项，在绘图区选择"镜像"特征，如图 5-70 所示。

完成以上设置，单击【确定】按钮，创建缝合曲面。

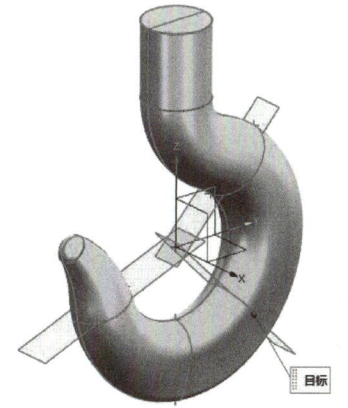

图 5-70　创建缝合曲面

10. 移动层

（1）将草图移到 21 层。

（2）将拉伸曲面移到 11 层。

（3）11 层、21 层 61 层设为【不可见】，完成吊钩建模，如图 5-71 所示。

图 5-71　完成吊钩建模

11. 存盘

选择【文件】|【保存】命令，保存文件。

【任务拓展】

创建模型，如图 5-72 所示。

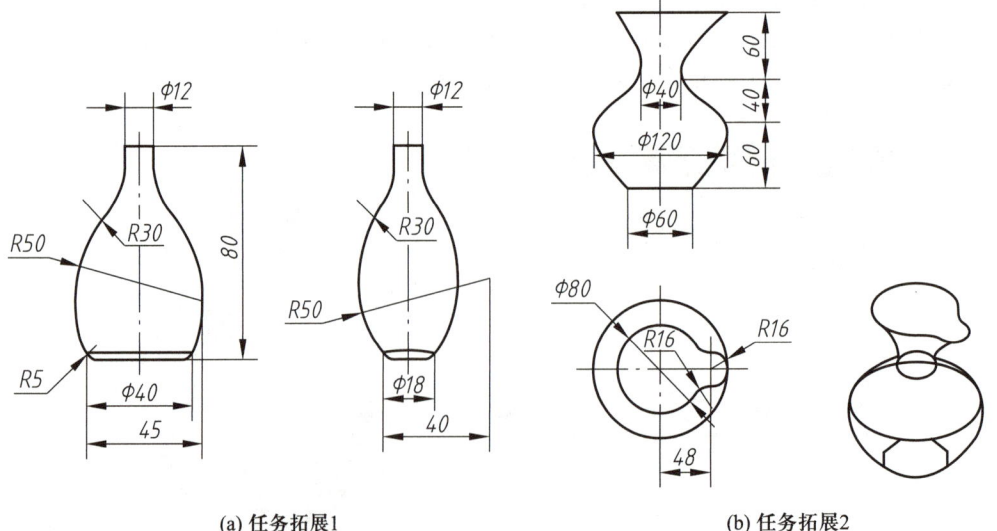

(a) 任务拓展1　　　　　　　　　　　　　　(b) 任务拓展2

图 5-72　创建通过曲线网格曲面特征任务拓展

课题 5.8　创建填充曲面特征

【学习目标】

掌握创建填充曲面特征的方法。

【工作任务】

创建填充曲面特征实例,如图 5-73 所示。

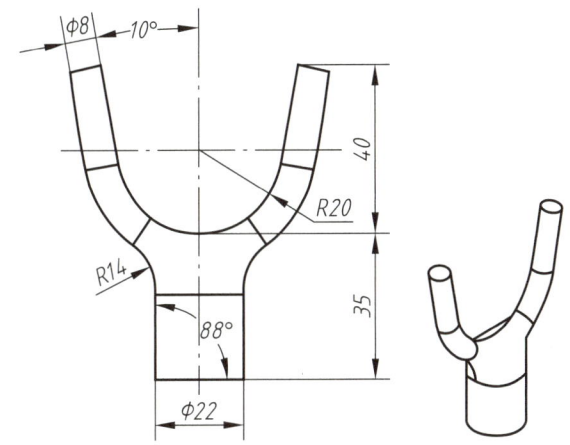

图 5-73　创建填充曲面特征实例

【任务实施】

1. 新建文件
新建文件并保存为"创建填充曲面特征实例 .prt"。

2. 创建基体
(1)在 *YZ* 平面绘制主视草图,如图 5-74 所示。

(2)创建上端旋转曲面,如图 5-75 所示。

(3)创建下端旋转曲面,如图 5-76 所示。

(4)单击【曲线】选项卡 |【派生】组 |【更多】下拉菜单 |【等参数曲线】按钮 ◈ ,出现【等参数曲线】对话框。

①　在【面】组,激活【选择面】,在绘图区选择面。

②　在【等参数曲线】组【方向】列表选择【U】选项,在【位置】列表选择【均匀】选项,在【数量】文本框输入"3",如图 5-77 所示。

完成以上设置,单击【确定】按钮,创建等参数曲线。

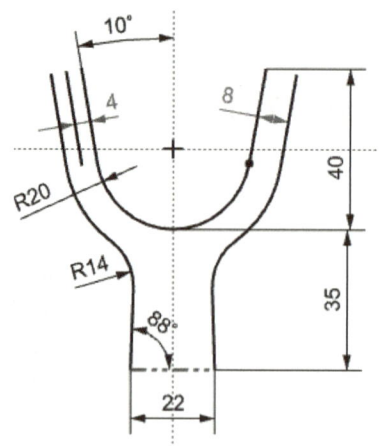

图 5-74 在 *YZ* 平面绘制主视草图

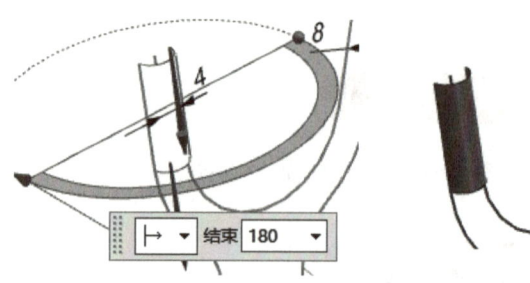

图 5-75 创建上端旋转曲面

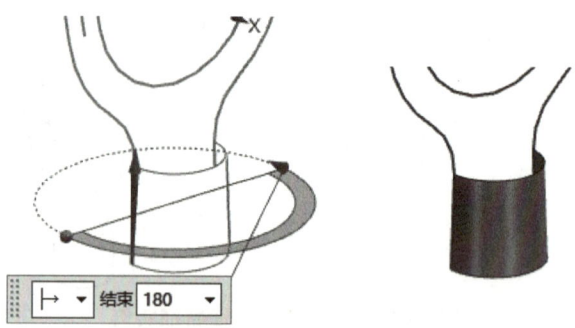

图 5-76 创建下端旋转曲面

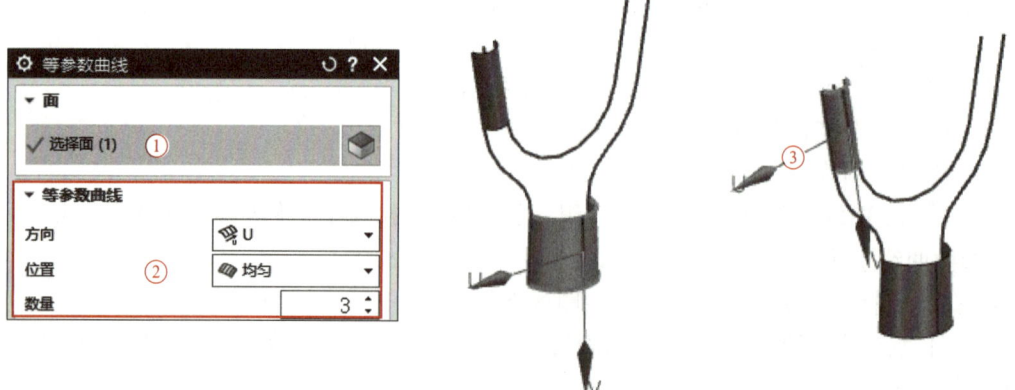

图 5-77 创建等参数曲线

💡 提示 关于【等参数曲线】命令

使用【等参数曲线】命令可以沿着给定的 U/V 线方向在面上生成曲线。

（5）单击【曲线】选项卡｜【派生】组｜【桥接】按钮 ⁓，出现【桥接曲线】对话框。

① 在【起始对象】组，激活【选择曲线】，在绘图区选择曲线。

② 在【终止对象】组，激活【选择曲线】，在绘图区选择曲线，如图 5-78 所示。

完成以上设置，单击【确定】按钮，创建桥接曲线。

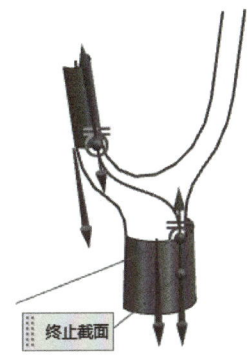

图 5-78　创建桥接曲线

（6）创建拉伸曲面，如图 5-79 所示。

（7）单击【曲面】选项卡｜【基本】组｜【通过曲线网格】按钮 🔷，出现【通过曲线网格】对话框。

① 在【主曲线】组，激活【选择曲线】，在绘图区选择主曲线。

② 在【交叉曲线】组，激活【选择曲线】选项，在绘图区选择交叉曲线。

③ 在【连续性】组，设置主曲线和交叉曲线连续性，如图 5-80 所示。

完成以上设置，单击【确定】按钮，创建通过曲线网络的曲面。

（8）创建上端拉伸曲面，如图 5-81 所示。

（9）单击【曲线】选项卡｜【基本】组｜【直线】按钮 ╱，出现【直线】对话框。

① 在【开始】组【起点选项】列表选择【点】选项，激活【选择点】选项，在绘图区选择起点。

② 在【结束】组【终点选项】列表选择【点】选项，激活【选择点】选项，在绘图区选择终点，如图 5-82 所示。

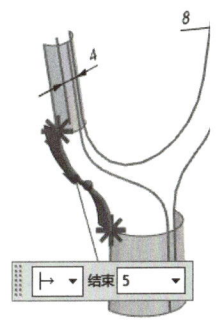

图 5-79　创建拉伸曲面

完成以上设置，单击【确定】按钮，创建直线。

💡 提示 关于【直线】命令

使用【直线】命令可创建直线。创建方法如下：

① 使用点、方向及切线来指定直线的起点与终点。

② 在创建直线期间指定约束，如创建一条直线与另一条直线成某一角度。

③ 指定起始与终止限制以控制直线长度，如选定的对象、位置或值。

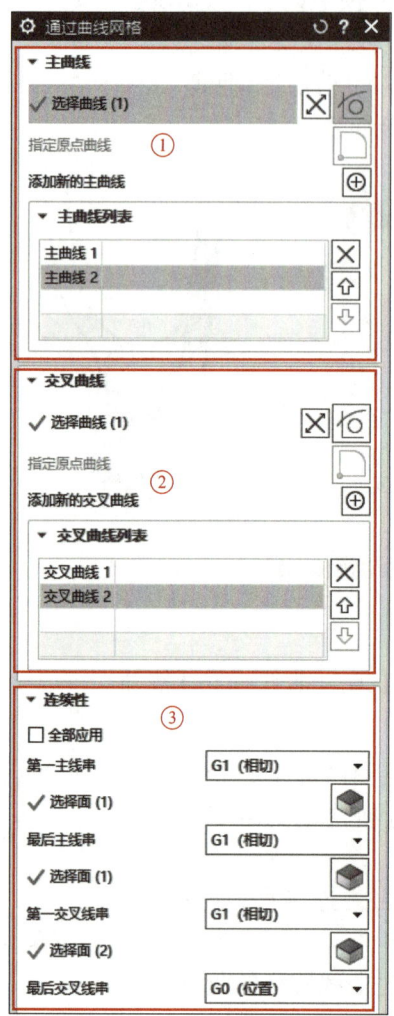

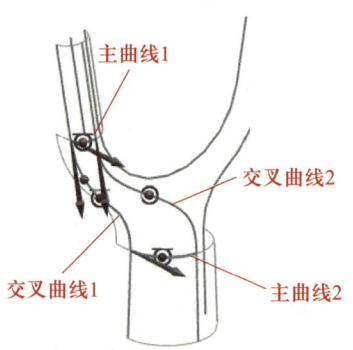

图 5-80　创建通过曲线网格的曲面

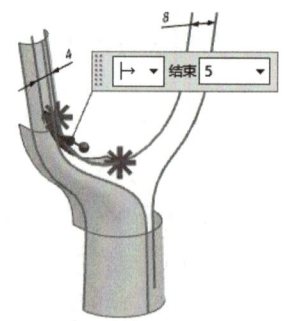

图 5-81　创建上端拉伸曲面

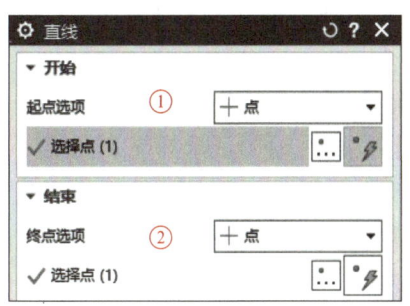
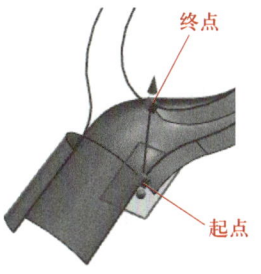

图 5-82　创建直线

④ 在各指定平面上定义直线。

（10）单击【曲线】选项卡│【派生】组│【投影曲线】按钮 ◎ ，出现【投影曲线】对话框。

① 在【要投影的曲线或点】组，激活【选择曲线或点】，在绘图区选择直线。

② 在【投影的对象】组，激活【选择对象】选项，在绘图区选择新建曲面。

③ 在【投影方向】组【方向】列表选择【沿矢量】选项，在绘图区选择 +X 轴，如图 5-83 所示。

完成以上设置，单击【确定】按钮，创建投影曲线。

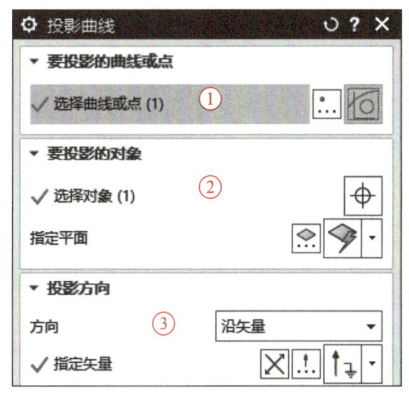
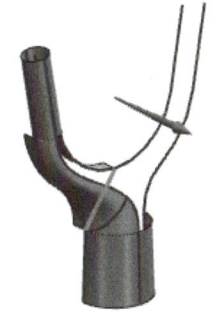

图 5-83　创建投影曲线

（11）单击【曲线】选项卡│【派生】组│【桥接】按钮 ⌒ ，出现【桥接曲线】对话框。

① 在【起始对象】组，激活【选择曲线】，在绘图区选择曲线。

② 在【终止对象】组，激活【选择曲线】，在绘图区选择曲线，如图 5-84 所示。

完成以上设置，单击【确定】按钮，创建桥接曲线。

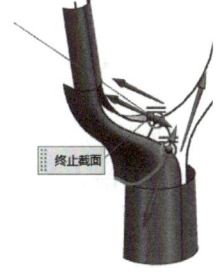

图 5-84　创建桥接曲线

（12）单击【曲面】选项卡│【基本】组│【通过曲线网格】按钮 ，出现【通过曲线网格】对话框。

① 在【主曲线】组，激活【选择曲线】，在绘图区选择主曲线。

② 在【交叉曲线】组，激活【选择曲线】选项，在绘图区选择交叉曲线。

③ 在【连线性】组，设置主曲线和交叉曲线连续性，如图 5-85 所示。

完成以上设置，单击【确定】按钮，创建通过曲线网格的曲面。

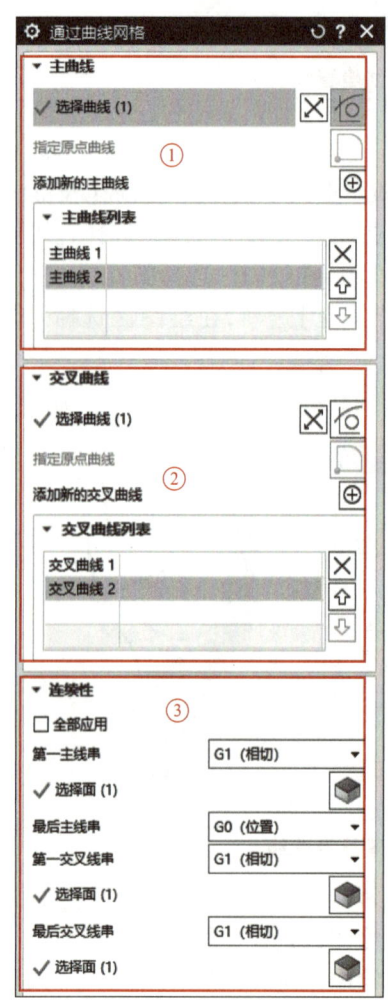
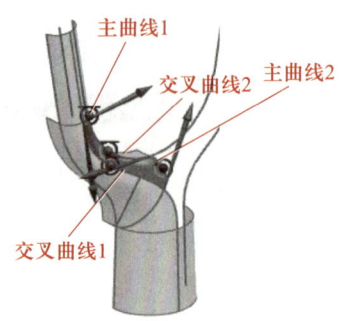

图 5-85　创建通过曲线网格的曲面

（13）单击【主页】选项卡│【基本】组│【修剪体】命令 ，出现【修剪体】对话框。

① 在【目标】组，激活【选择体】在绘图区选择 2 块新建曲面。

② 在【工具】组【工具选项】列表选择【新平面】选项，建立与 XZ 平面等距 5 的切除面，确定切除方向，如图 5-86 所示。

完成以上设置，单击【确定】按钮，完成修剪曲面。

3. 创建镜像曲面

单击【主页】选项卡│【基本】组│【更多】下拉菜单│【镜像几何体】按钮 ，出现【镜像几何体】对话框。

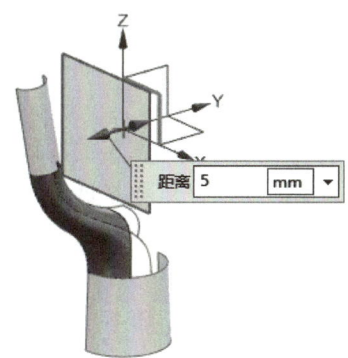

图 5-86 修剪曲面

① 在【要镜像的几何体】组,激活【选择对象】,在绘图区选择需要镜像的曲面。
② 在【镜像平面】组,激活【指定平面】,在绘图区选取 XZ 平面为镜像平面,如图 5-87 所示。
完成以上设置,单击【确定】按钮,创建镜像平面。

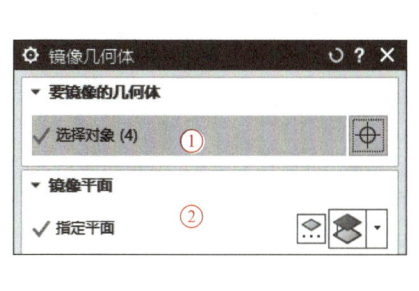
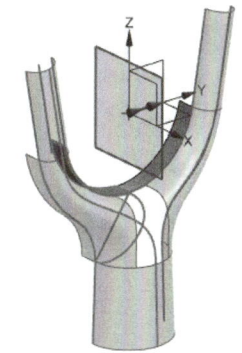

图 5-87 创建镜像曲面

4．创建填充曲面

单击【曲面】选项卡｜【基本】组｜【更多】下拉菜单｜【填充曲面】按钮 ,出现【填充曲面】对话框。

在【边界】组,激活【选择曲线】,在绘图区选择填充边界,如图 5-88 所示。完成设置,单击【确定】按钮,创建填充曲面。

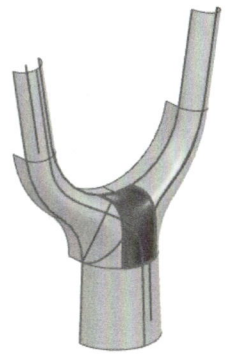

图 5-88 创建填充曲面

💡 提示 关于【填充曲面】命令

使用【填充曲面】命令可以从曲线或边的边界创建高质量的单个曲面。要求：

① 边界必须封闭。

② 可以强制使曲面穿过选定的曲线。

③ 可以强制使曲面穿过小平面体。

④ 可以通过交互方式推拉曲面，使曲面变得更加扁平或饱满。

5. 创建镜像曲面

单击【主页】选项卡｜【基本】组｜【更多】下拉菜单｜【镜像几何体】按钮 🔾，出现【镜像几何体】对话框。

① 在【要镜像的几何体】组，激活【选择对象】，在绘图区选择需要镜像的曲面。

② 在【镜像平面】组，激活【指定平面】，选取 YZ 平面为镜像平面，如图 5-89 所示。

完成以上设置，单击【确定】按钮，创建镜像曲面。

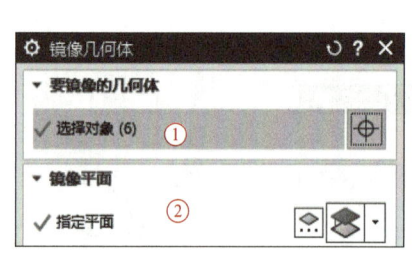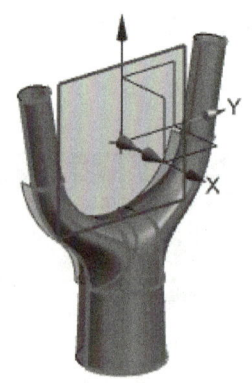

图 5-89　创建镜像曲面

6. 创建有界平面

单击【曲面】选项卡｜【基本】组｜【更多】下拉菜单｜【有界平面】按钮 ⌒，出现【有界平面】对话框。

在【平截面】组，激活【选择曲线】，在绘图区选择部片体曲线，如图 5-90 所示。完成设置，单击【确定】按钮，创建有界平面。

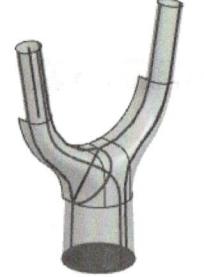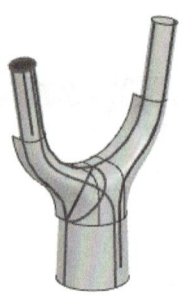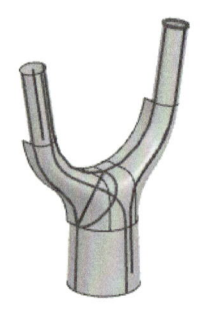

图 5-90　创建有界平面

7. 缝合曲面

单击【曲面】选项卡｜【组合】组｜【缝合】按钮 ◈，出现【缝合】对话框。

① 在【类型】列表选择【片体】选项。

② 在【目标】组，激活【选择片体】选项，在绘图区选择"有界平面"曲面。

③ 在【工具】组，激活【选择片体】选项，在绘图区选择其余曲面，如图 5-91 所示。

完成以上设置，单击【确定】按钮，创建缝合曲面。

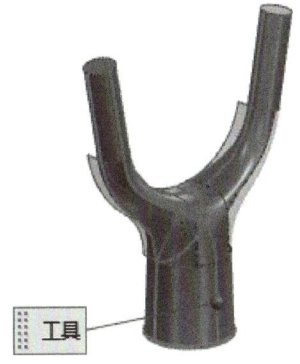

图 5-91   创建缝合曲面

8. 移动层

（1）将草图移到 21 层。

（2）将拉伸曲面移到 11 层。

（3）11 层、21 层、61 层设为【不可见】，完成叉建模，如图 5-92 所示。

9. 存盘

选择【文件】|【保存】命令，保存文件。

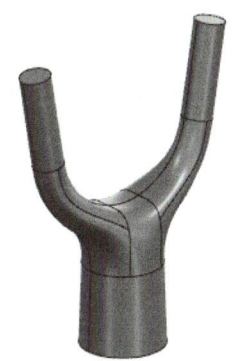

图 5-92   完成叉建模

【任务拓展】

创建模型，如图 5-93 所示。

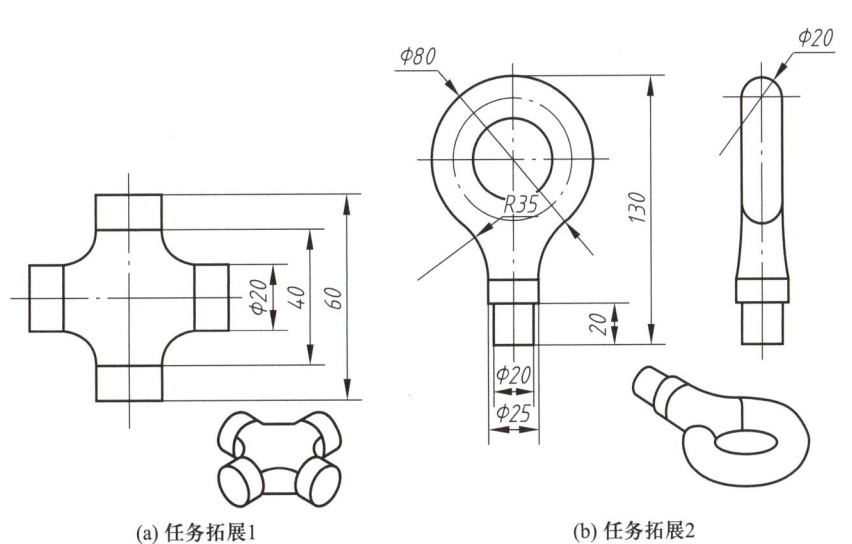

(a) 任务拓展1   (b) 任务拓展2

图 5-93   创建填充曲面特征任务拓展

147

课题 5.9 提高练习

创建模型,如图 5-94 所示。

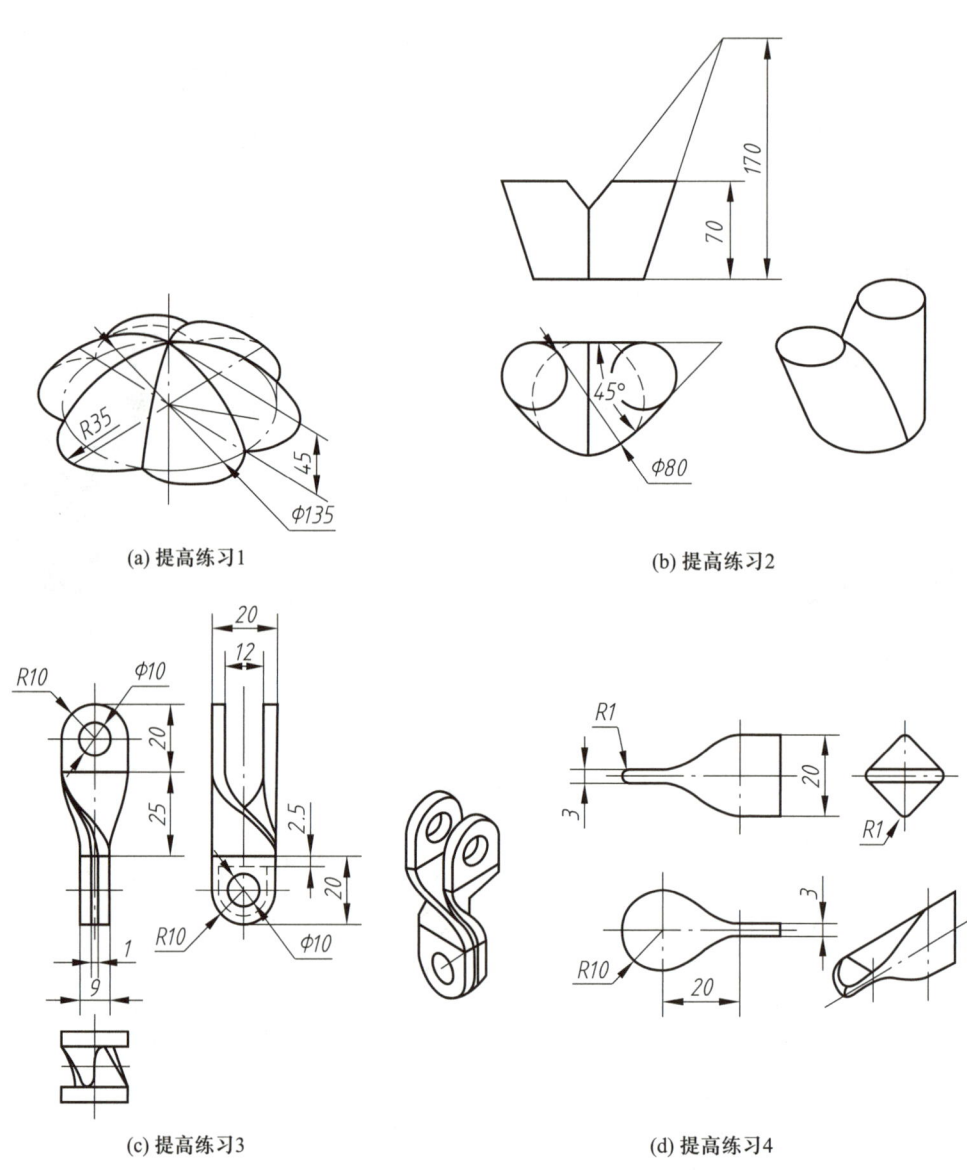

(a) 提高练习1

(b) 提高练习2

(c) 提高练习3

(d) 提高练习4

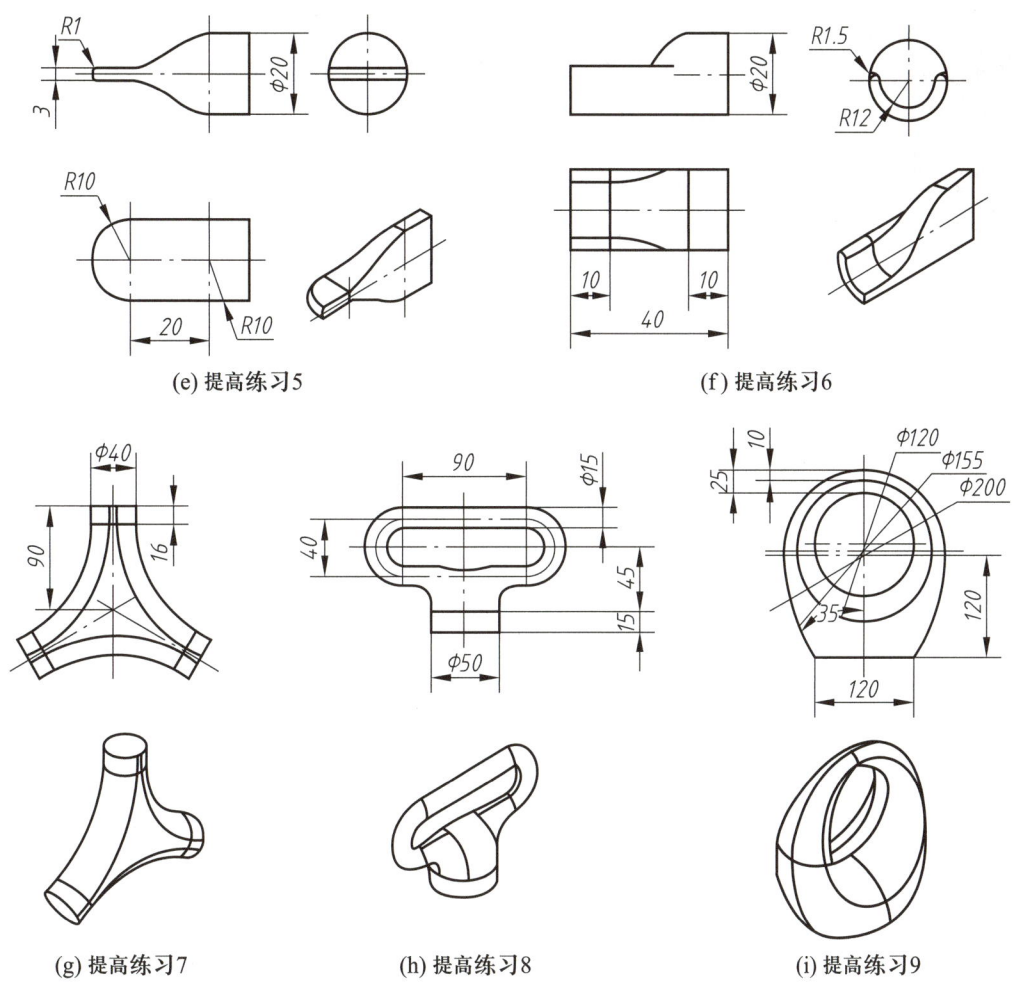

(e) 提高练习5　　　　　　　　　　　　　(f) 提高练习6

(g) 提高练习7　　　　　(h) 提高练习8　　　　　(i) 提高练习9

图 5-94　提高练习

创建装配与工程图

利用三维零件模型可以完成产品的装配设计,将两个或多个零件(或部件)模型按照一定约束关系进行安装,完成产品的整体装配。由于这种所谓的"装配"不是在装配车间的真实环境下完成的,因此也称为虚拟装配。

装配体文件是由多个零件(或部件)组成的一类新文件,在 UGNX 系统中,装配体文件的后缀为".prt"。

在三维设计中创建装配体文件,是虚拟样机的基础。

绘制产品的平面工程图是从模型设计到实际生产的一个重要环节,也是从概念产品到现实产品的一座桥梁。因此,在完成产品的零部件建模、装配建模及其工程分析之后,一般要绘制其平面工程图。

课题 6.1　创建简单装配

【学习目标】

微视频

课题6.1

(1)熟悉装配建模环境。

(2)掌握装配建模流程。

(3)掌握创建约束的方法。

(4)掌握在装配中修改零件的方法。

(5)掌握爆炸图生成方法。

【工作任务】

利用装配模板创建一新装配文件,添加组件并建立约束,完成简单装配应用实例,如图 6-1 所示。

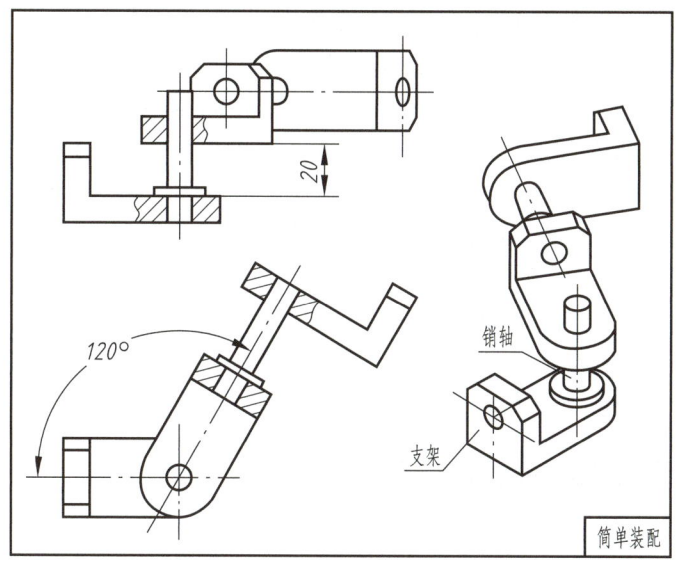

图 6-1 创建简单装配应用实例

三 【任务实施】

1. 创建模型

创建支架和销轴模型,如图 6-2 所示。

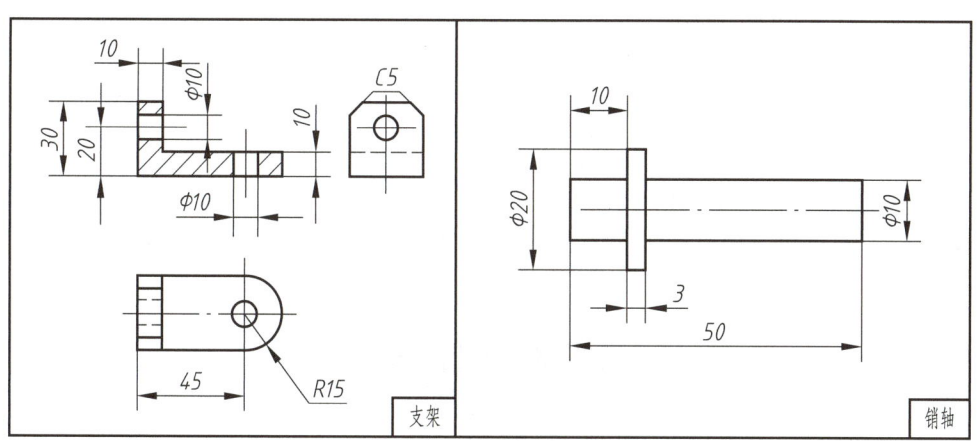

图 6-2 支架和销轴模型

说明:先将销轴 $\phi10$ 建成 $\phi12$,后面在装配中修改。

2. 新建装配体

选择【文件】|【新建】命令,出现【新建】对话框。

① 单击【模型】选项卡。

② 在【模板】列表框中选定【装配】模板。

③ 在【新文件名】组【名称】文本框输入"简单装配"。

④ 在【文件夹】文本框输入"D:\NX-Study\ 模块 8\ 课题 1\"。

151

完成以上设置,单击【确定】按钮,进入装配体窗口。

3. 插入第一个零部件——运用【添加组件】命令

（1）单击【装配】选项卡│【基本】组│【添加组件】按钮 ，出现【添加组件】对话框。

① 在【要放置的部件】组,单击【打开】按钮 ，出现【部件名】对话框,选择"支架"模型,单击【确定】按钮返回【添加组件】对话框,绘图区出现"支架"模型。

② 在【位置】组【组件锚点】列表选择【绝对】选项,在【装配位置】列表选择【绝对坐标系 – 工作部件】选项。

③ 在【设置】组【引用集】列表选择【模型（"MODEL"）】选项。

④ 在【图层选项】列表选择【工作的】选项,如图 6-3 所示。

完成以上设置,单击【确定】按钮,插入第一个零部件。

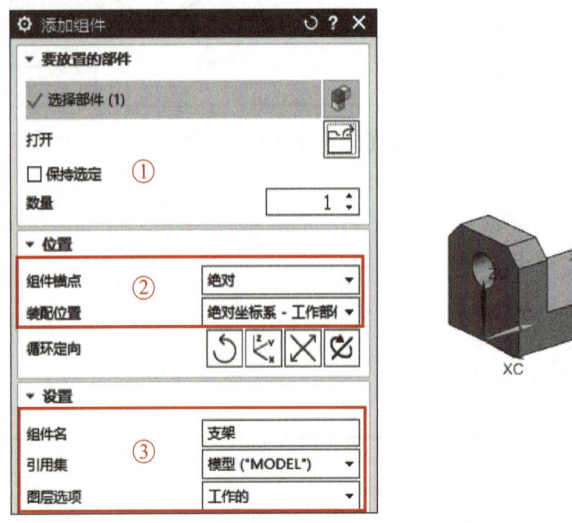

图 6-3　插入"支架"

（2）确定插入零件在装配体中的位置

系统出现【创建固定约束】对话框,如图 6-4 所示,单击【是】按钮,在绘图区零部件中自动添加【固定】约束。

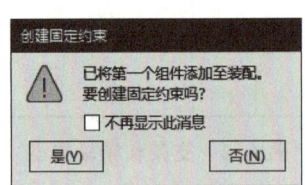

图 6-4　【创建固定约束】对话框

💡 提示　关于固定的零件

默认情况下,装配体中的第一个零件为固定状态,即不允许该零件在空间中移动。一般说来,第一个零件在装配体中的固定位置是"零件的原点和装配体的原点重合,使三个对应的基准面相互重合",这对于处理其他零件和约束关系有很大的方便。其他零件与被"固定"的零件添加约束关系,从而约束了其他零件的自由度。

4. 插入第二个零部件——运用【装配】命令

（1）单击【装配】选项卡｜【基本】组｜【装配】按钮 🍺，出现【装配】对话框。

① 在【要添加的部件】组，单击【打开】按钮 ⌷，出现【部件名】对话框，选择"销轴"模型，单击【确定】按钮返回【装配】对话框，绘图区出现"销轴"模型。

② 在【定位组件】组，激活【选择或拖动对象】选项，在绘图区选择"支架"底板内孔和"销轴"圆柱面。

③ 在【操作】组，单击【居中 / 轴接触对齐】按钮 ⬛，添加圆柱轴接触约束，如图 6-5 所示。

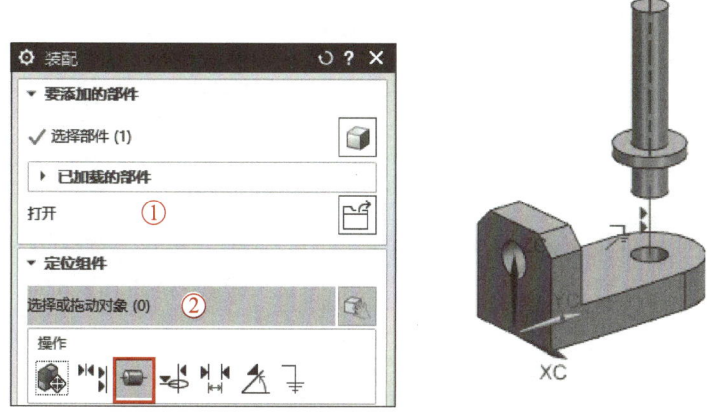

图 6-5　插入"销轴"并添加圆柱轴接触约束

（2）添加约束

① 在【装配】对话框【定位组件】组，激活【选择或拖动对象】选项，在绘图区选择"支架"上表面和"销轴"支撑面。

② 在【操作】组，单击【接触对齐】按钮 ⬛，添加接触对齐约束，如图 6-6 所示。

完成以上设置，单击【应用】按钮。

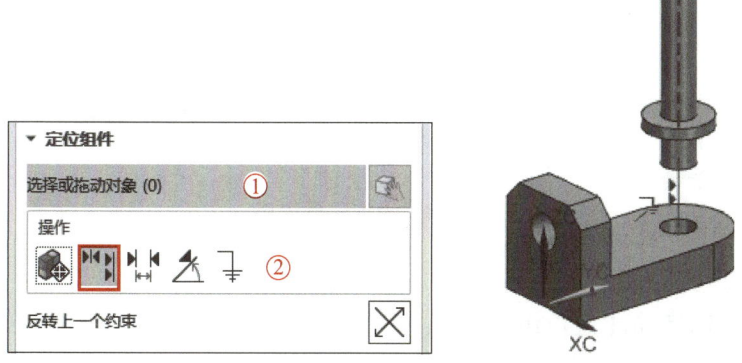

图 6-6　添加接触对齐约束

5. 插入第三个零部件——运用【装配】命令

（1）

① 在【装配】对话框【要添加的部件】组，单击【打开】按钮 ，出现【部件名】对话框，选择"支架"模型，绘图区出现"支架"模型。

② 在【定位组件】组，激活【选择或拖动对象】选项，在绘图区选择"支架"孔和"销轴"轴颈。

③ 在【操作】组，单击【居中／轴接触对齐】按钮 ，添加圆柱轴接触约束，如图 6-7 所示。

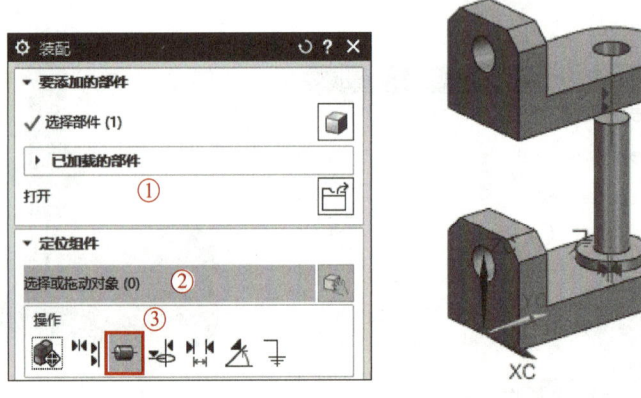

图 6-7　插入"支架"并添加圆柱轴接触约束

（2）添加距离约束

① 在【装配】对话框【定位组件】组，激活【选择或拖动对象】，在绘图区选择"支架 <1>"上表面和"支架 <2>"下表面。

② 在【操作】组，单击【距离】按钮 。

③ 在【距离】文本框输入"20"，添加距离约束，如图 6-8 所示。

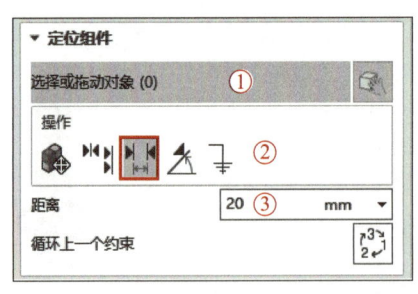
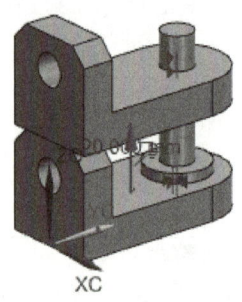

图 6-8　添加距离约束

（3）添加角度约束

① 在【装配】对话框【定位组件】组，激活【选择或施动对象】，在绘图区选择"支架 <1>"右侧面和"支架 <2>"右侧面。

② 在【操作】组，单击【角度】按钮 。

③ 在【距离】文本框输入"60"，添加角度约束，如图 6-9 所示。

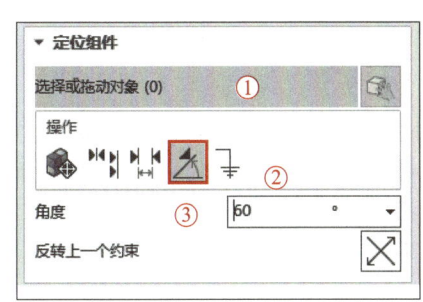
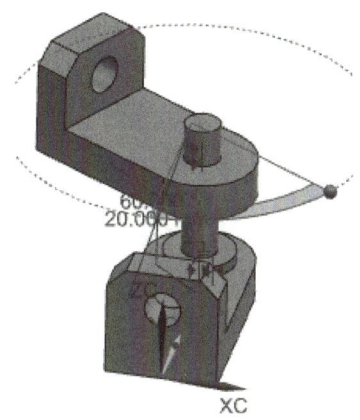

图 6-9　添加角度约束

完成以上设置,单击【确定】按钮。

6. 插入第四个零部件——运用【添加组件】命令

(1)单击【装配】选项卡 |【基本】组 |【添加组件】按钮 🐝,出现【添加组件】对话框。

① 在【要放置的部件】组,单击【打开】按钮 🗁,出现【部件名】对话框,选择"销轴"模型,单击【确定】按钮返回【添加组件】对话框,绘图区出现"销轴"模型。

② 在【放置】组,激活【指定方位】,在绘图区适合位置放置"销轴",如图 6-10 所示。

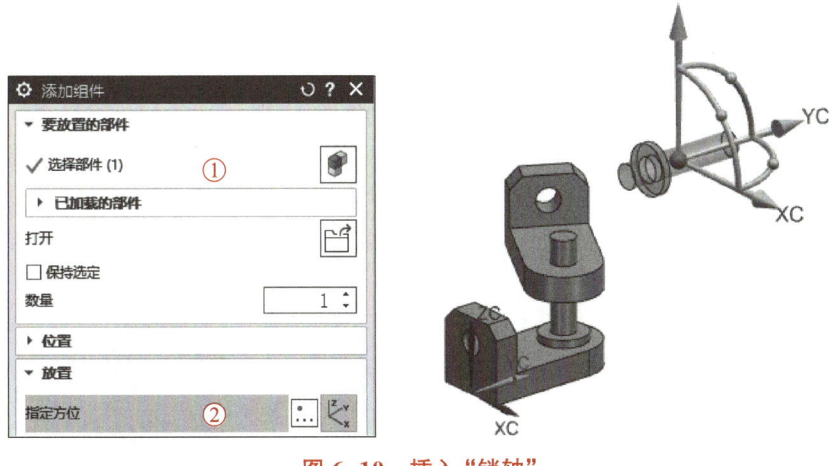

图 6-10　插入"销轴"

💡 提示　关于【装配】命令和【添加组件】命令的区别

①【装配】命令

当需要将多个组件组合在一起,形成一个完整的机械系统时,【装配】命令是非常有用的。【装配】命令允许定义组件之间的关系和约束,从而确保设计的准确性和一致性。

【装配】命令还可以模拟和验证产品的性能和行为。

②【添加组件】命令

当需要在一个现有模型中添加新的几何体或特征时,【添加组件】命令是更好的选择。

【添加组件】命令可以在一个模型中组织和管理多个部分,从而提高工作效率和模型的可维护性。

【添加组件】命令还可以利用现有的设计和数据,从而节省时间和成本。

因此,选择【装配】命令还是【添加组件】命令取决于具体需求和目标。如果你需要组合多个组件,那么【装配】命令是更好的选择;如果需要在一个现有模型中添加新的几何体或特征,那么【添加组件】命令是更好的选择。

（2）添加接触约束

单击【装配】选项卡|【位置】组|【接触】按钮 ◄►,出现【接触】对话框。

① 在【要约束的几何体】组,激活【选择运动对象】,在绘图区选择"销轴"轴颈。

② 激活【选择静止对象】,在绘图区选择"支架"孔,如图 6-11 所示。

完成以上设置,单击【确定】按钮。

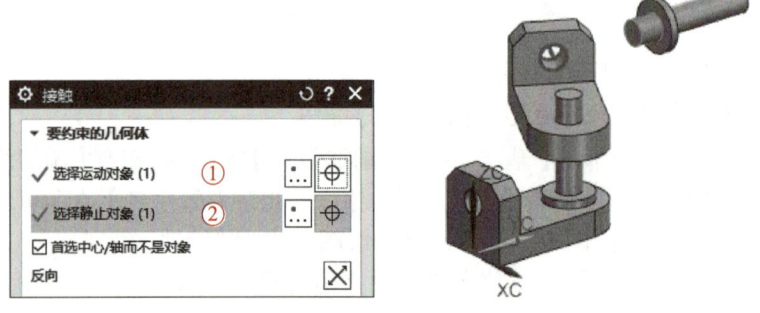

图 6-11　添加接触约束

（3）添加对齐约束

单击【装配】选项卡|【位置】组|【对齐】按钮 ⦚,出现【对齐】对话框。

① 在【要约束的几何体】组,激活【选择运动对象】,在绘图区选择"销轴"端面。

② 激活【选择静止对象】,在绘图区选择"支架"端面,如图 6-12 所示。

完成以上设置,单击【确定】按钮。

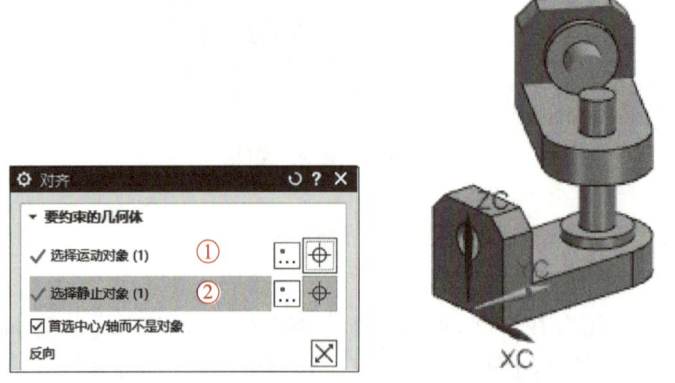

图 6-12　添加对齐约束

🔆 提示）关于装配约束

利用装配约束可以在装配中定位组件。

① 固定约束 ⊥　固定约束将组件固定在其当前位置。

② 对齐约束 ⫴　对齐约束将不同组件中的两个轴对齐。

③ 对齐 / 锁定约束 ⤸　对齐 / 锁定约束将不同组件中的两个轴对齐并防止围绕公共轴的任何旋转。

④ 角度约束 ∠　角度约束用于定义两个对象之间的角度尺寸。

⑤ 居中约束 ⊪⊪　居中约束使一个或两个对象处于一对对象之间的中心，或使一对对象沿另一个对象居中。

⑥ 同心约束 ◎　同心约束可约束两个组件的圆形边或椭圆形边，以使中心重合，并使边的平面共面。

⑦ 距离约束 ⊬⊦　距离约束可指定两个对象之间的 3D 距离。

⑧ 等尺寸配对约束 ══　等尺寸配对约束将半径相等的两个圆柱面结合在一起。

⑨ 平行约束 ⫽　平行约束将两个对象的方向矢量定义为相互平行。

⑩ 垂直约束 ⟍　垂直约束将两个对象的方向矢量定义为相互垂直。

⑪ 接触约束 ▶◀　接触约束可约束两个组件，使它们相互接触。

⑫ 胶合约束 ▶◀　胶合约束将组件"焊接"在一起，使它们作为刚体移动。

7. 插入其他零件

按上述方法插入其他部件，完成约束。

8. 保存装配

选择【文件】|【保存】命令，如图 6-13 所示。

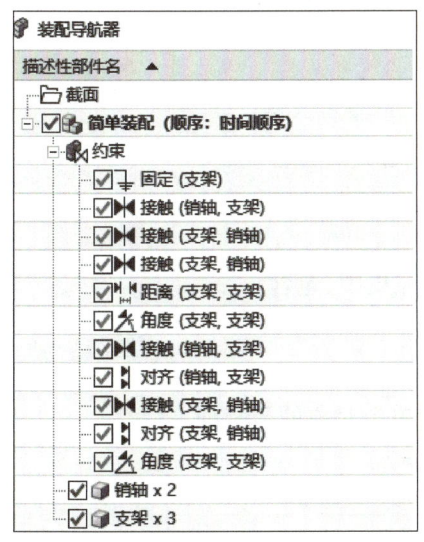
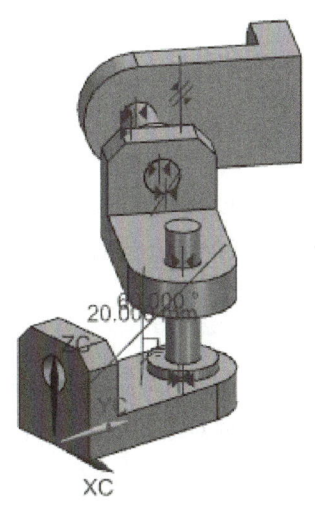

图 6-13　保存装配

💡 提示　关于装配导航器

装配导航器是一个窗口，可在层次结构树中显示装配结构、组件属性以及成员组件间的约束关系。使用装配导航器能够：

① 查看、显示部件的装配结构。

② 将命令应用于特定组件。

③ 通过将节点拖到不同的父项对结构进行编辑。

④ 标识组件。

⑤ 选择组件。

9. 静态干涉检查

（1）新建间隙集

单击【装配】选项卡|【间隙】组|【新建集】按钮 ，出现【间隙集】对话框。

① 在【间隙集属性】组【间隙集名称】文本框输入"干涉检查"，在【间隙介于】列表选择【组件】选项。

② 在【要分析的对象】组【集合】列表选择【一】选项，在【集合一】列表选择【所有对象】选项。

③ 在【安全区】组【默认安全区】文本框输入"0"，如图 6-14 所示。

完成以上设置，单击【确定】按钮，新建间隙集。

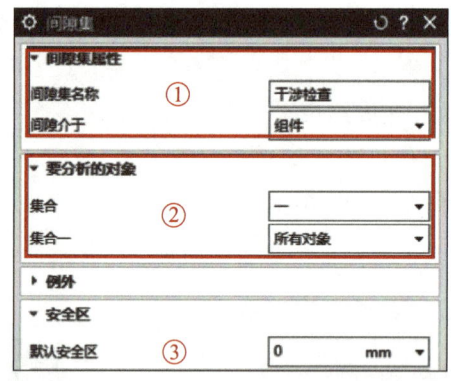

图 6-14　新建间隙集

💡 提示　关于间隙集

与间隙分析关联的所有数据都保留在间隙集中，包含：

① 要分析的对象。

② 安全区域。

③ 单元子装配：设置为在分析期间视为单个对象的子装配。

④ 特殊对象或两对象组成的包含和排除。

⑤ 分析结果。

⚠️ 注意　在一个装配中可以包含多个间隙集，但一次只能分析一个。

（2）执行分析

单击【装配】选项卡|【间隙】组|【执行分析】按钮 ，出现【间隙浏览器】对话框，展开【干涉】，在表中对应【干涉组件】，显示【类型】为"新的（硬）"，如图 6-15 所示。

右键单击"支架"选择【研究干涉】命令，绘图区出现红色干涉区域。

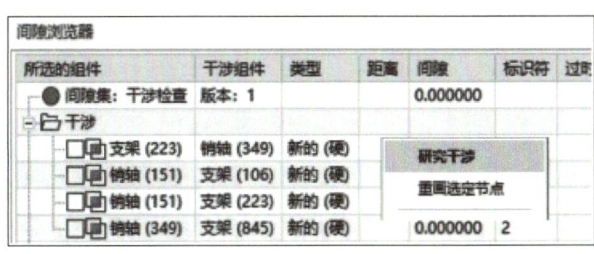
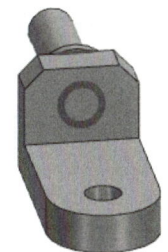

图 6-15　间隙浏览器

💡 提示　关于装配间隙

装配间隙分为以下类型：

① 软干涉　对象之间的最小距离小于等于安全区域。即使距离近的对象之间没有接触，也会报告为干涉。

② 接触干涉　对象之间有接触但不相交。

③ 硬干涉　对象彼此相交。

④ 包容干涉　一个对象完全包含在另一个对象内。

10. 在装配体中编辑零件

（1）在装配导航器中右键单击"销轴"，在出现的快捷菜单中选择【设为工作部件】命令，此时，"销轴"进入编辑状态，在【部件导航器】中出现"销轴"的建模特征，如图 6-16 所示。

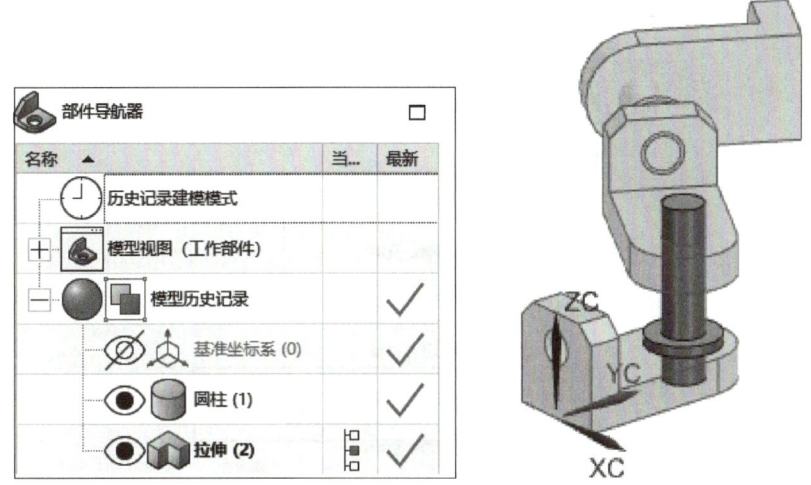

图 6-16　"销轴"的建模特征

（2）右键单击"圆柱"特征选择【编辑参数】命令，出现【圆柱】对话框，把直径由"12"改为"10"，如图 6-17 所示。

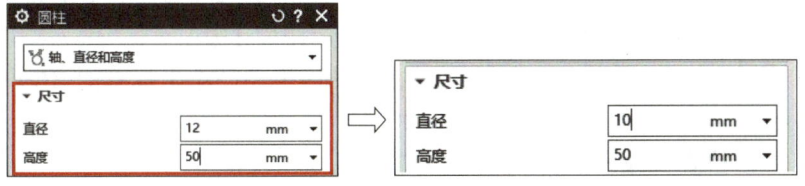

图 6-17　编辑特征

159

在【装配导航器】中，双击【简单装配】退出零件编辑。再次检查，干涉类型变成"现有的（接触）"，如图 6-18 所示。

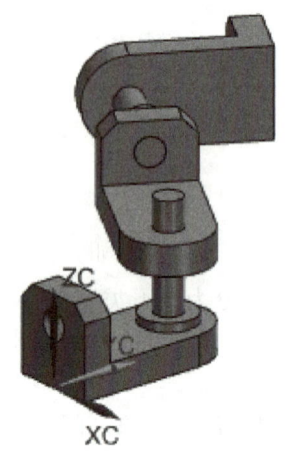

图 6-18　检查干涉

11. 动态干涉检查

（1）在装配导航器中展开"约束"，右键单击"距离"选择【抑制】命令，如图 6-19 所示。

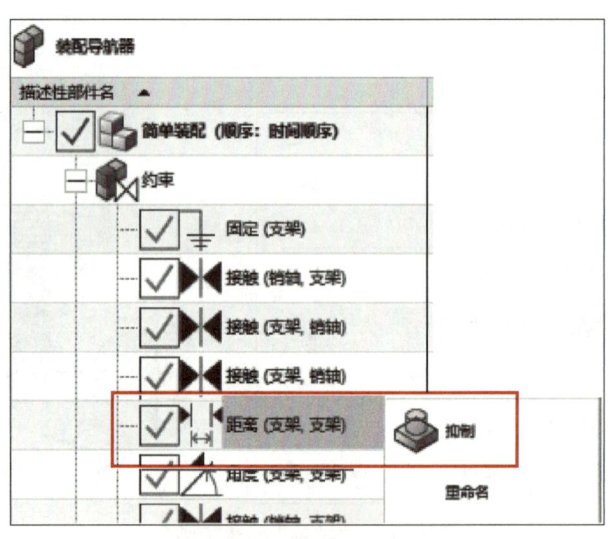

图 6-19　抑制距离约束

（2）单击【装配】选项卡｜【位置】组｜【移动组件】按钮 ，出现【移动组件】对话框。

① 在【要移动的组件】组，激活【选择组件】选项，在绘图区选择 2 个支架 1 个销轴。

② 在【设置】组【碰撞动作】列表选择【高亮显示碰撞】选项。

③ 在【变换】组，激活【指定方位】选项，在绘图区拖动动态坐标系的 ZC 轴，直到发生碰撞，碰撞零件会高亮显示并停止移动，如图 6-20 所示。

（3）动态干涉检查实验完毕，解除距离抑制。

在装配导航器中，右键单击"距离"约束选择【取消抑制】命令。

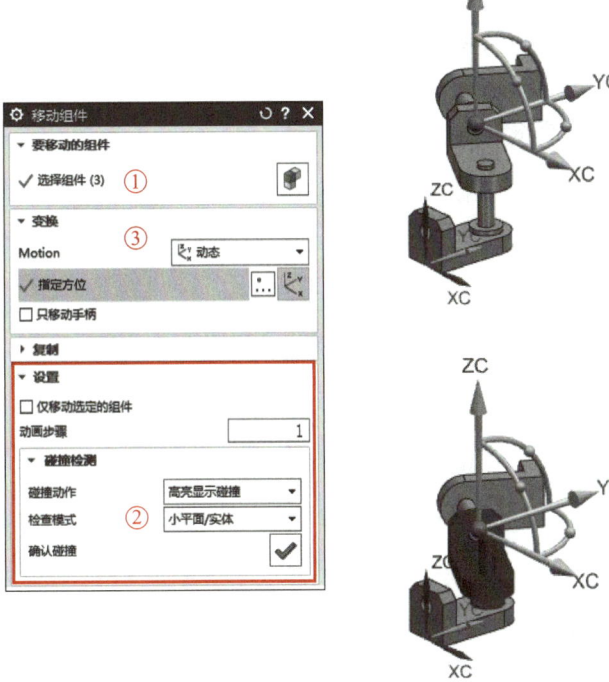

图 6-20　动态干涉检查

💡 提示　关于动态干涉检查

在一个复杂的装配体中,仅通过视觉检查零部件之间是否有干涉的情况很困难,可以进行动态干涉检查来检查装配的选定组件中是否存在干涉。

12. 装配体爆炸视图

单击【装配】选项卡|【爆炸】组|【爆炸】按钮🎇,出现【爆炸】对话框,如图 6-21 所示。

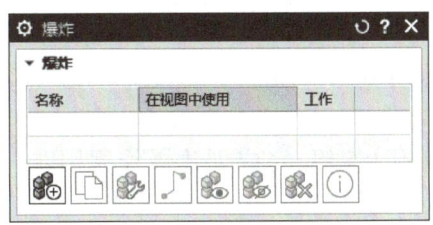

图 6-21　【爆炸】对话框

(1) 创建爆炸视图

单击【新建爆炸】按钮🎇,出现【编辑爆炸】对话框。

① 创建爆炸视图步骤 1

a. 在【要爆炸的组件】组,激活【选择组件】选项,在绘图区选择 2 个"轴销"和 2 个"支座"。

b. 在【移动组件】组【爆炸类型】列表选择【手动】选项,激活【指定方位】选项,在绘图区拖动动态坐标系 ZC 轴,以拖拽方式对零部件进行定位。

c. 在【设置】组【爆炸名称】文本框输入默认的爆炸图名称"爆炸 1",用户亦可自定义爆炸视图名称,如图 6-22 所示。

完成以上设置,单击【应用】按钮,完成创建爆炸视图步骤 1。

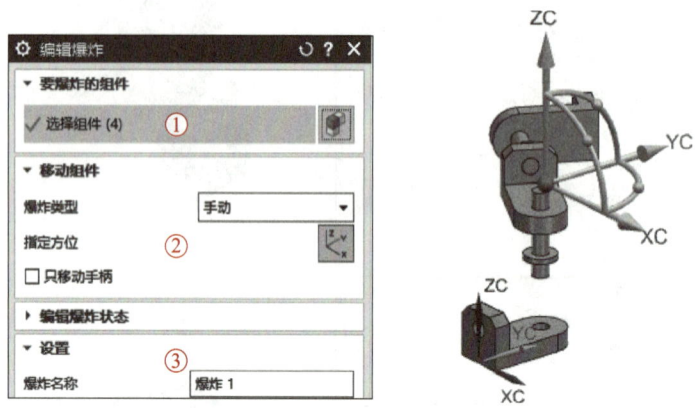

图 6-22　创建爆炸视图步骤 1

② 建立爆炸视图步骤 2

a. 在【要爆炸的组件】组,激活【选择组件】选项,在绘图区选择"轴销"和 2 个"支座"。

b. 在【移动组件】组【爆炸类型】列表选择【手动】选项,激活【指定方位】选项,在绘图区拖动动态坐标系 ZC 轴,以拖拽方式对零部件进行定位,如图 6-23 所示。

完成以上设置,单击【应用】按钮,完成创建爆炸视图步骤 2。

③ 创建爆炸视图步骤 3

a. 在【要爆炸的组件】组,激活【选择组件】选项,在绘图区选择"轴销"和"支座"。

b. 在【移动组件】组【爆炸类型】列表选择【手动】选项,激活【指定方位】选项,勾选【只移动手柄】复选框,在绘图区动态坐标系上单击【绕 ZC 轴旋转】控制钮,在【角度】文本框输入"60"。

c. 取消勾选【只移动手柄】复选框,在绘图区拖动动态坐标系 YC 轴,以拖拽方式对零部件进行定位,如图 6-24 所示。

完成以上设置,单击【应用】按钮,完成创建爆炸视图步骤 3。

④ 创建爆炸视图步骤 4

a. 在【要爆炸的组件】组,激活【选择组件】选项,在绘图区选择"支座"。

b. 在【移动组件】组【爆炸类型】列表选择【手动】选项,激活【指定方位】选项,在绘图区拖动动态坐标系 ZC 轴,以拖拽方式对零部件进行定位,如图 6-25 所示。

完成以上设置,单击【确定】按钮,完成创建爆炸视图步骤 4。

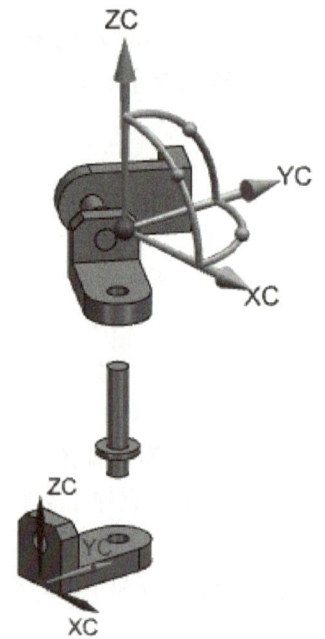

图 6-23　创建爆炸视图步骤 2

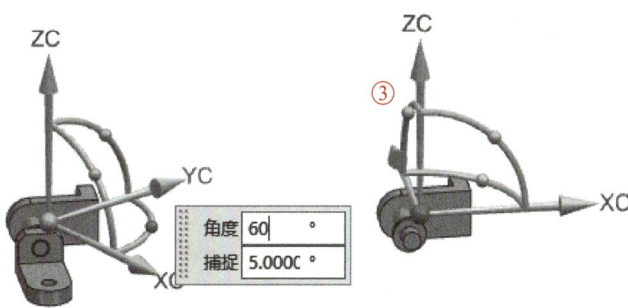

图 6-24　创建爆炸视图步骤 3

（2）创建追踪线

单击【创建追踪线】按钮 🎵，出现【追踪线】对话框。

① 在【起始】组，激活【指定点】选项，在绘图区选择起点，激活【指定矢量】选项，在绘图区选择矢量方向。

② 在【终止】组【终止对象】列表选择【点】选项，激活【指定点】选项，在绘图区选择终点，激活【指定矢量】选项，在绘图区选择矢量方向。

③ 在【路径】组，单击【备选解】按钮 ，确定追踪线，如图 6-26 所示。

完成以上设置，单击【确定】按钮，创建追踪线。

（3）隐藏爆炸视图

单击【在可见视图中隐藏爆炸】按钮 ，在可见视图中隐藏装配体爆炸视图，如图 6-27 所示。

（4）显示爆炸视图

单击【在工作视图中显示爆炸】按钮 ，在工作视图中显示装配体爆炸视图。

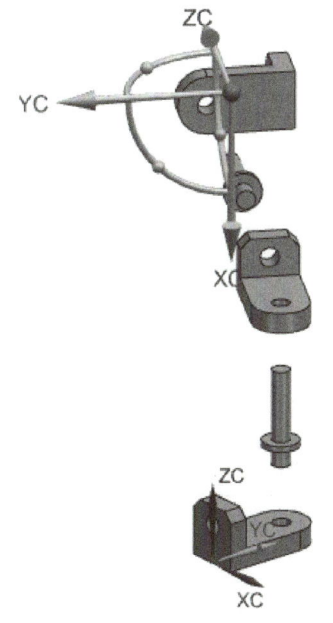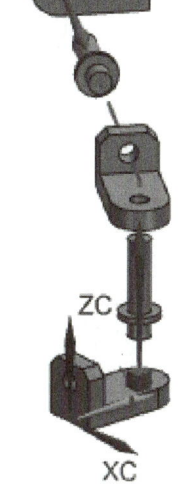

图 6-25　创建爆炸视图步骤 4　　　　**图 6-26　创建追踪线**

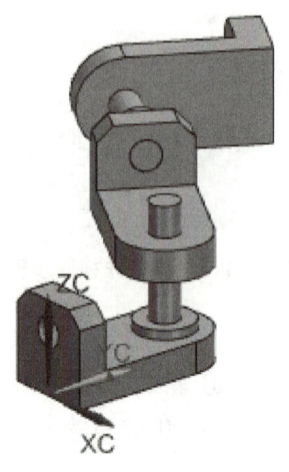

图 6-27 隐藏爆炸

【任务拓展】

创建装配体,如图 6-28 所示。

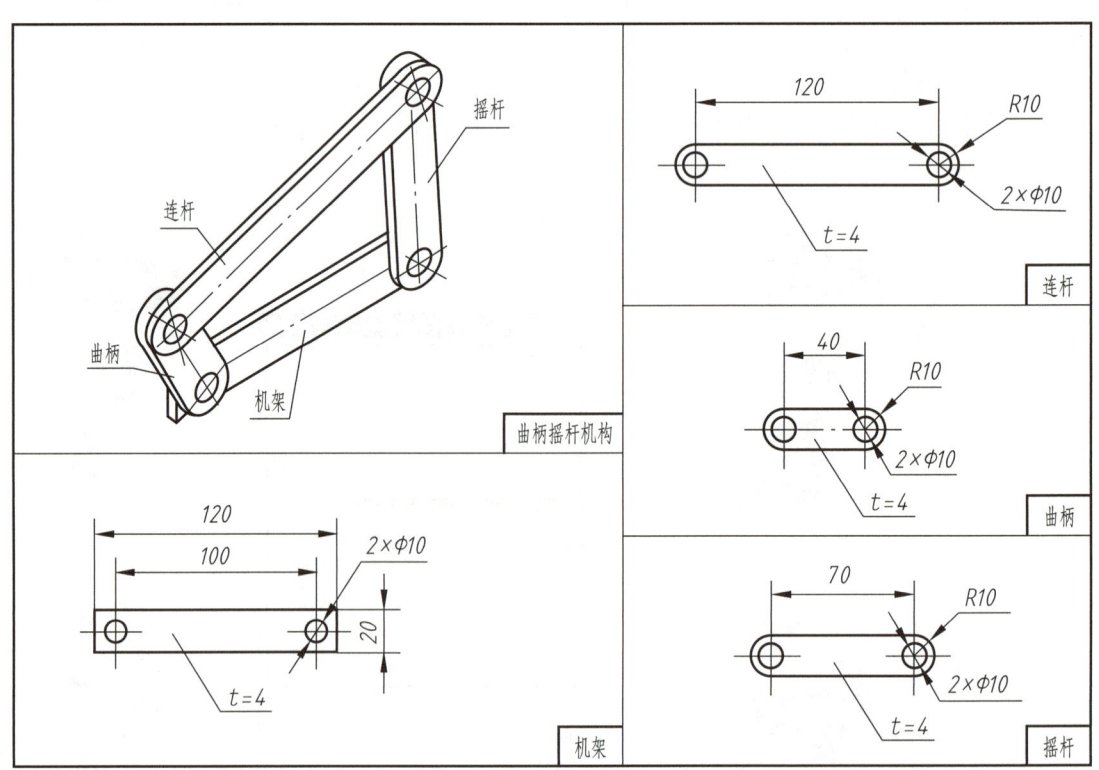

(a) 任务拓展1-曲柄连杆机构

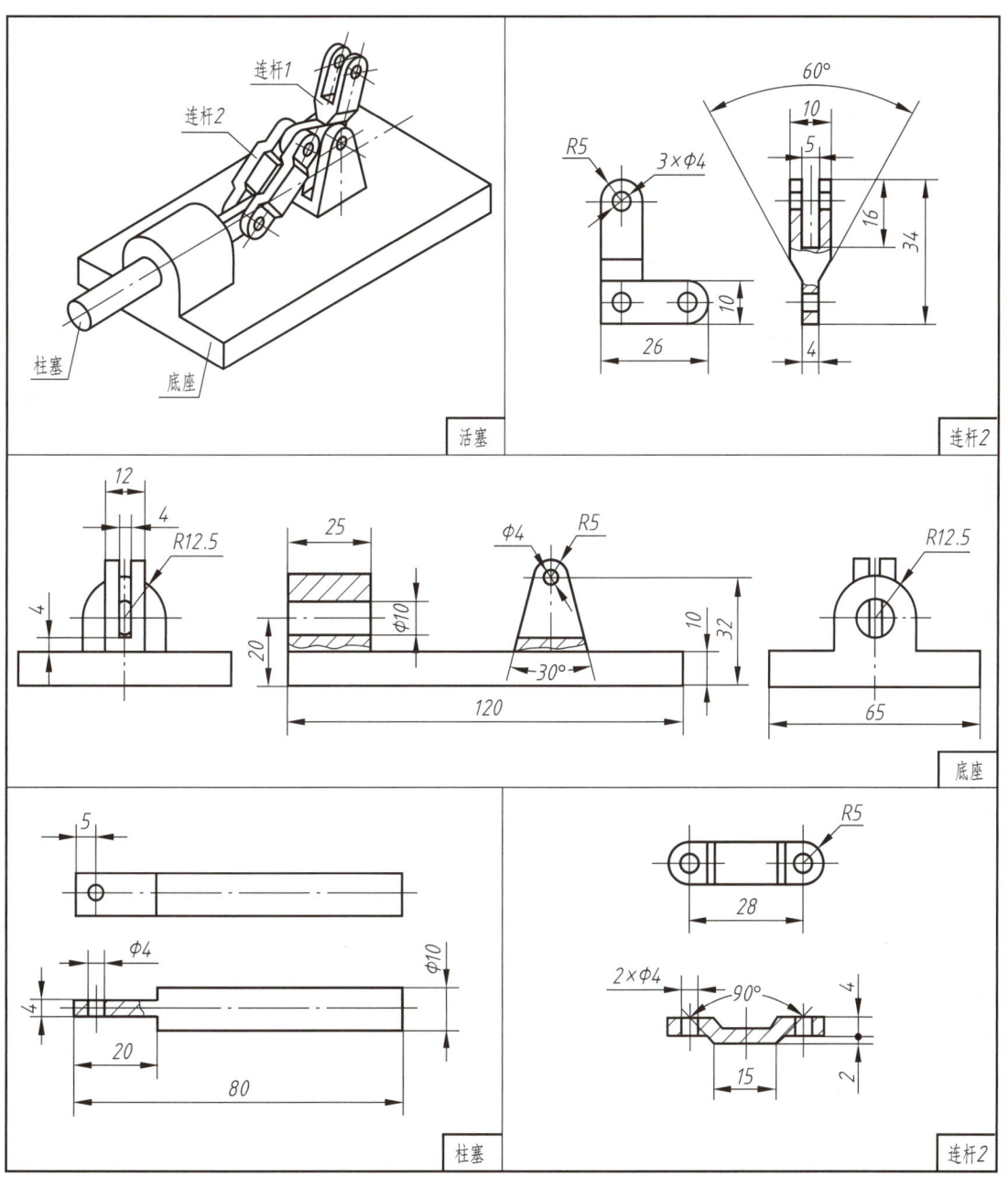

(b) 任务拓展2-建立活塞机构

图 6-28 创建简单装配任务拓展

课题 6.2 模型外形的表达——视图

微视频

课题6.2

【学习目标】

（1）熟悉构建工程图环境。

（2）掌握构建工程图流程。

（3）掌握创建基本视图、向视图、局部视图和斜视图的方法。

【工作任务】

完成压紧杆的视图表达方案，如图 6-29 所示。

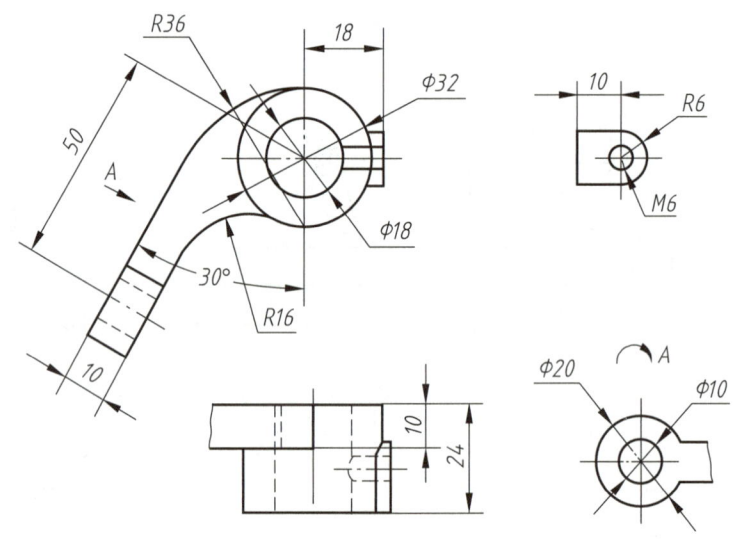

图 6-29 压紧杆的视图表达方案

【任务实施】

1. 新建工程图

选择【文件】|【新建】命令，出现【新建】对话框。

① 单击【图纸】选项卡。

② 在【模板】组【关系】列表选择【引用现有部件】选项，在【单位】列表选择【毫米】选项。

③ 在【要创建图纸的部件】组，单击【打开】按钮，出现【选择 CAD 源部件】对话框，单击【打开】按钮，出现【部件名】对话框，选择"压紧杆.prt"部件，单击【确定】按钮，返回【选择 CAD 源部件】对话框，单击【确定】按钮，返回【新建】对话框。

④ 在【模板】列表框中选定【A3- 无视图】模板。

⑤ 在【新文件名】组【名称】文本框输入"压紧杆 _dwg.prt"。

⑥ 在【文件夹】文本框输入"D：\NX-Study\ 模块 9\ 课题 1\"，如图 6-30 所示。

完成以上设置，单击【确定】按钮，进入制图环境。

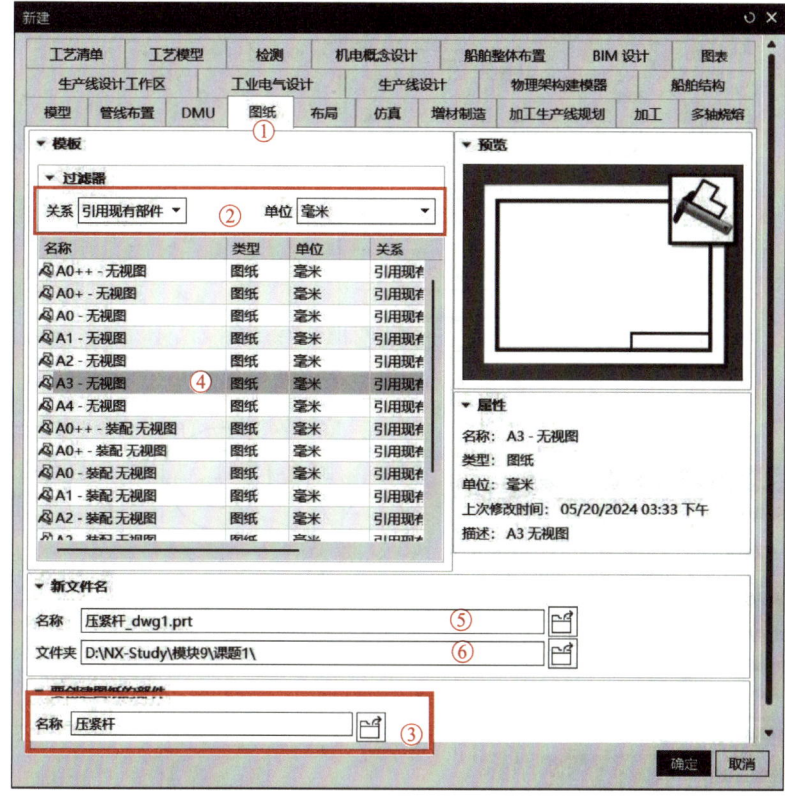

图 6-30 新建工程图

2. 添加基本视图

单击【主页】选项卡｜【视图】组｜【基本视图】按钮 🔩，出现【基本视图】对话框。

① 在【模型视图】组【要使用的模型视图】列表选择【右视图】选项。

② 在【比例】组【比例】列表选择【1：1】选项。

③ 在图纸区域左上角指定一点，添加【主视图】。

④ 向下垂直拖动鼠标，指定一点，添加【俯视图】，如图 6-31 所示。

完成以上设置，单击鼠标中键，添加基本视图。

3. 添加向视图

单击【主页】选项卡｜【视图】组｜【投影视图】按钮 ⬡，出现【投影视图】对话框。

① 在【父视图】组，激活【选择视图】选项，在绘图区选择主视图。

② 向左拖动鼠标，指定一点，添加【右视图】。

③ 选择右视图，将其拖到主视图的右边，即为向视图，如图 6-32 所示。

4. 创建右视图的局部视图

（1）选中右视图，单击【主页】选项卡｜【视图】组｜【更新视图】下拉菜单｜【视图边界】按钮 🖼，出现【视图边界】对话框。

① 选择【手工生成矩形】选项。

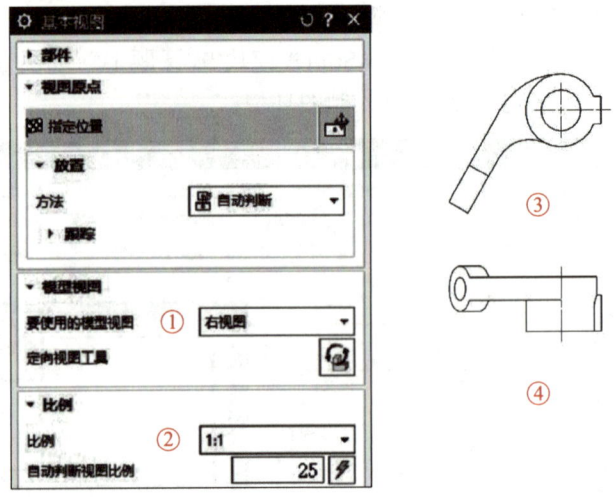

图 6-31　添加基本视图

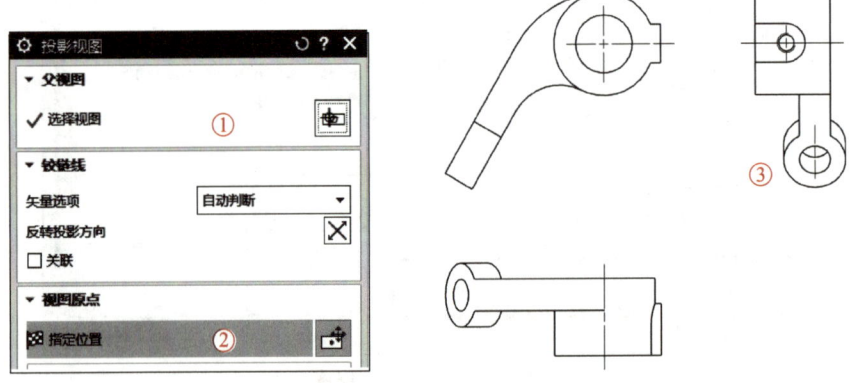

图 6-32　添加向视图

② 锚点位置选择螺纹孔中心。

③ 在右视图绘制矩形。

完成以上设置,单击【确定】按钮,创建局部视图,如图 6-33 所示。

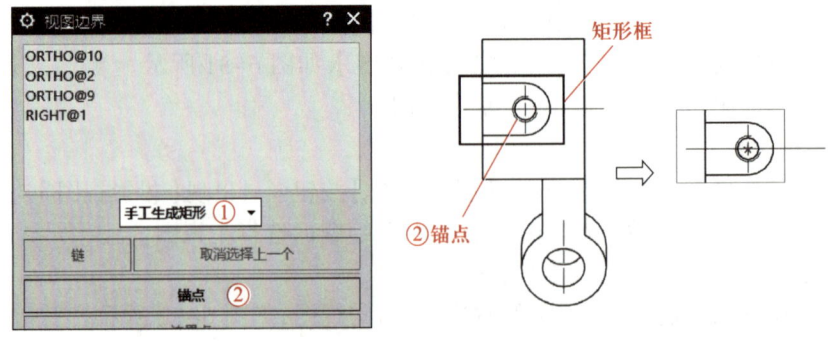

图 6-33　创建局部视图

（2）选中右视图,单击【主页】选项卡|【视图】组|【视图边界】下拉菜单|【视图相关编辑】按钮 ,出现【视图相关编辑】对话框。

单击【添加编辑】组｜【擦除对象】按钮 ⬚➕⬚，选中要擦除的线，单击鼠标中键，创建右视图的局部视图，如图 6-34 所示。

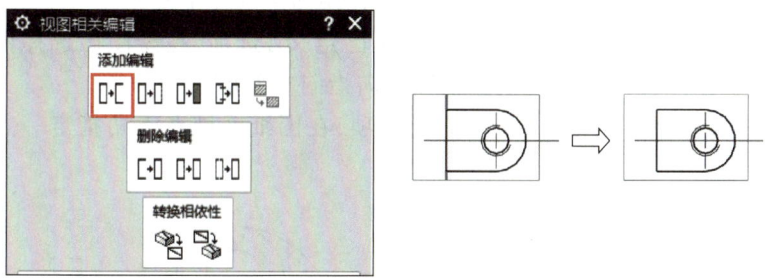

图 6-34　创建右视图的局部视图

5. 创建俯视图的局部视图

（1）在部件导航器中右键单击"俯视图"选择【活动草图视图】命令。

（2）单击【草图】选项卡｜【草图】组｜【样条】按钮 ╱，出现【艺术样条】对话框，在俯视图中绘制封闭曲线，如图 6-35 所示。单击【完成草图】按钮，退出草图绘制。

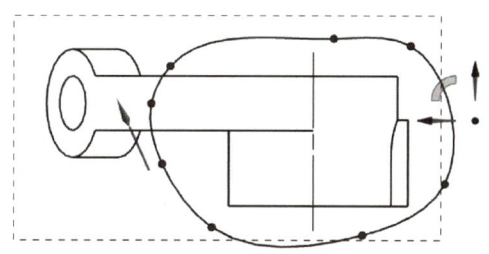

图 6-35　绘制封闭曲线

（3）选中俯视图，单击【主页】选项卡｜【视图】组｜【视图边界】下拉菜单｜【视图边界】按钮 ⬚，出现【视图边界】对话框。

① 选择【断裂线/局部放大图】选项。

② 设置锚点位置。

③ 选中封闭曲线，如图 6-36 所示。

完成以上设置，单击【确定】按钮，创建俯视图的局部视图。

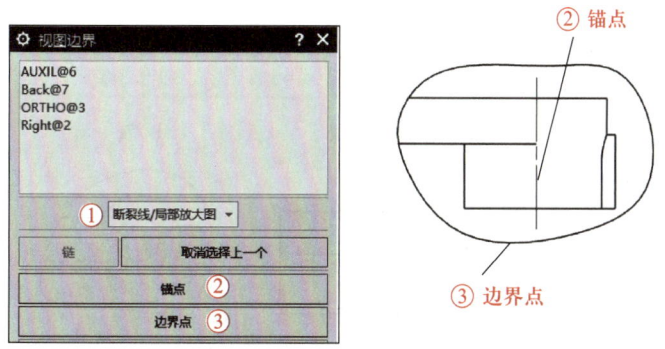

图 6-36　创建俯视图的局部视图

6. 创建斜视图

（1）单击【主页】选项卡｜【视图】组｜【投影视图】按钮 ✍，出现【投影视图】对话框。

① 在【父视图】组，激活【选择视图】选项，在绘图区选择主视图。

② 在【铰链线】组【矢量选项】列表选择【已定义】选项，在绘图区选择模型左侧直线，单击【反转投影方向】按钮 ⊠，反转视图投影方向指向右下角。

③ 在【视图原点】组，激活【指定位置】选项，在图纸区域右下角指定一点，添加投影图，如图6-37所示。

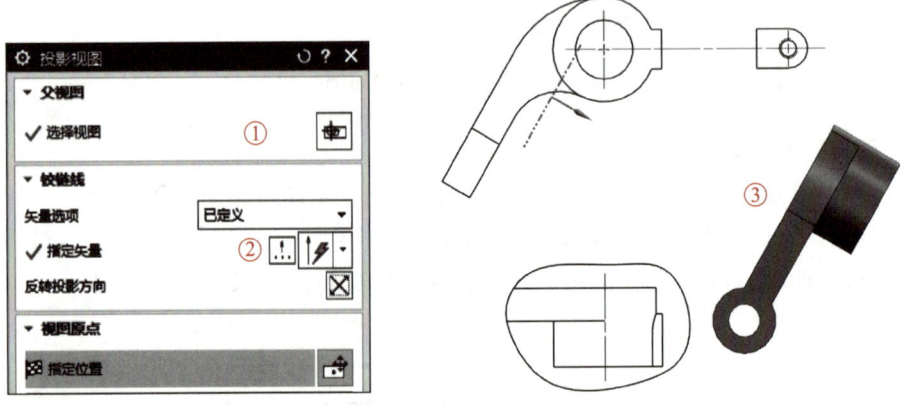

图6-37　添加投影视图

（2）对齐斜视图

右键单击斜视图边界选择【设置】按钮，出现【设置】对话框。

展开【公共】｜【角度】，右侧出现【角度】组，在【角度】文本框输入"-60"，如图6-38所示。完成设置，单击【确定】按钮，对齐斜视图。

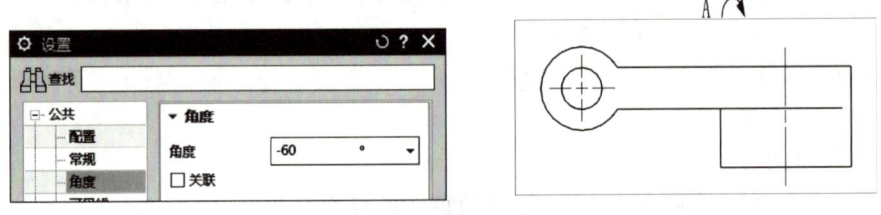

图6-38　对齐斜视图

（3）创建局部视图，如图6-39所示。

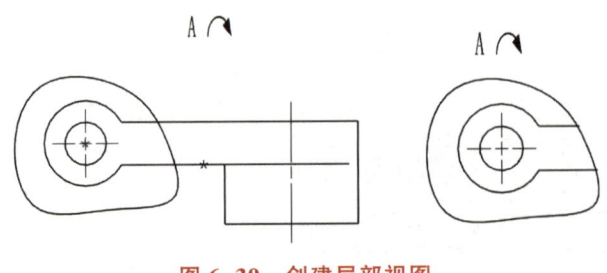

图6-39　创建局部视图

7. 存盘

选择【文件】|【保存】命令，保存文件。

【任务拓展】

创建工程图，如图 6-40 所示。

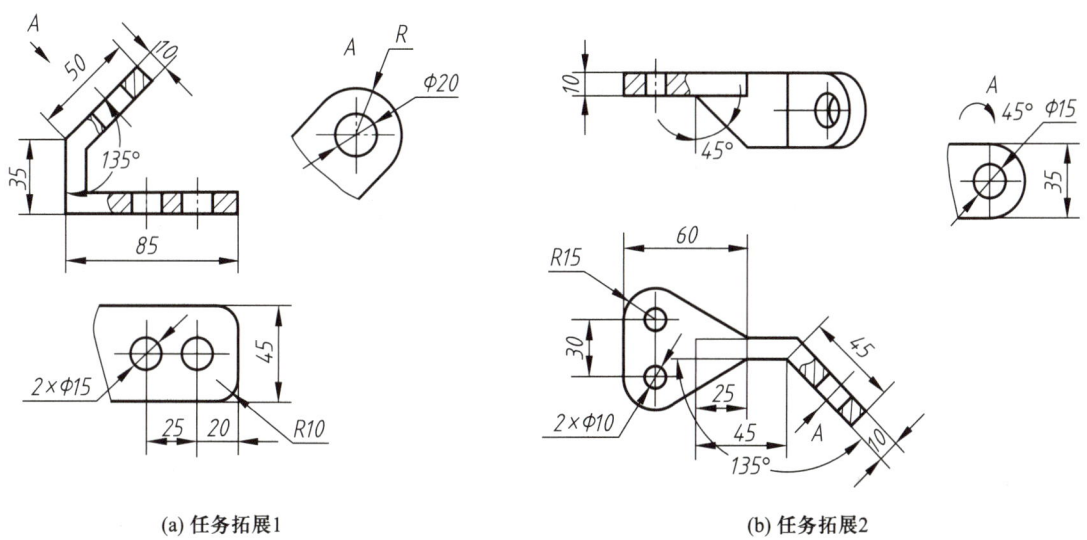

(a) 任务拓展1   (b) 任务拓展2

图 6-40 模型外形的表达——视图任务拓展

课题 6.3 模型内形的表达——剖视图

【学习目标】

掌握创建全剖视图、半剖视图和局部剖视图的方法。

微视频

课题6.3

【工作任务】

完成底座的视图表达方案，如图 6-41 所示。

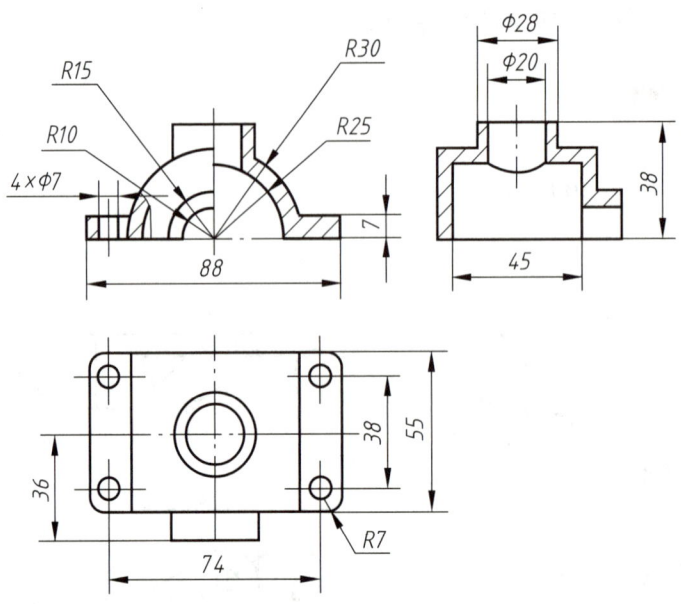

图 6-41　底座的视图表达方案

【任务实施】

1. 新建文件
新建文件并保存为"剖视图 .prt",完成零件绘制并保存。

2. 新建工程图
新建工程图并保存为"剖视图 _dwg.prt"

3. 添加基本视图
（1）单击【主页】选项卡 |【视图】组 |【基本视图】按钮 🔩,出现【基本视图】对话框。

① 在【模型视图】组【要使用的模型视图】列表选择【右视图】选项。

② 在【比例】组【比例】列表选择【1∶1】选项。

③ 在图纸区域左上角指定一点,添加【主视图】。

④ 向下垂直拖动鼠标,指定一点,添加【俯视图】,如图 6-42 所示。

完成以上设置,单击鼠标中键,添加基本视图。

（2）选中主视图,单击 Delete 键,删除主视图。

4. 创建半剖视图
单击【主页】|【视图】组 |【剖视图】按钮 📐,出现【剖视图】对话框。

① 在【剖切线】组【定义】列表选择【动态】选项,在【方法】列表选择【半剖】选项。

② 移动鼠标到视图,捕捉轮廓线圆心点,定义剖切位置,如图 6-43 所示。

③ 将鼠标移动到视图,捕捉半剖位置轮廓线中点,定义折弯线位置,如图 6-44 所示。

④ 移动鼠标到指定位置,确定剖视图的中心,如图 6-45 所示。

⑤ 单击鼠标,创建半剖视图,如图 6-46 所示。

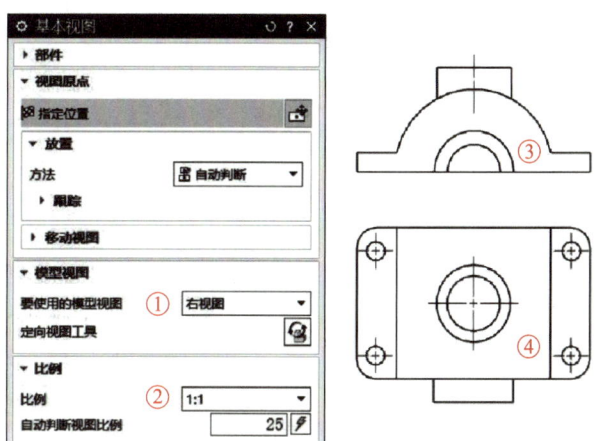

图 6-42　添加基本视图

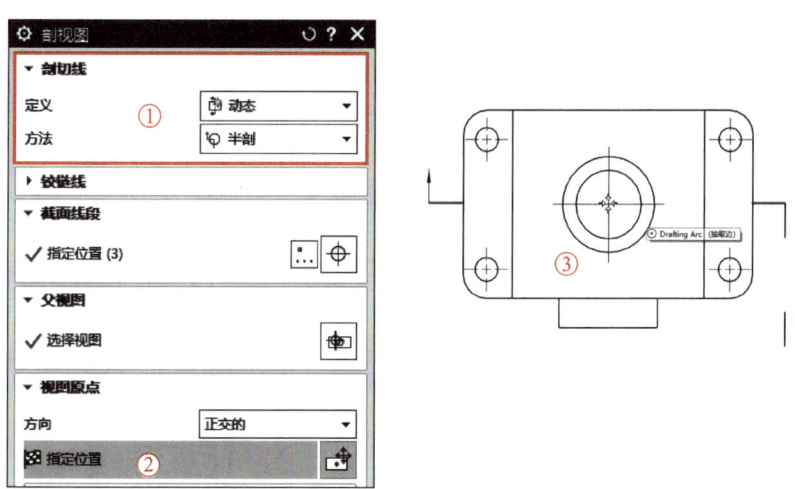

图 6-43　定义剖切位置

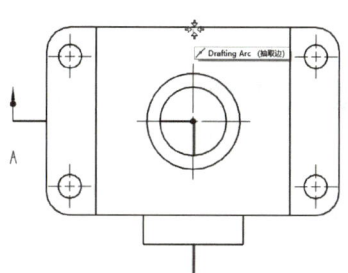

图 6-44　定义折弯线位置

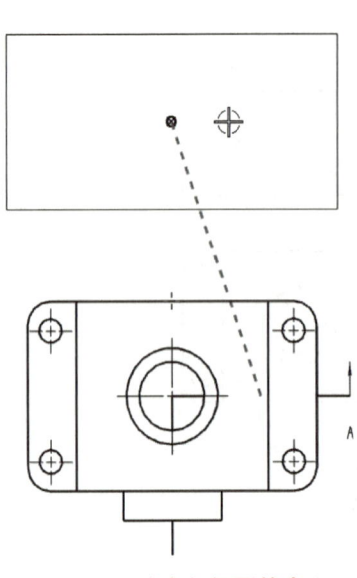

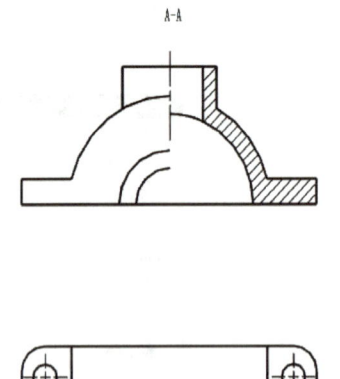

图 6-45　确定剖视图的中心

图 6-46　创建半剖视图

5．创建局部剖视图

（1）右键单击"主视图"选择【活动草图视图】命令。

（2）单击【草图】选项卡｜【草图】组｜【样条】按钮 ╱，出现【艺术样条】对话框，在主视图中绘制封闭曲线，如图 6-47 所示。单击【完成草图】按钮，退出草图绘制。

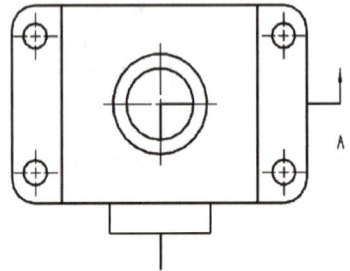

（3）单击【主页】选项卡｜【视图】组｜【局部剖视图】按钮，出现【局部剖】对话框。

① 选择主视图作为生成局部视图的视图。

② 在俯视图选择基点，如图 6-48 所示。

图 6-47　绘制封闭曲线

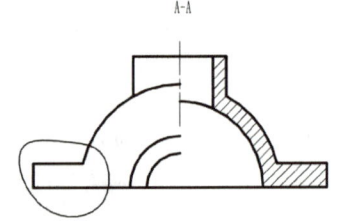

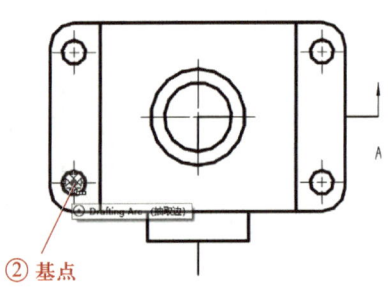

图 6-48　选择基点

③ 定义拉伸矢量,确定矢量方向,如图 6-49 所示。

说明:单击【矢量反向】按钮 矢量反向 ,可以调整拉伸矢量方向。

④ 在绘图区选择截断线,如图 6-50 所示。

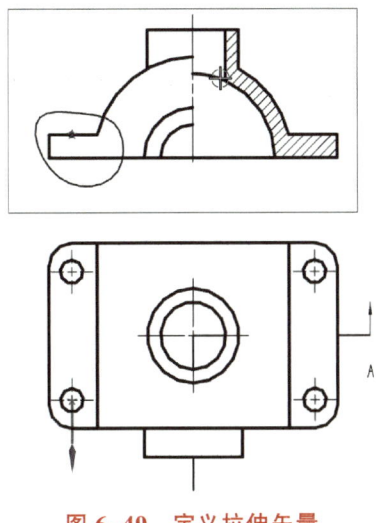

图 6-49　定义拉伸矢量

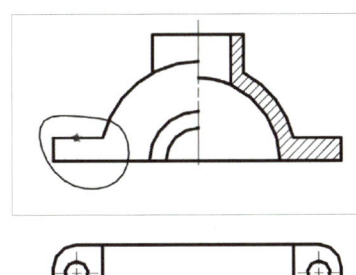
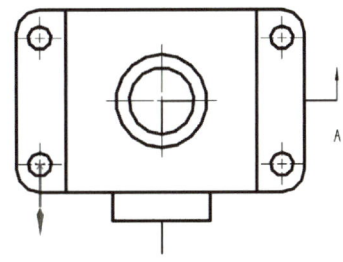

图 6-50　选择截断线

⑤ 单击鼠标中键,创建局部剖视图,如图 6-51 所示。

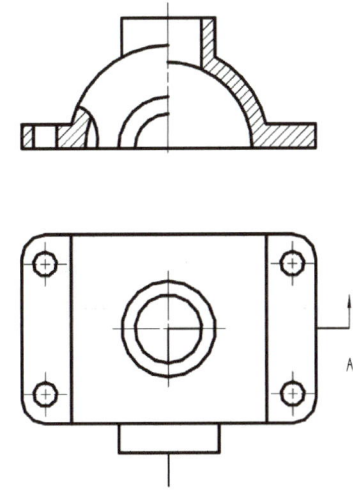

图 6-51　创建局部剖视图

6. 创建全剖视图

单击【主页】选项卡|【视图】组|【剖视图】按钮 ,出现【剖视图】对话框。

① 在【剖切线】组【定义】列表选择【动态】选项,在【方法】列表选择【简单剖 / 阶梯剖】选项。

② 移动鼠标到视图,捕捉轮廓线中点,定义剖切位置,如图 6-52 所示。

③ 移动鼠标到指定位置,确定剖视图的中心,如图 6-53 所示。

④ 单击鼠标中键,创建全剖视图,如图 6-54 所示。

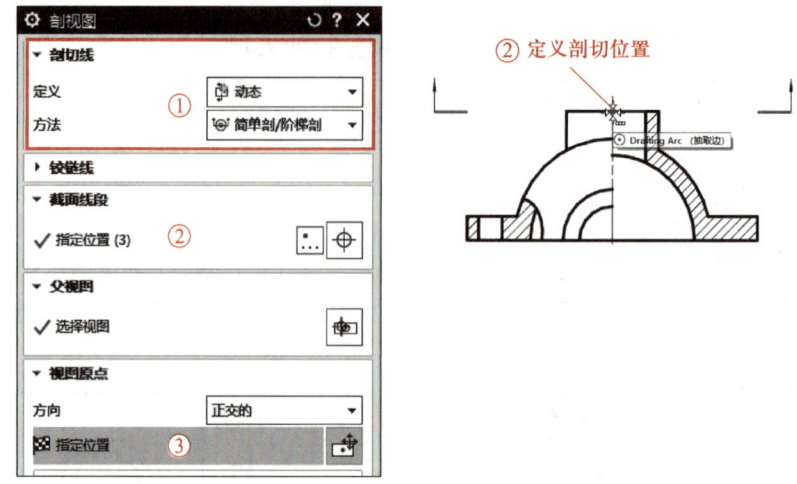

图 6-52 定义剖切位置

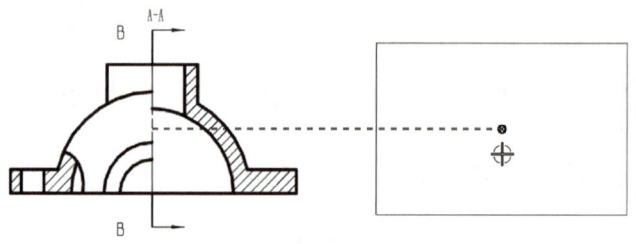

图 6-53 移动鼠标到指定位置

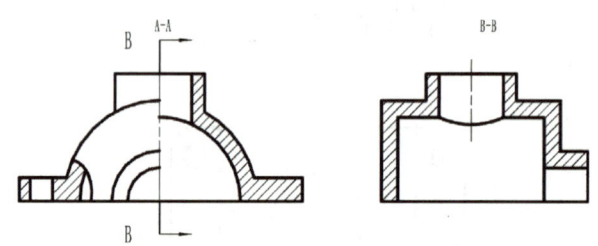

图 6-54 创建全剖视图

7. 创建轴测半剖视图

单击【主页】选项卡│【视图】组│【剖视图】按钮 ▨，出现【剖视图】对话框。

① ~ ④ 同创建半剖视图。

⑤ 将鼠标移动到指定位置，右键单击，选择【剖视图工具】命令，出现【剖视图工具】对话框和【剖视图】预览对话框。

a. 在【预览显示】组【显示】列表选择【剖切】选项。

b. 在【方向】组，勾选【使用预览窗口中的方向】复选框，如图 6-55 所示。

⑥ 移动到指定位置，单击鼠标中键，创建轴测半剖视图，如图 6-56 所示。

8. 存盘

选择【文件】│【保存】命令，保存文件。

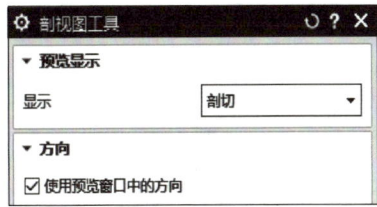

图 6-55 剖视图预览

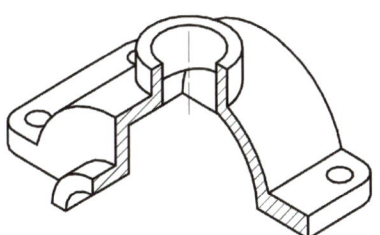

图 6-56 创建轴测半剖视图

【任务拓展】

创建工程图，如图 6-57 所示。

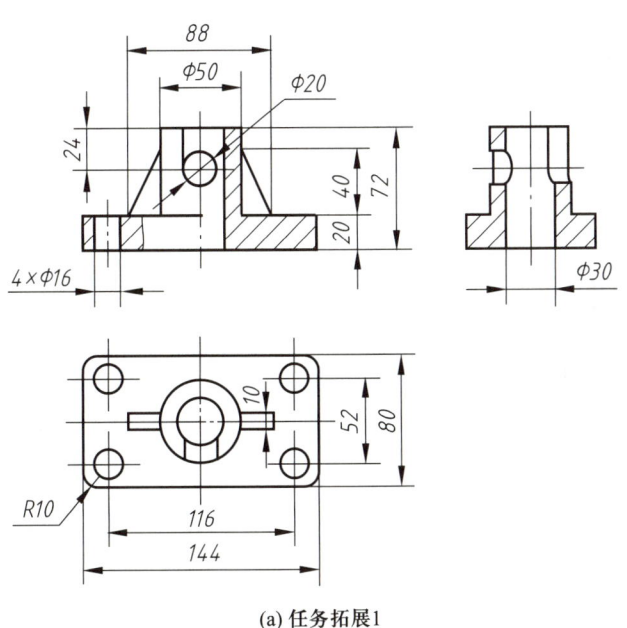

(a) 任务拓展1

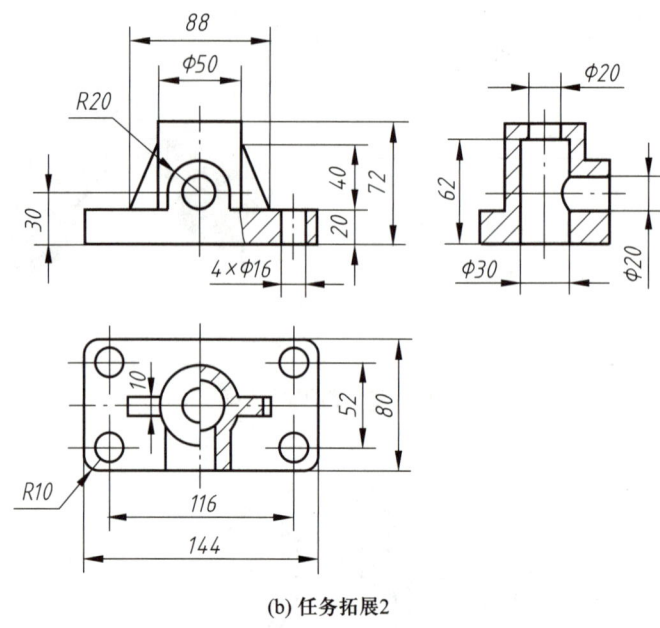

(b) 任务拓展2

图 6-57 模型内形的表达——剖视图任务拓展

课题 6.4 创建零件工程图

微视频

课题6.4

【学习目标】

（1）掌握创建移出断面视图和局部放大视图的方法。
（2）掌握创建中心线的方法。
（3）掌握标注尺寸公差、表面结构、几何公差和技术要求的方法。
（4）掌握零件标题栏填写的方法。

【工作任务】

创建轴零件工程图，如图6-58所示。

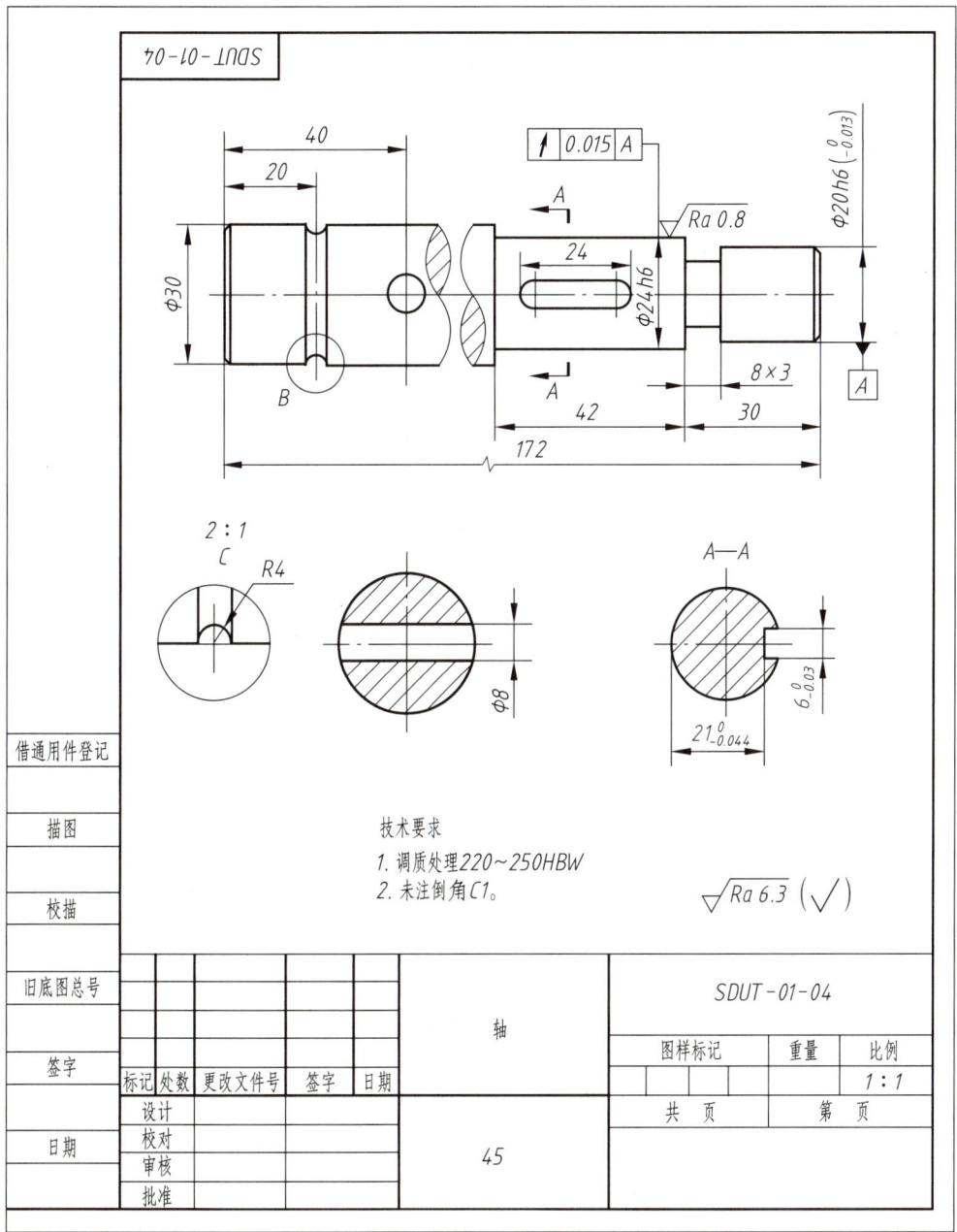

图 6-58　轴零件工程图

【任务实施】

1. 新建文件

新建文件并保存为"零件图 – 轴 .prt",创建零件模型。

2. 创建属性值

选择【文件】菜单│【属性】命令,出现【显示部件属性】对话框。

① 在【属性】选项卡【部件属性】组,在列表中选择【DB_PART_NAME】,在对应【值】文本框输入"轴",回车确认。

② 选择【DB_PART_NO】,在对应【值】文本框输入"SDUT-01-004",回车确认。

③ 在【标题/别名】文本框输入"材料",在【值】文本框输入"45",回车确认,如图6-59所示。

完成以上设置,单击【确定】按钮,创建属性值。

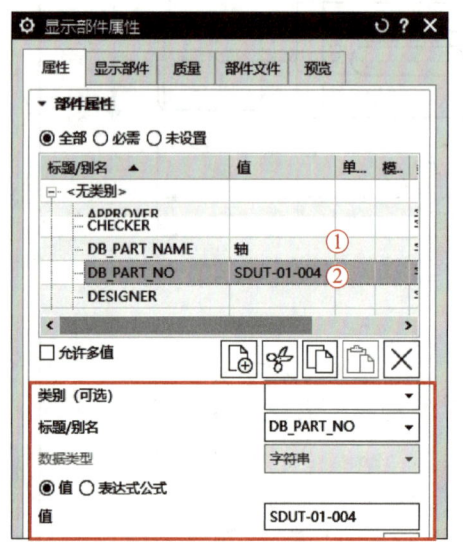
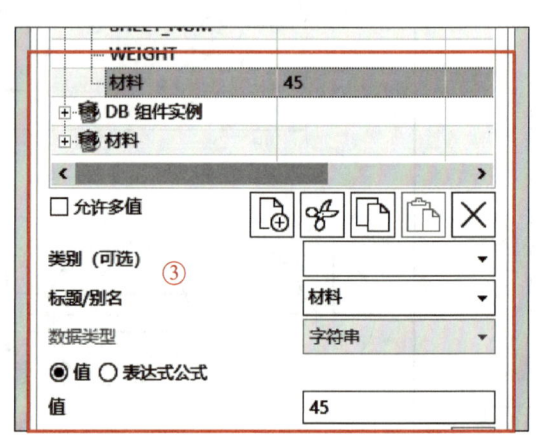

图 6-59 创建属性值

3. 新建工程图

新建工程图并保存为"零件图 – 轴 _dwg.prt",进入制图环境。

4. 添加基本视图 – 主视图

单击【主页】选项卡|【视图】组|【基本视图】按钮,出现【基本视图】对话框。

① 在【模型视图】组【要使用的模型视图】列表选择【右视图】选项。

② 在【比例】组【比例】列表选择【1∶1】选项。

③ 在图纸区域左上角指定一点,添加【主视图】,如图6-60所示。

完成以上设置,单击鼠标中键,添加基本视图。

图 6-60 添加基本视图

5. 创建断开视图

单击【主页】选项卡|【视图】组|【断开视图】按钮,出现【断开视图】对话框。

① 在【类型】列表选择【常规】选项。

② 在【主模型视图】组,激活【选择视图】,选择视图。

③ 在【断裂线 1】组,激活【指定锚点】,选择断裂线 1 锚点。

④ 在【断裂线 2】组,激活【指定锚点】,选择断裂线 2 锚点。

💡 提示）保证【对齐选项】按钮 ⊕ 激活,并且【曲线上的点】按钮 ✓ 处于激活状态。

⑤ 在【设置】组【样式】列表选择【实心杆状线】选项 ▱▬▼,如图 6-61 所示。

完成以上设置,单击鼠标中键,创建断开视图。

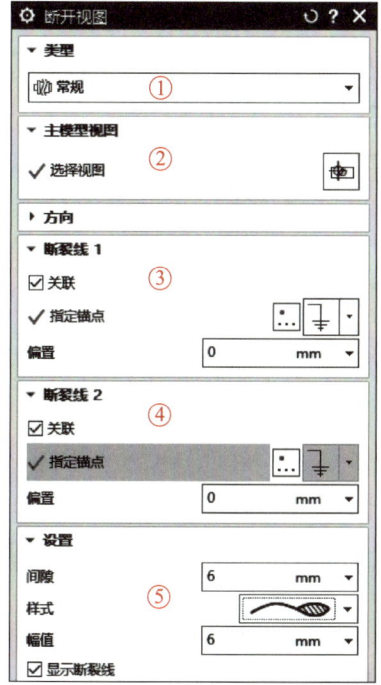
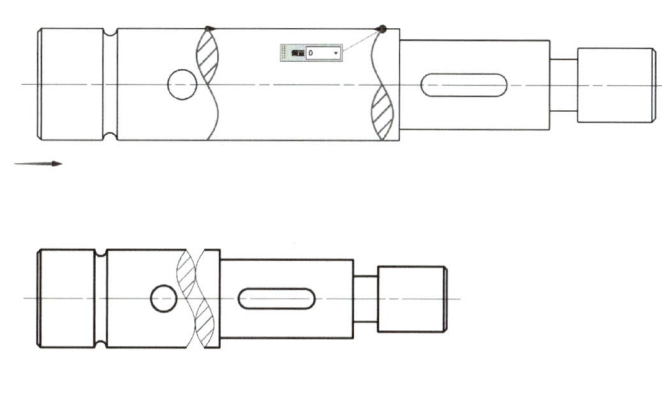

图 6-61　创建断开视图

6. 创建立移出断面视图 1

（1）单击【主页】选项卡│【视图】组│【剖视图】按钮 ▨,出现【剖视图】对话框。

① 在【剖切线】组【定义】列表选择【动态】选项,在【方法】列表选择【简单剖 / 阶梯剖】选项。

② 将鼠标移动到视图,捕捉轮廓线中点,定义剖切位置。

移动鼠标到指定位置,确定剖视图的中心,单击鼠标,创建全剖视图,如图 6-62 所示。

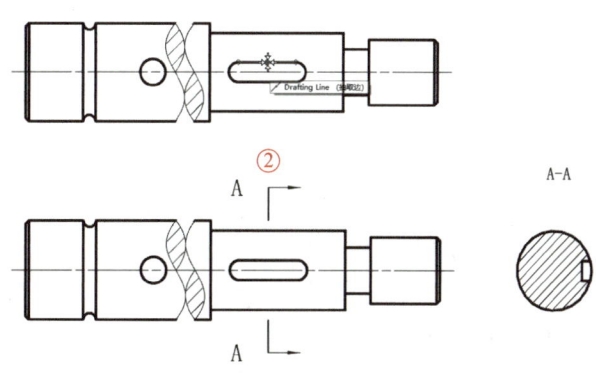

图 6-62　创建全剖视图

（2）双击剖面视图边界，出现【设置】对话框。

① 展开【截面】|【设置】，右侧出现【格式】组，取消【显示背景】复选框，完成设置，单击【确定】按钮。

② 移动剖面视图【A–A】位置，如图 6-63 所示。

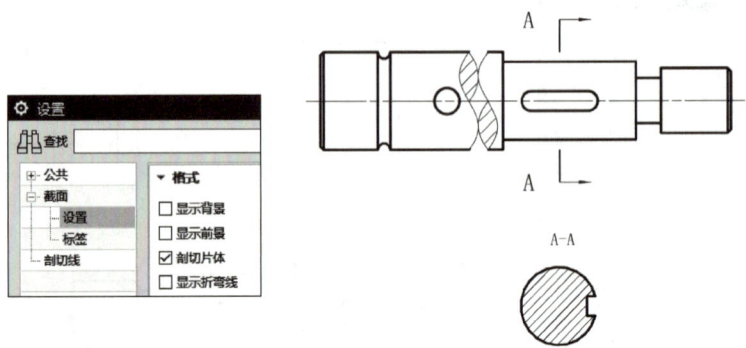

图 6-63　创建移出断面视图 1

7. 创建移出断面视图 2

单击【主页】选项卡|【视图】组|【剖视图】按钮，出现【剖视图】对话框。

① 在【剖切线】组【定义】列表选择【动态】选项，在【方法】列表选择【简单剖 / 阶梯剖】选项。

② 移动鼠标到视图，捕捉轮廓线中心点，定义剖切位置。

③ 移动鼠标到指定位置，确定剖视图的中心，单击鼠标，创建全剖视图。

④ 移动剖面视图【B–B】到键槽下方合适位置，如图 6-64 所示。

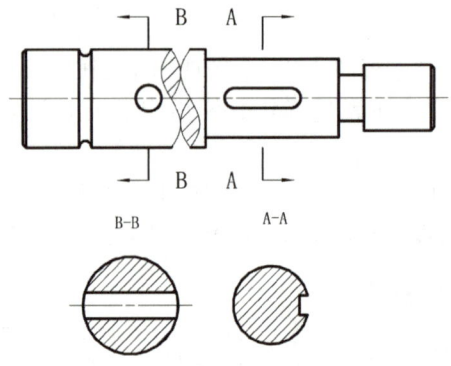

图 6-64　创建移出断面视图 2

8. 创建局部放大视图

单击【主页】选项卡|【视图】组|【局部放大图】按钮，出现【局部放大图】对话框。

① 在【类型】列表选择【圆形】选项。

② 在【边界】组激活【指定中心点】，在左侧沟槽下端中心位置拾取圆心，激活【指定边界点】，拖动光标，在适当的大小拾取半径。

③ 在【比例】组【比例】列表选择【2：1】选项。

④ 在左侧沟槽正下方放置局部放大图，如图 6-65 所示。

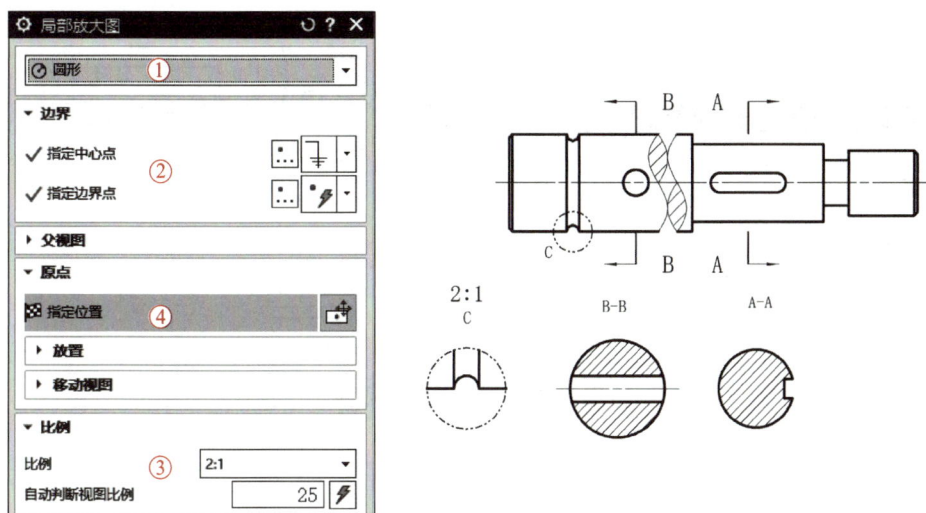

图 6-65　创建局部放大视图

完成以上设置,单击鼠标中键,创建局部放大视图。

9. 创建中心标记

(1)单击【主页】选项卡|【注释】组|【中心标记】按钮 ⊕,出现【中心标记】对话框,在视图上选择圆。完成设置单击【确定】按钮,创建中心标记。

(2)创建其他中心标记,如图 6-66 所示。

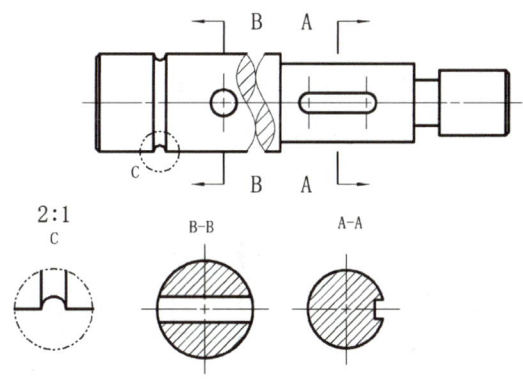

图 6-66　创建中心标记

10. 创建 2D 中心线

(1)单击【主页】选项卡|【注释】组|【中心标记】下拉菜单|【2D 中心线】按钮 ⊕,出现【2D 中心线】对话框,在【类型】列表选择【基于曲线】选项,分别在各视图中选择关于要确定中心线对称的两条边线,完成设置,单击【确定】按钮。

(2)创建其他 2D 中心线,如图 6-67 所示。

11. 标注尺寸

(1)标注水平尺寸

单击【主页】选项卡|【尺寸】组|【快速】按钮 ⚡,出现【快速尺寸】对话框,在【测量】组【方法】列表选择【自动判断】选项,标注水平尺寸,如图 6-68 所示。

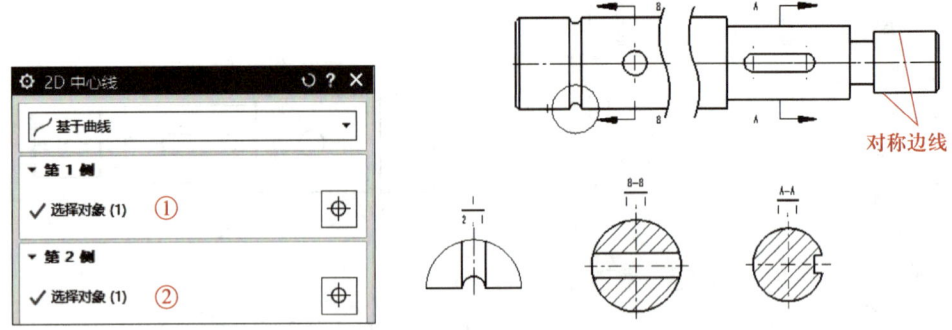

图 6-67　创建 2D 中心线

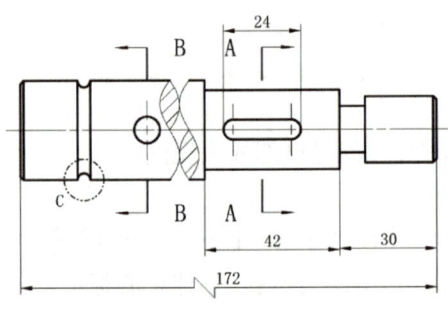

图 6-68　标注水平尺寸

（2）标注圆柱直径尺寸

单击【主页】选项卡 |【尺寸】组 |【快速】按钮 ⚡，出现【快速尺寸】对话框，在【测量】组【方法】列表选择【圆柱式】选项，标注圆柱直径尺寸，如图 6-69 所示。

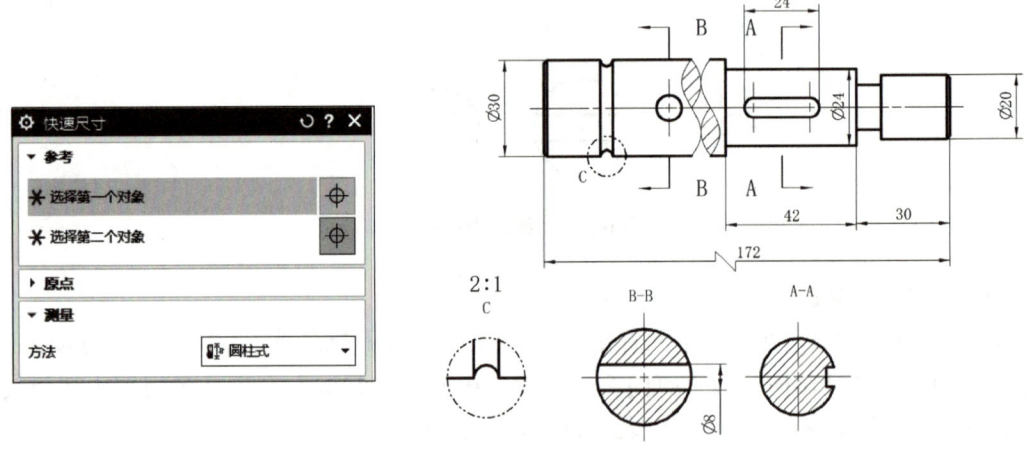

图 6-69　标注圆柱直径尺寸

（3）标注半径尺寸

单击【主页】选项卡 |【尺寸】组 |【快速】按钮 ⚡，出现【快速尺寸】对话框，在【测量】组【方法】列表选择【径向】选项，标注半径尺寸，如图 6-70 所示。

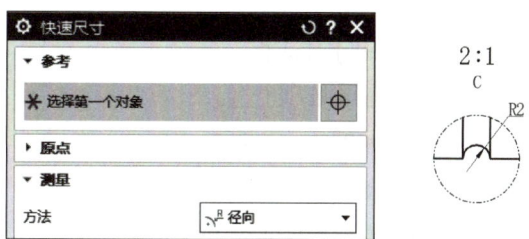

图 6-70 标注半径尺寸

（4）标注定位尺寸

单击【主页】选项卡｜【尺寸】组｜【快速】按钮 ⚡，标注定位尺寸，如图 6-71 所示。

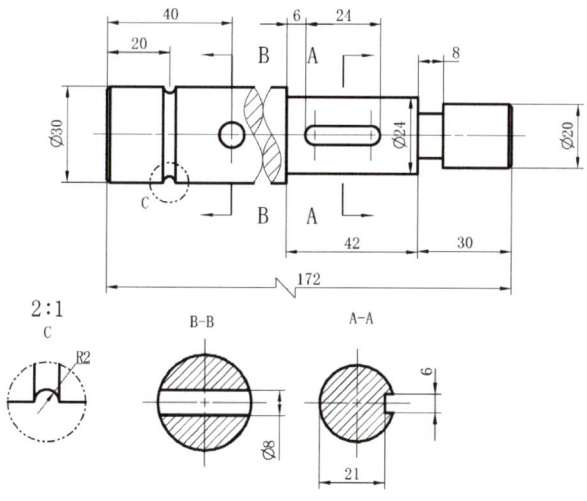

图 6-71 标注定位尺寸

💡 提示 关于设置标注尺寸方位

在尺寸编辑状态，用右键单击尺寸选择【设置】命令，出现【设置】对话框。

① 展开【文本】｜【方向和位置】，右侧出现【方向和定位】组。

② 在【方向和定位】组【方位】列表选择【水平文本】。

③ 在【位置】列表选择【文在短划线上方】，如图 6-72 所示。

完成以上设置，单击【关闭】按钮，设置标注尺寸方位。

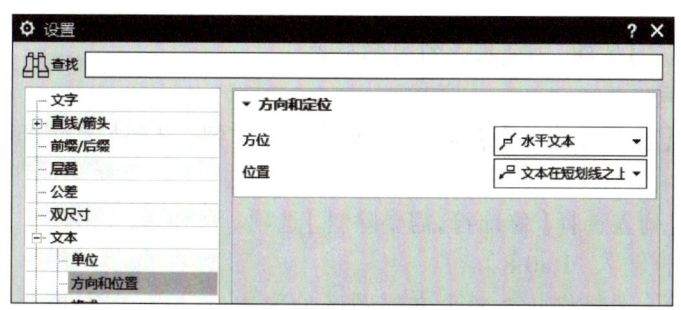
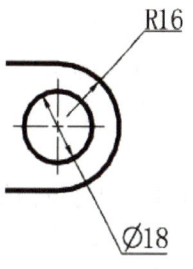

图 6-72 设置标注尺寸方位

12. 创建拟合符号和公差

（1）双击 21 尺寸，出现【尺寸编辑】对话框。

① 设置公差形式，选择【双向公差】选项 ⁑▾ 。

② 输入上下偏差 "$^{0}_{-0.044}$" $\boxed{^{0.000000c}_{-0.044000}}$，如图 6-73 所示。

完成以上设置，单击鼠标中键，创建尺寸公差。

③ 同样操作，创建键槽宽度尺寸公差 6，如图 6-74 所示。

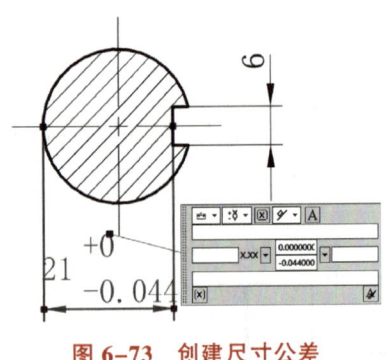

图 6-73 创建尺寸公差   图 6-74 创建键槽宽度尺寸公差

④ 双击退刀槽尺寸 8，出现【尺寸编辑】对话框。在尺寸后添加文本框输入 "×3"，如图 6-75 所示。

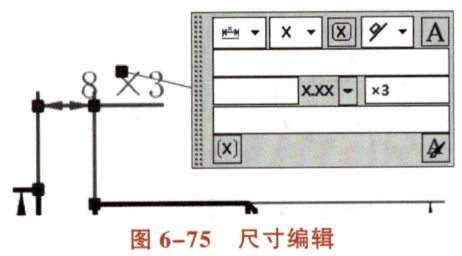

图 6-75 尺寸编辑

（2）单击【GC 工具箱】选项卡 |【维度】组 |【更多】下拉菜单 |【公差配合优先级表】按钮 🔧，出现【公差配合优先级表】对话框。

① 在【注释】组中激活【选择尺寸】，选择 φ20 尺寸。

② 在【公差配合优先级表】组【公差配合表类型】列表选择【基轴制】选项。

③ 在公差表中单击 "*h6"。

④ 在【注释】组【拟合公差样式】列表选择【带公差配合符号】选项 $\boxed{10H7^{\text{0.015}}_{6} ▾}$，如图 6-76 所示。

完成以上设置，单击【确定】按钮，创建拟合符号和公差。

13. 创建表面粗糙度符号

单击【主页】选项卡 |【注释】组 |【表面粗糙度符号】按钮，出现【表面粗糙度】对话框。

① 在【属性】组【除料】列表选择【修饰符，需要除料】选项。

② 在【切除（f1）】文本框输入 "Ra0.8"。

③ 在【指引线】组，激活【选择终止对象】，在绘图区拾取边上一点，向左拖动到合适位置，单击鼠标左键创建表面粗糙度符号，如图 6-77 所示。

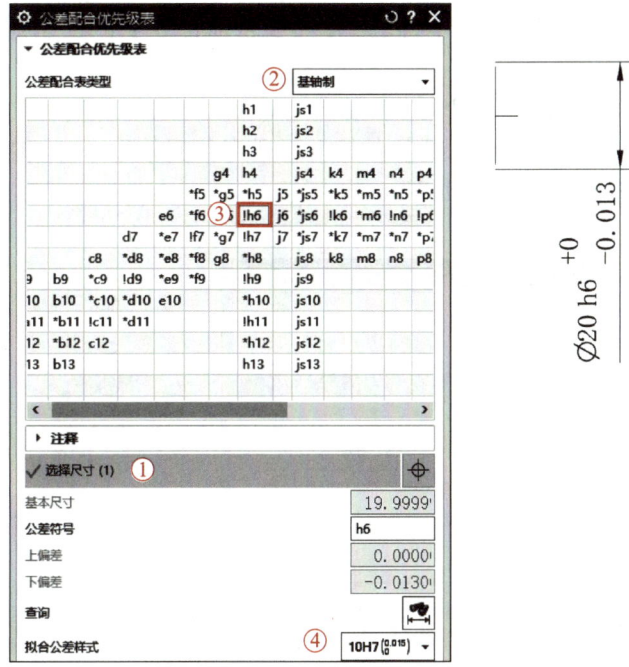

图 6-76　创建拟合符号公差

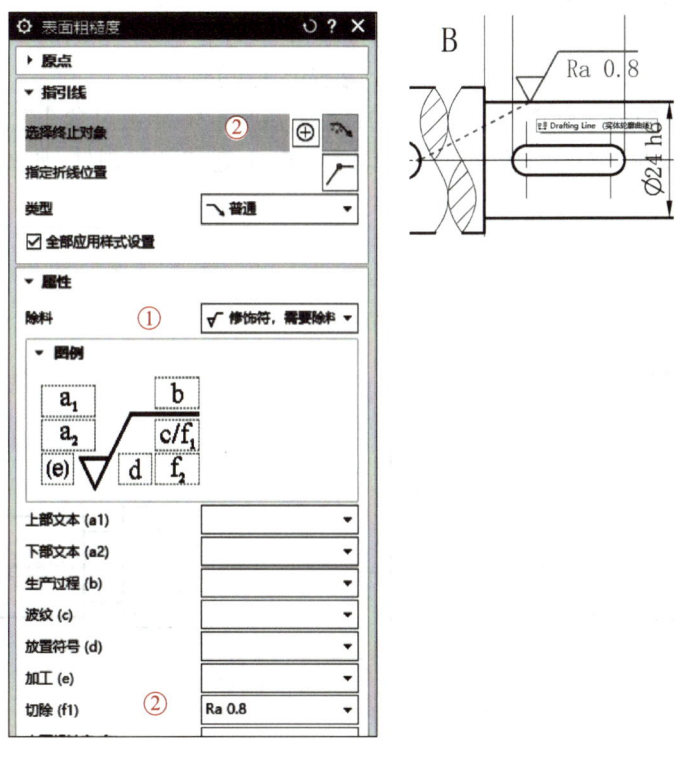

图 6-77　创建表面粗糙度符号

14. 创建几何公差符号

（1）单击【主页】选项卡│【注释】组│【基准特征符号】按钮 🔼，出现【基准特征符号】对话框。

① 在【基准标识符】组【字母】文本框输入"A"；

② 在【原点】组，激活【指定位置】，在其上面适当位置拾取一点，向右拖动到合适位置，单击鼠标左键，创建基准特征符号，如图 6-78 所示。

图 6-78　创建基准特征符号

（2）单击【主页】选项卡│【注释】组│【特征控制框】按钮 ⌐，出现【特征控制框】选项卡和【特征控制框】对话框。

① 在【特征控制框】选项卡│【特性】组选取【圆跳动】选项 ↗。

② 在【公差】组【公差】列表选取【Φ】选项，在文本框输入"0.015"。

③ 在【基准参考】组【第一基准参考】列表选取【A】选项。

④ 在【特征控制框】对话框【指引线】组，激活【选择终止对象】选项，在绘图区选择Φ24 尺寸箭头，向上拖动到合适位置，单击鼠标左键，创建特征控制框，如图 6-79 所示。

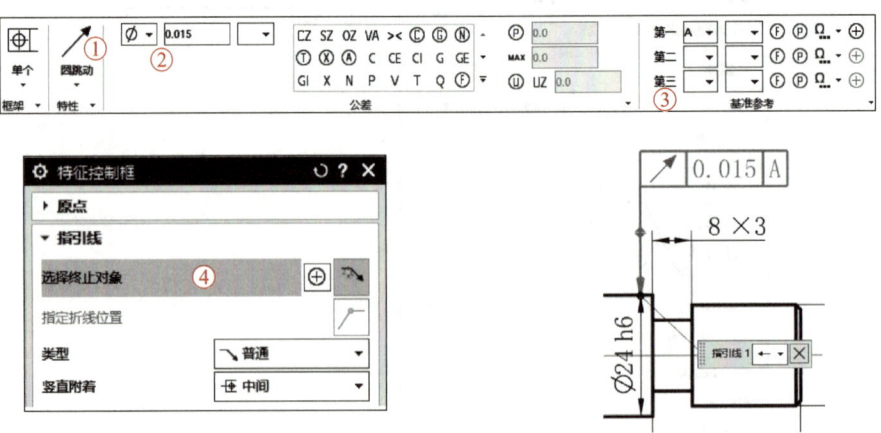

图 6-79　创建特征控制框

15. 创建技术要求

单击【GC 工具箱】选项卡│【注释】组│【更多】下拉菜单│【技术要求库】按钮 ▭，出现【技术要求】对话框。

① 在【原点】组,激活【指定位置】,在适当位置拾取一点作为指定位置,拾取另一点作为指定终点。

② 在【文本输入】组【从已有文本输入】文本框选择类似的条目,更改输入为:

技术要求

调制处理 220～250HBW。

未注倒角 C1。

单击鼠标左键,创建技术要求,如图 6-80 所示。

图 6-80 创建技术要求

16. 填写标题栏

(1)单击【GC 工具箱】选项卡 |【标准化工具】组 |【属性工具】按钮 ,出现【属性工具】对话框。

① 在【属性同步】选项卡【同步方式】组选择【主模型到图纸】选项,如图 6-81 所示。完成设置,单击【应用】按钮,即把主模型属性同步到图纸标题栏中。

② 在【属性填写】选项卡【属性】列表选择【比例】,在对应【值】列上出现文本框,选择"1∶1",回车确认,如图 6-82 所示。

图 6-81 【属性同步】选项卡

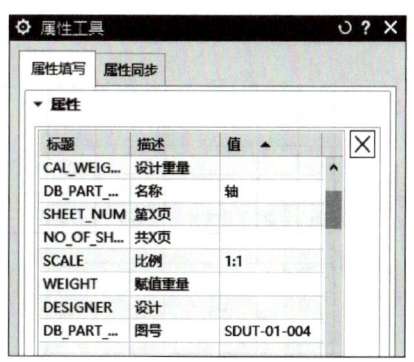

图 6-82 【属性填写】选项卡

③ 完成以上设置,单击【应用】按钮,标题栏如图6-83所示。

					轴	SDUT-01-04		
						图样标记	重量	比例
								1:1
标记	处数	更改文件号	签字	日期				
设计						共 页		第 页
校对								
审核								
批准								

图6-83 标题栏

（2）导入材料属性

① 单击【视图】选项卡│【层】组│【图层设置】按钮 🏷,出现【图层设置】对话框,把170层设为可选,如图6-84所示。

② 在标题栏中选择材料显示区,单击右键选择【导入】│【属性】命令,出现【导入属性】对话框。

③ 在【导入】列表选择【工作部件属性】选项。

④ 在【属性】列表选择【材料】选项,如图6-85所示。

⑤ 单击【应用】按钮,将属性值导入到标题栏中,如图6-86所示。

⑥ 单击【视图】选项卡│【层】组│【图层设置】命令,出现【图层设置】对话框,把170层设为仅可见。

名称 ▲	仅可见	对象数
☑ 1	☐	3
☑ 170	☐	34
🏷 171(工作)		7
☑ 173	☐	3

图6-84 【图层设置】对话框

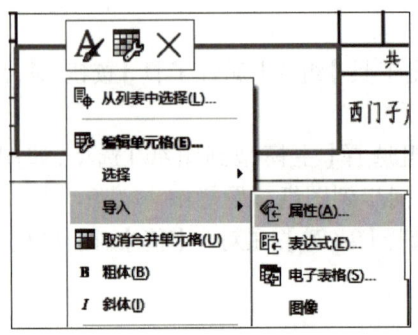

图6-85 【导入属性】对话框

					轴	SDUT-01-04		
						图样标记	重量	比例
								1:1
标记	处数	更改文件号	签字	日期				
设计					45	共 页		第 页
校对								
审核								
批准								

图6-86 将属性值导入到标题栏

17. 存盘

选择【文件】|【保存】命令,保存文件。

【任务拓展】

创建工程图,如图 6-87 所示。

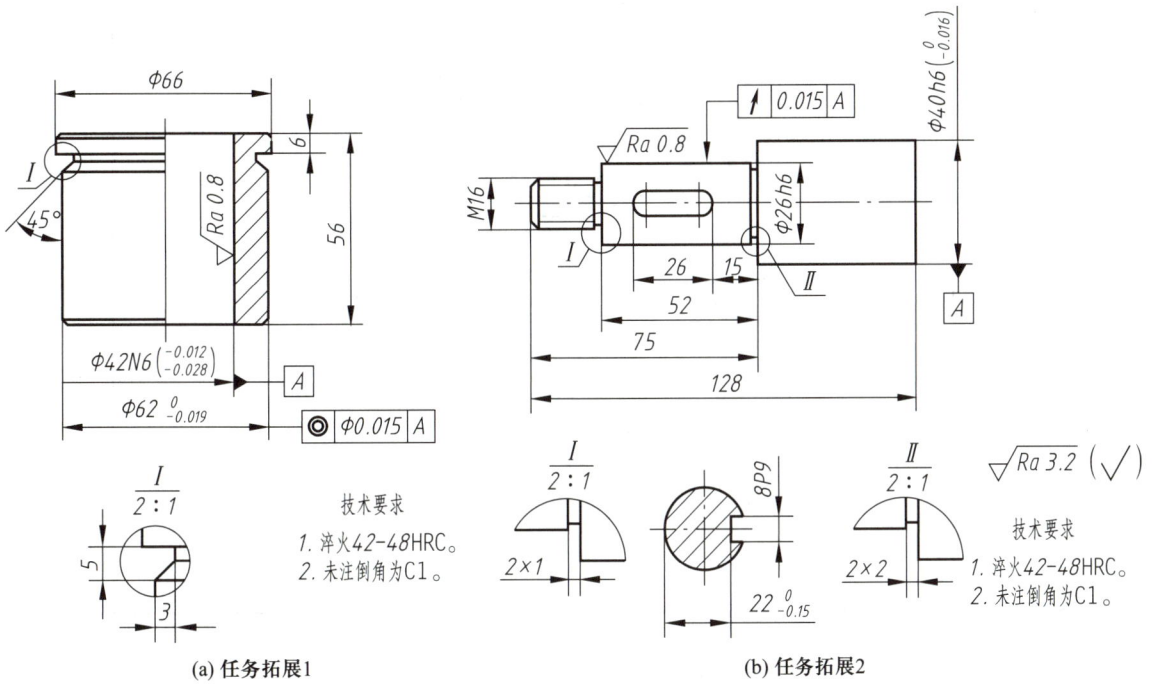

(a) 任务拓展1　　　　　　　　　　　　　　　(b) 任务拓展2

图 6-87　创建零件工程图任务拓展

课题 6.5　创建装配工程图

【学习目标】

（1）掌握装配图的剖切的方法。

（2）掌握装配图标注尺寸、添加零件序号和技术要求的方法。

（3）掌握填写装配明细表的方法。

微视频

课题6.5

【工作任务】

创建计数器装配工程图,如图 6-88 所示。

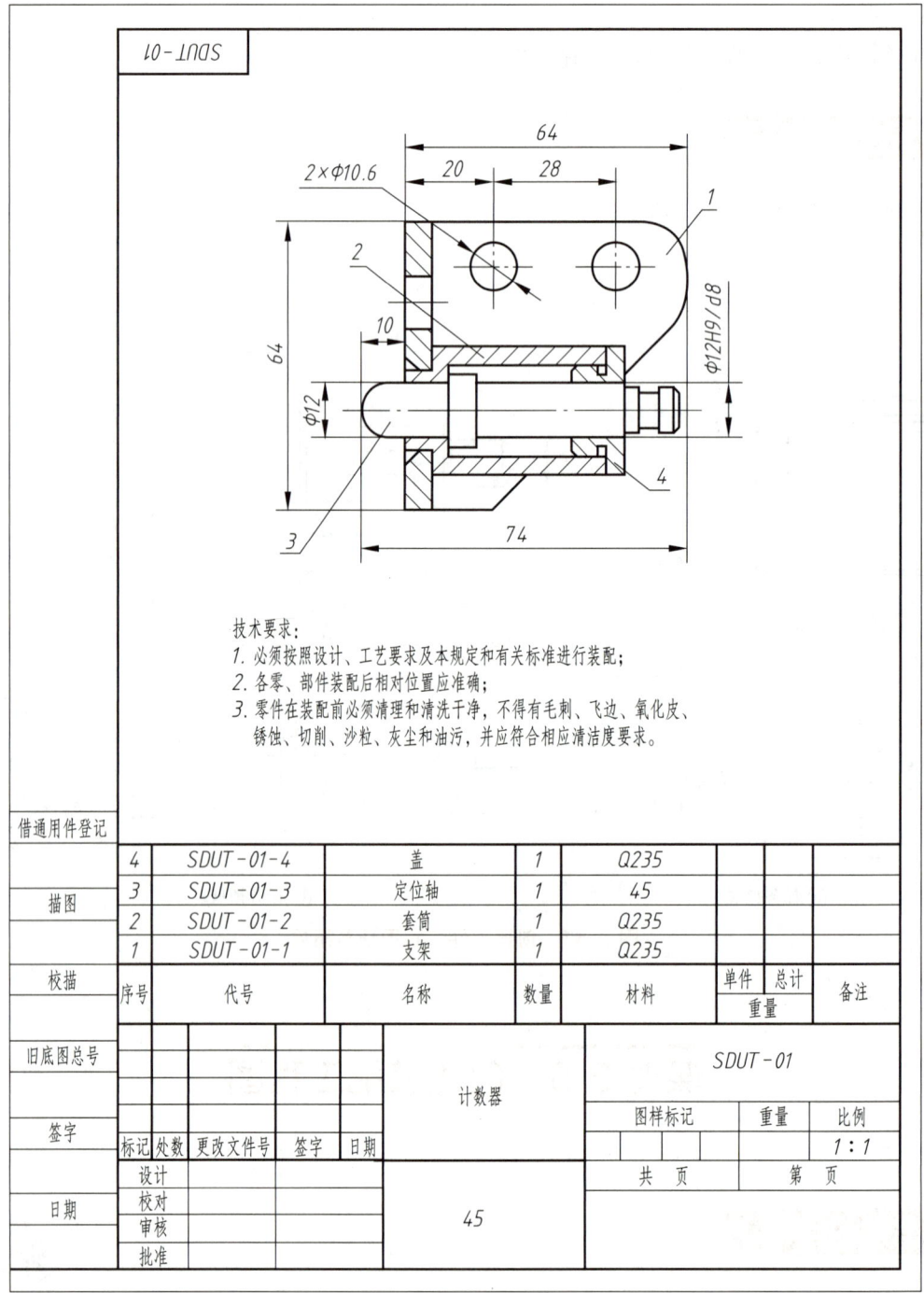

图 6-88 计数器装配工程图

【任务实施】

1. 新建文件

（1）分别新建文件"支架.prt""盖.prt""定位轴.prt""套筒.prt"零件模型，如图 6-89 所示。

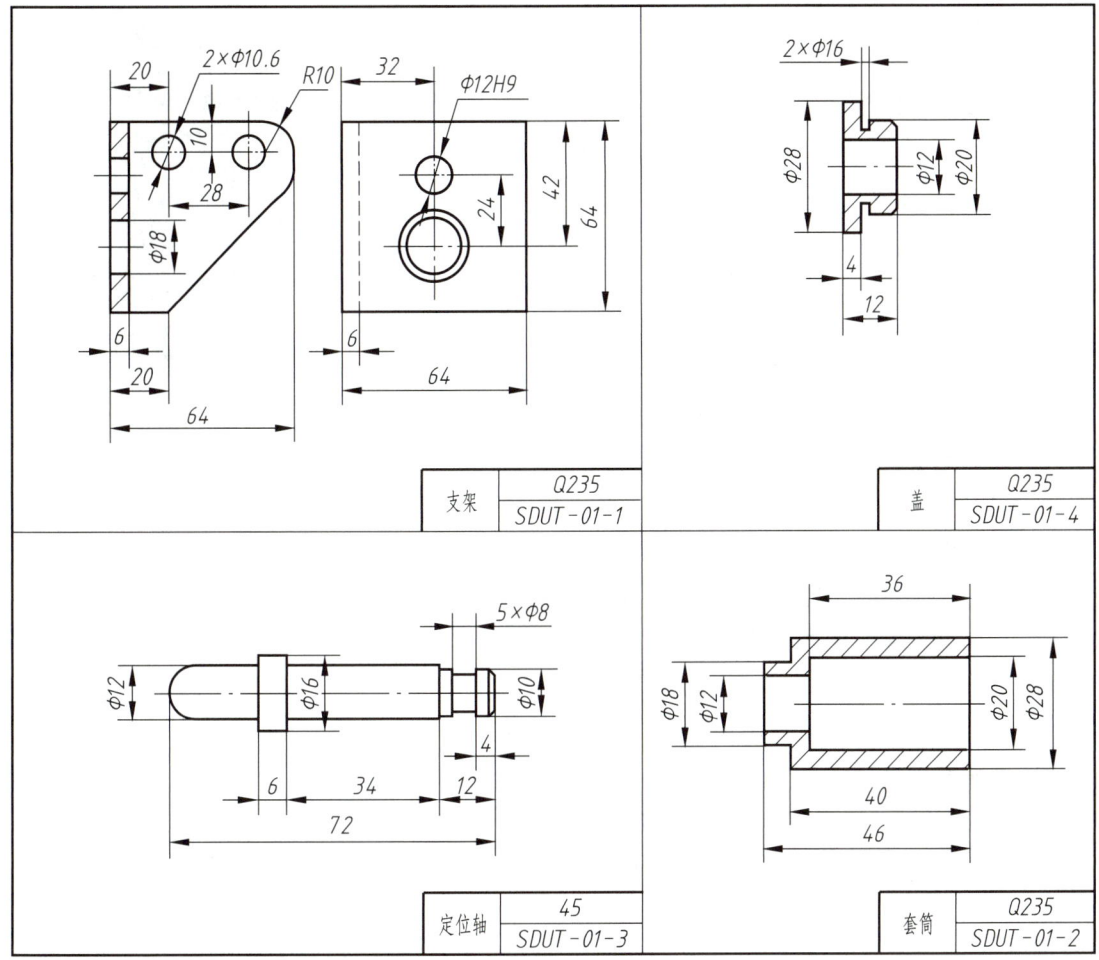

图 6-89 计数器零件

（2）创建"支架 .prt"模型属性值

① 在【DB_PART_NAME】文本框，输入"支架"。

② 在【DB_PART_NO】文本框，输入"SDUT-01-1"。

③ 在【标题/别名】文本框输入"材料"，在【值】文本输入框输入"Q235A"。

（3）创建"盖 .prt"模型属性值

① 在【DB_PART_NAME】文本框，输入"盖"。

② 在【DB_PART_NO】文本框，输入"SDUT-01-4"。

③ 在【标题/别名】文本框输入"材料"，在【值】文本框输入"Q235A"。

（4）创建"定位轴 .prt"模型属性值

① 在【DB_PART_NAME】文本框，输入"定位轴"。

② 在【DB_PART_NO】文本框，输入"SDUT-01-3"。

③ 在【标题/别名】文本框输入"材料"，在【值】文本框输入"45"。

（5）创建"套筒 .prt"模型属性值

① 在【DB_PART_NAME】文本框，输入"套筒"。

② 在【DB_PART_NO】文本框，输入"SDUT-01-2"。

③ 在【标题 / 别名】文本框输入"材料",在【值】文本框输入"Q235A"。

2. 创建"计数器"装配模型

（1）新建文件并保存为"计数器 .prt"，如图 6-90 所示。

（2）创建"计数器"装配模型属性值

① 在【DB_PART_NAME】文本框，输入"计数器"。

② 在【DB_PART_NO】文本框，输入"SDUT-01"。

3. 新建工程图

引用"计数器 .prt"部件，运用"A4- 装配-无视图"模板，新建

工程图"计数器 _dwg.prt"，进入制图环境。

图 6-90 计数器

4. 添加基本视图

单击【主页】选项卡 |【视图】组 |【基本视图】按钮 ，出现【基本视图】对话框。

① 在【模型视图】组【要使用的模型视图】列表选择【右视图】选项。

② 在【比例】组【比例】列表选择【1∶1】选项。

③ 在图纸区域左上角指定一点，添加【主视图】。

④ 向下垂直拖动鼠标，指定一点，添加【俯视图】。

完成以上设置，单击鼠标中键，添加基本视图，如图 6-91 所示。

5. 创建局部剖视图

（1）右键单击"主视图"选择【活动草图视图】命令。

（2）单击【草图】选项卡 |【草图】组 |【矩形】按钮，在主视图中绘制矩形，如图 6-92 所示。

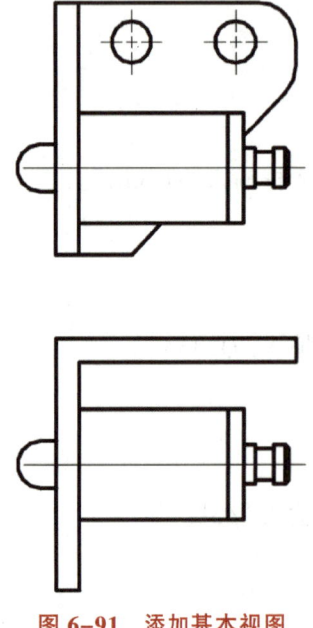

图 6-91 添加基本视图

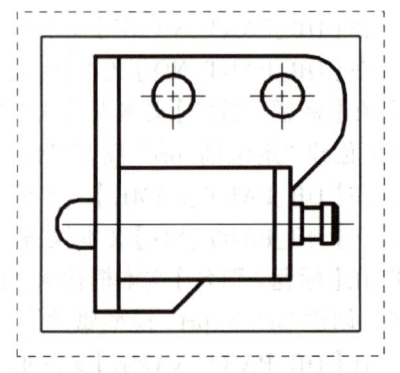

图 6-92 绘制矩形

（3）单击【主页】选项卡 |【视图】组 |【局部剖视图】按钮 ▨，出现【局部剖】对话框。

① 选择主视图作为生成局部视图的视图。

② 在俯视图选择基点。

③ 定义拉伸矢量，确定矢量方向。

④ 在绘图区选择矩形线作为截断线。

完成以上设置，单击【确定】按钮，创建局部剖视图，如图 6-93 所示。

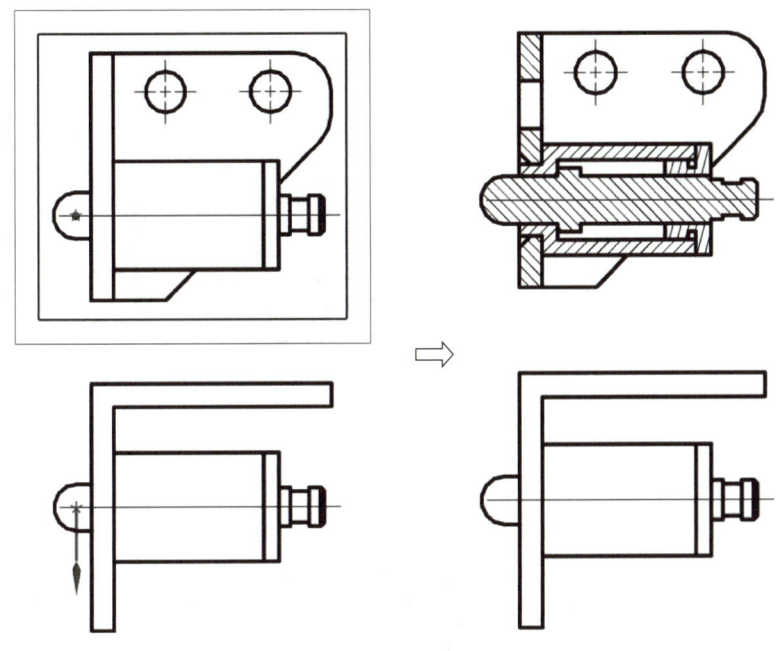

图 6-93　创建局部剖视图

（4）单击【主页】选项卡 |【视图】组 |【视图中剖切】按钮 ▦，出现【视图中剖切】对话框。

① 在【视图】组，激活【选择视图】，在绘图区选择需编辑的视图。

② 在【体或组件】，激活【选择对象】，在绘图区选择非剖切部分。

③ 在【操作】组，选中【变成非剖切】按钮，如图 6-94 所示。

完成以上设置，单击【确定】按钮。

6. 创建中心线，标注尺寸

（1）运用【主页】选项卡 |【注释】组 |【中心标记】命令和【2D 中心线】命令，在合适的位置为装配图添加中心线。

（2）运用【主页】选项卡 |【注解】组 |【快速尺寸】命令，为装配图标注"性能尺寸""装配尺寸""安装尺寸""外形尺寸"和"其他重要尺寸"，如图 6-95 所示。

7. 创建技术要求

单击【主页】选项卡 |【注释】组 |【注释】按钮 A，出现【注释】对话框。

① 在【文本输入】组文本框输入：

技术要求：

必须按照设计、工艺要求及本规定和有关标准进行装配。

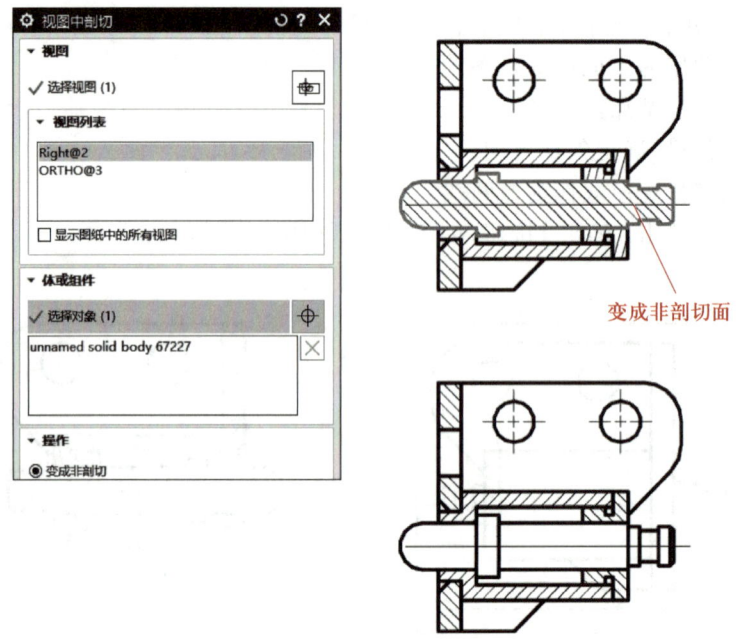

图 6-94　编辑剖视视图

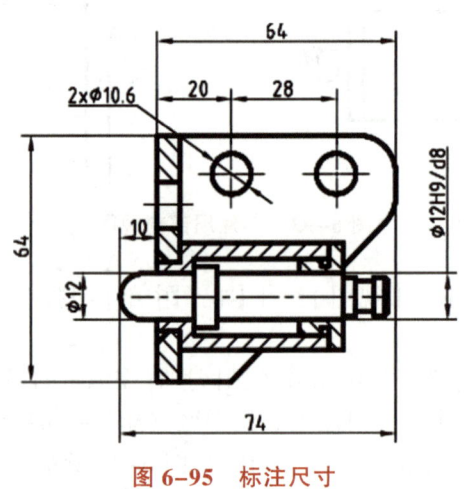

图 6-95　标注尺寸

各零、部件装配后相对位置应准确。

零件在装配前必须清理和清洗干净,不得有毛刺、飞边、氧化皮、锈蚀、切削、沙粒、灰尘和油污,并应符合相应清洁度要求。

② 在绘图区放置在右下角合适位置,如图 6-96 所示。

8. 填写标题栏和明细表

(1)主模型属性同步到图纸标题栏中

单击【GC 工具箱】选项卡 |【标准化工具】组 |【属性工具】按钮 ✎,出现【属性工具】对话框。

在【属性同步】选项卡【同步方式】组,选择【主模型到图纸】选项,单击【应用】按钮,即把主模型属性同步到图纸标题栏中。

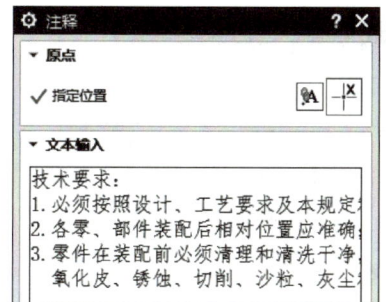

注释
原点
指定位置
文本输入
技术要求：
1. 必须按照设计、工艺要求及本规定
2. 各零、部件装配后相对位置应准确
3. 零件在装配前必须清理和清洗干净，
氧化皮、锈蚀、切削、沙粒、灰尘
技术要求：
1.必须按照设计、工艺要求及本规定和有关标准进行装配。
2.各零、部件装配后相对位置应准确。
3.零件在装配前必须清理和清洗干净，不得有毛刺、飞边、
氧化皮、锈蚀、切削、沙粒、灰尘和油污，并应符合相应清洁度要求。

图 6–96　创建技术要求

（2）填写属性

在【属性填写】选项卡【属性】列表选择【比例】，在对应【值】列上出现文本框，选择“1∶1”，回车确认。

完成以上设置，单击【应用】按钮，标题栏如图 6–97 所示。

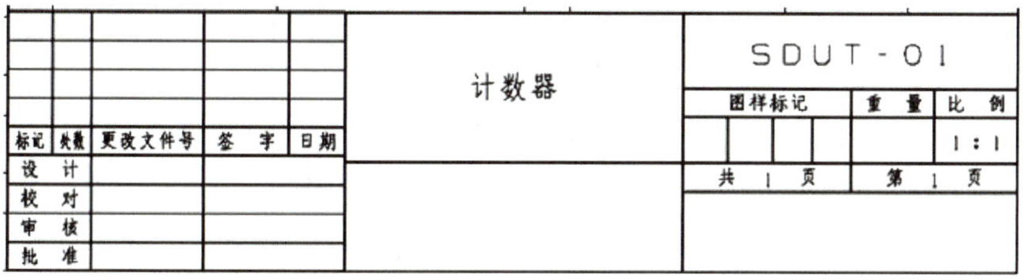

计数器
SDUT-01
标记
处数
更改文件号
签字
日期
设计
校对
审核
批准
图样标记
重量
比例
1:1
共 1 页
第 1 页

图 6–97　标题栏

（3）导入材料属性

① 单击【视图】选项卡｜【层】组｜【图层设置】按钮，出现【图层设置】对话框，把 170 层设为可选。

② 在明细栏中选择【材料】的单元格，右键单击选择【选择】｜【列】命令，如图 6–98 所示。

从列表中选择(L)...
编辑单元格(E)...
选择
取消合并单元格(U)
粗体(B)
斜体(I)
行(R)
列(L)
表区域(T)

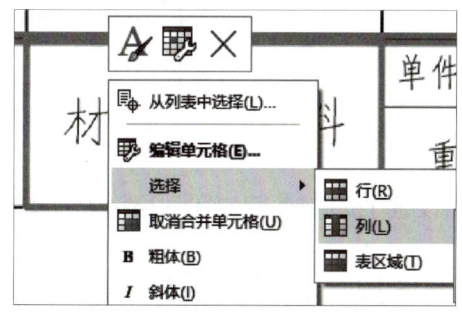

图 6–98　选择【材料】｜【列】命令

③ 选择的【材料】列，右键单击选择【设置】命令，出现【设置】对话框。

④ 展开【零件明细表】｜【列】，出现【内容】组，单击【属性名称】按钮，如图 6–99 所示。

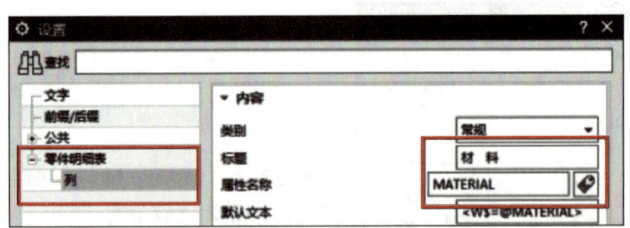

图 6-99 【内容】组

⑤ 出现【属性名称】对话框,在列表中选择【材料】选项,如图 6-100 所示。

完成设置,单击【确定】按钮返回到【设置】对话框。在【设置】对话框,单击【确定】按钮。

图 6-100 【属性名称】对话框

⑥ 明细栏中【材料】一列导入各个部件的【材料】属性值,如图 6-101 所示。

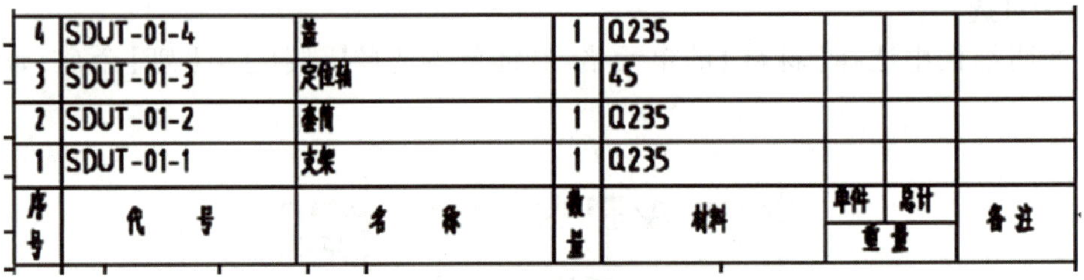

4	SDUT-01-4	盖	1	Q235			
3	SDUT-01-3	定位轴	1	45			
2	SDUT-01-2	套筒	1	Q235			
1	SDUT-01-1	支架	1	Q235			
序号	代 号	名 称	数量	材料	单件 总计 重量		备注

图 6-101 导入【材料】属性值

⑦ 单击【格式】|【图层设置】按钮 ⬢,出现【图层设置】对话框,把 170 层设为仅可见。

9. 标注零件序号

单击【主页】选项卡|【注释】组|【符号标注】按钮 ⌀,出现【符号标注】对话框。

① 在【类型】列表选择【下划线】选项。

② 在【文本】文本框输入"1"。

③ 在【指引线】组,激活【选择终止对象】选项,在绘图区选择底座,把序号放置到合适位置,单击左键确定,如图 6-102 所示。

④ 重复以上步骤,按照零件明细表顺序标注 2~4 序号。

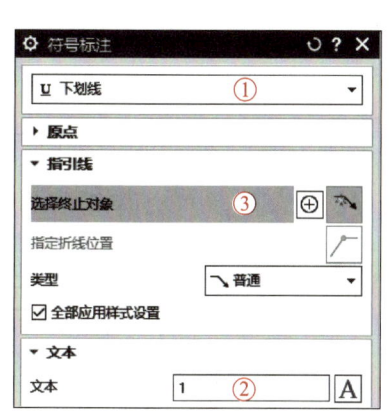
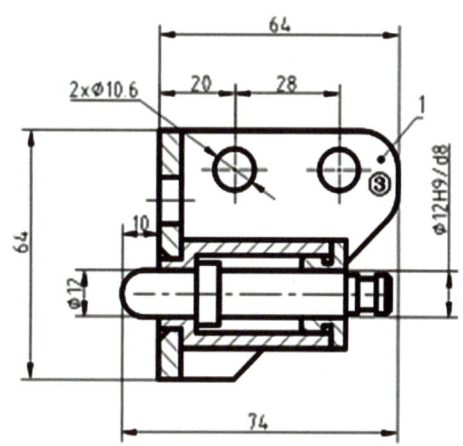

图 6-102　标注零件序号

10. 存盘

选择【文件】|【保存】命令，保存文件。

> 💡 **提示** 关于修改模板

NX2406 版本中有自带的图框，其中零件名称、材料、重量（赋值重量）、零件图号、页码、页数、比例、设计都可以通过单击【GC 工具箱】选项卡 |【标准化工具】组 |【属性工具命令】按钮，在出现的【属性工具】对话框【属性】组中填写，而且这些属性在装配时有关联性。但要修改它自带的图框中的字体（中文：chinesef_fs，标注：blockfont）以及公司名称［西门子产品管理软件（上海）有限公司］，调入图框用 GC 工具箱填写属性时，这些项目是选不中的（因为设置了图层仅可见）。

修改方法：

① 使用【制图工具】选项卡，选择【图纸格式】组 |【定义标题块】【边界和区域】和【标记为模板】命令，定义制图模板。

② 单击【视图】选项卡 |【层】组 |【图层设置】按钮，出现【图层设置】对话框，把 170 层设为可选。

③ 选中需修改的单元格，右键单击选择【设置】命令，修改文本，更改字体及字体大小。

④ 单击【视图】选项卡 |【层】组 |【图层设置】按钮，出现【图层设置】对话框，把 170 层设为仅可见。

【任务拓展】

创建装配图，如图 6-103 所示。

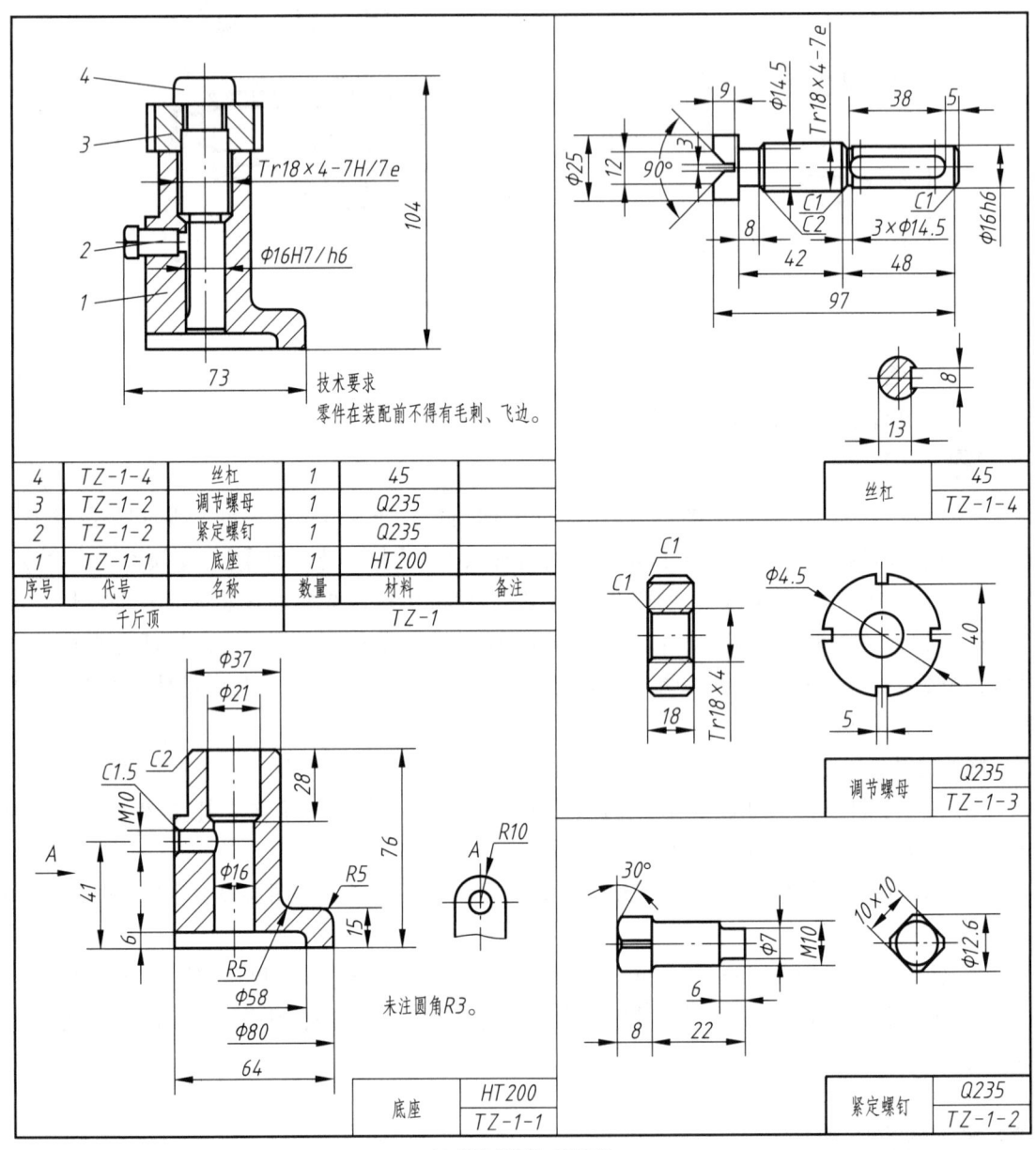

技术要求

零件在装配前不得有毛刺、飞边。

4	TZ-1-4	丝杠	1	45	
3	TZ-1-2	调节螺母	1	Q235	
2	TZ-1-2	紧定螺钉	1	Q235	
1	TZ-1-1	底座	1	HT200	
序号	代号	名称	数量	材料	备注
千斤顶				TZ-1	

| 丝杠 | 45 |
| | TZ-1-4 |

| 调节螺母 | Q235 |
| | TZ-1-3 |

未注圆角R3。

| 底座 | HT200 |
| | TZ-1-1 |

| 紧定螺钉 | Q235 |
| | TZ-1-2 |

(a) 任务拓展1-千斤顶

200

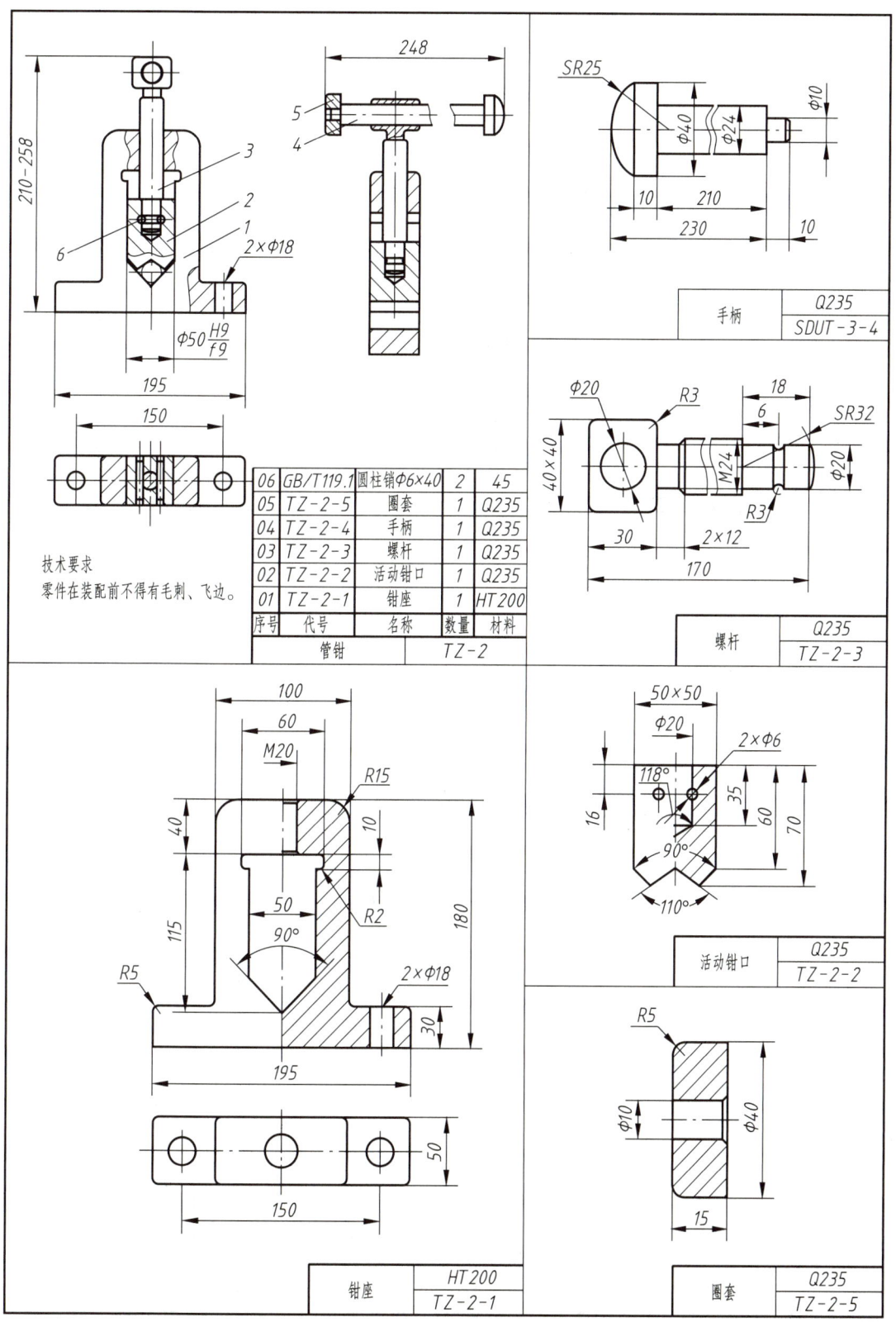

06	GB/T119.1	圆柱销Φ6×40	2	45
05	TZ-2-5	圈套	1	Q235
04	TZ-2-4	手柄	1	Q235
03	TZ-2-3	螺杆	1	Q235
02	TZ-2-2	活动钳口	1	Q235
01	TZ-2-1	钳座	1	HT200
序号	代号	名称	数量	材料
管钳			TZ-2	

技术要求
零件在装配前不得有毛刺、飞边。

(b) 任务拓展2-管钳

图 6-103　创建装配工程图任务拓展

课题 6.6　提高练习

创建装配模型，如图 6-104 所示。

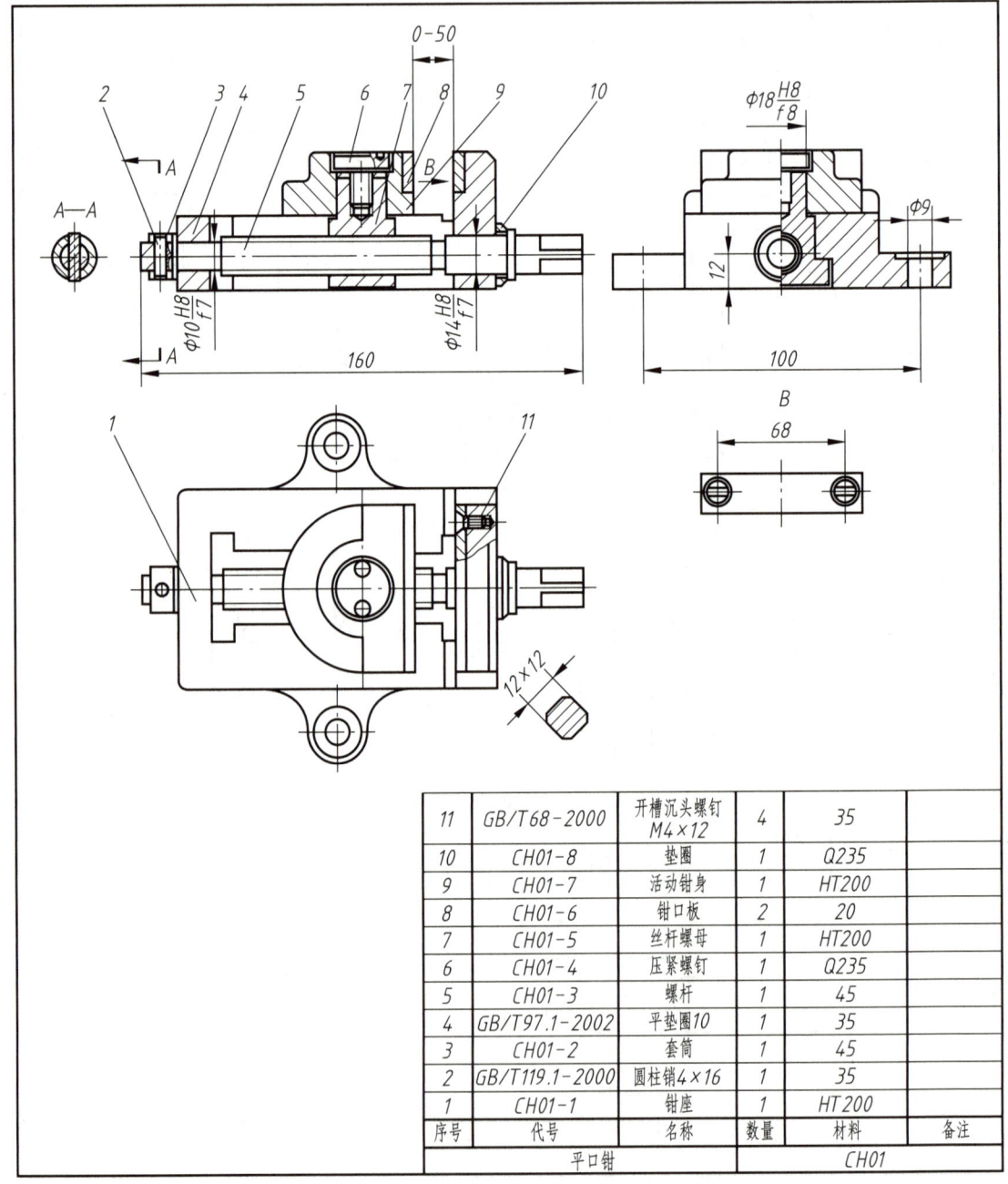

11	GB/T68-2000	开槽沉头螺钉 M4×12	4	35	
10	CH01-8	垫圈	1	Q235	
9	CH01-7	活动钳身	1	HT200	
8	CH01-6	钳口板	2	20	
7	CH01-5	丝杆螺母	1	HT200	
6	CH01-4	压紧螺钉	1	Q235	
5	CH01-3	螺杆	1	45	
4	GB/T97.1-2002	平垫圈10	1	35	
3	CH01-2	套筒	1	45	
2	GB/T119.1-2000	圆柱销4×16	1	35	
1	CH01-1	钳座	1	HT200	
序号	代号	名称	数量	材料	备注
平口钳				CH01	

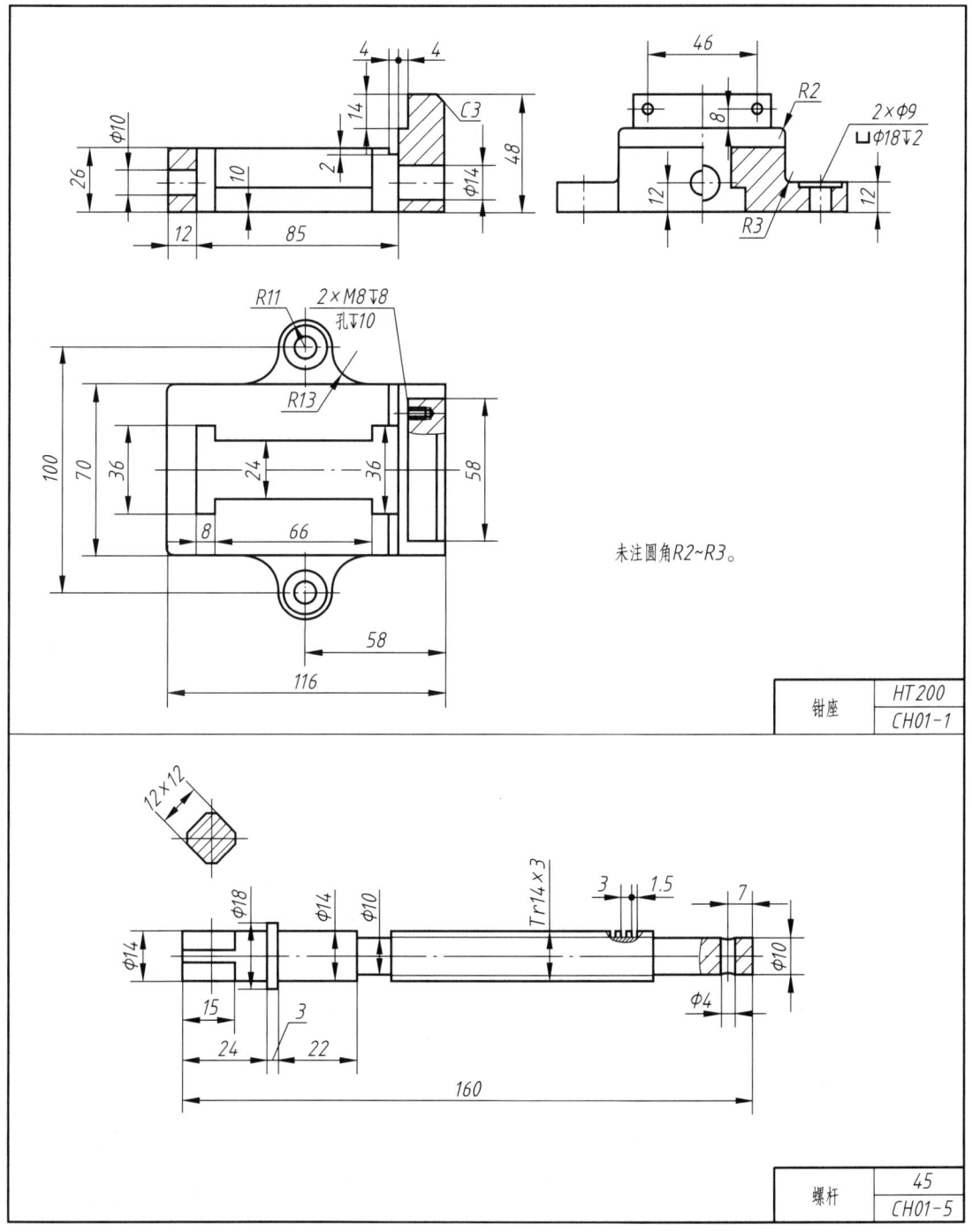

未注圆角R2~R3。

钳座	HT 200
	CH01-1

螺杆	45
	CH01-5

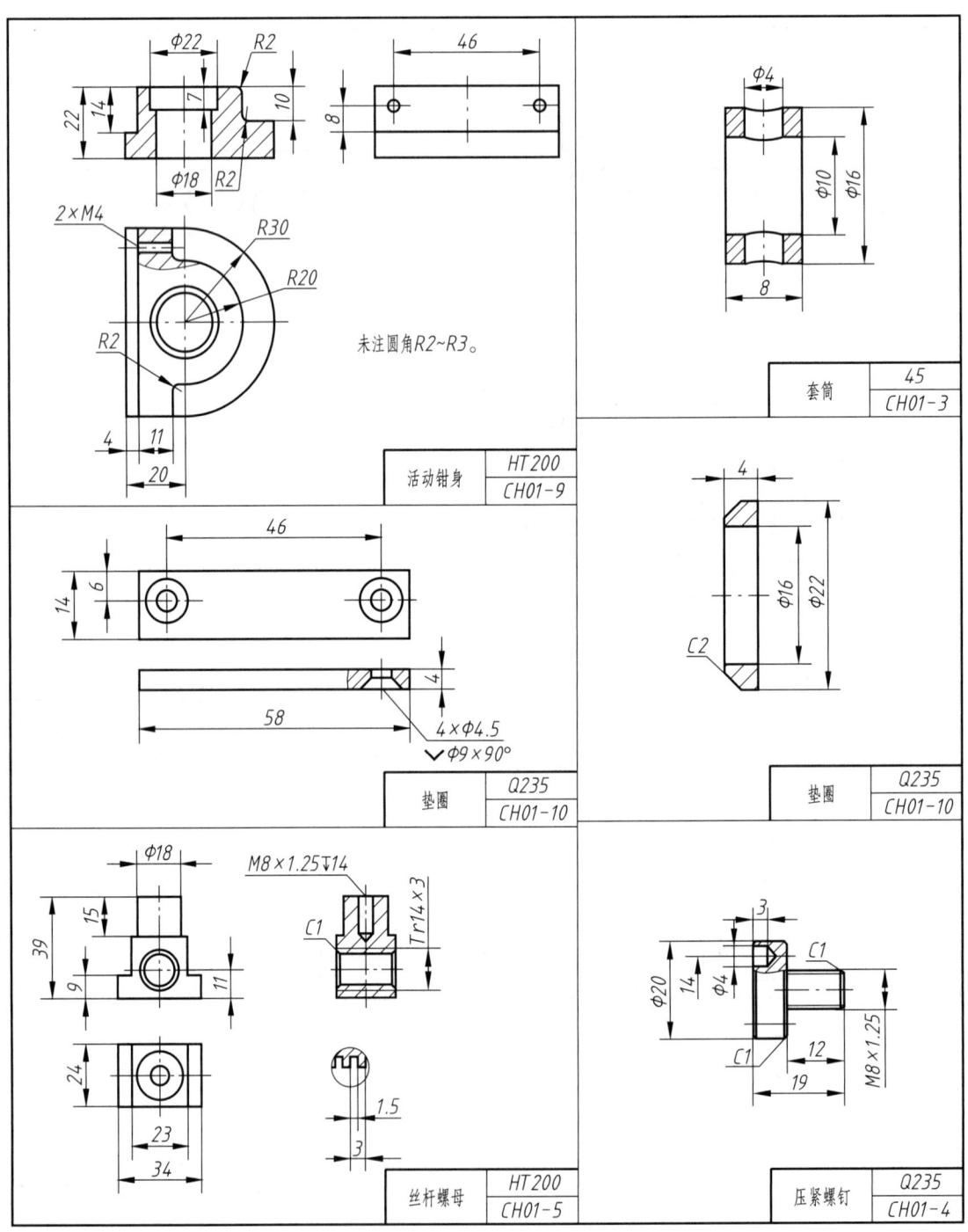

(a) 提高练习1-平口钳

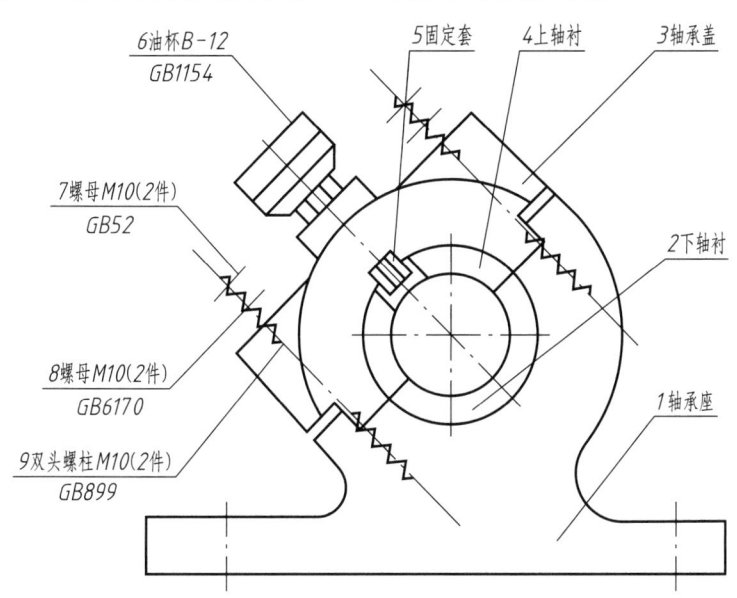

6油杯B-12
GB1154

5固定套

4上轴衬

3轴承盖

7螺母M10(2件)
GB52

2下轴衬

8螺母M10(2件)
GB6170

9双头螺柱M10(2件)
GB899

1轴承座

斜滑动轴承工作原理

　　斜滑动轴承用于安装面为倾斜时使用(倾角为45°±30′),规格尺寸Φ30H8,为对开式。由轴承座1、轴承盖3、上轴衬4、下轴衬2、固定套5、双头螺柱9、螺母7和8、油杯6组成,固定套与轴承座为过盈配合,一端插入上轴衬的孔内。轴承盖与轴承座用双头螺柱连接,使用双螺母锁紧。油杯为B型旋盖式油杯,容量为12 cm³,拧动旋盖,可将干油经固定套压入轴衬中进行润滑。

斜滑动轴承	ZP03

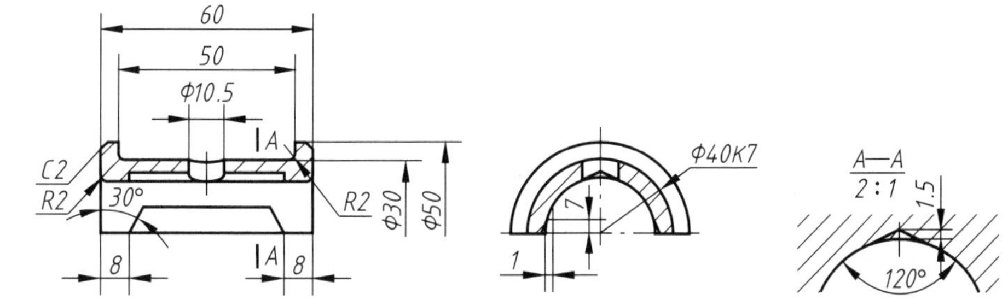

60

50

Φ10.5

A

C2

R2

30°

R2

Φ30 Φ50

8 A 8

Φ40K7

7

1

A—A
2:1

1.5

120°

技术要求
1. 棱角刮圆。
2. 与上轴称同时加工。

| 上轴衬 | QAL9-4 |
| | 2P03-4 |

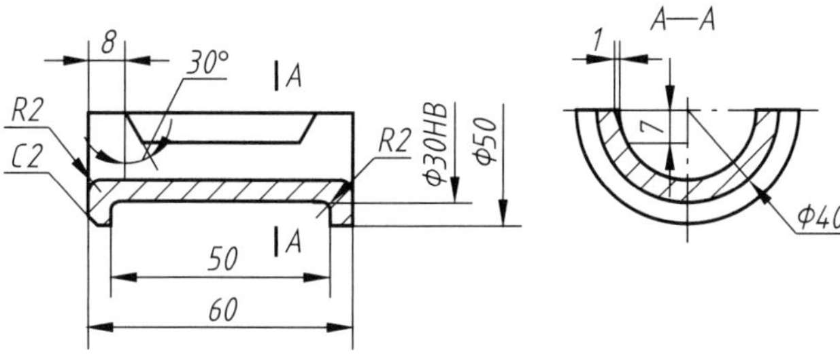

---

8 30°

A

A—A

R2

C2

R2

Φ30HB Φ50

50 A

60 A

1

7

Φ40K7

C0.5

Φ5 Φ10

20

技术要求
1. 棱角刮圆。
2. 与上轴称同时加工。

| 下轴衬 | QAL9-4 |
| | 2P03-2 |

| 固定套 | Q235 |
| | 2P03-5 |

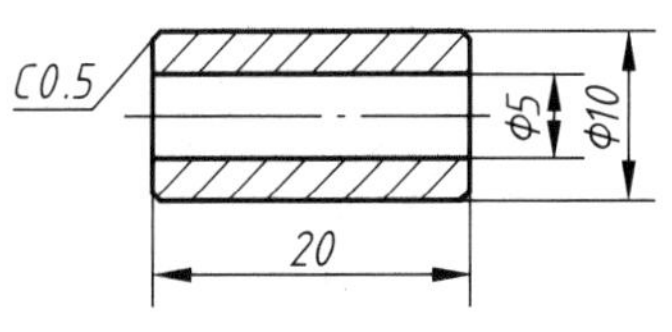

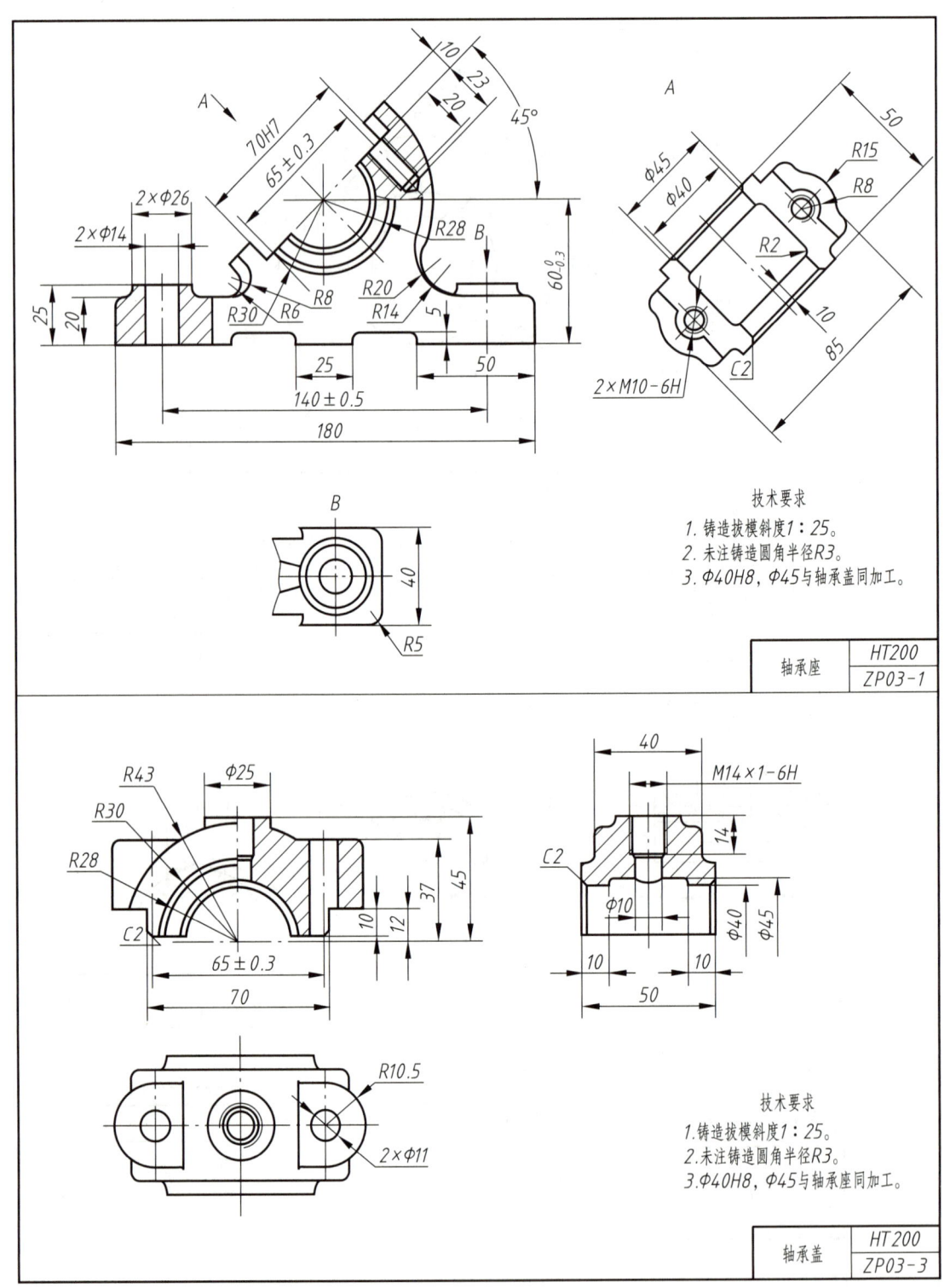

(b) 提高练习2—斜滑动轴承

图 6-104　提高练习—创建装配模型

创建工程图,如图 6-105 所示。

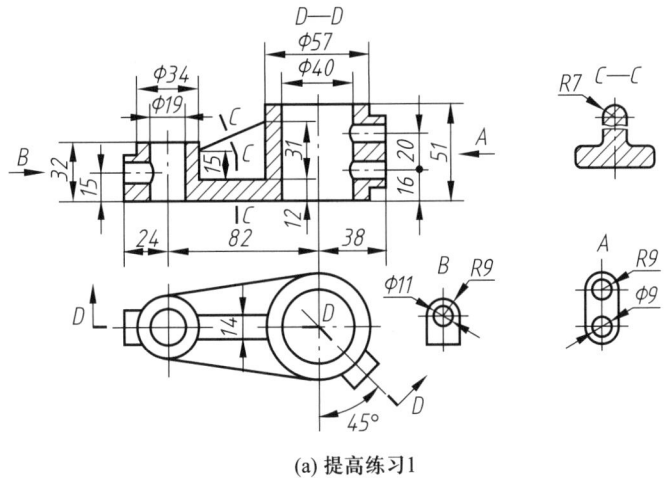

(a) 提高练习1

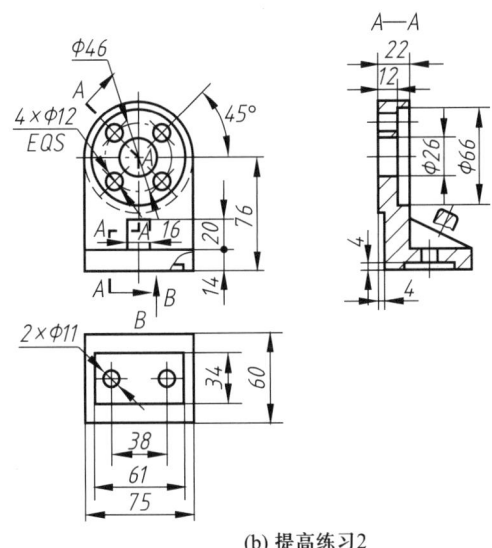

(b) 提高练习2

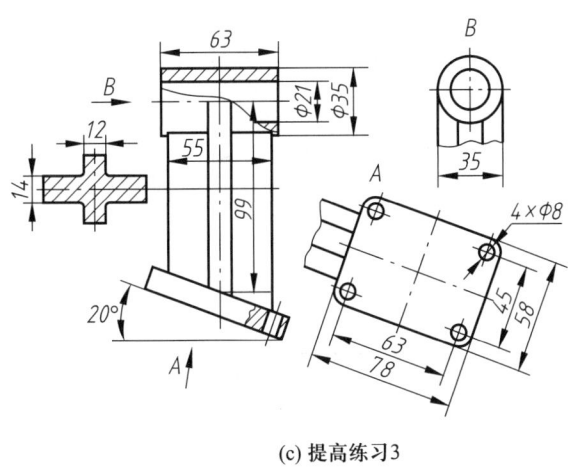

(c) 提高练习3

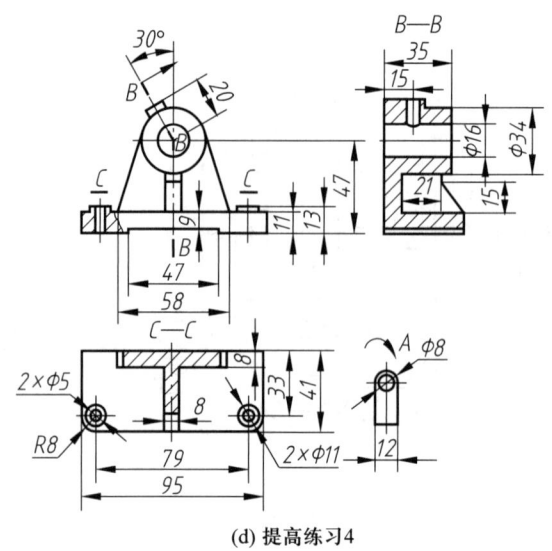

(d) 提高练习4

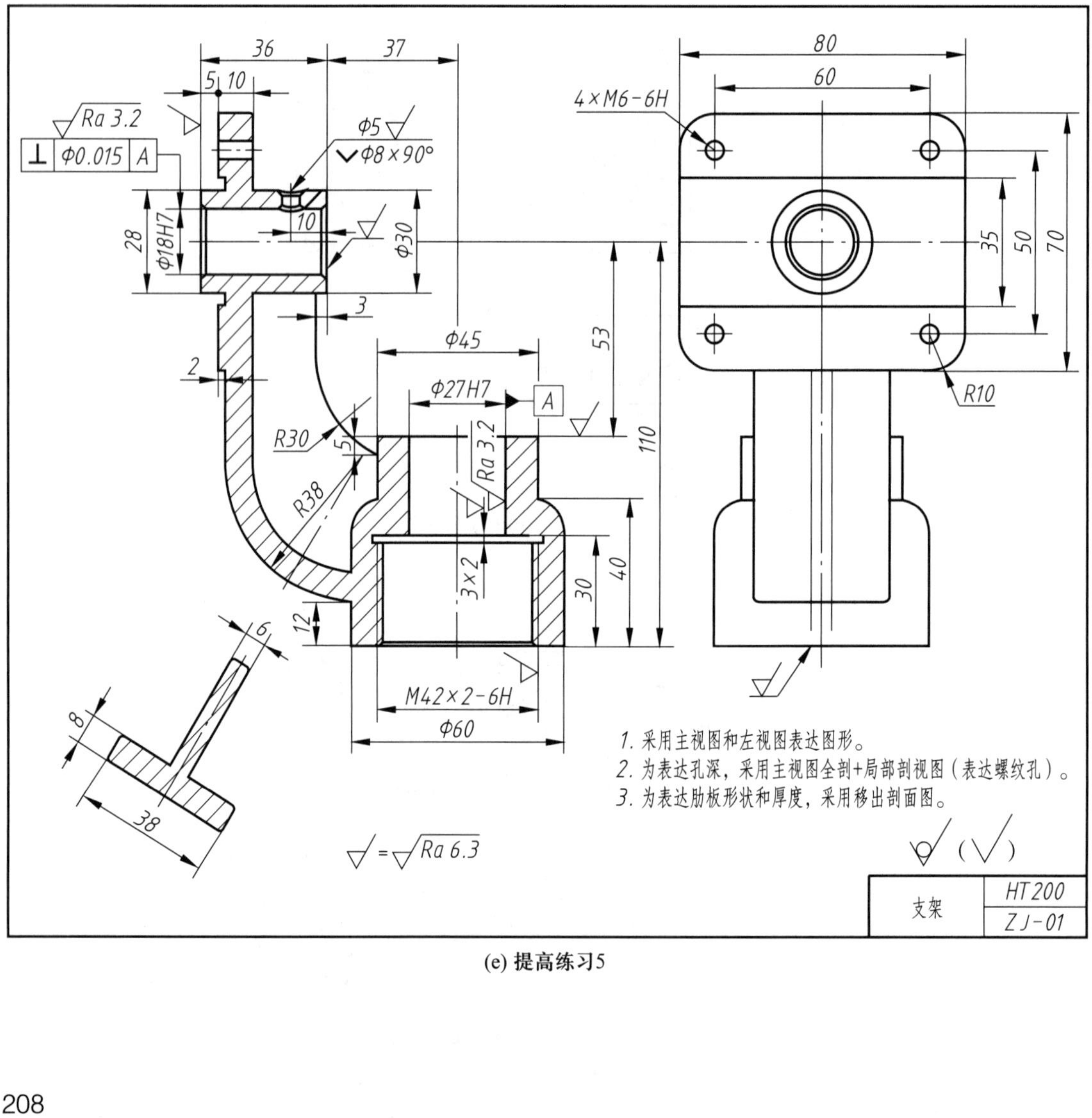

1. 采用主视图和左视图表达图形。
2. 为表达孔深，采用主视图全剖＋局部剖视图（表达螺纹孔）。
3. 为表达肋板形状和厚度，采用移出剖面图。

支架　HT 200　ZJ-01

(e) 提高练习5

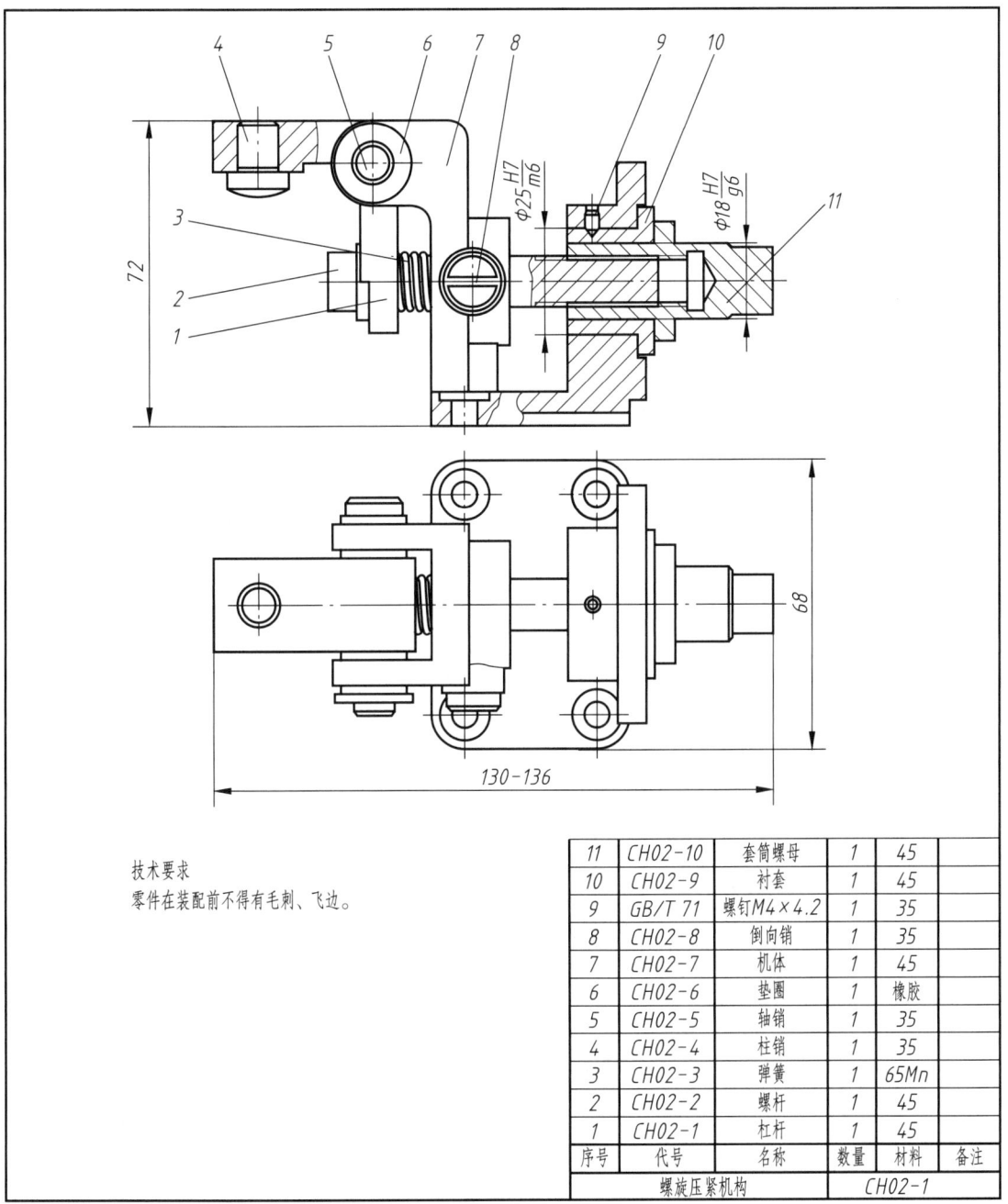

技术要求
零件在装配前不得有毛刺、飞边。

11	CH02-10	套筒螺母	1	45	
10	CH02-9	衬套	1	45	
9	GB/T 71	螺钉M4×4.2	1	35	
8	CH02-8	倒向销	1	35	
7	CH02-7	机体	1	45	
6	CH02-6	垫圈	1	橡胶	
5	CH02-5	轴销	1	35	
4	CH02-4	柱销	1	35	
3	CH02-3	弹簧	1	65Mn	
2	CH02-2	螺杆	1	45	
1	CH02-1	杠杆	1	45	
序号	代号	名称	数量	材料	备注
	螺旋压紧机构			CH02-1	

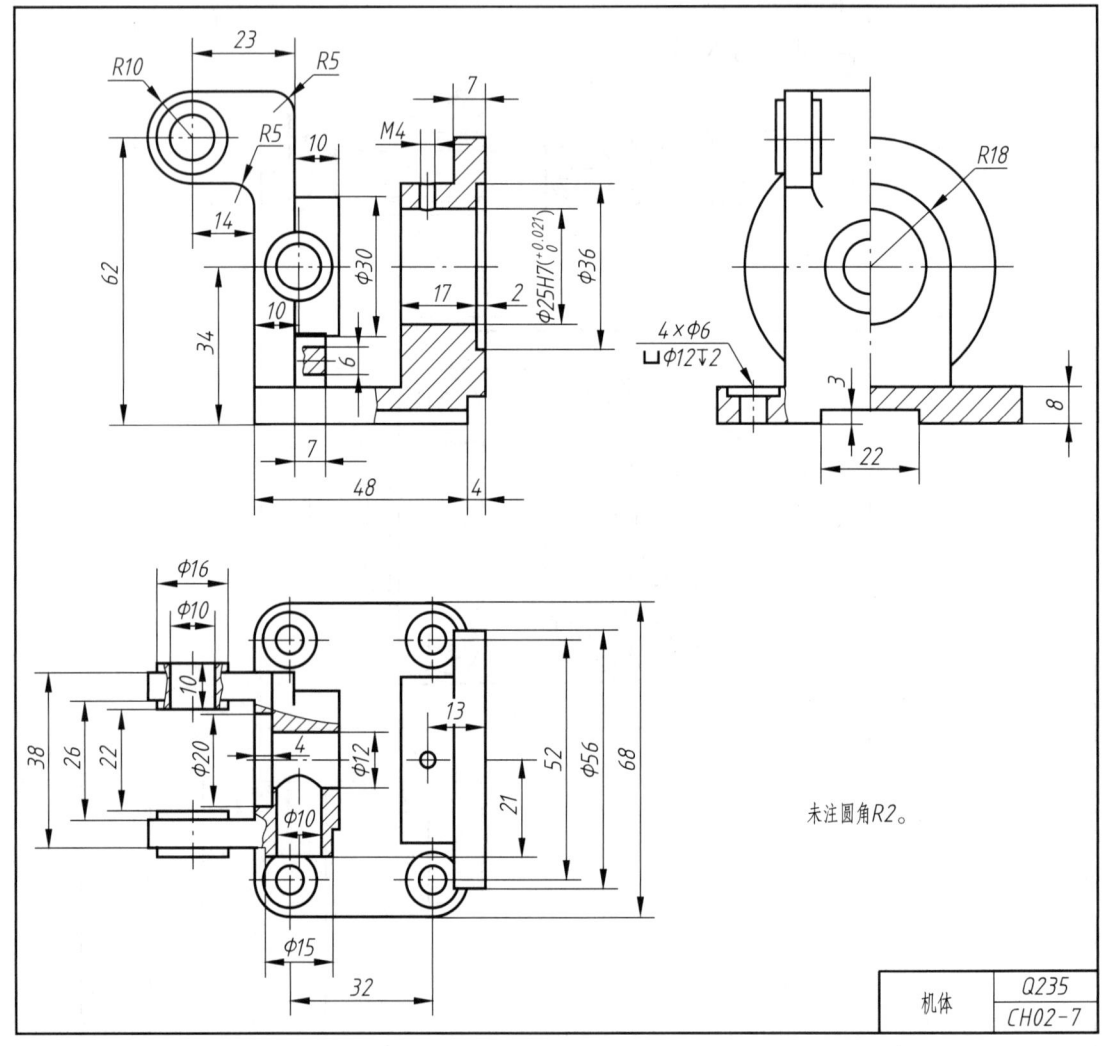

未注圆角R2。

	Q235
机体	CH02-7

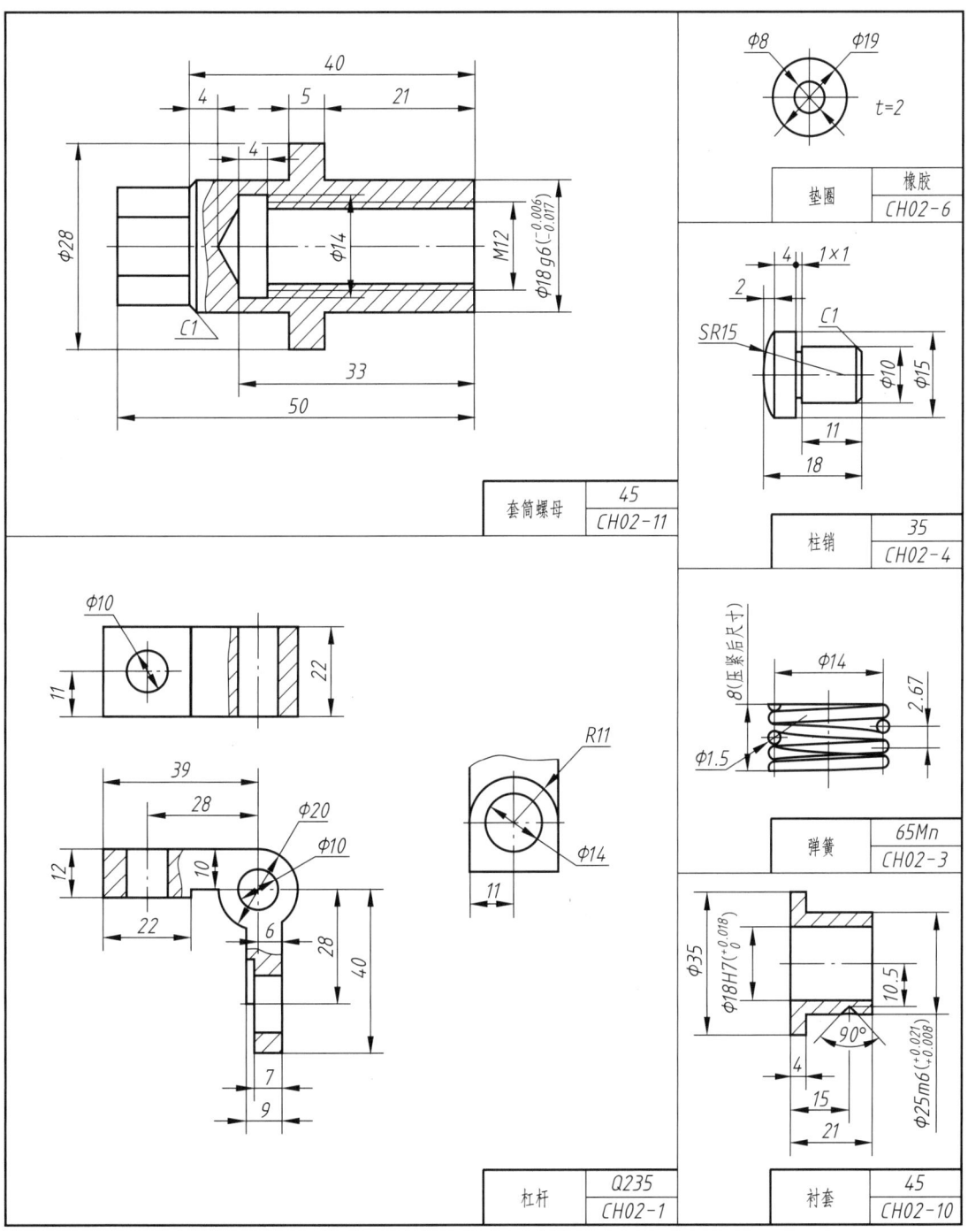

套筒螺母	45
	CH02-11

垫圈	橡胶
	CH02-6

柱销	35
	CH02-4

弹簧	65Mn
	CH02-3

杠杆	Q235
	CH02-1

衬套	45
	CH02-10

211

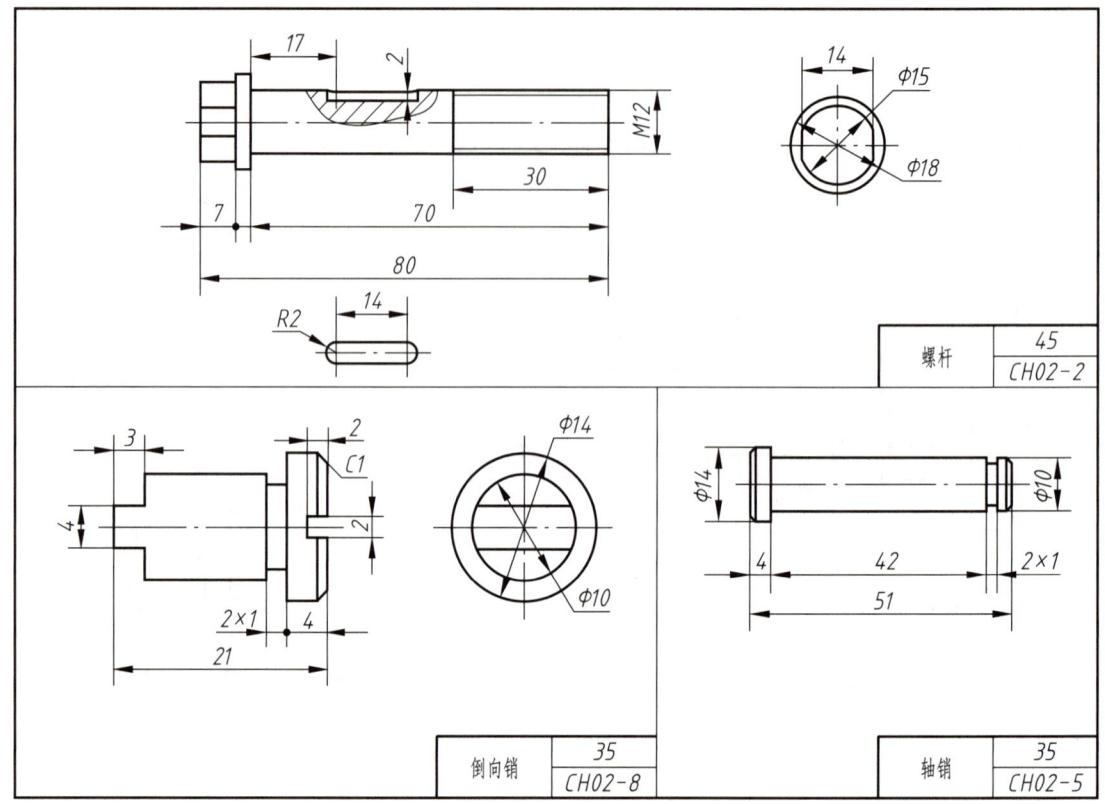

(f) 提高练习6-螺旋压紧装置

图 6-105　提高练习—创建工程图

数控铣削加工

数控铣削加工是指在数控机床上,通过控制系统发出指令使刀具作符合要求的各种运动,达到工件的形状、尺寸等技术要求以及加工工艺要求所进行的加工。

数控铣削加工的对象主要包括平面轮廓零件、变斜角类零件、空间曲面轮廓零件、孔和螺纹等。

课题 7.1　平面铣加工（一）

平面铣（mill_planar）是 UGNX 的 CAM 模块中最简单和常用的加工方法,属于固定轴铣削加工,主要用于开放式平面或底面为平面、侧壁为垂直面的棱柱或型腔的 CAM 规划,通常用于去除毛坯大部分余量的粗加工,也可以用于精加工。

【学习目标】

（1）熟悉 NXCAM 环境。
（2）理解平面铣的特点与应用。
（3）掌握平面铣的创建步骤。
（4）掌握平面铣操作相关对话框的参数设置与应用。

微视频

课题7.1

【工作任务】

创建如图 7-1 所示模型并完成 CAM 规划。

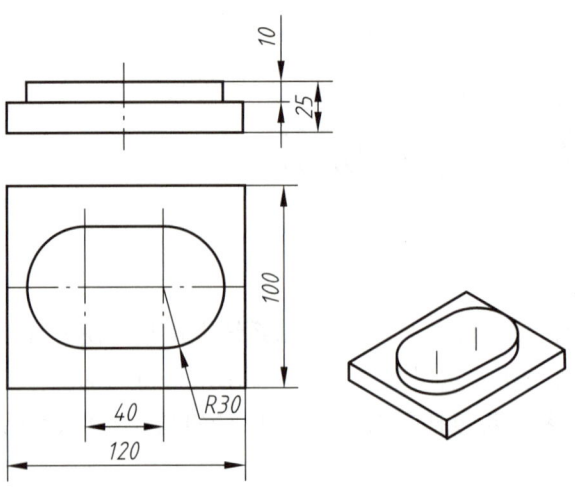

图 7-1　平面铣加工（一）

【任务实施】

1. 新建模型

根据图 7-1 所示，创建待加工模型，命名为"平面铣加工（一）.prt"，并存盘。

2. 确定数控加工方案

凸台高度为 10，侧壁为直壁，可利用平面铣加工完成该模型的粗精加工 CAM 规划，选用 Φ8 镶片式合金平底立铣刀进行加工。

3. 进入加工环境

选择【文件】|【加工】命令，出现【加工环境】对话框。

① 在【CAM 会话配置】列表选择【cam_general】选项。

② 在【要创建的 CAM 组装】列表选择【mill_planar】选项，如图 7-2 所示。

完成以上设置，单击【确定】按钮，进入加工环境。

图 7-2　进入加工环境

> 提示　关于工序导航器

进入加工环境后，在资源条中单击【工序导航器】按钮 ，切换至【工序导航器】显示模式。工序导航器具有四个用来创建和管理 NC 程序的分级视图,每个视图都根据视图主题包含不同的工序集,即工序在程序中的顺序、所用刀具、加工的几何体和所用的加工方法四个视图主题。

①　程序顺序视图:根据程序在机床上执行的顺序组织工序,每个程序组代表一个独立的输出至后处理器或 CLSF 的程序文件。

②　机床视图:根据使用的切削刀具组织工序,并显示所有从刀具库调用的或在当前组装中创建的刀具。

③　几何视图:根据加工的几何体和 MCS 方位组织工序。每个几何体组根据机床上执行的顺序显示工序。

④　加工方法视图:根据共享相同参数值的公共加工应用(例如粗加工、半精加工和精加工)组织工序。

如图 7-3 所示,当前激活的是【程序顺序视图】,在工序导航器中显示的为存放操作程序的文件夹(默认状态只有【未用项】和【PROGRAM】项,这两项为并列关系,其父项为【NC_PROGRAM】),用户可以根据需求创建所需的程序文件夹,并为所创建的程序文件夹选择相应的父项。

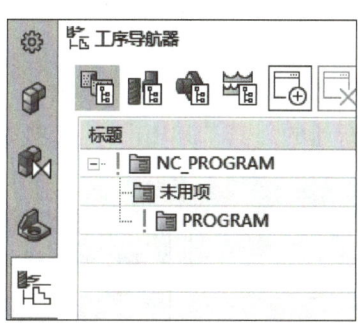

图 7-3　工序导航器及导航器显示工具栏

4. 创建程序

将工序导航器切换至【程序顺序视图】显示模式。

单击【主页】选项卡 |【插入】组 |【创建程序】按钮 ,出现【创建程序】对话框。

①　在【类型】列表选择【mill_planar】选项。

②　在【程序子类型】组,单击【程序】按钮 。

③　在【位置】组【程序】列表选择【NC_PROGRAM】选项,为新创建的程序指定父项。

④　在【名称】组文本框输入“CONTOUR”,为新创建的程序命名,单击【确定】按钮。

⑤　出现【程序】对话框,单击【确定】按钮,创建程序,如图 7-4 所示。在【程序顺序视图】中将显示新建的程序文件夹“CONTOUR”,该文件夹作为后续所创建操作的存储文件夹(UGNX 对所输入的英文字母统一按大写表达)。

5. 创建刀具

单击工序导航器中的【机床视图】按钮 ,将工序导航器切换至【机床视图】显示模式。

单击【主页】选项卡 |【插入】组 |【创建刀具】按钮 ,出现【创建刀具】对话框。

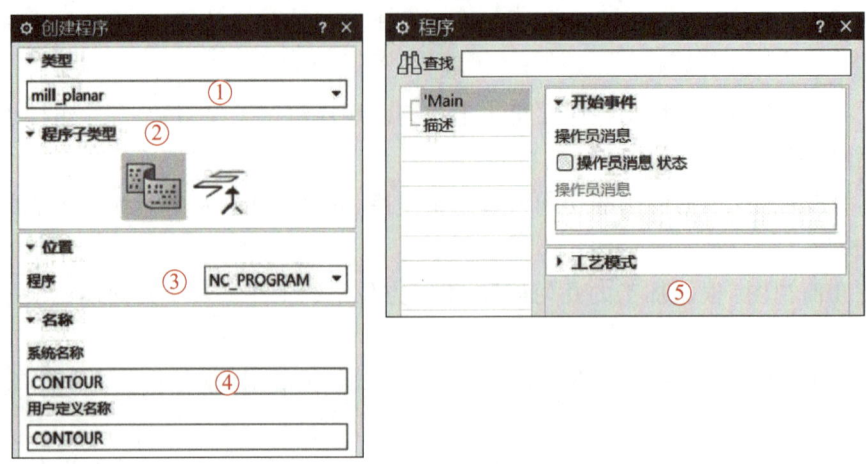

图 7-4　创建程序

① 在【类型】列表选择【mill_planar】选项。

② 在【刀具子类型】组，单击【Mill】按钮 🔳，创建平底立铣刀。

③ 在【名称】组文本框输入"D8R0"，单击【确定】按钮。

④ 出现【铣刀-5参数】对话框，在【尺寸】组【直径】文本框输入"8"，在【下半径】文本框输入"0"，单击【确定】按钮，创建刀具，如图7-5所示。

此时【机床视图】中将显示新建的刀具"D8R0"，其父项为"GENERIC_MACHINE"。

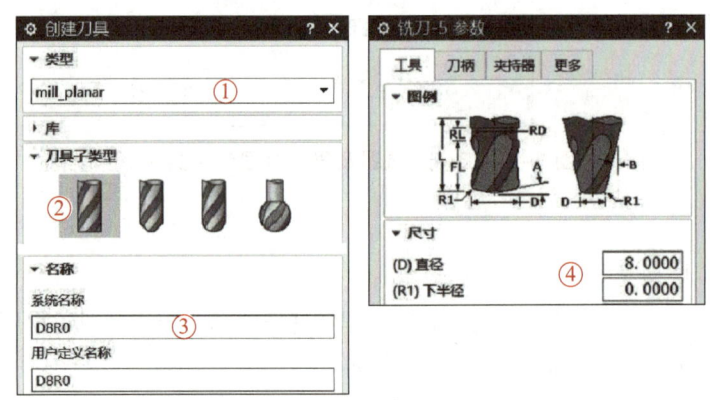

图 7-5　创建刀具

6. 创建加工坐标系和安全距离、指定部件和毛坯几何体

（1）创建加工坐标系和安全距离

单击工序导航器中的【几何视图】按钮 🔧，将工序导航器切换到【几何视图】显示模式，右键单击【MCS_Main】选择【编辑】命令，出现【MCS Main】对话框。

① 在【主要】选项卡【机床坐标系】选项卡，单击【自动判断】按钮，选择模型上表面，将MCS坐标原点放置于模型上表面中心处，创建加工坐标系。

② 在【安全平面】组【安全设置选项】列表选择【平面】选项，选择模型上表面，在绘图

区【距离】文本框输入"10"，如图 7-6 所示。

完成以上设置，单击【确定】按钮，创建加工坐标系和安全距离。

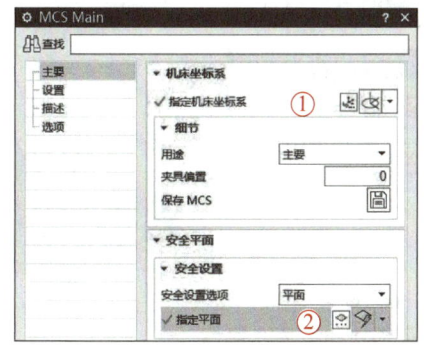
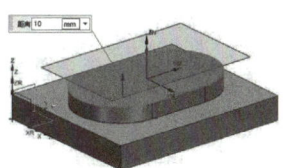

图 7-6　创建加工坐标系和安全距离

💡 提示　关于加工坐标系和安全距离

加工坐标系（MCS，Machine Coordinate System），可理解为数控加工程序中各坐标系的绝对坐标参考系（即数控编程中的工件坐标系或编程坐标系），其 X/Y/Z 轴的方向应与所选用的机床设备相对应。可选择工件上的点作为加工坐标系的原点，也可选择工件外的一点作为加工坐标系的原点。为了方便工件装夹时的对刀操作，一般选择工件上表面的中心点或角点作为加工坐标系的原点。

安全距离也称参考距离，其含义为当刀具从离工件较远的点以快速定位的方式靠近工件时，刀具先快速运动到安全距离参考平面，然后以切削进给速度逼近工件开始切削。安全平面为刀具快速靠近工件时提供了一道安全屏障，避免撞刀的发生。

（2）指定部件和毛坯几何体

在工序导航器中，右键单击【WORKPIECE】选择【编辑】命令，出现【工件】对话框。

① 单击【指定部件】按钮 🔲，出现【部件几何体】对话框，在绘图区域选择实体模型作为部件几何体。完成设置，单击【确定】按钮，返回【工件】对话框。

② 单击【指定毛坯】按钮 🔲，出现【毛坯几何体】对话框，选择【包容块】选项。完成设置，单击【确定】按钮，返回【工件】对话框，如图 7-7 所示。

完成以上设置，单击【确定】按钮，指定部件和毛坯几何体。

💡 提示　关于【工件】对话框

【工件】对话框的主要功能是为要创建的 CAM 规划指定加工对象，包括【指定部件】和【指定毛坯】等。如果规划刀具路径时要考虑与工艺系统中其他部分的关系，如需避开夹具与工件接触部分，就需要用到【指定检查】。在【毛坯几何体】对话框中，可以在【类型】列表选择毛坯的类型，此例中选择最常用的"包容块"即将所指定的"部件几何体"进行包容，通过分析"部件几何体"在 X/Y/Z 三个方向的最小外廓尺寸，用于指定 CAM 规划中部件几何体的毛坯。

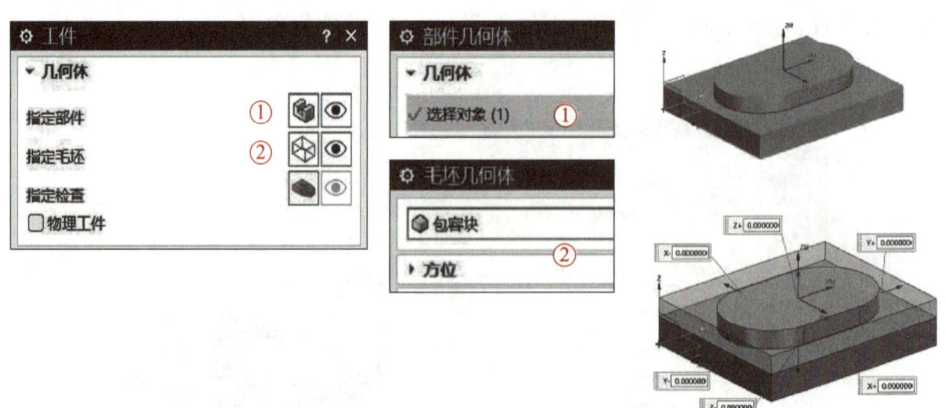

图 7-7 指定部件和毛坯几何体

7．创建几何体、确定切削区域

（1）单击【主页】选项卡｜【插入】组｜【创建几何体】按钮 ，出现【创建几何体】对话框。

① 在【类型】列表选择【mill_planar】选项。

② 在【几何体子类型】组，单击【MILL_AREA】按钮 。

③ 在【位置】组【几何体】列表选择【WORKPIECE】选项。

④ 在【名称】组文本框输入"MILL_AREA"，如图 7-8 所示。

完成以上设置，单击【确定】按钮，创建几何体并出现【铣削区域】对话框。

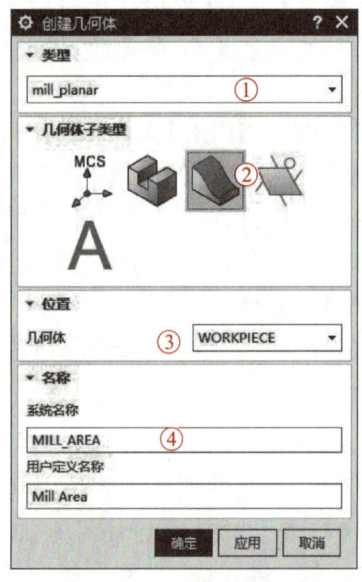

图 7-8 创建几何体

（2）在【铣削区域】对话框中单击【指定切削区域】按钮 ，弹出【切削区域】对话框。

① 在【几何体】组【选择方法】列表选择【面】选项。

② 激活【选择对象】,在绘图区选择零件中凸台的基面作为驱动几何,如图 7-9 所示。

完成以上设置,单击【确定】按钮,确定切削区域并返回【铣削区域】对话,单击【确定】按钮。

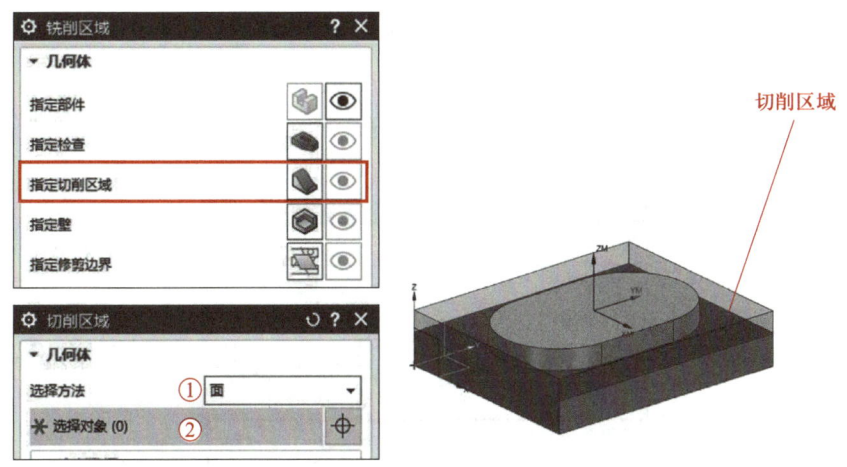

图 7-9　确定切削区域

8. 创建方法

单击【主页】选项卡|【插入】组|【创建方法】按钮 ,出现【创建方法】对话框。

① 在【类型】列表选择【mill_planar】选项。

② 在【方法子类型】组,单击【MILL_METHOD】按钮 。

③ 在【位置】组【方法】列表选择【METHOD】选项。

④ 在【名称】组文本框输入"MILL_F",单击【确定】按钮。

⑤ 出现【铣削方法】对话框,在【部件余量】文本框输入"0",如图 7-10 所示。

完成以上设置,单击【确定】按钮,创建方法。

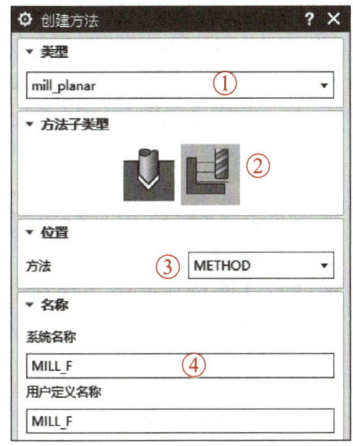

图 7-10　创建方法

9. 创建工序

（1）单击【主页】选项卡 |【插入】组 |【创建工序】按钮，出现【创建工序】对话框。

① 在【类型】列表选择【mill_planar】选项。

② 在【工序子类型】组，单击【底壁铣】按钮。

③ 在【位置】组【程序】列表选择【CONTOUR】选项，在【刀具】列表选择【D8R0】选项，在【几何体】列表选择【MILL_AREA】选项，在【方法】列表选择【MILL_F】选项。

④ 在【名称】组文本框输入"FLOOR_WALL"，如图 7-11 所示。

完成以上设置，单击【确定】按钮，创建工序并出现【底壁铣】对话框。

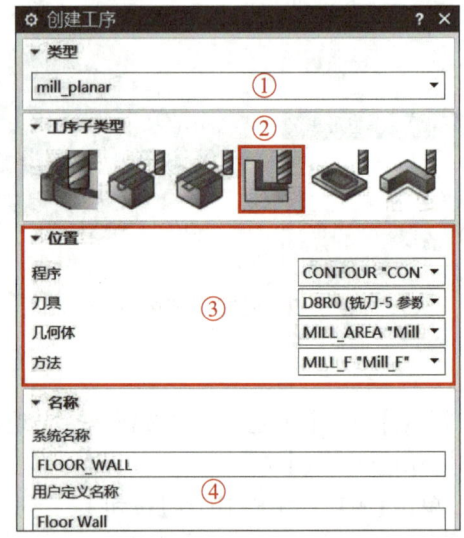

图 7-11 创建工序

（2）在【底壁铣】对话框，单击左侧【主要】选项卡。

① 在【主要】组【刀具】列表选择【D8R0】选项。

② 在【切削模式】列表选择【跟随周边】选项。

③ 在【余量】组【部件余量】【毛坯余量】【检查余量】文本框均输入"0"。

④ 在【毛坯】组【毛坯】列表选择【厚度】选项，在【底面毛坯厚度】文本框输入"10"。

⑤ 在【刀轨设置】组【步距】列表选择【恒定】选项，在【最大距离】文本框输入"80"（即在 XY 平面中刀具轨迹之间的间距为刀具直径的 80%），在【每刀切削深度】文本框输入"2"，如图 7-12 所示。

（3）在【底壁铣】对话框，单击左侧【几何体】选项卡。在【几何体 – 高级】组【几何体】列表选择"MILL_AREA"，如图 7-13 所示。

（4）在【底壁铣】对话框，单击左侧【进给率和速度】选项卡。在【主轴速度】组【主轴速度】文本框输入"1500"，单击【基于此值计算进给率和速度】按钮，自动计算【表面速度】和【每齿进给量】参数，如图 7-14 所示。

（5）在【底壁铣】对话框，单击左侧【策略】选项卡。在【策略】组【切割方向】列表选择【逆铣】选项，在【刀路方向】列表选择【向内】选项，如图 7-15 所示。

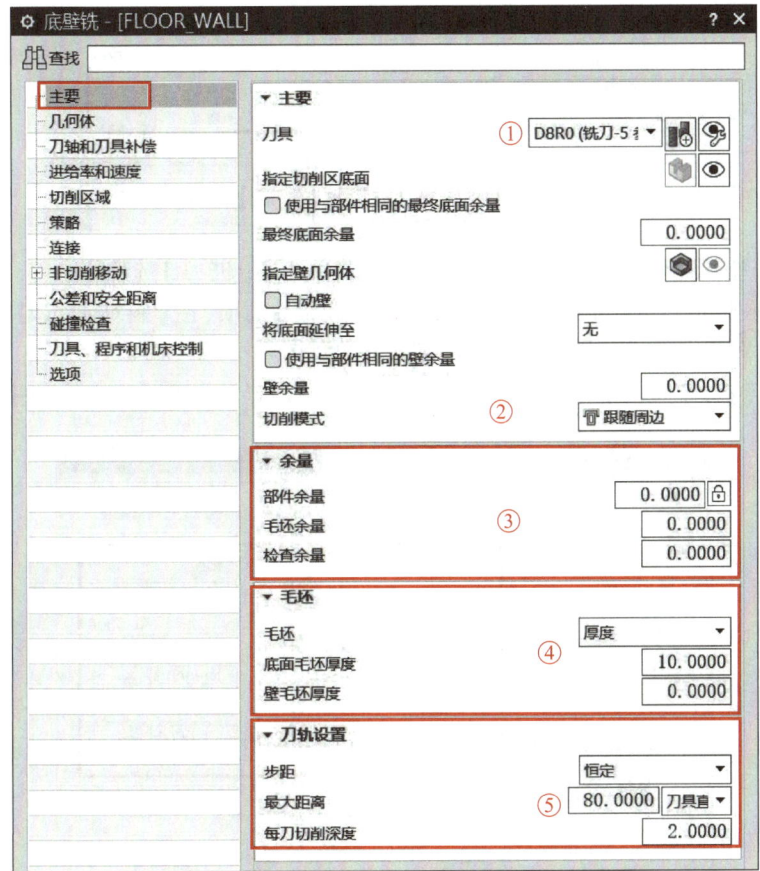

图 7-12 【底壁铣】对话框【主要】选项卡

图 7-13 【底壁铣】对话框【几何体】选项卡

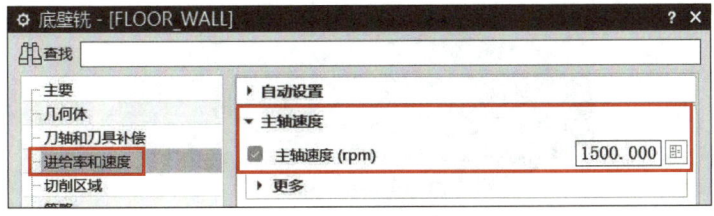

图 7-14 【底壁铣】对话框【进给率和速度】选项卡

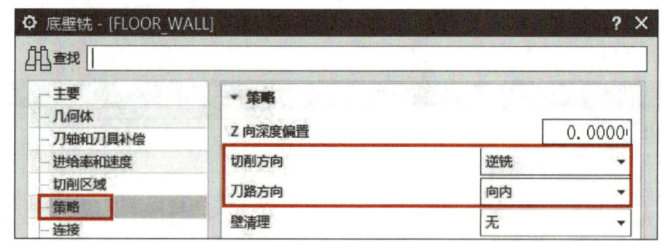

图 7-15　【底壁铣】对话框【策略】选项卡

（6）在【底壁铣】对话框,单击左侧【非切削移动】|【进刀】选项卡。

① 在【开放区域】组【进刀类型】列表选择【线性】选项,在【斜坡角】文本框输入"15",在【高度】文本框输入"3"。

② 在【封闭区域】组【进刀类型】列表选择【与开放区域相同】选项,如图 7-16 所示。

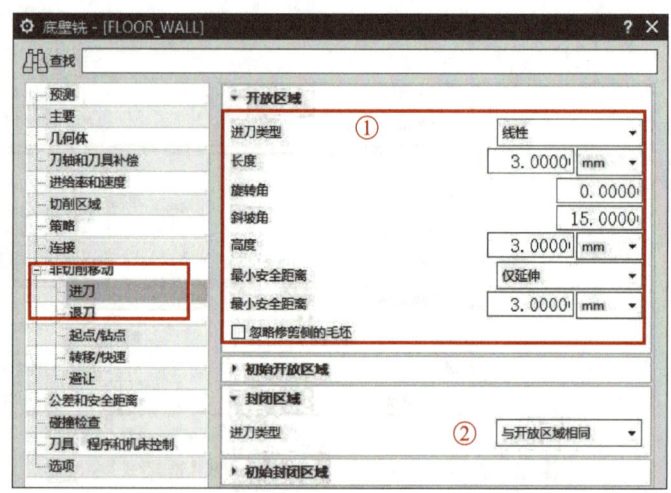

图 7-16　【底壁铣】对话框【非切削移动】【进刀】选项卡

10. 生成刀轨与仿真验证

（1）在【底壁铣】对话框【操作】组,单击【生成】按钮 ，系统开始计算刀轨,最终生成刀轨,如图 7-17 所示。

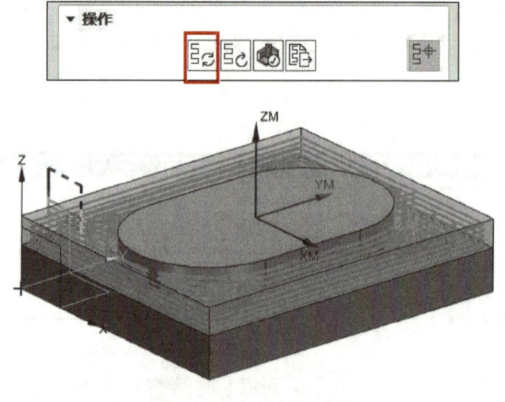

图 7-17　生成刀轨

（2）在【底壁铣】对话框,单击【确认】按钮,出现【刀轨可视化】对话框,选择【3D 动态】选项卡,单击【播放】按钮,进行仿真验证如图 7–18 所示。

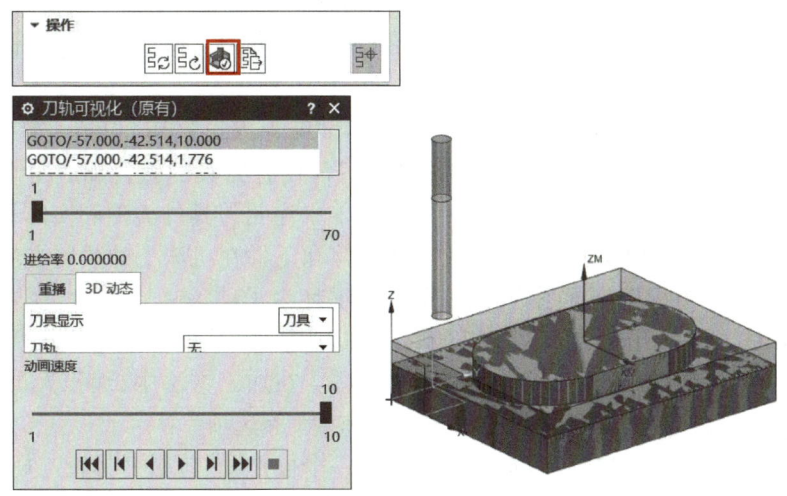

图 7–18　仿真验证

11. 刀轨后处理

在【程序顺序视图】选择刀轨【FLOOR_WALL】,单击【主页】选项卡 | 【工序】组 | 【后处理】按钮,出现【后处理】对话框。

① 在【后处理器】组选择【MILL_3_AXIS】选项,即使用 3 轴加工中心铣削加工。

② 在【文件名】文本框输入"平面铣加工（1）实例"。

③ 在【输出目录】文本框输入 "D:\NX-Study\ 模块 10\ 课题 1\",如图 7–19 所示。

完成以上设置,单击【确定】按钮,在相应的文件目录下生产"平面铣加工（1）实例 .ptp"文件,可用记事本程序打开和编辑。

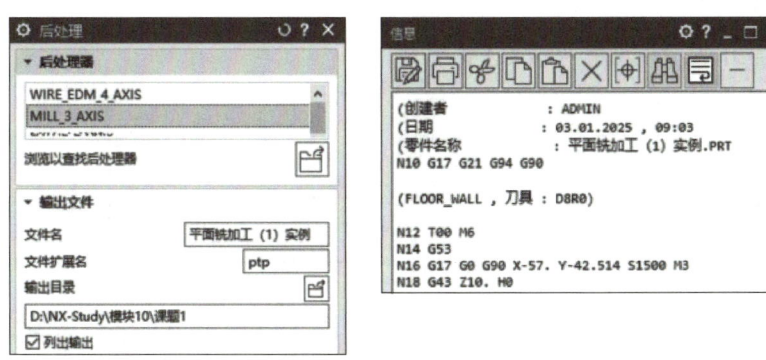

图 7–19　刀轨后处理

12. 存盘

选择【文件】|【保存】命令,保存文件。

💡 提示　关于 UGNX 中 CAM 规划的一般步骤

在完成课题 7.1 的过程中,可以总结出在 UGNX 中完成工件 CAM 规划的一般步骤:
完成工件建模→进入加工环境→创建程序→创建刀具→创建几何体→创建方法→创建工

序→刀轨可视化→刀轨后处理。在 CAM 规划过程中,可通过切换工序导航器来查看每一步操作结果。

① 创建程序。用于对所创建的操作进行组织和分类,对于一个加工对象来说可以按粗精加工的方式将所创建的若干操作进行分类整理,例如可以创建"粗加工"程序组文件夹和"精加工"程序组文件夹来分类管理。

② 创建刀具。UGNX 提供了多种类型的铣刀供编程人员选用,包括立铣刀、面铣刀、球刀、T 型铣刀和自定义铣刀等。设置刀具参数时,只需设置刀具的直径和底角半径即可,其它参数选择默认。加工时,工艺人员需要在工艺说明卡中注明刀具的类型和实际长度。

③ 创建几何体。几何体对象定义了加工几何体和工件在机床上的放置方向,包括机床坐标系、部件和毛坯,其中机床坐标系为父项,部件和毛坯为子项。

④ 创建方法。方法用于定义对加工对象的切削方法,系统已经定义了粗加工、半精加工、精加工,用户可以根据自己的需求创建切削方法。在加工方法中,编程人员可以定义"内公差""外公差""部件余量""切削方式""进给和速度"等选项。

⑤ 创建工序。一个工序或一段加工程序称为一个操作,它包括刀具轨迹规划过程中所需设定的所有参数,包括选定加工坐标系、几何体、刀具、加工方法 4 个父项,还需在选定工序类型以及工序子类型,并在其中完成切削模式、切削参数以及非切削参数等各项参数设置。

⑥ 刀轨可视化。刀轨可视化主要用于对刀具切削工件的过程进行仿真检查,包括刀具在空间中的运动轨迹、切削参数等,包括 3D 动态仿真和 2D 动态仿真。

⑦ 刀轨后处理。在完成刀具轨迹规划和仿真后,所形成的操作文件还不是能直接驱动机床加工的 NC 代码,UGNX 生成的刀具轨迹文件为 CLSF 标准格式。在 UGNX 提供的后处理器中可以选择与所使用机床硬件配置及其数控系统相适应的后处理文件进行 NC 代码的转换,用户也可以根据需求自行使用 UGNX 的提供的"后处理构造器"创建后处理文件。

【任务拓展】

创建如图 7-20 所示模型并完成 CAM 规划。

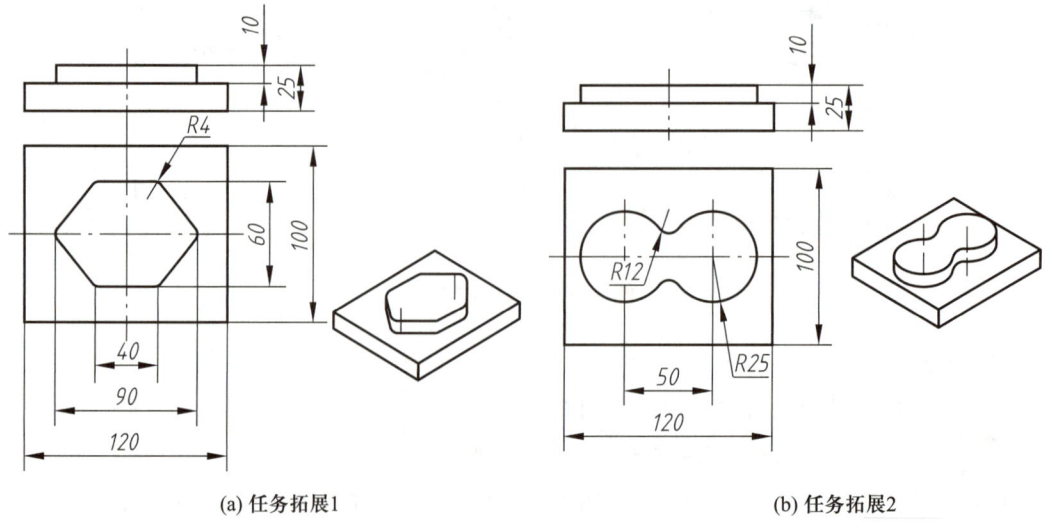

(a) 任务拓展1　　　　　　　　　　　　　　　(b) 任务拓展2

图 7-20　平面铣加工(一)任务拓展

课题 7.2　平面铣加工（二）

微视频

课题7.2

【学习目标】

（1）掌握利用平面铣完成立壁型腔加工的方法。

（2）进一步深化对平面铣操作的理解。

【工作任务】

创建如图 7-21 所示模型并完成 CAM 规划。

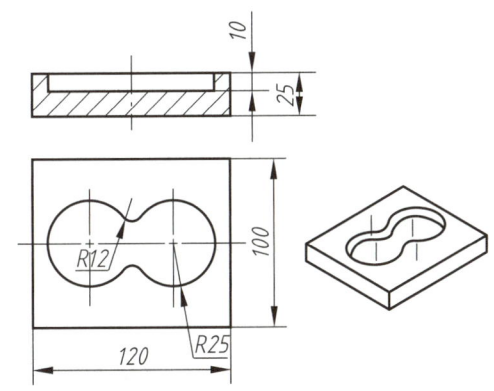

图 7-21　平面铣加工（二）

【任务实施】

1. 新建模型

根据图 7-21 所示，创建待加工模型，命名为"平面铣加工（二）.prt"，并存盘。

2. 确定数控加工方案

凹槽深度为 10，侧壁为直壁，选用 Φ8 镶片式合金平底刀完成特征平面铣加工。

3. 进入加工环境

选择【文件】|【加工】命令，出现【加工环境】对话框。

① 在【CAM 会话配置】列表选择【cam_general】选项。

② 在【要创建的 CAM 组装】列表选择【mill_planar】选项。

单击【确定】按钮，进入加工环境。

4. 创建程序

单击【主页】选项卡|【插入】组|【创建程序】按钮 ，出现【创建程序】对话框。

① 在【类型】列表选择【mill_planar】选项。

② 在【名称】组文本框输入"CAVITY",单击【确定】按钮。

③ 出现【程序】对话框,单击【确定】按钮,创建程序。

5. 创建刀具

单击【主页】选项卡 |【插入】组 |【创建刀具】按钮 ,出现【创建刀具】对话框。

① 在【类型】列表选择【mill_planar】选项。

② 激活【刀具子类型】组,选择【Mill】按钮 。

③ 在【名称】组文本框输入"D8R0",单击【确定】按钮。

④ 出现【铣刀 –5 参数】对话框,在【直径】文本框输入"8"。单击【确定】按钮,创建刀具。

6. 创建加工坐标系和安全距离、指定部件和毛坯几何体

（1）创建加工坐标系和安全距离

单击工序导航器中的【几何视图】按钮 ,切换到【几何视图】,右键单击【MCS_MAIN】选择【编辑】命令,出现【MCS Main】对话框。

① 在【主要】选项卡【机床坐标系】组,单击【自动判断】按钮,选择模型上表面,将 MCS 坐标原点放置于模型上表面中心处,创建加工坐标系。

② 在【安全平面】组【安全设置选项】列表选择【平面】选项,选择模型上表面,在绘图区【距离】文本框输入"10",如图 7–22 所示。

完成以上设置,单击【确定】按钮,创建加工坐标系和安全距离。

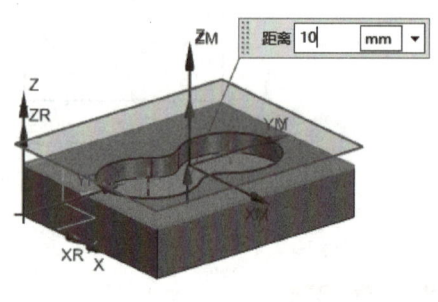

图 7–22 创建加工坐标系和安全距离

（2）指定部件和毛坯几何体

在工序导航器中,右键单击【WORKPIECE】选择【编辑】命令,出现【工件】对话框。

① 单击【指定部件】按钮 ,出现【部件几何体】对话框,在绘图区选择实体模型作为部件几何体。完成设置,单击【确定】按钮,返回【工件】对话框。

② 单击【指定毛坯】按钮 ,出现【毛坯几何体】对话框,选择【包容块】选项。完成设置,单击【确定】按钮,返回【工件】对话框,如图 7–23 所示。

完成以上设置,单击【确定】按钮,指定部件和毛坯几何体。

7. 创建几何体、确定切削区域

（1）单击【主页】选项卡 |【插入】组 |【创建几何体】按钮 ,出现【创建几何体】对话框。

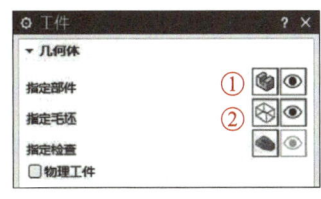
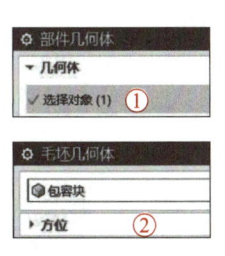
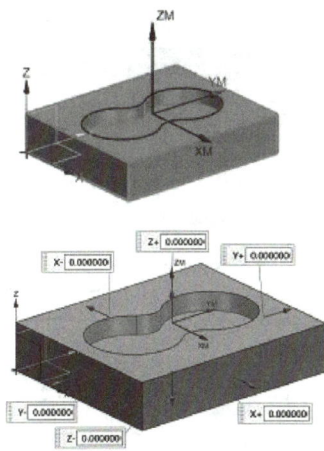

图 7-23　指定部件和毛坯几何体

① 在【类型】列表选择【mill_planar】选项。

② 在【几何体子类型】组，单击【MILL_AREA】按钮 🖐。

③ 在【位置】组【几何体】列表选择【WORKPIECE】选项。

④ 在【名称】组文本框输入"MILL_AREA"，如图 7-24 所示。

完成以上设置，单击【确定】按钮，创建几何体并出现【铣削区域】对话框。

（2）在【铣削区域】对话框中，单击【指定切削区域】按钮，出现【切削区域】对话框。

① 在【几何体】组【选择方法】列表选择【面】选项。

② 激活【选择对象】，在绘图区选择模型中型腔的底面作为驱动几何，如图 7-25 所示。

完成以上设置，单击【确定】按钮，确定切削区域并返回【铣削区域】对话，单击【确定】按钮。

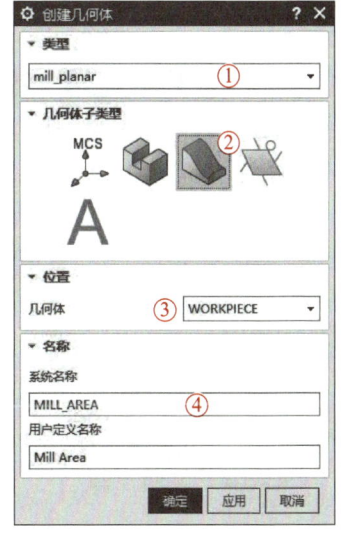

图 7-24　创建几何体

8. 创建方法

单击【主页】选项卡 |【插入】组 |【创建方法】按钮 🥄，出现【创建方法】对话框。

① 在【类型】列表选择【mill_planar】选项。

② 在【方法子类型】组，单击【MILL_METHOD】按钮 📑。

③ 在【位置】组【方法】列表选择【MILL_FINISH】选项。

④ 在【名称】组文本框输入"MILL_F"，单击【确定】按钮。

⑤ 出现【铣削方法】对话框，在【部件余量】文本框输入"0"，如图 7-26 所示。

完成设置，单击【确定】按钮，创建方法。

9. 创建工序

（1）单击【主页】选项卡 |【插入】组 |【创建工序】按钮 📏，出现【创建工序】对话框。

① 在【类型】列表选择【mill_planar】选项。

② 在【工序子类型】组，单击【底壁铣】📙 按钮。

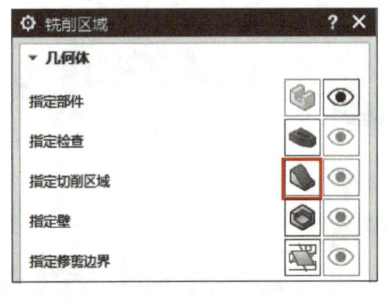

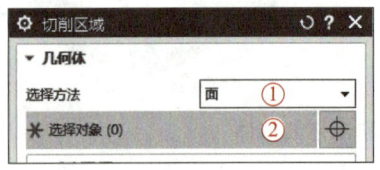

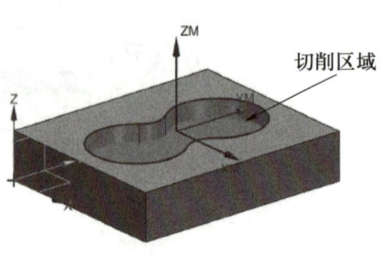

切削区域

图 7-25 确定切削区域

图 7-26 创建方法

③ 在【位置】组【程序】列表选择【CONTOUR】选项,在【刀具】列表选择【D8R0】选项,在【几何体】列表选择【MILL_AREA】选项,在【方法】列表选择【MILL_F】选项。

④ 在【名称】组文本框输入"FLOOR_WALL",如图 7-27 所示。

完成以上设置,单击【确定】按钮,创建工序并出现【底壁铣】对话框。

(2)在【底壁铣】对话框,单击左侧【主要】选项卡。

① 在【主要】组【刀具】列表选择【D8R0】选项。

② 在【切削模式】列表选择【跟随部件】选项。

③ 在【余量】组【部件余量】【毛坯余量】【检查余量】文本框均输入"0"。

④ 在【毛坯】组【毛坯】列表选择【厚度】选项,在【底面毛坯厚度】文本框输入"10"。

⑤ 在【刀轨设置】组【步距】列表选择【%刀具平直】选项,在【平面直径百分比】文本框输入"80"(即在 XY 平面中刀具轨迹之间的间距为刀具直径的 80%),在【每刀切削深度】文本框输入"2",如图 7-28 所示。

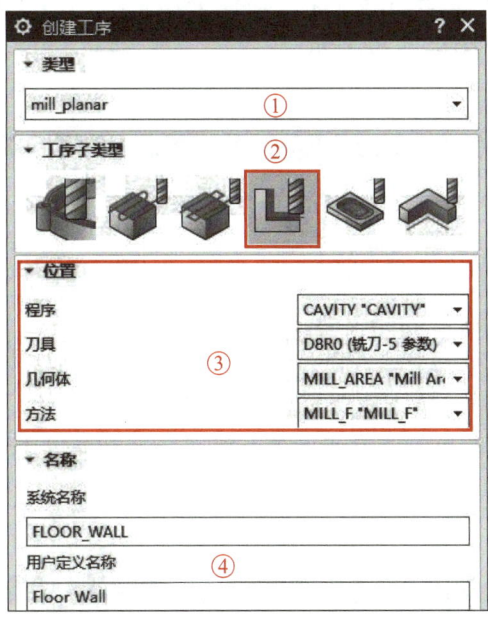

图 7-27 创建工序

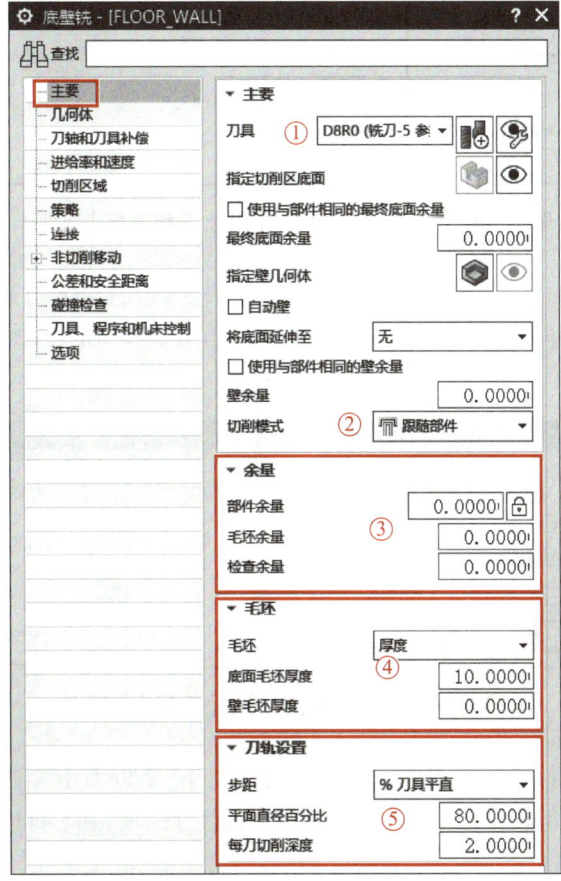

图 7-28 【底壁铣】对话框【主要】选项卡

（3）在【底壁铣】对话框，单击左侧【几何体】选项卡。在【几何体 – 高级】组【几何体】列表选择"MILL_AREA"，如图 7-29 所示。

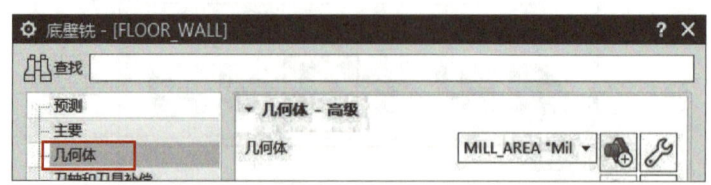

图 7-29　【底壁铣】对话框【几何体】选项卡

（4）在【底壁铣】对话框，单击左侧【进给率和速度】选项卡。在【主轴速度】对话框【主轴速度】文本框输入"1500"，单击【基于此值计算进给率和速度】按钮，自动计算【表面速度】和【每齿进给量】参数，如图 7-30 所示。

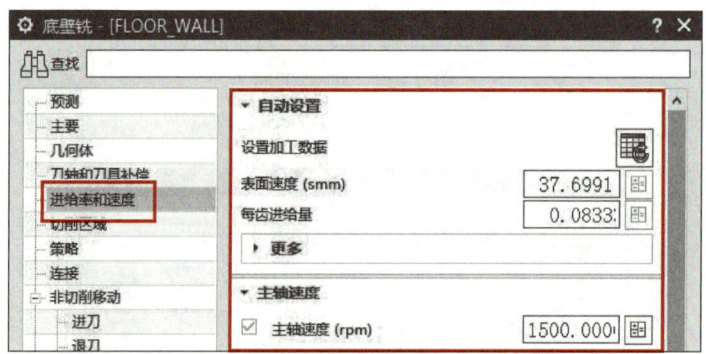

图 7-30　【底壁铣】对话框【进给率和速度】选项卡

（5）在【底壁铣】对话框，单击左侧【策略】选项卡。在【策略】组【Z 向深度偏置】文本框输入"1"，在【切削方向】列表选择【逆铣】选项，如图 7-31 所示。

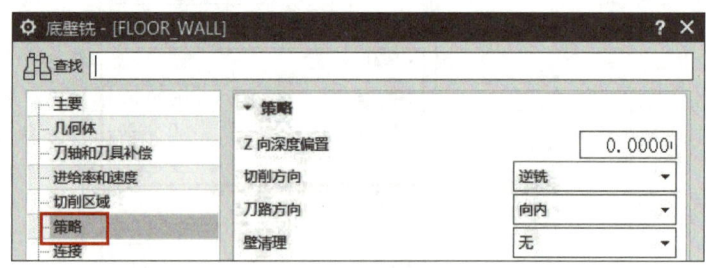

图 7-31　【底壁铣】对话框【策略】选项卡

（6）在【底壁铣】对话框，单击左侧【非切削移动】|【进刀】选项卡。

① 在【开放区域】组【进刀类型】列表选择【线性】选项，在【斜坡角】文本框输入"15"，在【高度】文本框输入"3"。

② 在【封闭区域】组【进刀类型】列表选择【与开放区域相同】选项，如图 7-32 所示。

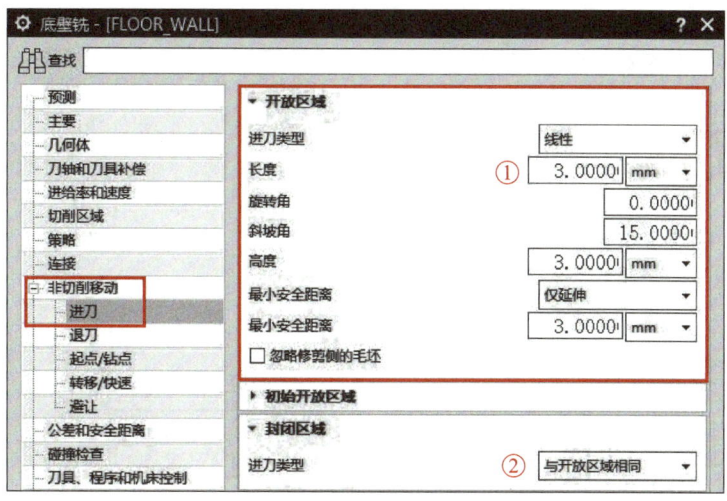

图 7-32　【底壁铣】对话框【非切削移动】|【进刀】选项卡

10. 生成刀轨与仿真验证

（1）在【底壁铣】对话框【操作】组中，单击【生成】按钮 ，系统开始计算刀轨，最终生成刀轨，如图 7-33 所示。

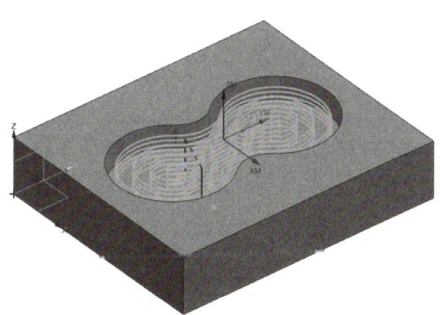

图 7-33　生成刀轨

（2）在【底壁铣】对话框，单击【确定】按钮，出现【刀轨可视化】对话框，选择【3D 动态】选项卡，单击【播放】按钮，如图 7-34 所示。

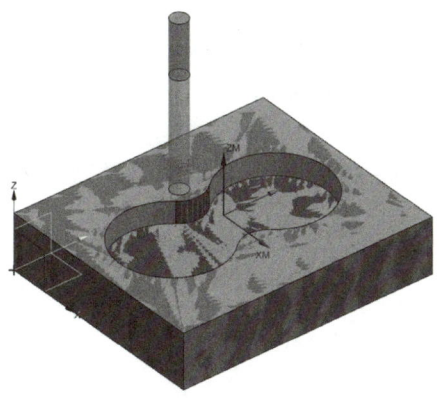

图 7-34　仿真验证

11. 存盘

选择【文件】|【保存】命令，保存文件。

【任务拓展】

创建如图 7-35 所示模型并完成 CAM 规划。

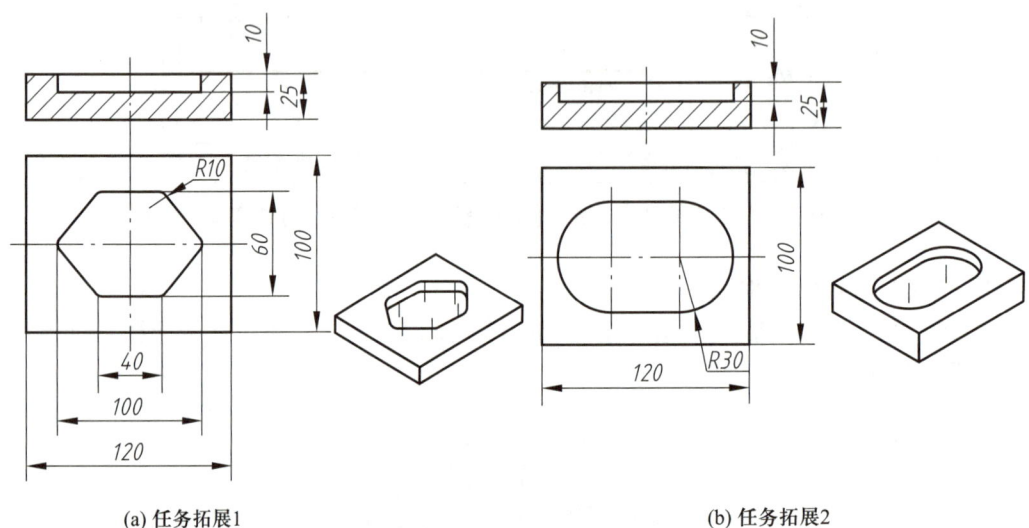

(a) 任务拓展1　　　　　　　　　　　　　　　(b) 任务拓展2

图 7-35　平面铣加工（二）任务拓展

课题 7.3　平面铣加工（三）

微视频

课题7.3

【学习目标】

（1）掌握【平面铣】工序子类型驱动几何体的选择方式。
（2）掌握面方式选择几何体参数的方法。
（3）掌握曲线 / 边方式选择几何体的方法。
（4）掌握【平面铣】工序子类型驱动几何体底面选择的方法。

【工作任务】

创建如图 7-36 所示模型并完成 CAM 规划。

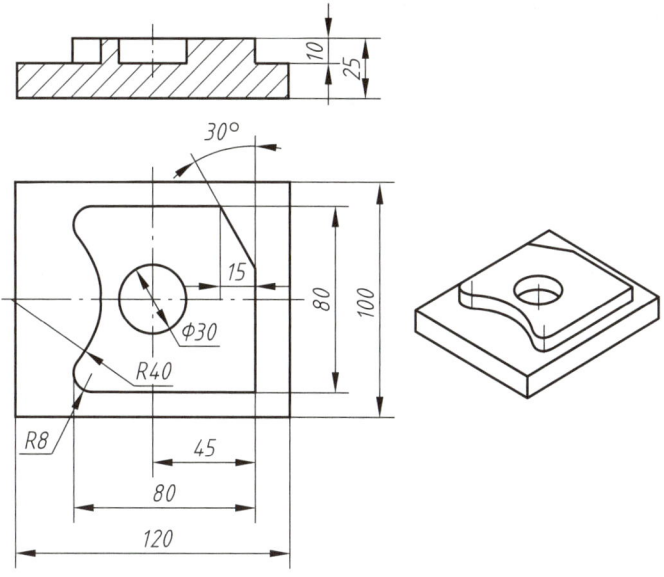

图 7-36　平面铣加工（三）

【任务实施】

1. 新建模型

根据图 7-36 所示，创建待加工模型，命名为"平面铣加工（三）.prt"，并存盘。

2. 确定数控加工方案

凸台高度为 10，侧壁为直壁，选用 Φ8 镶片式合金平底刀加工。

3. 进入加工环境

选择【文件】|【加工】命令，出现【加工环境】对话框。

① 在【CAM 会话配置】列表选择【cam_general】选项。

② 在【要创建的 CAM 组装】列表选择【mill_planar】选项。

单击【确定】按钮，进入加工环境。

4. 创建程序

单击【主页】选项卡|【插入】组|【创建程序】按钮 🔧，出现【创建程序】对话框。

① 在【类型】列表选择【mill_planar】选项。

② 在【名称】组文本框输入"CAVITY"，单击【确定】按钮。

③ 出现【程序】对话框，单击【确定】按钮，创建程序。

5. 创建刀具

单击【主页】选项卡|【插入】组|【创建刀具】按钮 🔧，出现【创建刀具】对话框。

① 在【类型】列表选择【mill_planar】选项。

② 激活【刀具子类型】组，选择【Mill】按钮 ▨。

③ 在【名称】组文本框输入"D8R0"，单击【确定】按钮。

④ 出现【铣刀 -5 参数】对话框，在【直径】文本框输入"8"。单击【确定】按钮，创建刀具。

233

6. 创建加工坐标系和安全距离、指定部件和毛坯几何体

（1）创建加工坐标系和安全距离

单击工序导航器中的【几何视图】按钮 ，切换到【几何视图】，右键单击【MCS_MAIN】选择【编辑】命令，出现【MCS Main】对话框。

① 在【主要】选项卡【机床坐标系】组，单击【自动判断】按钮，选择模型上表面，将 MCS 坐标原点放置于模型上表面中心处，创建加工坐标系。

② 在【安全平面】组【安全设置选项】列表选择【平面】选项，选择模型上表面，在绘图区【距离】文本框输入"10"，如图 7-37 所示。

完成以上设置，单击【确定】按钮，创建加工坐标系和安全距离。

图 7-37　创建加工坐标系和安全距离

（2）指定部件和毛坯几何体

在工序导航器中，右键单击【WORKPIECE】选择【编辑】命令，出现【工件】对话框。

① 单击【指定部件】按钮，出现【部件几何体】对话框，在绘图区域选择实体模型作为部件几何体。完成设置，单击【确定】按钮，返回【工件】对话框。

② 单击【指定毛坯】按钮，出现【毛坯几何体】对话框，选择【包容块】选项；在【大小】组【高度】文本框输入"27"，在【位置】组【Z+】文本框输入"2"。完成设置，单击【确定】按钮，返回【工件】对话框，如图 7-38 所示。

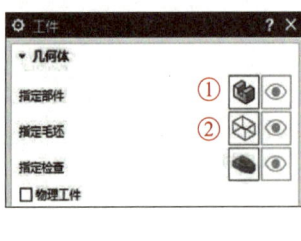

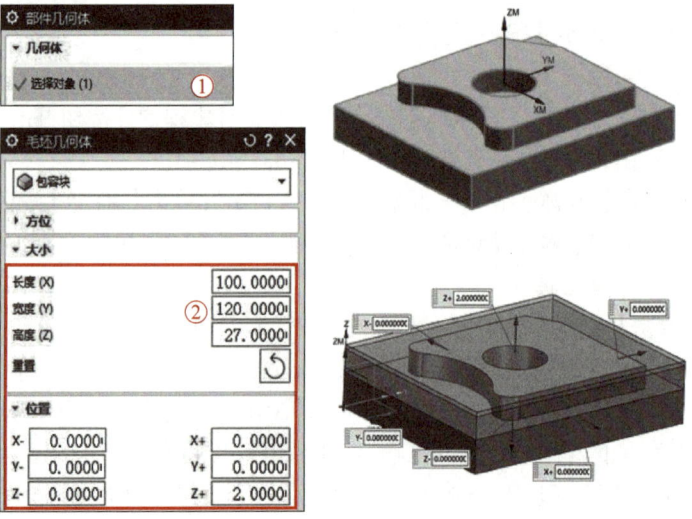

图 7-38　指定部件和毛坯几何体

完成以上设置，单击【确定】按钮，指定部件和毛坯几何体。

💡 提示　关于【包容块】参数设置

默认状态下，包容块【大小】组中长、宽、高为包容部件的最小尺寸，各面在坐标方向上相对于工件的偏置量为 0，可根据需要设置【位置】组中的坐标值为包容块三个坐标方向相对于当前 MCS 的偏置。本次操作当前 MCS 是模型顶面中心，在【大小】组高度方向增加 2 mm 加工余量。当前 MCS 默认在【Z−】方向增加 2 mm，因此根据实际需要在本例创建包容块时对"Z+"方向进行了 2 mm 的偏置，代表真实的毛坯中其余各外廓表面均已加工到尺寸，只有顶面还需要加工，其顶面预留了 2 mm 的加工余量。

7．创建几何体

（1）单击【主页】选项卡 |【插入】组 |【创建几何体】按钮 ，出现【创建几何体】对话框。

① 在【类型】列表选择【mill_planar】选项。

② 在【几何体子类型】组，单击【MILL_BND】按钮 。

③ 在【位置】组【几何体】列表选择【WORKPIECE】选项。

④ 在【名称】组文本框输入"MILL_BND"，如图 7-39 所示。

完成以上设置，单击【确定】按钮，创建几何体并出现【铣削边界】对话框。

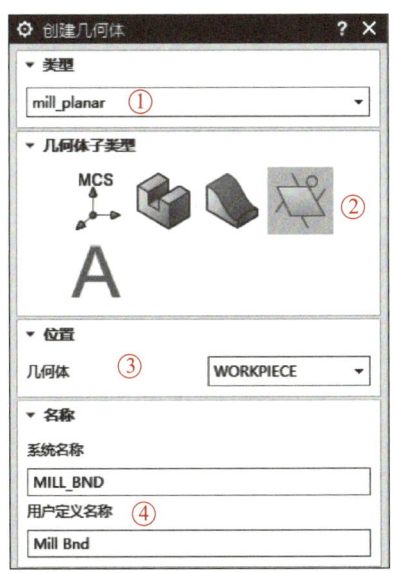

图 7-39　创建几何体

（2）在【铣削边界】对话框中，单击【指定部件边界】按钮 ，出现【部件边界】对话框。

① 在【选择方法】列表选择【面】选项，在绘图区选择用于定义切削边界的面。

② 在【刀具侧】列表选择【外侧】选项，在【平面】列表选择【指定】选项，在绘图区选择用于定义切削边界的外侧的面。

③ 在【刀具侧】列表选择【内侧】选项，在【平面】列表选择【指定】选项，在绘图区选择用于定义切削边界的内侧的面，如图 7-40 所示。

完成以上设置，单击【确定】按钮，确定部件边界并返回【铣削边界】对话。

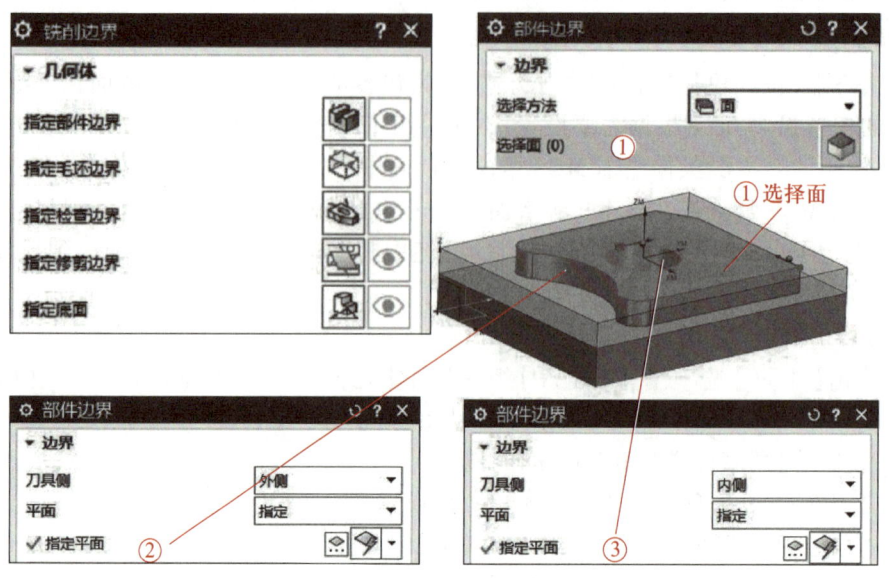

图 7-40 确定部件边界

💡 提示 关于【边界】组

【选择方法】列表用于指定不同的边界选择方法,为平面铣操作确定部件边界。

① 【面】选项提取所选择平面的边界作为部件边界。

② 【曲线】选项选择工件上所要加工的棱柱或腔体的轮廓线作为部件边界。

③ 【点】选项选择棱柱或腔体的特征节点,系统在所选定的特征节点之间自动创建直线来确定部件边界。

【刀具侧】列表用于指定刀具走刀时相对于所确定的部件边界的位置,如本例中加工异形凸台时刀具应位于凸台边界的外侧;加工圆柱腔体时,刀具应位于圆柱腔体边界的内侧。

【平面】列表用于指定部件边界位于哪个平面上:

① 【自动】选项所创建的边界位于所选的特征平面上即所选既所得,例如本例中通过【面】来指定边界,则创建的部件边界与被选择的平面位于同一平面上。

② 【指定】选项通过指定某个平面作为部件边界,该选项的优势在于可以选择位于不同平面上的几何要素来确定边界,最终形成的边界为所选几何要素在指定平面上的投影。

（3）在【铣削边界】对话框中,单击【指定毛坯边界】按钮,出现【毛坯边界】对话框。

① 在【选择方法】列表选择【曲线】选项,在【刀具侧】列表选择【内侧】选项,在绘图区选择 4 边。

② 在【平面】列表选择【指定】选项,在绘图区选择模型顶面,在【距离】文本框输入"2",如图 7-41 所示。

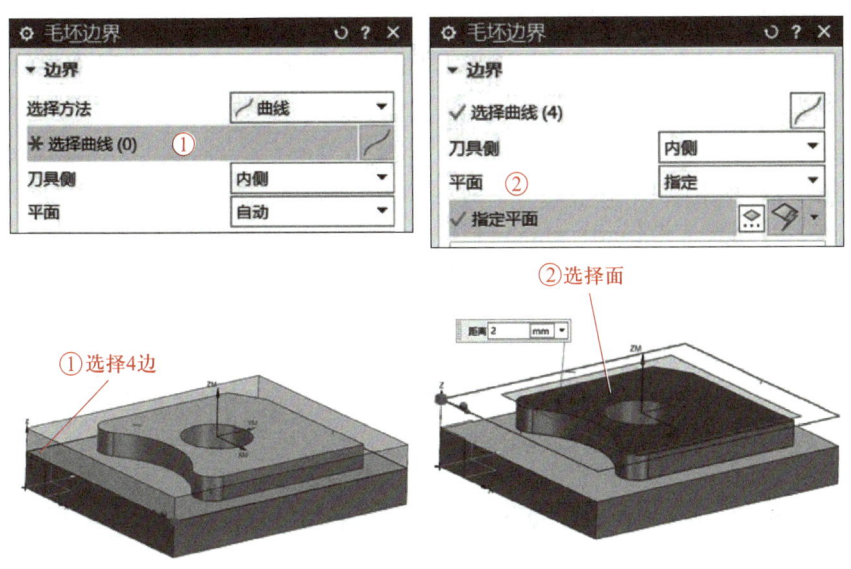

图 7-41　确定毛坯边界

完成以上设置，单击【确定】按钮，确定毛坯边界并返回【铣削边界】对话框。

（4）在【铣削边界】对话框中，单击【指定底面】按钮，出现【平面】对话框。在绘图区选择凸台位于的面作为底面，在【距离】文本框输入"0"，如图 7-42 所示。完成设置，单击【确定】按钮，指定底面并返回【铣削边界】对话。

完成以上设置，单击【确定】按钮。

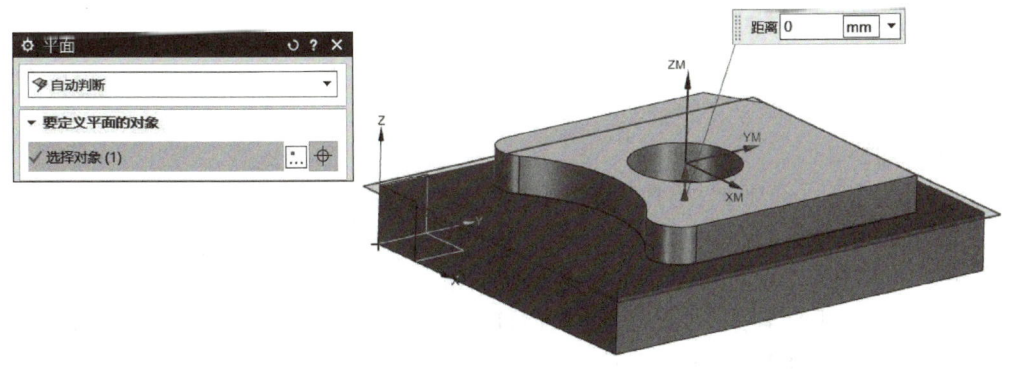

图 7-42　指定底面

💡 提示　关于【指定底面】命令

【指定底面】命令用于指定几何体的加工底面，即指定加工时刀具切削的最终深度，如果最终底面需要留余量的话，可以在【偏置】组里设置余量值。

💡 提示　关于【铣削边界】对话框

【指定部件边界】命令用于定义加工轮廓，控制刀具运动的范围。

【指定毛坯边界】命令用于定义毛坯材料范围，加工要去除的材料为毛坯边界与所选底面之间包络的实体与部件实体的差值,在选择时要注意刀具侧的正确指定。

【指定检查边界】命令用于描述刀具不能碰撞的区域,如夹具和压板等。

【指定修剪边界】命令用于进一步控制刀具的运动范围,对由零件边界生成的刀轨做进一步的修剪。

8. 创建方法

单击【主页】选项卡|【插入】组|【创建方法】按钮 ,出现【创建方法】对话框。

① 在【类型】列表选择【mill_planar】选项。

② 在【方法子类型】组,单击【MILL_METHOD】按钮 。

③ 在【位置】组【方法】列表选择【MILL_FINISH】选项。

④ 在【名称】组文本框输入"MILL_F",单击【确定】按钮。

⑤ 出现【铣削方法】对话框,在【部件余量】文本框输入"0",如图 7-43 所示。

完成设置,单击【确定】按钮,创建方法。

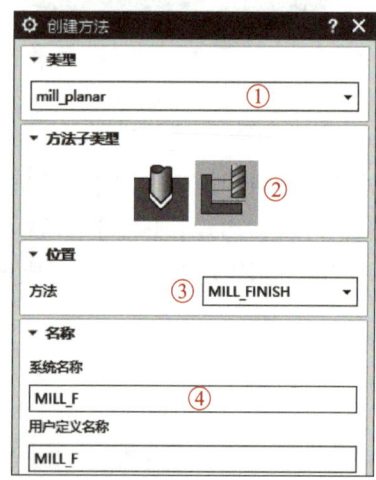

图 7-43 创建方法

9. 创建工序

(1)单击【主页】选项卡|【插入】组|【创建工序】按钮 ,出现【创建工序】对话框。

① 在【类型】列表选择【mill_planar】选项。

② 在【工序子类型】组,单击【平面铣】 按钮。

③ 在【位置】组【程序】列表选择【CAVITY】选项,在【刀具】列表选择【D8R0】选项,在【几何体】列表选择【MILL_END】选项,在【方法】列表选择【MILL_F】选项。

④ 在【名称】组文本框输入"PLANAR_MILL",如图 7-44 所示。

完成以上设置,单击【确定】按钮,创建工序并出现【平面铣】对话框。

(2)在【平面铣】对话框,单击左侧【主要】选项卡。

① 在【主要】组【刀具】列表选择【D8R0】选项。

② 在【切削模式】列表选择【跟随部件】选项;在【步距】列表选择【% 刀具平直】选项,在【平面直径百分比】文本框输入"80"(即在 XY 平面中刀具轨迹之间的间距为刀具直径的 80%)。

③ 在【余量】组文本框均输入"0"。

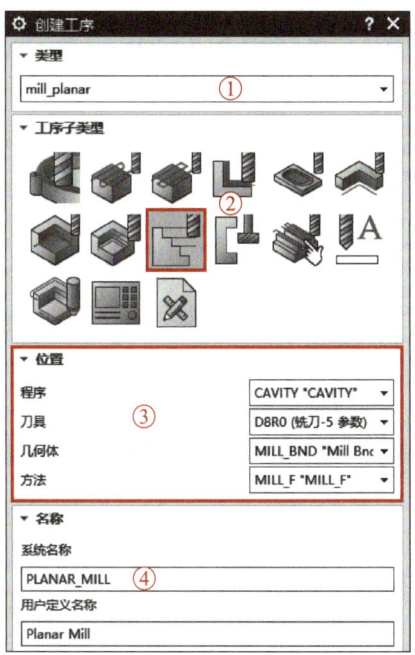

图 7-44　创建工序

④ 在【刀轨设置】组在【切削深度】列表选择【恒定】选项，在【公共】文本框输入"2"，如图 7-45 所示。

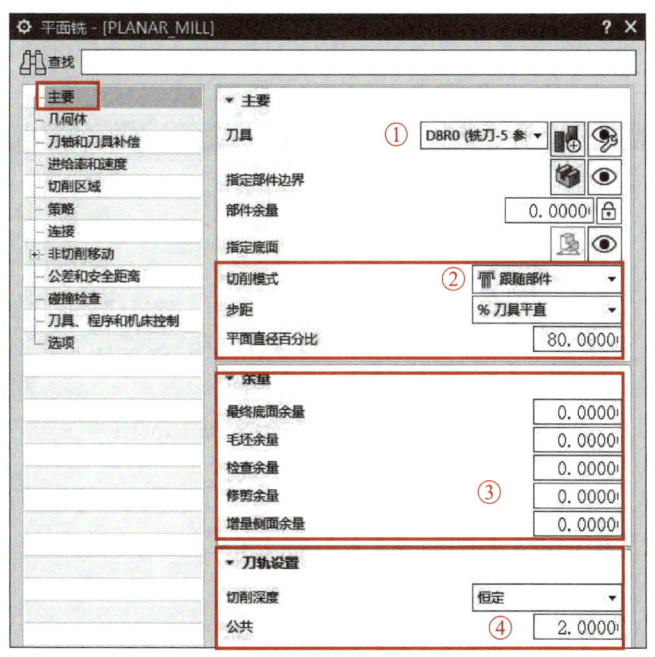

图 7-45　【平面铣】对话框【主要】选项卡

（3）在【平面铣】对话框，单击左侧【几何体】选项卡。在【几何体】组【几何体】列表选择"MILL_AREA"，如图 7-46 所示。

图 7-46　【平面铣】对话框【几何体】选项卡

（4）在【平面铣】对话框，单击左侧【进给率和速度】选项卡。在【主轴速度】对话框【主轴速度】文本框输入"1500"，单击【基于此值计算进给率和速度】按钮，自动计算【表面速度】和【每齿进给量】参数，如图 7-47 所示。

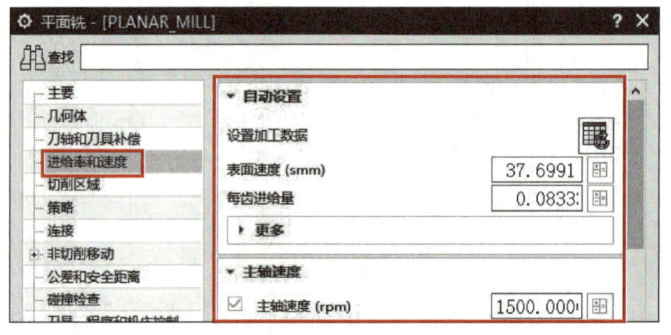

图 7-47　【平面铣】对话框【进给率与速度】选项卡

（5）在【平面铣】对话框，单击左侧【策略】选项卡。在【策略】组【切割方向】列表选择【逆铣】选项，如图 7-48 所示。

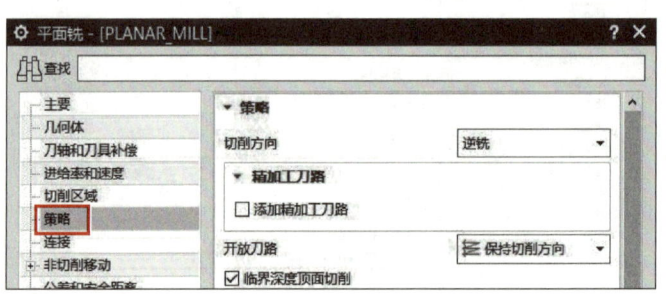

图 7-48　【平面铣】对话框【策略】选项卡

（6）在【平面铣】对话框，单击左侧【非切削移动】|【进刀】选项卡。在【开放区域】组【进刀类型】列表选择【线性】选项，在【斜坡角】文本框输入"15"，在【高度】文本框输入"3"，如图 7-49 所示。

10. 生成刀轨与仿真验证

（1）在【平面铣】对话框【操作】组中，单击【生成】按钮 ，系统开始计算刀轨，最终生成刀轨，如图 7-50 所示。

（2）在【平面铣】对话框，单击【确定】按钮，出现【刀轨可视化】对话框，选择【3D 动态】选项卡，单击【播放】按钮，如图 7-51 所示。

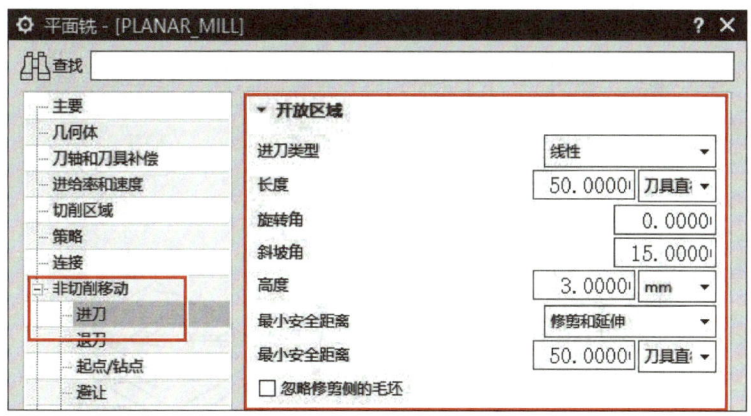

图 7-49　【平面铣】对话框【非切削移动】|【进刀】选项卡

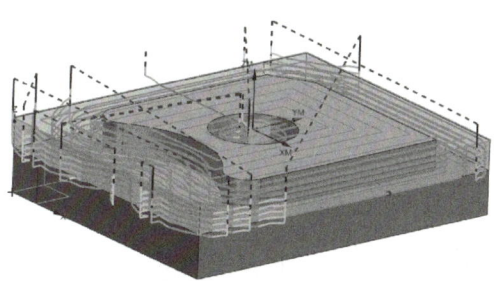

图 7-50　生成刀轨

图 7-51　仿真验证

11. 存盘

选择【文件】|【保存】命令，保存文件。

【任务拓展】

创建如图 7-52 所示模型并完成 CAM 规划。

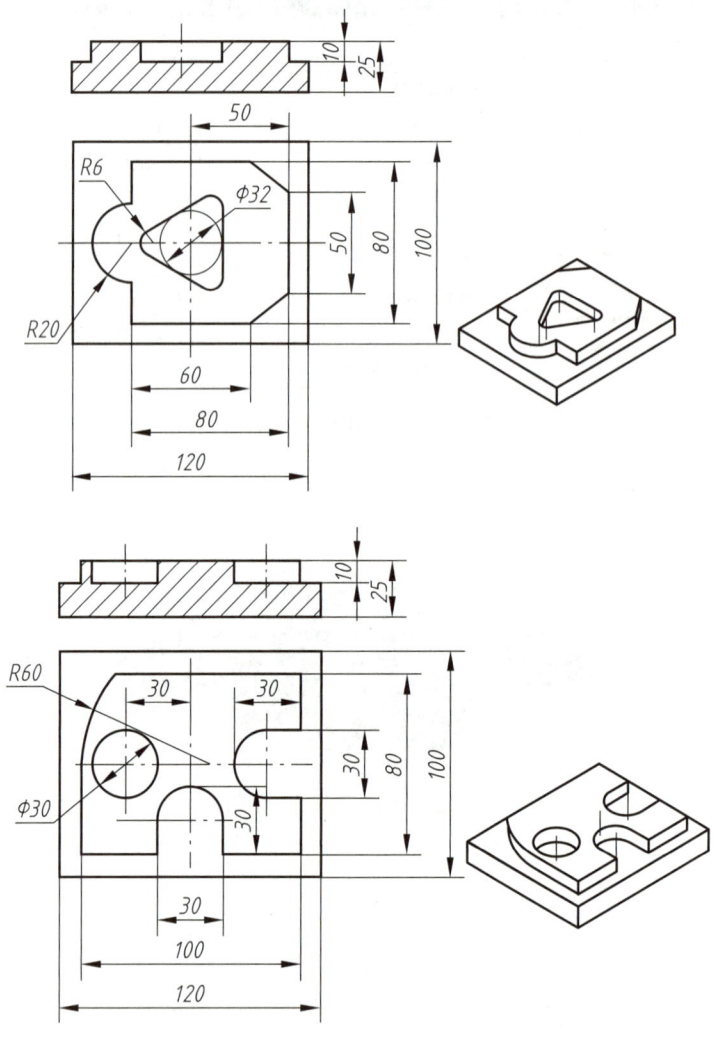

图 7-52　平面铣加工（三）任务拓展

课题 7.4　曲面铣加工

🎯【学习目标】

（1）掌握曲面铣的特点与应用。

（2）掌握曲面铣的创建步骤。

（3）掌握曲面铣操作相关对话框的参数设置与应用。

（4）理解区域铣削驱动曲面铣的特点与应用。

（5）掌握区域铣削驱动曲面铣的参数设置。

【工作任务】

创建如图 7-53 所示模型并完成 CAM 规划。

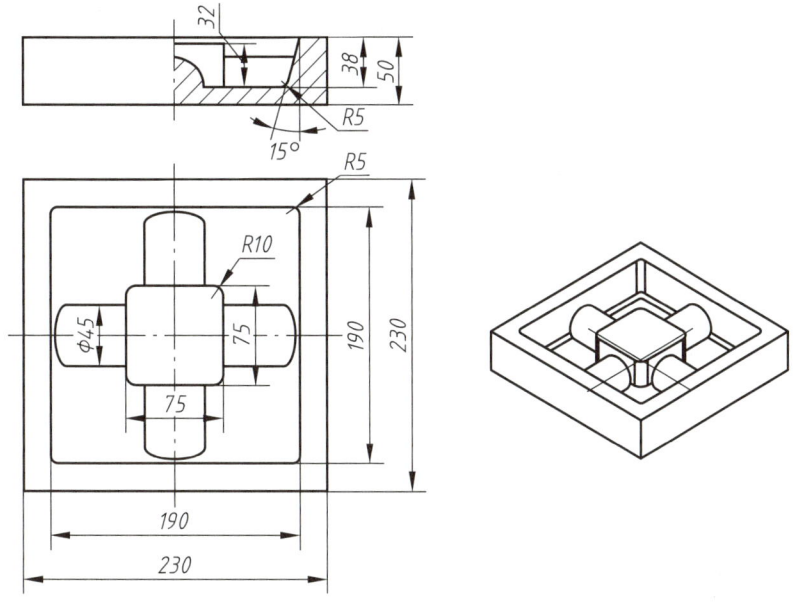

图 7-53 曲面铣加工

【任务实施】

1. 新建模型

根据图 7-52 所示,创建待加工模型,命名为"曲面铣加工 .prt",并存盘。

2. 确定数控加工方案

型腔深度为 38,侧壁为斜面,腔体内部还有异形特征,平面铣削不适用于加工该型腔,将选用【型腔铣】和【区域轮廓铣】工序完成该零件的 CAM 规划。选用 Φ10 平底铣刀,留 1 mm 余量,输出 IPW。选用 Φ5 合金球头铣刀进行精加工,选用 Φ2.5合金球头铣刀,参考 Φ5 球头铣刀直径,进行最终加工处理。

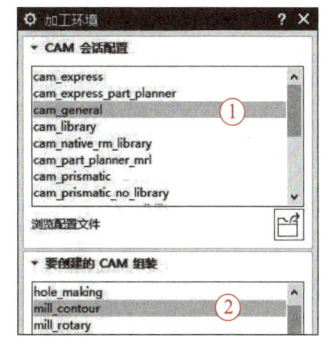

3. 进入加工环境

选择【文件】|【加工】命令,出现【加工环境】对话框。

① 在【CAM 会话配置】列表选择【cam_general】选项。

② 在【要创建的 CAM 组装】列表选择【mill_contour】选项,如图 7-54 所示。

完成以上设置,单击【确定】按钮,进入加工环境。

图 7-54 进入加工环境

4. 创建程序

单击【主页】选项卡|【插入】组|【创建程序】按钮 ,出现【创建程序】对话框。

① 在【类型】列表选择【mill_contour】选项。

② 在【名称】组文本框输入"cavity",单击【确定】按钮。

③ 出现【程序】对话框，如图 7-55 所示。单击【确定】按钮，创建程序。

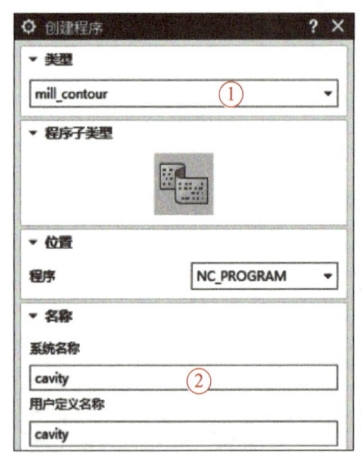

图 7-55　创建程序

5. 创建刀具

单击【主页】选项卡｜【插入】组｜【创建刀具】按钮 ，出现【创建刀具】对话框。

① 在【类型】列表选择【mill_contour】选项。

② 在【刀具子类型】组，选择【MILL】按钮 。

③ 在【名称】组文本框输入"D10"，单击【确定】按钮。

④ 出现【铣刀 -5 参数】对话框，在【直径】文本框输入"10"，如图 7-56 所示。

完成以上设置，单击【确定】按钮，创建刀具。用同样的方法创建 D5、D2.5 球头铣刀。

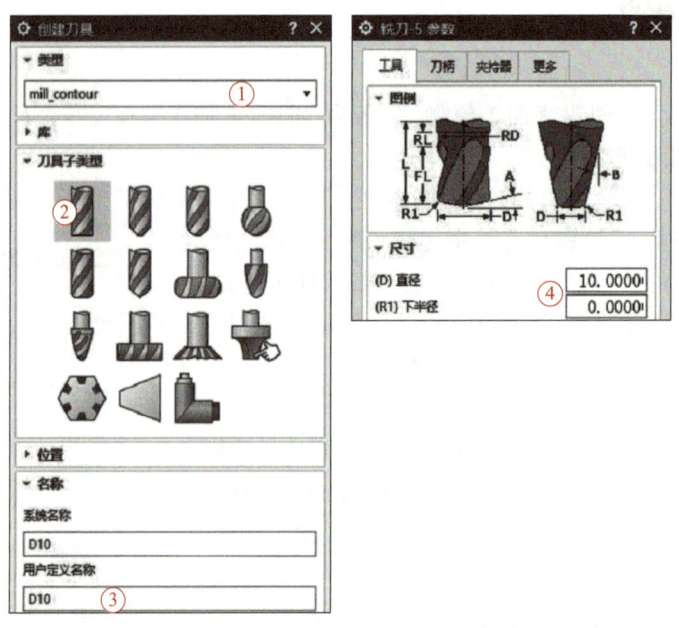

图 7-56　创建刀具

6. 创建加工坐标系和安全距离、指定部件和毛坯几何体

（1）创建加工坐标系和安全距离

单击工序导航器中的【几何视图】按钮 ，切换到【几何视图】，右键单击【MCS_MAIN】

选择【编辑】命令,出现【MCSMain】对话框。

① 在【主要】选项卡【机床坐标系】组,单击【自动判断】按钮,选择模型上表面,将 MCS 坐标原点放置于模型上表面中心处,创建加工坐标系。

② 在【安全距离】组【安全设置选项】列表选择【平面】选项,在绘图区【安全距离】文本框输入"10",如图 7-57 所示。

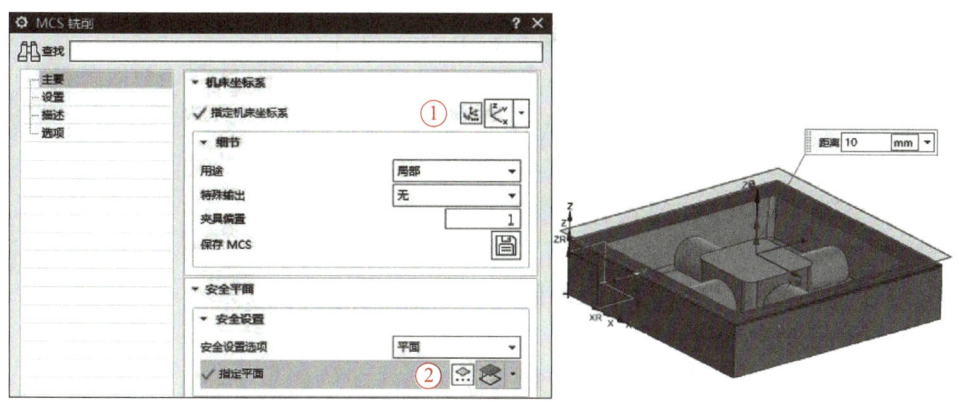

图 7-57　创建加工坐标系和安全距离

完成以上设置,单击【确定】按钮,创建加工坐标系和安全距离。

（2）指定部件和毛坯几何体

在工序导航器中,右键单击【WORKPIECE】选择【编辑】命令,出现【工件】对话框。

① 单击【指定部件】按钮,出现【部件几何体】对话框,在绘图区域选择实体模型作为部件几何体。完成设置,单击【确定】按钮,返回【工件】对话框。

② 单击【指定毛坯】按钮,打开【毛坯几何体】对话框,选择【包容块】选项,在【大小】组【高度】文本框输入"52",在【位置】组【Z+】文本框输入"2"。完成设置,单击【确定】按钮,返回【工件】对话框,如图 7-58 所示。

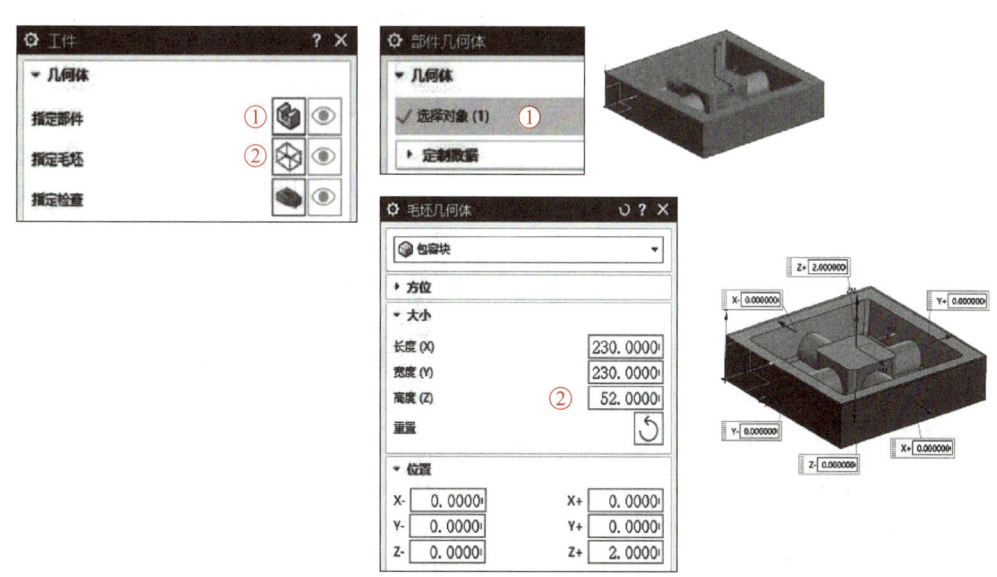

图 7-58　指定部件和毛坯几何体

完成以上设置，单击【确定】按钮，指定部件和毛坯几何体。

7. 创建几何体

（1）单击【主页】选项卡 |【插入】组 |【创建几何体】按钮 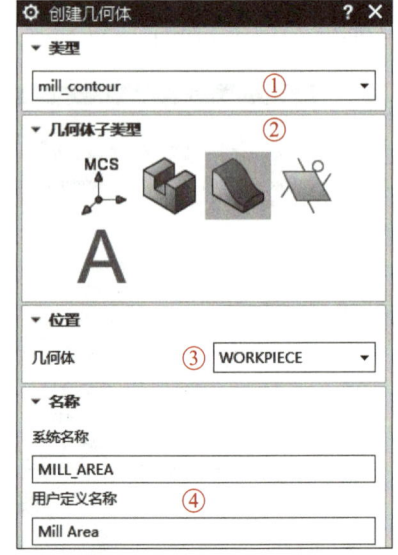，出现【创建几何体】对话框。

① 在【类型】列表选择【mill_contour】选项。

② 在【几何体子类型】组，单击【MILL_AREA】按钮 ◥。

③ 在【位置】组【几何体】列表选择【WORKPIECE】选项。

④ 在【名称】组文本框输入"MILL_AREA"，如图 7-59 所示。

完成以上设置，单击【确定】按钮，创建几何体并出现【铣削区域】对话框。

（2）在【铣削区域】对话框中，单击【指定切削区域】按钮，出现【切削区域】对话框。

① 在【选择方法】列表选择【面】选项。

② 激活【选择对象】，在绘图区选择切削区域。

完成设置，单击【确定】按钮，确定切削区域并返回【切削区域】对话框，如图 7-60 所示，单击【确定】按钮。

图 7-59　创建几何体

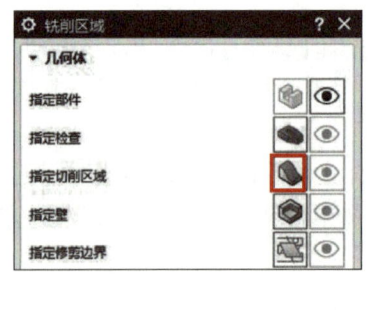

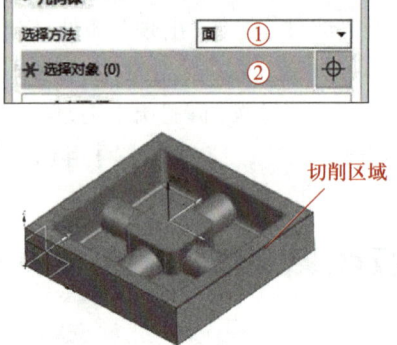

图 7-60　确定切削区域

8. 创建粗加工操作

（1）单击【主页】选项卡 |【插入】组 |【创建方法】按钮 ，出现【创建方法】对话框。

① 在【类型】列表选择【mill_contour】选项。

② 在【方法子类型】组，单击【MILL_METHOD】按钮用于第一步粗加工。

③ 在【位置】组【方法】列表选择【MILL_ROUGH】选项。

④ 在【名称】组文本框输入"MILL_R"，单击【确定】按钮。

⑤ 出现【铣削方法】对话框，在【部件余量】文本框输入"1"，如图 7-61 所示。

完成以上设置，单击【确定】按钮，创建粗加工方法。

（2）单击【主页】选项卡 |【插入】组 |【创建工序】按钮 ，出现【创建工序】对话框。

① 在【类型】列表选择【mill_contour】选项。

图 7-61 创建粗加工方法

② 在【工序子类型】组,单击【型腔铣】![icon]按钮;

③ 在【位置】组【程序】列表选择【CAVITY】选项,在【刀具】列表选择【D10】选项,在【几何体】列表选择【MILL_AREA】选项,在【方法】列表选择【MILL_R】选项。

④ 在【名称】组文本框输入"R_MILL",如图 7-62 所示。

完成以上设置,单击【确定】按钮,创建工序并出现【型腔铣】对话框。

图 7-62 创建工序

（3）在【型腔铣】对话框,单击左侧【主要】选项卡。

① 在【主要】组【刀具】列表选择【D10】选项。

② 在【切削模式】列表选择【跟随部件】选项,在【步距】列表选择【% 刀具平直】选项,在【平面直径百分比】文本框输入"50"（即在 XY 平面中刀具轨迹之间的间距为刀具直径的80%）,在【公共每刀切削深度】列表选择【恒定】选项,在【最大距离】文本框输入"2"。

③ 在【切削】组【切削方向】列表选择【逆铣】选项,在【切削顺序】列表选择【深度优先】选项;

④ 在【空间范围】组【过程工件】列表选择【使用 3D】选项,在【最小除料量】文本框输入"0",如图 7-63 所示。

（4）在【型腔铣】对话框,单击左侧【几何体】选项卡。在【几何体】组【几何体】列表选择"MILL_AREA",在【部件侧面余量】文本框输入"1",如图 7-64 所示。

图 7-63 【型腔铣】对话框【主要】选项卡

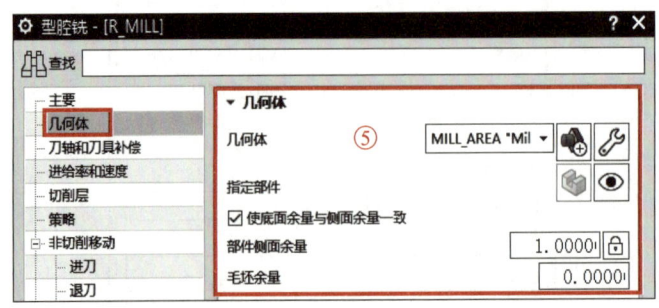

图 7-64 【型腔铣】对话框【几何体】选项卡

（5）在【型腔铣】对话框，单击左侧【进给率和速度】选项卡。在【主轴速度】对话框【主轴速度】文本框输入"1500"，单击【基于此值计算进给率和速度】按钮，自动计算【表面速度】和【每齿进给量】参数，参数设置过程，如图 7-65 所示。

图 7-65　【型腔铣】对话框【进给率和速度】选项卡

（6）在【型腔铣】对话框，单击左侧【非切削移动】|【进刀】选项卡。在【开放区域】组【进刀类型】列表选择【螺旋】选项，在【直径】文本框输入"90"，在【斜坡角】文本框输入"15"，在【高度】文本框输入"3"，如图 7-66 所示。

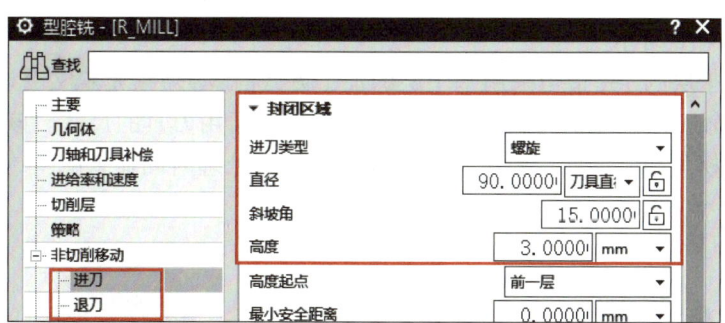

图 7-66　【型腔铣】对话框【非切削移动】|【进刀】选项卡

（7）在【型腔铣】对话框【操作】组，单击【生成】按钮 🔄，系统开始计算刀轨，最终生成刀轨，如图 7-67 所示。

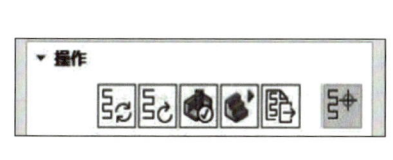
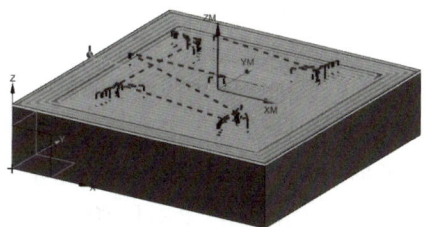

图 7-67　生成刀轨

（8）在【型腔铣】对话框，单击【确定】按钮，出现【刀轨可视化】对话框，选择【3D动态】选项卡，单击【播放】按钮，如图 7-68 所示。单击【确定】按钮，返回【型腔铣】对话框。

（9）单击【显示所得的 IPW】按钮，输出工序完成后的工件作为下道工序的毛坯，如图 7-69 所示。

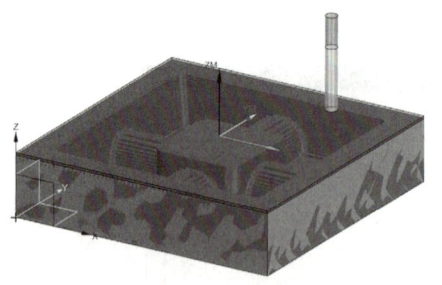

图 7-68　仿真验证

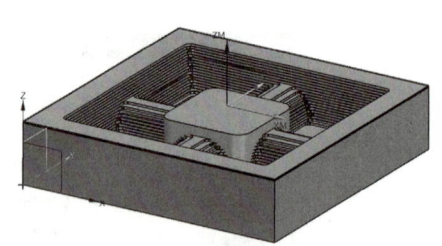

图 7-69　显示所得的 IPW

💡 提示　关于处理中的工件（IPW）

型腔铣工序可以保存原材料余量并用于后续工序，剩余的余量称为处理中的工件（IPW）。处理中的工件是输出当前工序操作完成后的工件，作为下一个工序操作的毛坯，主要用于二次粗加工，是型腔铣中非常重要的一个选项。IPW 包括【无】、【使用 3D】和【使用基于层的】这 3 个选项。

① 【无】是指在操作中不使用处理中的工件。

② 【使用 3D】是指经过加工后的工件将作为下一工序的毛坯，以避免对已加工区域进行重复切削，如图 7-70 所示。

③ 【使用基于层的】是指当采用基于层的加工方式时，必须预先定义毛坯，并确保前后工序使用相同的刀轴。所选用的刀具应不小于当前工序中所用刀具的尺寸。该方式能高效地切削前工序遗留的拐角和阶梯面，与【使用 3D】IPW 相比，处理时间显著减少，如图 7-71 所示。

图 7-70　【使用 3D】IPW

图 7-71　【使用基于层的】IPW

9. 创建精加工操作

（1）单击【主页】选项卡｜【插入】组｜【创建方法】按钮 🖱，出现【创建方法】对话框。

① 在【类型】列表选择【mill_contour】选项。

② 在【方法子类型】组，单击【MILL_METHOD】按钮用于第二步精加工。

③ 在【位置】组【方法】列表选择【MILL_FINISH】选项。

④ 在【名称】组文本框输入"MILL_F"，单击【确定】按钮。

⑤ 出现【铣削方法】对话框，在【部件余量】文本框输入"0"，如图 7-72 所示。

完成以上设置，单击【确定】按钮，创建精加工方法。

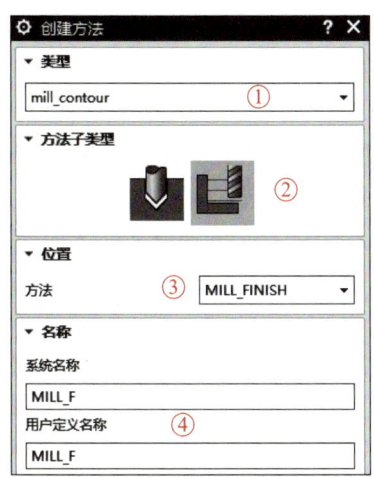

图 7-72　创建精加工方法

（2）单击【主页】选项卡组｜【插入】组｜【创建工序】按钮 ,出现【创建工序】对话框。

① 在【类型】列表选择【mill_contour】选项。

② 在【工序子类型】组,单击【区域轮廓铣】 按钮。

③ 在【位置】组【程序】列表选择【cavity】选项,在【刀具】列表选择【D5】选项,在【几何体】列表选择【MILL_AREA】选项,在【方法】列表选择【MILL_F】选项。

④ 在【名称】组文本框输入"F_MILL",如图 7-73 所示。

图 7-73　创建工序

完成以上设置,单击【确定】按钮,创建工序并出现【Area Mill】对话框。

（3）在【Area Mill】对话框,单击左侧【主要】选项卡。

① 在【主要】组【刀具】列表选择【D5】选项。

② 在【空间范围】组【方法】列表选择【陡峭和非陡峭】选项,在【陡峭壁角度】文本框输入"60",在【区域排序】列表选择【自上而下深度优先】选项。

③ 在【非陡峭切削】组【非陡峭切削模式】列表选择【跟随周边】选项,在【刀路方向】列表选择【向内】选项,在【切削方向】列表选择【逆铣】选项,在【步距】列表选择【% 刀具平直】选项,在【平面直径百分比】文本框输入"50"。

④ 在【陡峭切削】组【陡峭切削模式】列表选择【单向深度加工】选项,在【深度切削层】列表选择【恒定】选项,在【切削方向】列表选择【逆铣】选项,在【深度加工每刀切削深度】文本框输入"10",在【合并距离】文本框输入"50",在【最小切削长度】文本框输入"5",如图 7-74 所示。

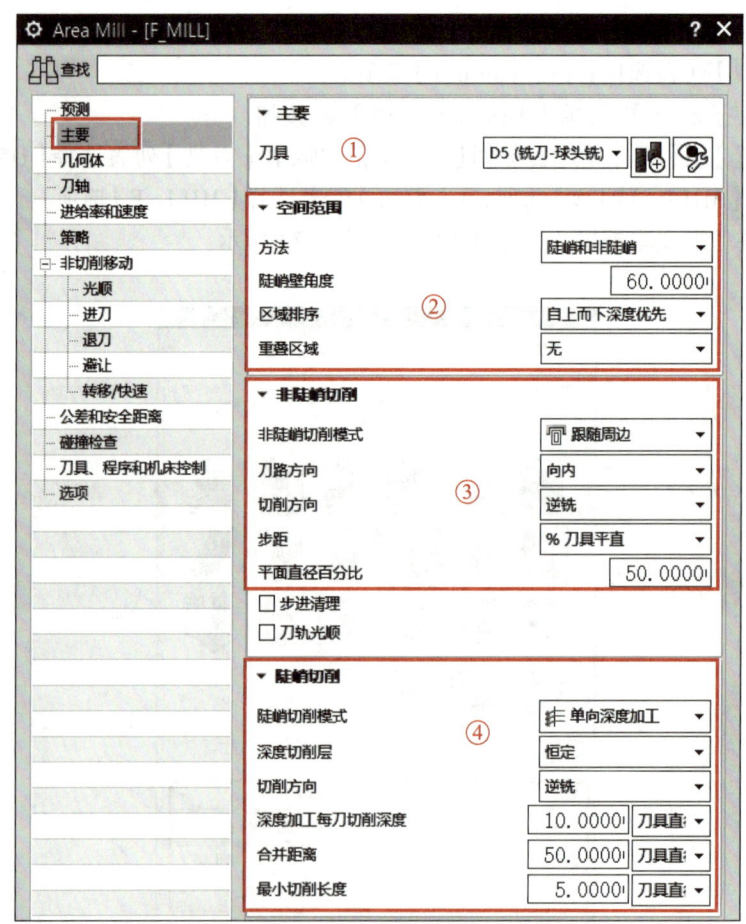

图 7-74 【Area Mill】对话框【主要】选项卡

（4）在【Area Mill】对话框,单击左侧【几何体】选项卡。

① 在【几何体】组【几何体】列表选择"MILL_AREA",在【部件余量】文本框输入"0"。

② 在【空间范围】组【过程工件】列表选择【使用 3D】选项,如图 7-75 所示。

（5）在【Area Mill】对话框，单击左侧【进给率和速度】选项卡。在【主轴速度】对话框【主轴速度】文本框输入"1500"，单击【基于此值计算进给率和速度】按钮，自动计算【表面速度】和【每齿进给量】参数，参数设置过程，如图 7-76 所示。

（6）在【Area Mill】对话框，单击左侧【非切削移动】|【进刀】选项卡。在【开放区域】组【进刀类型】列表选择【圆弧 – 平行于刀轴】选项，在【半径】文本框输入"80"，在【弧角】文本框输入"90"，在【旋转角】文本框输入"0"，如图 7-77 所示。

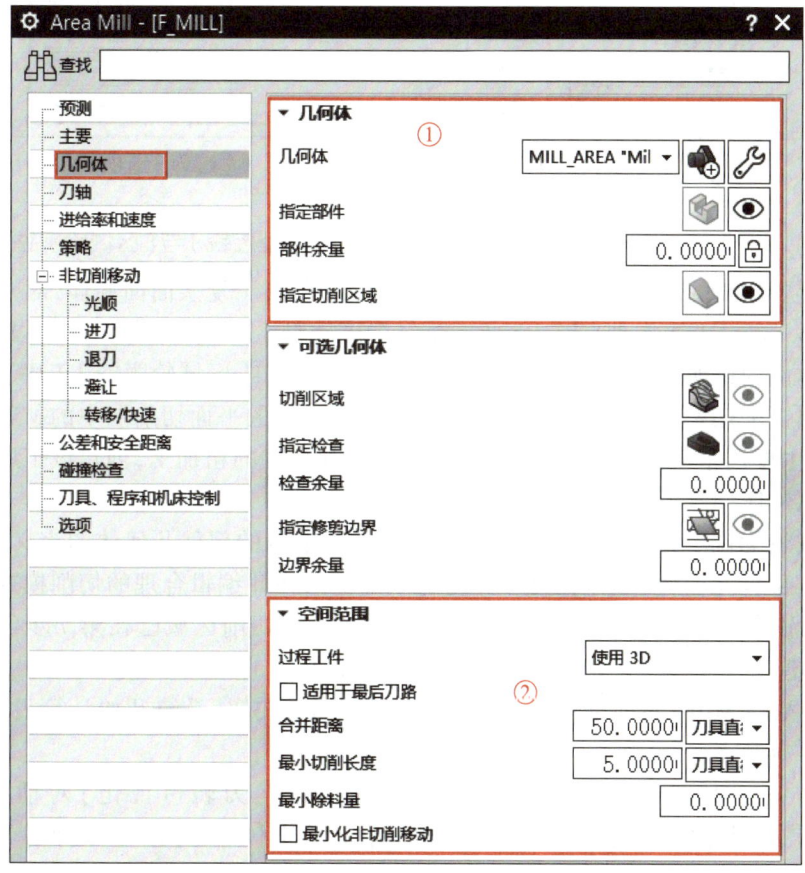

图 7-75　【Area Mill】对话框【几何体】选项卡

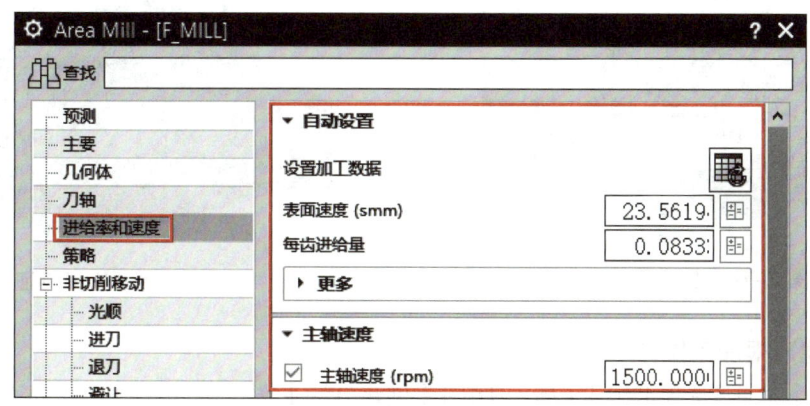

图 7-76　【Area Mill】对话框【进给率和速度】选项卡

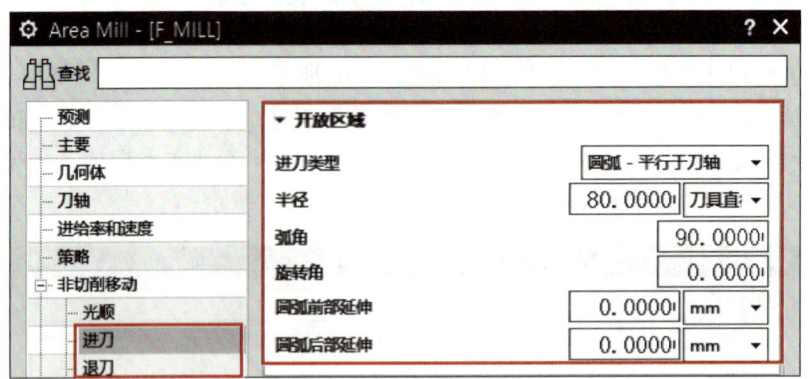

图 7-77　【Area Mill】对话框【非切削移动】|【进刀】选项卡

💡 **提示**　关于【mill_contour】工序类型及其子类型【型腔铣】与【区域轮廓铣】

本例中所要加工的型腔侧壁为斜面,底面为非平面,属于复杂曲面腔体,对于这类零件应选用【mill_contour】工序类型。【mill_contour】工序类型主要应用于复杂模型非平面特征的加工工序。本例的粗加工和精加工分别使用了【型腔铣】和【区域轮廓铣】工序子类型。

①【型腔铣】工序子类型　通过移除垂直于固定刀轴的平面切削层中的材料对轮廓形状进行粗加工,主要用于模具型腔、型芯、凹模,铸造件和锻件的粗加工,创建该工序时必须定义部件和毛坯几何体。

②【区域轮廓铣】工序子类型　该子类型提供了丰富的部件几何体的定义方法,用户可根据需要指定部件几何体和切削区域,并在此基础上选择并编辑合理的切削模式。本例中采用【区域轮廓铣】进行模型的精加工,其所需的几何体和切削区域已在第7步创建。创建该操作时在【创建工序】对话框中的【位置组】为其选择相应的父项即可。

（7）在【Area Mill】对话框【操作】组,单击【生成】按钮,系统开始计算刀轨,最终生成刀轨,如图 7-78 所示。

（8）在【Area Mill】对话框,单击【确定】按钮出现【刀轨可视化】对话框,选择【3D动态】选项卡,单击【播放】按钮,如图 7-79 所示。单击【确定】按钮,返回【Area Mill】对话框。

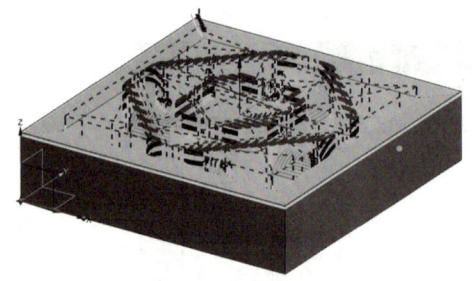

图 7-78　生成刀轨

图 7-79　仿真验证

10. 创建清根加工操作

（1）单击【主页】选项卡组 |【插入】组 |【创建方法】按钮，出现【创建方法】对话框。

① 在【类型】列表选择【mill_contour】选项。

② 在【方法子类型】组,单击【MILL_METHOD】按钮 。

③ 在【位置】组【方法】列表选择【MILL_FINISH】选项,用于第三步清根加工。

④ 在【名称】组文本框输入"MILL_Q"。

⑤ 出现【铣削方法】对话框,在【部件余量】文本框输入"0",如图 7-80 所示。

完成以上设置,单击【确定】按钮,创建清根加工方法。

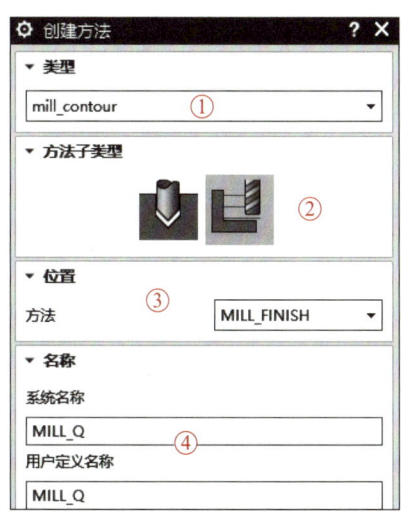

图 7-80　创建清根加工方法

（2）单击【主页】选项卡组｜【插入】组｜【创建工序】按钮 ,出现【创建工序】对话框。

① 在【类型】列表选择【mill_contour】选项。

② 在【工序子类型】组,单击【清根铣－多刀路】按钮 。

③ 在【位置】组【程序】列表选择【CAVITY】选项,在【刀具】列表选择【D2.5】选项,在【几何体】列表选择【MILL_AREA】选项,在【方法】列表选择【MILL_Q】选项。

④ 在【名称】组文本框输入"Q_MILL",如图 7-81 所示。

完成以上设置,单击【确定】按钮,创建工序并出现【清根洗－多刀路】对话框。

（3）在【清根铣－多刀路】对话框,单击左侧【主要】选项卡。

① 在【主要】组【刀具】列表选择【D2.5】选项。

② 在【空间范围】组【陡峭壁角度】文本框输入"45",在【最小切削长度】文本框输入"50",在【合并距离】文本框输入"50"。

③ 在【非陡峭切削】组【非陡峭切削模式】列表

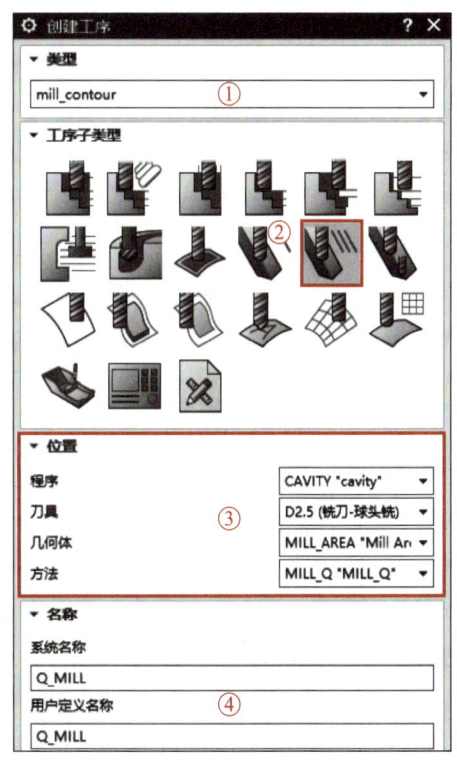

图 7-81　创建工序

255

选择【单向】选项,在【切削方向】列表选择【逆铣】选项,在【步距】文本框输入"50",在【每侧步距数】文本框输入"5",在【顺序】列表选择【由外向内】选项,如图 7-82 所示。

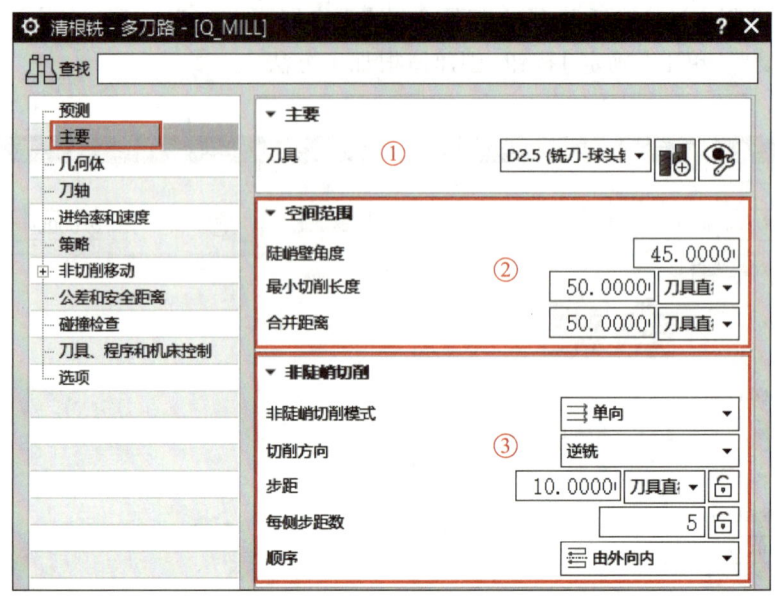

图 7-82 【清根铣 – 多刀路】对话框【主要】选项卡

（4）在【清根铣 – 多刀路】对话框,单击左侧【几何体】选项卡。在【几何体】组【几何体】列表选择"MILL_AREA",在【部件余量】文本框输入"0",如图 7-83 所示。

图 7-83 【清根铣 – 多刀路】对话框【几何体】选项卡

（5）在【清根铣 – 多刀路】对话框,单击左侧【进给率和速度】选项卡。在【主轴速度】对话框【主轴速度】文本框输入"1500",单击【基于此值计算进给率和速度】按钮,自动计算【表面速度】和【每齿进给量】参数,如图 7-84 所示。

（6）在【清根铣 – 多刀路】对话框【操作】组,单击【生成】按钮 ，系统开始计算刀轨,最终生成刀轨,如图 7-85 所示。

（7）在【清根铣 – 多刀路】对话框,单击【确定】按钮,出现【刀轨可视化】对话框,选择【3D 动态】选项卡,单击【播放】按钮,如图 7-85 所示。单击【确定】按钮,返回【清根铣 – 多刀路】对话框。

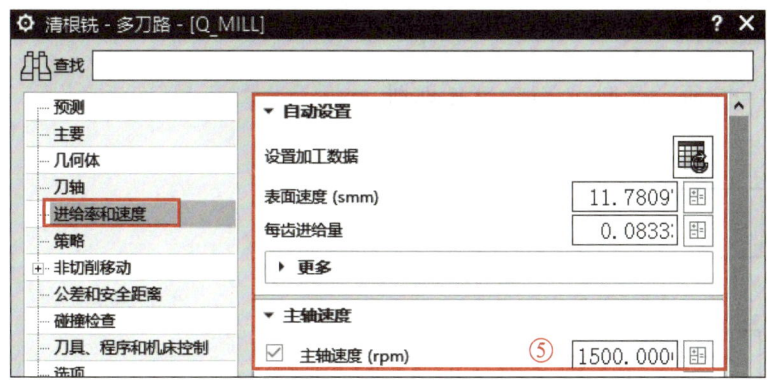

图 7-84　【清根铣 - 多刀路】对话框【进给率和速度】选项卡

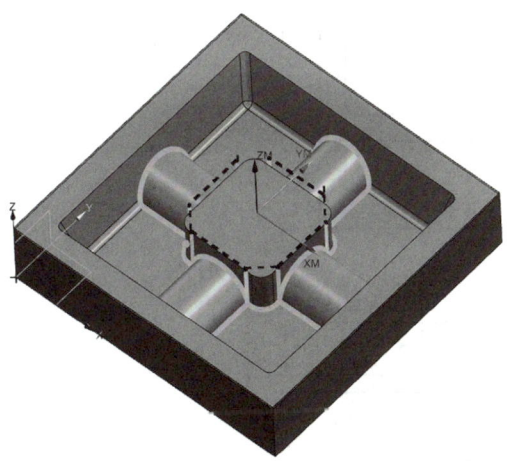

图 7-85　生成刀轨

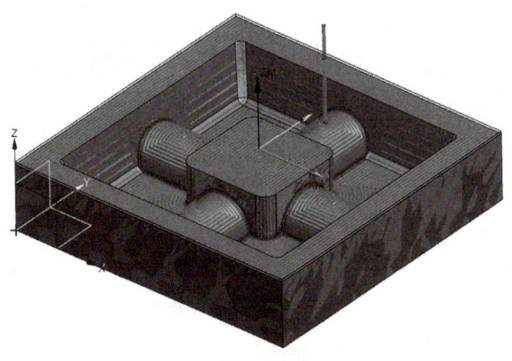

图 7-86　仿真验证

11. 存盘

选择【文件】|【保存】命令，保存文件。

🔧 【任务拓展】

创建如图 7-87 所示模型并完成 CAM 规划。

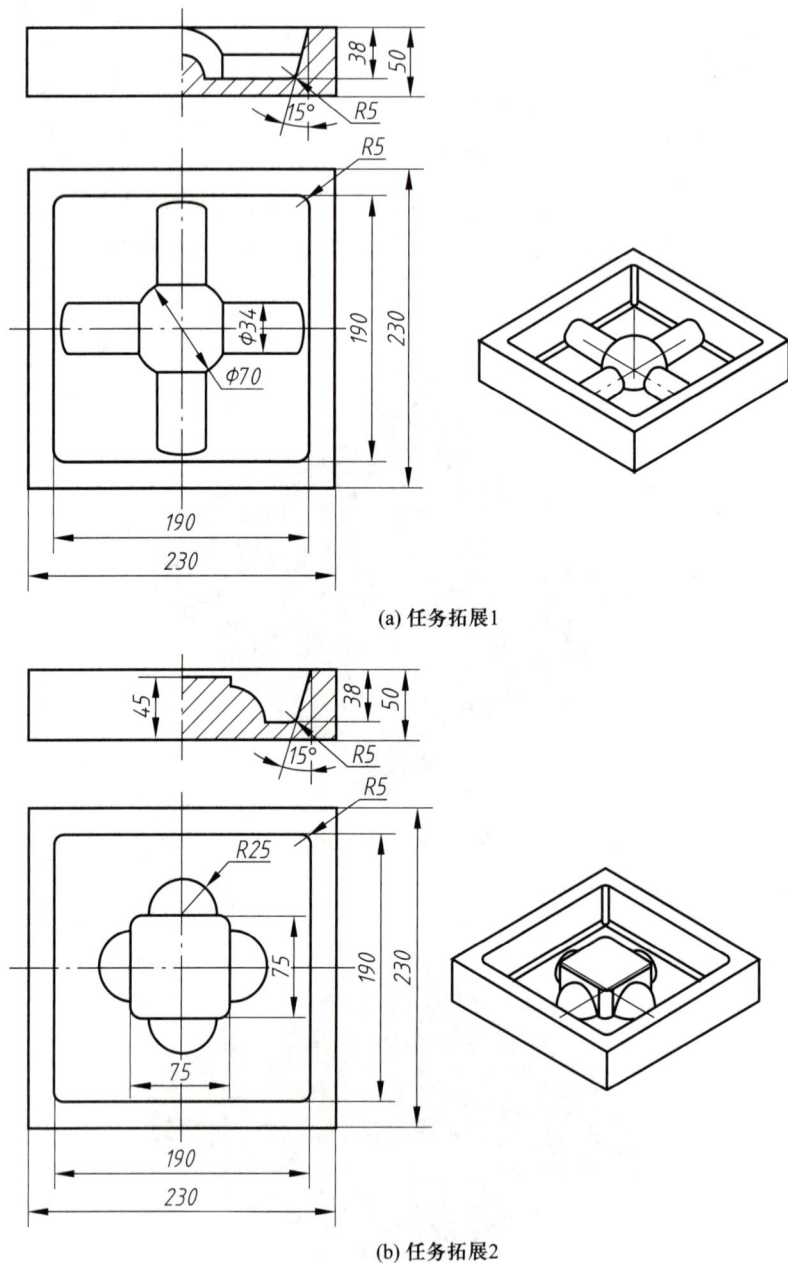

(a) 任务拓展1

(b) 任务拓展2

图 7-87　曲面铣加工任务拓展

课题 7.5 提高练习

创建如图 7-88 所示模型并完成 CAM 规划。

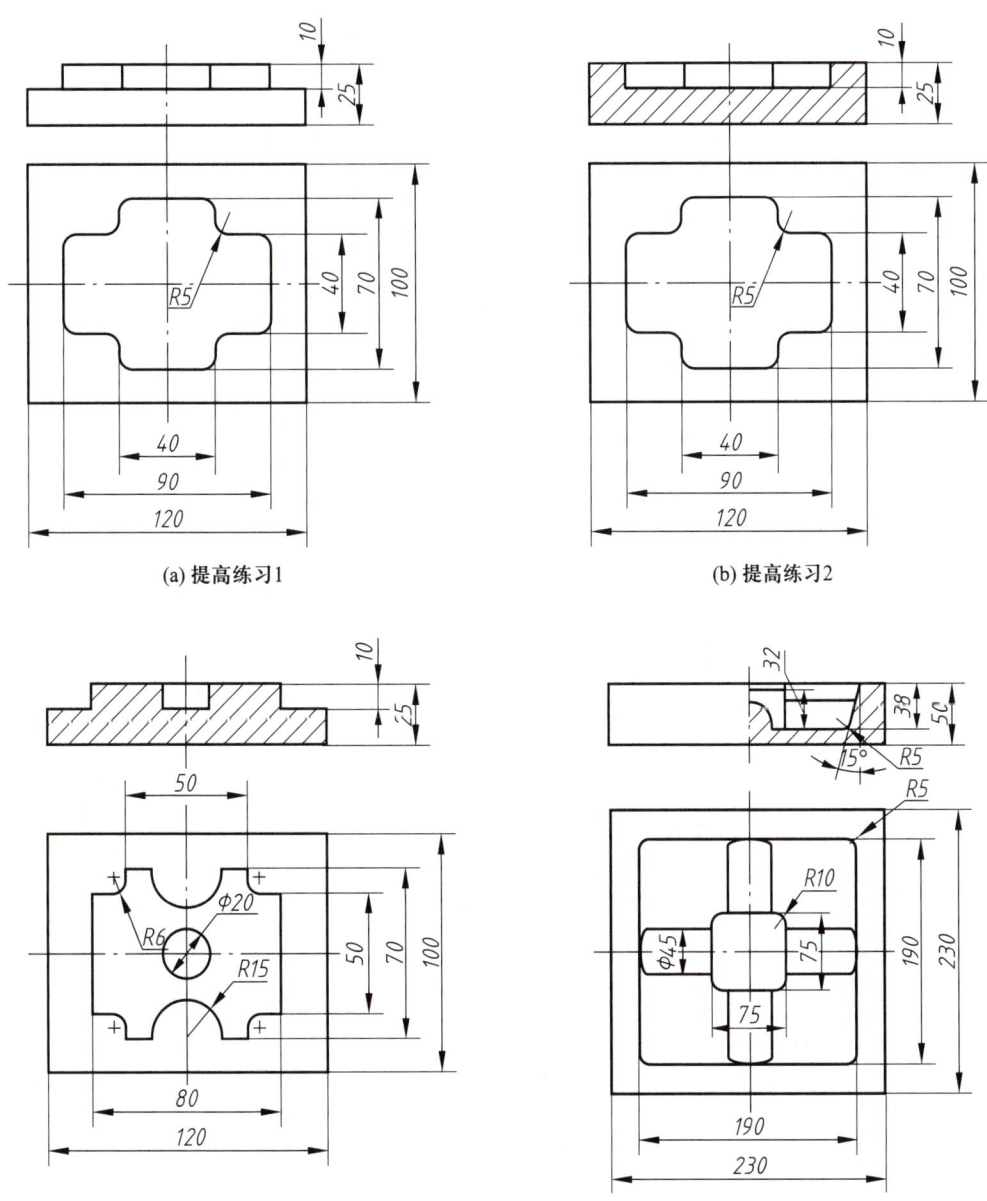

(a) 提高练习1

(b) 提高练习2

(c) 提高练习3

(d) 提高练习4

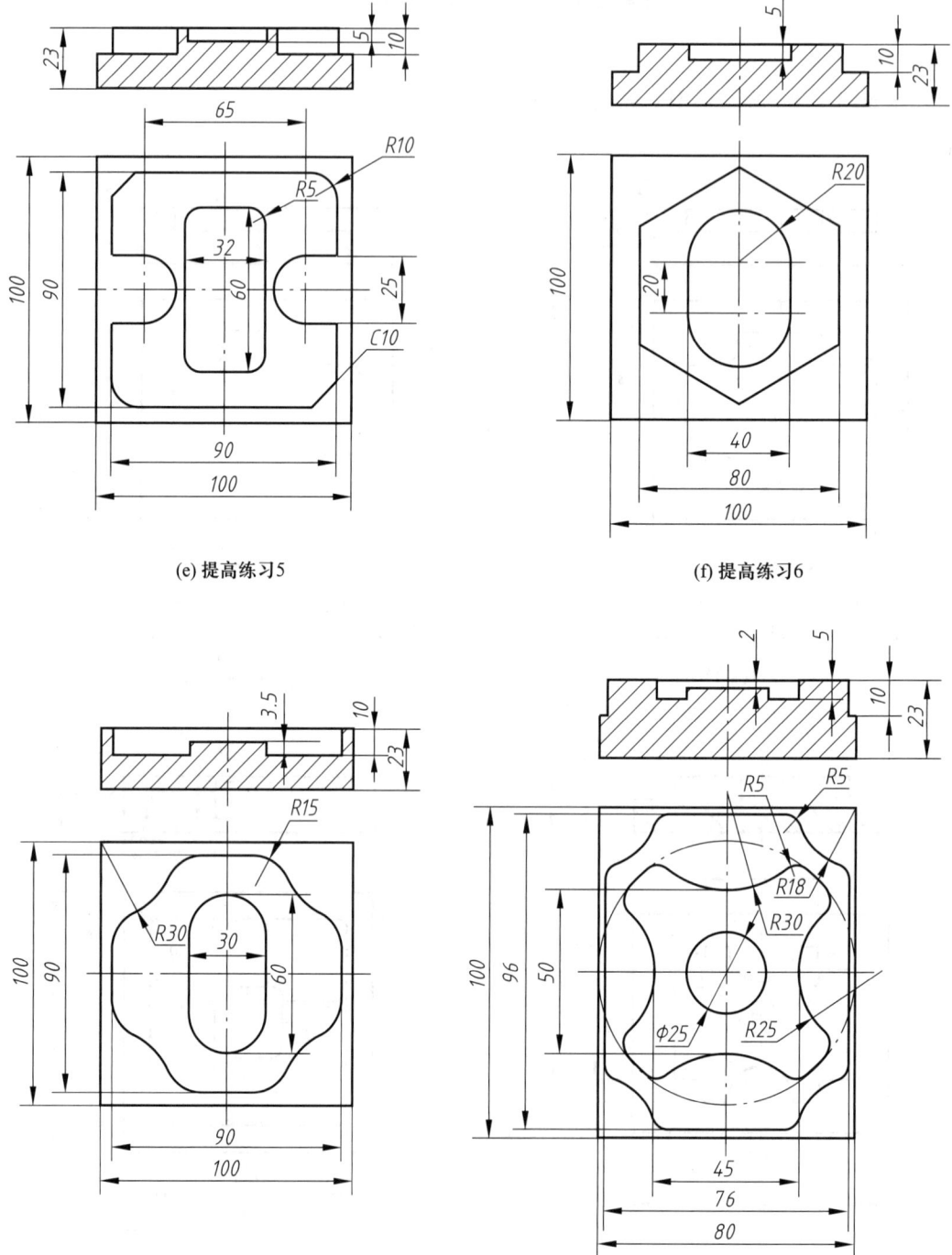

(e) 提高练习5

(f) 提高练习6

(g) 提高练习7

(h) 提高练习8

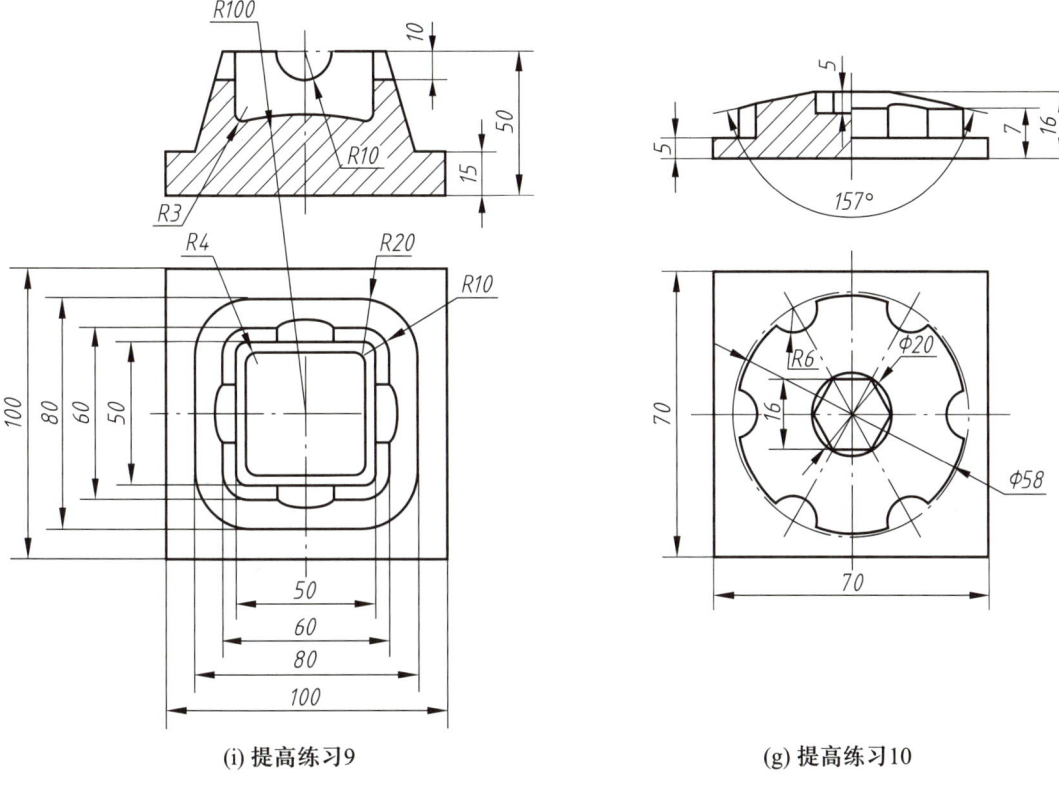

(i) 提高练习9　　　　　　　　　(g) 提高练习10

图 7-88　提高练习

［1］叶国华,卢园.详解 UG NX 12.0 标准教程［M］.5 版.北京:电子工业出版社,2018.

［2］张红松,刘昌丽.UG NX 12.0 中文版标准教程:视频教学版［M］.北京:清华大学出版社,2020.

［3］王中行,李志国.UG NX 9.0 中文版基础教程［M］.北京:清华大学出版社,2015.

［4］林盛,胡登洲,位忠生.UG NX 12.0 零基础编程实例教程［M］.2 版.北京:机械工业出版社,2024.

［5］高长银.UG NX1926 基础教程:实战案例版［M］.11 版.北京:化学工业出版社,2023.

郑重声明

高等教育出版社依法对本书享有专有出版权。任何未经许可的复制、销售行为均违反《中华人民共和国著作权法》，其行为人将承担相应的民事责任和行政责任；构成犯罪的，将被依法追究刑事责任。为了维护市场秩序，保护读者的合法权益，避免读者误用盗版书造成不良后果，我社将配合行政执法部门和司法机关对违法犯罪的单位和个人进行严厉打击。社会各界人士如发现上述侵权行为，希望及时举报，我社将奖励举报有功人员。

反盗版举报电话 （010）58581999　58582371
反盗版举报邮箱 dd@hep.com.cn
通信地址 北京市西城区德外大街 4 号　高等教育出版社知识产权与法律事务部
邮政编码 100120